Selbstverpflichtungsabsprachen der Industrie im Umweltrecht

Europäische Hochschulschriften
Publications Universitaires Européennes
European University Studies

Reihe II
Rechtswissenschaft

Série II Series II
Droit
Law

Bd./Vol. 3284

PETER LANG
Frankfurt am Main · Berlin · Bern · Bruxelles · New York · Oxford · Wien

Annette Rosenkötter

Selbstverpflichtungsabsprachen der Industrie im Umweltrecht

Eine Untersuchung am Beispiel des Klimaschutzes

PETER LANG
Europäischer Verlag der Wissenschaften

Die Deutsche Bibliothek - CIP-Einheitsaufnahme

Rosenkötter, Annette:

Selbstverpflichtungsabsprachen der Industrie im Umweltrecht : eine Untersuchung am Beispiel des Klimaschutzes / Annette Rosenkötter. - Frankfurt am Main ; Berlin ; Bern ; Bruxelles ; New York ; Oxford ; Wien : Lang, 2001
(Europäische Hochschulschriften : Reihe 2, Rechtswissenschaft ; Bd. 3284)
Zugl.: Freiburg (Breisgau), Univ., Diss., 2000
ISBN 3-631-38436-X

D 25
ISSN 0531-7312
ISBN 3-631-38436-X

www.peterlang.de

Selbstverpflichtungsabsprachen der Industrie im Umweltrecht

Eine Untersuchung am Beispiel des Klimaschutzes

Inauguraldissertation

zur Erlangung der Doktorwürde

an der Rechtswissenschaftlichen Fakultät

der Albert-Ludwigs-Universität

in Freiburg im Breisgau

vorgelegt von

Annette Rosenkötter

aus Freiburg im Breisgau

Albert-Ludwigs-Universität Freiburg
Erstgutachter : Herr Prof. Dr. Rainer Wahl
Zweitgutachter: Herr Prof. Dr. Dietrich Murswiek
Dekan: Prof. Dr. Rolf Stürner
Tag der mündlichen Prüfung: 28. 11. 2000

Meinen Eltern

Vorwort

Die vorliegende Untersuchung wurde im Wintersemester 2000/2001 von der Rechtswissenschaftlichen Fakultät der Albert-Ludwigs-Universität als Dissertation angenommen.

Die Arbeit wurde im September 1999 abgeschlossen. Zur Veröffentlichung wurden die seitdem eingetretenen Entwicklungen im Klimaschutz auf nationaler, europäischer und internationaler Ebene bis zum Februar 2001 soweit als möglich berücksichtigt.

Herzlich bedanken möchte ich mich bei Herrn Prof. Dr. Rainer Wahl für die Anregungen bei der Themenpräzisierung sowie die stets freundliche und hilfreiche Beratung.

Ebenso gilt mein Dank Herrn Prof. Dr. Dietrich Murswiek für die zügige Erstattung des Zweitgutachtens.

Auch möchte ich mich bei allen bedanken, die mich moralisch und tatkräftig unterstützt haben, insbesondere bei Herrn Johannes Grüter für das Korrekturlesen und die Geduld, Frau Sandra Schug für die Diskussionsmöglichkeiten und Herrn Mathias Zimmer für die graphische Mitwirkung.

Mein besondere Dank gilt schließlich meinem Vater.

München, den 6. 3. 2001

Annette Rosenkötter

Inhaltsverzeichnis

A. Einführung

D. Darstellung vorhandener Selbstverpflichtungen

E. Rechtliche Einordnung

A. Einführung

§ 1 Das Instrument der Selbstverpflichtung im Klimaschutz

Es ist in den letzten Jahren allgemein die Überzeugung entstanden, dass ein flächendeckender rein hoheitlicher Umweltschutz weder wünschenswert noch realisierbar ist. Vor diesem Hintergrund hat sich das Umweltrecht zu einem Experimentierfeld für neue politische und rechtliche Instrumente entwickelt: Verstärkt wird von staatlicher Seite auf die Instrumentalisierung der gesellschaftlichen Selbstregelungskräfte gesetzt. Eine inzwischen besonders populäre Form gesellschaftlicher Selbstregulierung ist dabei das Instrument der Selbstverpflichtung.

Allgemein gesagt handelt es sich bei Selbstverpflichtungen um Formen einvernehmlicher Verhaltensabstimmung zwischen Staat und Wirtschaft[1], dahingehend, dass die Wirtschaft in Eigenverantwortung ein bestimmtes Ziel erreicht[2]. Hinsichtlich der genauen Ausgestaltung (Art der staatlichen Beteiligung, Grad der Verbindlichkeit, Funktion) können sich diese Verhaltensabstimmungen jedoch sehr unterscheiden. Dies spiegelt sich auch in einer terminologischen Vielfalt wieder: Als Selbstbindungsabkommen, Selbstbeschränkungen, freiwillige Vereinbarungen, Absprachen, gentlemen´s agreements werden teilweise identische, teilweise erheblich differierende Phänomene bezeichnet.

In der Wirtschaftspolitik sind Verhaltensabstimmungen zwischen Staat und Wirtschaft schon seit langem ein gebräuchliches Mittel zur Erreichung politischer Ziele[3]. Auch in der Umweltpolitik wurde zunehmend realisiert, dass neue Methoden des Staatshandelns zu erschließen waren, um den komplexen Herausforderungen im Umweltschutz begegnen zu können[4]. Seit den 70er Jahren waren daher freiwillige Vereinbarungen vor allem in den Bereichen Klima- und Abfallpolitik ein immer häufiger gewähltes Instrument[5]. Trotz der inzwischen starken Verbreitung sind die Positionen konträr, die in bezug auf Selbstverpflichtungen als Mittel des Umweltschutzes in Wissenschaft und Politik vertreten werden: Teilweise werden Selbstverpflichtungen als unbürokratisches und flexibles Instrument glorifiziert, welches die freien Kräfte des Marktes und die eigenverantwortliche Innovationskraft der Wirtschaft dem Umweltschutz zu-

---

[1] vgl. z.B. *Scherer*, in: DÖV 1991, S. 1

[2] Rat von Sachverständigen für Umweltfragen (RSU), Umweltgutachten 1996, BT-Drucksache 13/4108, RN 196

[3] vgl. *Biedenkopf*, in: BB 1966, S. 1113 ff

[4] *Hartkopf/Bohne*, Umweltpolitik I, S. 113

[5] *Merkel*, in: Umwelt Nr.3/1997, S. 88

nutze macht. Auf diesem Weg könnten innerhalb kurzer Zeit kostengünstig entscheidende Umweltentlastungen erreicht werden.
Für die Gegenposition bedeutet die Verwendung von Selbstverpflichtungen die Kapitulation der Umweltpolitik vor den Interessen der Industrie, die Aushebelung demokratischer Entscheidungsverfahren und rechtsstaatlicher Grundsätze[6].
Als weiterer kritischer Punkt ist inzwischen der Aspekt des Kartellrechts in den Vordergrund gerückt: Durch Selbstverpflichtungen kämen gerade nicht die freien Kräfte des Marktes zum Tragen; vielmehr werde in diesem Bereich der Wettbewerb durch Verhaltensabstimmungen unzulässigerweise eliminiert.
In Absolutheit kann wohl keine der beiden Positionen als zutreffend erachtet werden. Eine empirische Untersuchung nahezu aller in Deutschland momentan vorliegenden Selbstverpflichtungen hat ergeben, dass das Instrument seinem schlechten Ruf nicht "gerecht" wird: Danach sind zwischen 69 und 83 % der Selbstverpflichtungen als erfolgreich zu bezeichnen[7].
Es stellt sich damit die Frage, unter welchen Voraussetzungen und in welcher konkreten Ausgestaltung das Instrument der Selbstverpflichtung tatsächlich geeignet ist, umweltpolitische Ziele zu erreichen und welche rechtlichen Grenzen dem Einsatz von Selbstverpflichtungen entgegenstehen können. Hierbei ist insbesondere der Aspekt zu beachten, ob sie ein zulässiges Mittel zur Umsetzung eines etwaigen rechtlich verbindlichen Reduktionsziels auf internationaler Ebene sind.
Eine Klärung dieser Fragen ist um so dringlicher, als auch die Koalitionsvereinbarung für die 14. Legislaturperiode des Deutschen Bundestages nunmehr ausdrücklich auf Selbstverpflichtungen setzt[8].
Auch auf europäischer Ebene hat man begonnen, sich mit diesen Fragen auseinander zusetzen[9], und versucht, aus dem Vergleich der verschiedenen natio-

---

6 *Merkel*, in: Umwelt Nr.3/1997, S. 88

7 *Knebel/Wicke/Michael*, Selbstverpflichtungen und normersetzende Umweltverträge als Instrumente des Umweltschutzes, S. 368

8 "Das Instrument der freiwilligen Selbstverpflichtung stärkt das Umweltbewusstsein der Akteure. Sie können insbesondere in klar abgegrenzten Bereichen sinnvoll sein und zu einem effektiven Umwelthandeln beitragen, wenn die sie erreichenden Ziele Zwischenziele eindeutig festgelegt und überprüfbar (Monitoring) sind und sie im Falle der Nichteinhaltung mit Sanktionen verbunden werden. Selbstverpflichtungen dieser Form können auf geeigneten Gebieten Ordnungsrecht entbehrlich machen.", vgl. UMWELT Nr. 12/1998, S.52

9 *Bergmann/Brockmann/Rennings*, Möglichkeiten und Grenzen von freiwilligen Umweltschutzmaßnahmen der Wirtschaft unter ordnungspolitischen Aspekten, S. 8

nalen Modelle in diesem Bereich Voraussetzungen für den sinnvollen Einsatz von Selbstverpflichtungen herauszuarbeiten[10].

Die Untersuchung des Instruments der Selbstverpflichtung im Umweltrecht soll in dieser Arbeit am Beispiel des Klimaschutzes geschehen. Hauptaktionsfeld im Klimaschutz ist momentan die CO_2- Reduktion:
Für den Bereich des industriellen Energieverbrauchs hat die deutsche Wirtschaft eine Selbstverpflichtungserklärung abgegeben[11], die zu einer Verringerung der spezifischen CO_2- Emissionen bzw. des spezifischen Energieverbrauchs um 20 % bis zum Jahr 2005 auf der Basis von 1990 führen soll. Die Erklärung bezieht derzeit 19 verschiedene Wirtschaftsverbände mit ein[12]. Damit werden mehr als 70 % des Endenergieverbrauchs der deutschen Industrie und 99 % der von der öffentlichen Stromversorgung bereitgestellten Elektrizität erfasst[13].
Über die Bereiterklärung zu spezifischen CO_2- Minderungen hinaus haben 12 Wirtschaftsverbände der Bundesregierung im Rahmen ihrer Einzelerklärungen absolute Reduktionen zugesagt: Bis zum Jahr 2005 sollen die Emissionen um insgesamt 170 Millionen Tonnen Kohlendioxid jährlich gemindert werden[14].
Die Einhaltung dieser Zusagen wird vom Rheinisch-Westfälischen Institut für Wirtschaftsforschung (RWI) als externer Instanz überprüft.
Im Gegenzug hat sich die Bundesregierung dazu verpflichtet, die Einführung einer Wärmenutzungsverordnung vorläufig zurückzustellen und sich im Falle einer EU-weiten CO_2- / Energiebesteuerung dafür einzusetzen, dass die an der Selbstverpflichtung teilnehmende Wirtschaft davon ausgenommen wird bzw. die dabei erreichten CO_2- Minderungen voll angerechnet werden. Abhängig gemacht wird dieses Entgegenkommen der Bundesregierung jedoch von den Ergebnissen des Monitoringkonzepts[15]: Das Instrument der Selbstverpflichtung soll nur dann Bestand haben, wenn nachgewiesen wird, dass deutlich mehr als 'business as usual' geschieht.

---

[10] Mitteilung der Kommission an den Rat und das Europäische Parlament über Umweltvereinbarungen, KOM (96), 561

[11] *BDI eV*, Erklärung der deutschen Wirtschaft zur Klimavorsorge, Köln 1995; *ders.*, Aktualisierte Erklärung der deutschen Wirtschaft zur Klimavorsorge, Köln 1996

[12] *Merkel*, in: Umwelt Nr.3/1997, S. 88

[13] *Burger/Schulz*, ÖKORADARschirm 2: Umweltziele, S. 22

[14] Pressemitteilung des BMU v. 4. 2. 1997

[15] Pressemitteilung des BMU v. 4. 2. 1997

Die Selbstverpflichtung zum Klimaschutz bildet ein zentrales Element des nationalen Klimaschutzprogramms, das in Deutschland seit 1990 erarbeitet wurde. Ziel des Programms ist es, die energiebedingten CO_2-Emissionen bis zum Jahr 2005 um 25 % gegenüber 1990 zu verringern. Selbstverpflichtungen sind dabei Teil eines Bündels von Maßnahmen aus ordnungsrechtlichen Anforderungen und ökonomischen Anreizen, die von Aktivitäten in Forschung und Bildung flankiert werden[16].
Die Erklärung der deutschen Wirtschaft zur Klimavorsorge wurde im Vorfeld des Berliner Klimagipfels von fünf Spitzenverbänden der deutschen Wirtschaft abgegeben und zum Jahrestag der Konferenz am 27. 3. 1996 aktualisiert.
Die Abgabe dieser Selbstverpflichtung resultierte aus einer langen Diskussion um die Einführung einer Klimaschutzsteuer in der Bundesrepublik[17]. Auf EU-Ebene scheiterte die CO_2-Steuer bisher an der Tatsache, dass weder Japan noch die USA sich zu entsprechenden Maßnahmen bereit erklärten und daher aus Gesichtspunkten der Konkurrenzfähigkeit im Welthandel auf eine EU-Regelung verzichtet wurde[18]. Auch ein nationaler Alleingang Deutschlands wurde aufgrund der befürchteten Auswirkungen auf Beschäftigung und wirtschaftliches Wachstum lange hinausgeschoben[19].
Nach dem Regierungswechsel bei der Bundestagswahl im Herbst 1998 ging die neue rot-grüne Regierung jedoch unverzüglich die Realisierung einer umfassenden ökologischen Steuerreform[20] an.
Das momentane Konzept beinhaltet folgende Grundzüge: In einer ersten von drei Stufen wird ab dem 1. 4. 1999 Energie (Mineralöl und Strom) einer Besteuerung unterworfen. Für produzierende Gewerbe gilt ein ermäßigter Steuersatz von 20 % des Regelsatzes, sofern die jährliche Verbrauchsmenge ein bestimmtes Maß überschreitet. Weitere Ausnahmeregelungen greifen für die

---

16 Zweiter Nationalbericht, in: Umwelt Nr.5/1997, S. IX

17 *Cansier*, Erscheinungsformen und ökonomische Aspekte von Selbstverpflichtungen, S. 12

18 *Breitmeier*, Ozonschicht und Klima auf der globalen Agenda, S. 32

19 *Koch/Behrend*, in: NuR 1996, S. 433 (440)

20 *Cansier*, Erscheinungsformen und ökonomische Aspekte von Selbstverpflichtungen, S. 12

20 Diese war auch einer der Hauptinhaltspunkte der Koalitionsvereinbarung, vgl. Koalitionsvereinbarung zwischen der Sozialdemokratischen Partei Deutschlands und Bündnis 90/Die Grünen: Aufbruch und Erneuerung - Deutschlands Weg ins 21.Jahrhundert, III, 3 f., IV

Land- und Forstwirtschaft, den schienengebundenen Verkehr und bestimmte Kraftwerkstypen[21].

Damit ist zwar keine direkte Besteuerung der CO_2-Emissionen erfolgt; als "Gegenleistung" für die Abgabe der Selbstverpflichtungserklärung sollte jedoch ursprünglich auch von einer Energiebesteuerung abgesehen werden, so dass der inhaltliche Bereich der Klimaabsprache dennoch betroffen ist.

Nach alledem eignet sich die Klimaschutzerklärung aus mehreren Gründen besonders, um das Instrument der Selbstverpflichtung generell zu erörtern:

Zum einen ist diese Erklärung signifikant, da sie anfangs als Paradebeispiel als ein erfolgversprechendes freiwilliges Kooperationsinstrumentgalt. Grund dafür war die große Bandbreite der teilnehmenden Sektoren und die weitgehende Erfassung der beteiligten Branchen. Auch aufgrund ihrer Einordnung in den internationalen Kontext des Klimaschutzes gewinnt die Erklärung Bedeutung.

Inzwischen ist die Erklärung jedoch noch unter einem anderen Gesichtspunkt beispielhaft: Es werden hier die Probleme und Optionen besonders deutlich, die sich aus einem informellen Instrument bei einer Veränderung der innenpolitischen Rahmenbedingungen und Akteure ergeben können.

§ 2 Gang der Untersuchung

Als Grundproblem im Zusammenhang mit der Handlungsform Selbstverpflichtung stellt sich zunächst die unübersichtliche Terminologie. Daher soll gleich zu anfangs eine vorläufige Begrifflichkeit entworfen werden, die als Grundlage für den Fortgang der Untersuchung dient. In deren Verlauf wird sich dann herausstellen, ob diese Arbeitsbegriffe auch tragfähig sind.

Das Instrument der Selbstverpflichtung wird am Beispiel des Klimaschutzes erörtert. Es ist deshalb angebracht, zunächst den naturwissenschaftlichen Hintergrund dieses Problembereichs zu skizzieren.

Die Deregulierungsdebatte und die Diskussion um die Erweiterung der Palette der staatlichen Handlungsmöglichkeiten zielen unter anderem auf eine Erhöhung der Effizienz des Handelns ab. Dabei handelt es sich um eine dem Grunde nach wirtschaftswissenschaftliche Problemstellung. Im folgenden soll deshalb zuerst auf die wirtschaftstheoretischen Hintergründe eingegangen werden, die für die Instrumentendiskussion, insbesondere in bezug auf den Umweltschutz, maßgeblich sind. Hier soll schwerpunktmäßig diskutiert werden, ob die Initiierung von Selbstverpflichtungsabsprachen unter wirtschaftstheoretischen Gesichtspunkten sinnvoll ist. Ausgehend von der Schilderung derinternationalen Rahmenbedingungen im Klimaschutz sollen dann die verschiedenen Varianten von Selbstverpflichtungen dargestellt werden, die in Deutschland und in anderen Ländern zum Einsatz kommen. In diesem Zusammenhang sind auch die Kriterien zu berücksichtigen, die die Europäische Kommission für den Einsatz

---

[21] vgl. Pressemitteilung des BMU vom 3. 3. 1999

von Umweltvereinbarungen aufgestellt hat. Momentan liegen sie nur in Form einer Mitteilung der Kommission an Parlament und Rat vor[22] und haben ergo noch keinerlei Verbindlichkeit für die Mitgliedsstaaten. Dennoch sollen sie Gegenstand dieser Untersuchung sein, da sie schon heute bei der Gestaltung nationaler Maßnahmen als Orientierungspunkt herangezogen werden[23].
Anschließend ist der Blick auf die konkrete Anwendung des Instrumentes in Deutschland zu richten: Selbstverpflichtungen sind ein sowohl kooperatives als auch informelles Instrument. In der Schnittmenge dieser beiden Prinzipien findet sich eine Reihe von weiteren Handlungsformen, die unter Abgrenzungsgesichtspunkten erörtert werden sollen. Im folgenden sollen dann die charakterisierenden Elemente einer Selbstverpflichtungsabsprache herausgearbeitet werden.
Ausgehend davon soll auf die rechtlichen Grenzen eingegangen werden, die einem Einsatz des Instrumentes entgegenstehen können. Dabei ist zunächst das Gemeinschaftsrecht zu thematisieren. Hier stellt sich insbesondere die Frage, ob und in welcher Form Selbstverpflichtungsabsprachen ein geeignetes Mittel zur Umsetzung von Richtlinien sind. Des weiteren können sich Grenzen aus nationalem und europäischem Kartellrecht ergeben. Schließlich ist die Initiierung von Selbstverpflichtungsabsprachen wie jedes staatliche Handeln verfassungsmäßigen Vorgaben unterworfen. In diesem Zusammenhang ist insbesondere auf den Grundsatz vom Vorbehalt des Gesetzes und den Aspekt der Zuständigkeit für den Abschluss einzugehen. Als Schlusspunkt sollen dann die Perspektiven eines zukünftigen sinnvollen Einsatzes des Instrumentes der Selbstverpflichtungsabsprache, besonders im Bereich des Klimaschutzes, erörtert werden.

§ 3 Das Problem der Terminologie

Wie schon eingangs erwähnt, stellen die terminologischen Unklarheiten eines der Hauptprobleme im Rahmen der rechtlichen Beurteilung des Phänomens " Selbstverpflichtung" dar. Deswegen ist eine anfängliche Klärung der Begrifflichkeit unabdingbar.

1. Meinungsstand

Der Begriff der Selbstverpflichtung wird mit verschiedenen Inhalten verwendet: Versteht man ihn eng (wie er in der wirtschaftswissenschaftlichen Literatur und in der früheren juristischen Auseinandersetzung mit dem Kooperati-

---

22 KOM (96), 561

23 *Merkel*, in Umwelt Nr.3, 1997, S. 89

onsbegriff verstanden wurde), so beinhaltet er lediglich eine kleine Untergruppe innerhalb der Kategorie der Branchenabkommen:

Wicke[24] unterscheidet bei den umweltpolitischen Kooperationslösungen zunächst zwischen Branchenabkommen und Verbandslösungen. Unter Branchenabkommen wird eine Absprache zwischen einer Behörde und einer bestimmten Branche bzw. deren Mitgliedern verstanden.
Diese kann rechtlich bindend (Branchenabkommen ieS) oder unverbindlich (Branchenabkommen iwS) sein. Die Branchenabkommen ieS werden dann wiederum unterteilt:
Wenn eine Branche sich zum Unterlassen einer umweltbeeinträchtigenden Aktivität verpflichtet, wird von Selbstbindungsabkommen gesprochen; als Selbstverpflichtungsabkommen wird lediglich die rechtlich verbindliche Verpflichtung zur aktiven Durchführung von umweltfreundlichen Handlungen verstanden.
Unter Verbandslösungen versteht *Wicke* zum einen ein Phänomen, das sachlich den Branchenabkommen entspricht mit dem einzigen Unterschied, dass es nicht auf einen bestimmten Wirtschaftszweig beschränkt ist.
Zum anderen kann eine Verbandslösung darin bestehen, dass von einer Umweltbehörde umweltbezogene Zweckverbände initiiert werden. Ziel dieser Vorgehensweise ist es, Umweltprobleme in einer Kooperation der regionalen Umweltverschmutzer anzugehen.
Diese Unterscheidungen *Wickes* sind wenig hilfreich bei der Erfassung von Kooperationslösungen; ganz im Gegenteil: Die getroffenen Differenzierungen tragen eher noch zur Verwirrung bei. Dies ist teilweise darin begründet, dass zwar auch anhand von rechtlichen Kriterien unterschieden wird, die Begriffe jedoch mit einem anderen Inhalt ausgefüllt werden, als dies in der juristischen Literatur getan wird. Zudem liegt es auch schon vom Wortsinn her fern,Selbstverpflichtung ausschließlich als etwas rechtlich Verbindliches zu qualifizieren: Der Terminus 'Selbst-' bringt ja gerade zum Ausdruck, dass die Verpflichtung nicht aufgrund eines verbindlichen Rechtsverhältnisses mit einer anderen Partei besteht, sondern aufgrund einer autonomen Entscheidung, diese Verhaltensweise zu befolgen.

Rengeling[25] übernimmt zwar das Begriffsystem Wickes, diskutiert jedoch im folgenden unter der Überschrift der Selbstverpflichtung lediglich Erscheinungsformen, die sich gerade durch ihre fehlende rechtliche Ver-

---

24 *Wicke*, Umweltökonomie, S. 268; ihm folgend *Bartmann*, Umweltökonomie - ökonomische Ökologie, S. 192, der allerdings noch eine Unterscheidung zwischen Branchenabkommen einerseits und informalem Verwaltungshandeln andererseits trifft

25 *Rengeling*, Das Kooperationsprinzip im Umweltrecht, S. 165 ff.

bindlichkeit auszeichnen und auch ansonsten einem weiten Verständnis des Selbstverpflichtungsbegriffs entsprechen[26].
Danach ist Selbstverpflichtung der Oberbegriff, der nahezu sämtliche Arten von freiwilligen und rechtlich unverbindlichen Verhaltensabstimmungen mit der Industrie umfasst, unabhängig von der Art des staatlichen Mitwirkungsbeitrags und der Handlung, zu der der Wirtschaftsvertreter sich verpflichtet.

Ein solches weites Verständnis des Selbstverpflichtungsbegriffes wird ebenfalls von den Akteuren in Politik und Wirtschaft vertreten. Auch der*Rat der Sachverständigen für Umweltfragen* verwendet den Begriff abweichend von der Terminologie Wickes in einem weiten Sinne[27]: Als Selbstverpflichtung wird eine freiwillige, einseitige Erklärung der Industrie verstanden, an der der Staat und eine oder mehrere Branchen beteiligt sind. Diese Selbstverpflichtungen sind generell rechtlich unverbindlich und werden von vertraglichen Kooperationsabkommen unterschieden[28].
Auch der Forschungsbericht des UBA von *Knebel/Wicke/Michael*[29]*l* vertritt eine weite Definition. danach sind Selbstverpflichtungen "*rechtlich unverbindliche Zusagen von Unternehmen oder Unternehmensverbänden gegenüber dem Staat, die die Erreichung bestimmter umweltpolitischer Ziele durch konkrete umweltverbessernde Maßnahmen zum Gegenstand haben*". Synonym hierzu wird im Rahmen des Berichts jedoch auch der Begriff der Absprache verwendet. Vertraglich bindende Absprachen sind hier somit ausgenommen.

Cansier[30] sieht ebenfalls den Terminus der Selbstverpflichtung als Oberbegriff, der sich in unverbindliche Absprachen, Selbstverpflichtungen iS vertraglich bindender Vereinbarungen und umweltrechtlich flankierter Selbstverpflichtungen unterteilen lässt.

Auf internationaler Ebene ist der terminologische Rahmen noch weiter gesteckt. Einen Überblick liefert eine Studie, die von der *OECD* zu diesem Thema

---

26 *Rengeling*, aaO., S. 167 f.

27 Rat der Sachverständigen für Umweltfragen, Umweltgutachten 1996, BT - Drucksache 13/4108, RN 8

28 Rat der Sachverständigen für Umweltfragen, Umweltgutachten 1996, BT - Drucksache 13/4108, RN 162

29 *Knebel/Wicke/Michael*, Selbstverpflichtungen und normersetzende Umweltverträge als Instrumente des Umweltschutzes, S. 24

30 *Cansier*, Erscheinungsformen und ökonomische Aspekte von Selbstverpflichtungen, S. 2

erstellt wurde[31]. Der Terminus der voluntary agreements umfasst jedwede Abstimmung zwischen Regierung und Industrie, die freiwillige Aktionen mit einem gesellschaftlich gewünschten Resultat fördern. Der Beitrag der Regierung ist dabei so gestaltet, dass er sich auf die Förderung eines Verhaltens beschränkt, das letztlich aber im Eigeninteresse der Wirtschaftsakteure liegt[32]. Ausgeklammert sind ergo solche Selbstverpflichtungen, die ohne jegliche Einflussnahme von staatlicher Seite abgegeben werden[33] .
Die Frage der Rechtsnatur und des Verbindlichkeitsgrades wird dabei vollkommen offengelassen. Ausgehend von diesem weiten Begriff werden vier Untergruppen unterschieden:
Die erste Gruppe ist die der 'target-based voluntary agreements'. Als solche werden zum einen solche Absprachen bezeichnet, die rechtlich verbindlich sind und/oder eine zukünftige rechtliche Verpflichtung vorwegnehmen. Zum anderen sind dies auch solche Selbstverpflichtungen, die mit einer starken Regelungsandrohung verbunden sind. Die Erklärung der deutschen Wirtschaft zum Klimaschutz beispielsweise ist eine Selbstverpflichtung der letztgenannten Kategorie.
Die zweite Gruppe der Vereinbarungen bezieht sich auf bestimmte umweltfreundliche Verhaltensweisen, die in Verhandlungen festgelegt werden, die jedoch keine rechtliche Bindungswirkung besitzen und auch nicht im Hinblick auf die Abwendung eines anstehenden Normerlasses getroffen werden. Die Motivation zum Abschluss eines solchen Abkommens liegt einerseits in der Aussicht, durch das umweltfreundliche Verhalten auch profitabler zu wirtschaften, andererseits in der Hoffnung auf einen Imagegewinn beim Konsumenten[34].
Bei der dritten Untergruppe handelt es sich um kooperative Forschungs- und Entwicklungsabkommen. Durch diese soll die Entwicklung neuer Technologien gefördert werden. Der Staat setzt dabei wirtschaftliche Anreize, die Forschungseinrichtungen und Hersteller zur Entwicklung bzw. Anwendung neuer Technologien bewegen sollen[35].
Schließlich werden noch solche freiwilligen Vereinbarungen unterschieden, die sich inhaltlich auf die Festlegung von Überwachungs- und Berichtspflichten beschränken (monitoring and reporting VA). Diese können für sich stehen, d. h.

---

31 *OECD*, Policies and Measures for Common Action, Working Paper 8, Demand Side Efficiency. Voluntary agreements with Industry

32 OECD, aaO., S. 13

33 OECD, aaO., S. 7

34 OECD, aaO., S. 15

35 OECD, aaO., S. 16

nur die Durchführung einer in sonstiger Weise getroffenen Regelung zum Gegenstand haben oder auch Teil eines umfassenderen freiwilligen Abkommens sein[36].

Die wohl weiteste Definition wird schließlich seitens der *Europäischen Kommission* vertreten[37]: Danach sind voluntary agreements schlicht Vereinbarungen zwischen Behörden und der Industrie zum Zwecke des Umweltschutzes. Diese können rechtlich verbindlich für die beteiligten Parteien sein oder können in Form einseitiger Verpflichtungserklärungen auftreten, die von den Behörden dann anerkannt werden.

2. Begriffsfestlegung

Hier soll folgende Begrifflichkeit verwendet werden: Bei bindenden Absprachen zwischen Staat und Verbänden handelt es sich um Verträge. Diese sind ergo auch schlicht als solche bezeichnet werden. Freiwillige Selbstverpflichtungen der Wirtschaft, an deren Zustandekommen der Staat in irgendeiner Form beteiligt ist, ohne dass er Partner eines Vertrages ist, werden hier als Selbstverpflichtungsabsprachen bezeichnet. Davon sind einseitige Willenserklärungen der Industrie zu unterscheiden, die ohne jegliche staatliche Einflussnahme abgegeben werden; dabei handelt es sich um Selbstverpflichtungen im engeren Sinne (ieS).
Oberbegriff für die Kategorien von Selbstverpflichtungsabsprache und Selbstverpflichtung ieS ist die Selbstverpflichtung iwS; dies entspricht auch dem Sprachgebrauch in der politischen Praxis.
Eine weitergehende begriffliche Differenzierung erscheint nicht erforderlich.

---

36 OECD, aaO., S. 17

37 KOM 96 (561) endg; S. 5

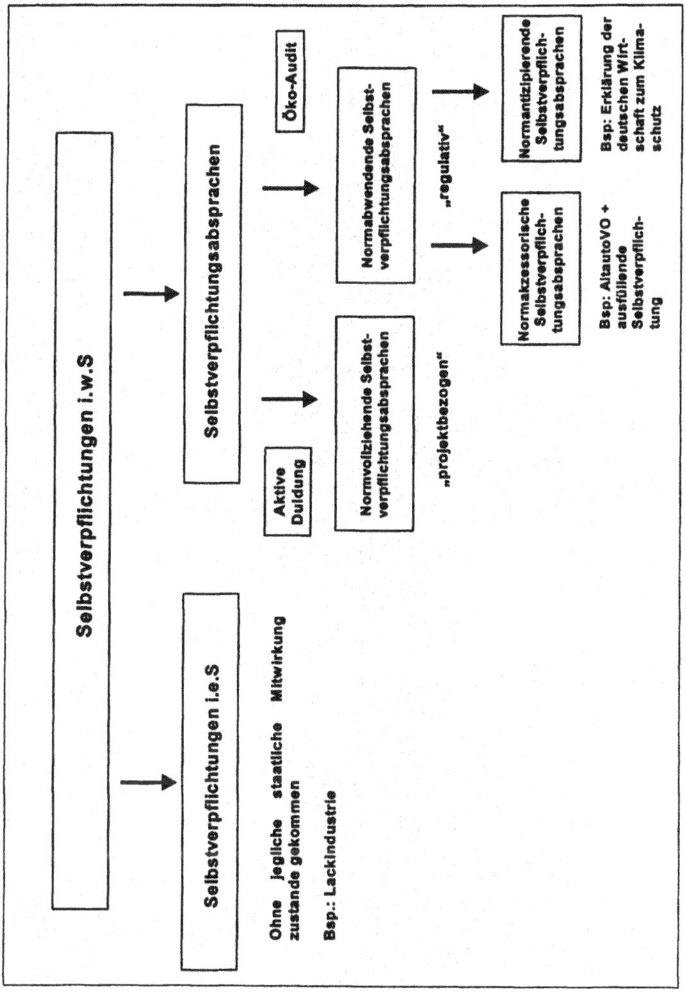
Selbstverpflichtungen i.w.S
Selbstverpflichtungen i.e.S
Ohne jegliche staatliche Mitwirkung zustande gekommen
Bsp.: Lackindustrie
Selbstverpflichtungsabsprachen
Aktive Duldung
Öko-Audit
Normvollziehende Selbstverpflichtungsabsprachen
Normabwendende Selbstverpflichtungsabsprachen
„projektbezogen"
„regulativ"
Normakzessorische Selbstverpflichtungsabsprachen
Normantizipierende Selbstverpflichtungsabsprachen
Bsp: AltautoVO + ausfüllende Selbstverpflichtung
Bsp: Erklärung der deutschen Wirtschaft zum Klimaschutz

§ 4 Die Klimaproblematik

1. Terminologie

Der Begriff des Klimaschutzes wird in der politischen Diskussion und in der Literatur mit verschiedenen Inhalten gebraucht.
Teilweise wird darunter nur die Treibhausproblematik verstanden; das Ozonloch wird als ein gesonderter Problembereich behandelt[38]. In dieser Arbeit soll jedoch der Klimabegriff in umfassenderer Weise verwendet werden, da unter Klima allgemein die Beschaffenheit des globalen Wetters in einer langfristigen Dimension zu verstehen ist[39]. Außerdem sind sowohl der Treibhauseffekt als auch das Ozonloch Phänomene, die in der chemischen Zusammensetzung der Atmosphäre ihre Begründung finden[40]; teilweise sind es die gleichen Gase, die für beide Probleme mitursächlich sind[41]. Dieses Zusammenspiel wurde inzwischen auch auf der internationalen politischen Ebene realisiert. Man versucht inzwischen die völkerrechtlichen Schritte zur Bekämpfung der beiden Aspekte zu koordinieren[42]. Daher ist es angebracht auch hier beide Facetten unter dem Oberbegriff des Klimaschutzes behandeln[43].

2. Der naturwissenschaftliche Hintergrund der Klimaproblematik

a. Der Treibhauseffekt

Die globale Klimaveränderung ist eines der größten Probleme, denen die Weltgemeinschaft heute gegenübersteht. Momentan steht besonders ein Aspekt im Brennpunkt des wissenschaftlichen und politischen Interesses, der sog. Treibhauseffekt. Dieser ist in seiner natürlichen Ausprägung dafür verantwortlich, dass überhaupt ein für den Menschen erträgliches Durchschnitts-

---

38 *Breitmeier*, Ozonschicht und Klima auf der globalen Agenda, S. 1; *Fischer*, Klimaschutz und internationale Politik, S. 28

39 *Altmann*, Umweltpolitik, S. 10

40 *Fischer*, Klimaschutz und internationale Politik, S. 25

41 *Verheyen*, in: Koch/Caspar, S. 29 (34)

42 Pressemitteilung *The Ozone Secretariat*: Cairo Ministerial Meeting Links Climate Change And Ozone Solutions, www.unep.org/secretar/ozone/press-rel-122.htm, 15. 2. 1999

43 so auch *Burger/Schulz*, ÖKORADARschirm 2, Umweltziele, S.6; *Schirmer*, in : HdUR I, S. 1254

klima auf der Erde existiert[44]. Ausgelöst wird dieser Effekt dadurch, dass die Spurengase Wasserdampf, CO_2, Methan, Lachgas und Ozon in ihrem natürlichen Gehalt in der Atmosphäre die kurzwellige Einstrahlung von der Sonne durchlassen und gleichzeitig die von der Erde wieder abstrahlende Wärme isolieren[45]. Resultat ist eine mittlere Temperatur von +15°C statt -18°C.
Seit der industriellen Revolution hat sich jedoch die Zusammensetzung dieser Spurengase in der Atmosphäre aufgrund menschlicher Aktivitäten verändert: Durch die Verbrennung fossiler Brennstoffe und durch eine veränderte Bodennutzung, die die Vernichtung von CO_2 absorbierenden Wäldern mit sich brachte, wurde vor allem die Konzentration von CO_2 in der Stratosphäre erheblich erhöht. Dadurch verstärkt sich der wärmedämmende Schild[46]. Dies führt dazu, dass weniger Wärme in den Weltraum abgestrahlt wird und sich die Temperatur erhöht (sog. anthropogener Treibhauseffekt)[47]. Der Umstand, dass dieser Effekt tatsächlich existiert und auf das Weltklima massive Auswirkungen haben wird, ist inzwischen wissenschaftlich gesicherte Erkenntnis. Lediglich die genauen Einzelauswirkungen kann die Klimaforschung nicht mit letzter Sicherheit voraussehen[48]. Als Quelle hinsichtlich des wissenschaftlichen Sachstandes lässt sich jedoch der 2. Bericht des Intergovermental Panel On Climate Change (IPCC)[49] heranziehen, der in eindrucksvoller Weise die Notwendigkeit zum sofortigen Handeln belegt: Im Unterschied zum ersten IPCC-Bericht wurde im zweiten Bericht 1995 ein erkennbarer menschlicher Einfluss auf das Klima nahegelegt[50]; ohne Gegenmaßnahmen war danach mit einem Anstieg der mittleren globalen Lufttemperatur bis zum Jahr 2100 um rund 2° C zu rechnen. Schon die Realisierung dieser Prognose hätte massive Auswirkungen nach sich gezogen.
Noch dringenderer Handlungsbedarf ergibt sich jedoch aus dem 2001 veröffentlichten dritten Bericht[51]: Da bestimmte Wechselwirkungen bisher zu Un-

---

44 *Müller-Kraenner/Knospe*, Klimapolitik, S. 11

45 *Schönwiese*, in: Brauch, S. 15; *Koch/ Behrend*, in: NuR 1996, S. 433

46 SZ v. 18. 11. 1997

47 *Schönwiese*, in: Brauch, S. 19

48 vgl. hinsichtlich des aktuellen Forschungsstandes *Schellnhuber*, Amerikanisches Roulette, in: SZ v. 26./27. 6. 1999; *Schröder*, in: Jahrbuch des Umwelt- und Technikrechts 1993, S. 191 (193)

49 IPCC Second Assessment Climate Change 1995, A Report of the Intergovermental Panel on Climate Change ,www.ipcc.ch

50 IPCC Second Assessment Climate Change 1995, S. 4

51 IPCC WGI Third Assessment Report, Shanghai Draft, www.ipcc.ch, 21.01.2001

recht nicht berücksichtigt worden sind, wird nunmehr ein Temperaturanstieg von zwischen 1, 5 und 6°C noch in diesem Jahrhundert prognostiziert[52]. Dies hätte zur Folge, dass die Polkappen abschmelzen und sich das Wasser in den Weltmeeren ausdehnen würde; der Meeresspiegel würde um rund 50 cm ansteigen. Küstennahe Gebiete würden überschwemmt, wodurch etwa 1/5 der Weltbevölkerung der Wirtschafts- und Lebensraum entzogen wäre[53]. Auch andere Naturkatastrophen, wie Dürre, Stürme und Überschwemmungen wären Folge der Klimaveränderung[54].

b. Das Ozonloch

Neben dem Treibhauseffekt ist der Schutz der Ozonschicht die zweite globale Herausforderung im Klimaschutz[55].
Ozon ist ein aus drei Sauerstoffatomen bestehendes Gas, das in der Stratosphäre eine dünne Schutzschicht um die Erde bildet und die gefährlichen ultravioletten Strahlen filtert[56]. Im Normalfall besteht ein Gleichgewicht zwischen ozonabbauenden und ozonfördernden Stoffen. 1984 wurde jedoch erstmals eine Abnahme der Ozonkonzentration über der Antarktis entdeckt, die sich nicht regenerierte; der Ozonabbau hatte in diesem Bereich 1998 sein bisher größtes Ausmaß erreicht[57]. Ein ähnlicher, wenngleich schwächerer Effekt wurde 1991 über dem Nordpol entdeckt; 1995 wurde ein drittes Ozonloch über Tibet geortet[58]. In diesen Bereichen werden die harten UV-Strahlen nicht mehr ausreichend herausgefiltert. Dies führt nach heutigem Kenntnisstand beim Menschen zu Hautschäden, Augenschäden und einer Schwächung des Immunsystems[59]. Auch Tiere und Pflanzen können geschädigt werden[60].

---

52 vgl. Pressemitteilung des BMU vom 3.11.2000

53 *Altmann*, Umweltpolitik, S. 26; *Müller-Kraenner/Knospe*, Klimapolitik, S. 11 ff

54 SZ v. 18. 11. 1997; *Cook*, in: Our Planet, Vol. 9 No 3, S. 7

55 *Altmann*, Umweltpolitik, S. 19

56 *Brunée*, Entwicklungen im Umweltvölkerrecht am Beispiel des sauren Regens und der Ozonschichtzerstörung, S. 28

57 vgl. Geänderter Vorschlag für eine Verordnung (EG) des Rates über Stoffe, die zum Abbau der Ozonschicht führen, KOM (1999) 67 endg., S. 6

58 *Altmann*, Umweltpolitik, S. 19

59 *Brunée*, Entwicklungen im Umweltvölkerrecht am Beispiel des sauren Regens und der Ozonschichtzerstörung, S. 38

60 *Meadows* u.a., Die neuen Grenzen des Wachstums, S. 182; *Brunée*, aaO., S. 39

Von Relevanz für das globale Klima ist vor allem die Schädigung des Meeresplanktons, da diese zu einem Rückgang der CO_2-Aufnahme durch die Ozeane führt. Damit ergibt sich eine Rückkoppelung mit dem Treibhauseffekt: Der erhöhte CO_2-Gehalt in der Stratosphäre führt zu einer Abkühlung in dieser Luftzone, was wiederum den Ozonabbau, der durch eine niedrigere Temperatur gefördert wird, begünstigt[61].

Als Hauptverursacher der Ozonzerstörung gelten FCKWs (Fluorchlorkohlenwasserstoffe)[62], die seit ihrer Entdeckung 1928 in großen Mengen, z.B. als Kühlmittel und Treibgase verwendet wurden[63]. Durch die FCKWs, die eine extrem lange Verweildauer in der Stratosphäre haben, wird eine Kettenreaktion in Gang gesetzt, innerhalb derer das Ozon zu Sauerstoff abgebaut wird. Die lange Verweildauer ist zusammen mit der hohen Reaktionsfähigkeit der FCKW-Moleküle auch der Grund dafür, dass sich auch bei einem sofortigen umfassenden Stop der FCKW-Emissionen das Ozonloch erst in etwa 100 Jahren wieder auffüllen würde[64].

---

61 *Meadows* , Die neuen Grenzen des Wachstums, S. 189; *Brunée*, Entwicklungen im Umweltvölkerrecht am Beispiel des sauren Regens und der Ozonschichtzerstörung, S. 40

62 *Meadows* u.a., aaO., S. 184

63 *Lautenbach/Steger/Weihrauch*, in: BDI (Hrsg.), S. 61 f

64 Mitteilung des BMU v. 11. 9. 1997, S. 3

B. Einordnung des Instruments der Selbstverpflichtung unter ökonomischen Gesichtspunkten

§ 5 Ökonomische Problemstellung

Die Erschließung neuer umweltrechtlicher bzw. umweltpolitischer Handlungsmöglichkeiten steht unter dem Leitgedanken der Effizienzmaximierung, da das bestehende Instrumentarium als ineffizient angesehen wird. Der Effizienzaspekt ist gerade in einer Zeit von Bedeutung, in der umweltpolitische Anliegen gegenüber anderen politischen Themen (Konkurrenzfähigkeit des Wirtschaftsstandortes Deutschland, Bekämpfung der Arbeitslosigkeit) in den Hintergrund getreten sind: Eine Umweltschutzmaßnahme findet nur dann Akzeptanz, wenn sie auch unter ökonomischen Gesichtspunkten sinnvoll erscheint.
Bei dem Begriff der Effizienz[65] handelt es sich um eine wirtschaftswissenschaftliche Kategorie. Daher ist es erforderlich, im Rahmen der Untersuchung des neuen Instrumentes der Selbstverpflichtung die wirtschaftswissenschaftlichen Hintergründe dieser Handlungsmöglichkeit zu berücksichtigen.

1. Umwelt als Kollektivgut

Aus ökonomischer Sicht ist das Dilemma des Umweltschutzes darin begründet, dass es sich bei den meisten zu schützenden Umweltgütern- wie z. B. der Luft und der Atmosphäre - um sog. Gemeinschaftsgüter handelt. Diese sind dadurch gekennzeichnet, dass sie nicht aufgeteilt werden können und niemand von ihrem Gebrauch ausgeschlossen werden kann[66]. Da es keine Eigentumszuweisung im herkömmlichen Sinne an diesen Gütern gibt, ist ihre Nutzung in der Regel auch kostenlos. Daher werden sie auch als freie Güter bezeichnet[67]. Diese Tatsache stellt kein Problem dar, solange die jeweiligen Güter im Überfluss vorhanden sind. Bei Umweltgütern ist dies jedoch nicht der Fall; es ist vielmehr bereits eine Übernutzung gegeben[68].

---

65 da bei der Beurteilung von Sachverhalten unter rechtlichen Gesichtspunkten eine Vielzahl anderer Kategorien berücksichtigt werden, begegnen der Anwendung des Effizienzkriteriums in dieser Reinform auf rechtlichem Gebiet Bedenken, vgl. hinsichtlich der Kritiker *Eidenmüller* Effizienz als Rechtsprinzip, S.7 f. mwN

66 *Oberthür*, in: Aus Politik und Zeitgeschichte, B 16/92, S. 9

67 vgl. z.B. *v. Wallenberg*, Umweltschutz und Wettbewerb, S. 30

68 vgl. *Kohlhaas/Praetorius*, Die Selbstverpflichung der Industrie zur CO_2-Reduktion, S. 25 f.; *Kirchgässner*, in: Grimm (Hrsg.), S. 453 (461 ff.)

Die Aufgabe der Ökonomen ist jetzt darin zu sehen, diesem Knappheitsproblem möglichst effizient zu begegnen. Effizienz meint dabei, die Existenz von Knappheiten anzuerkennen und zugleich dafür zu sorgen, dass die vorhandenen Mittel in bestmöglicher Weise genutzt werden[69]. Eine Maßnahme ist doppelt so effizient wie eine andere, wenn man durch sie doppelt soviel Umweltschutz für das gleiche Geld erhält[70]. Dabei ist es unter volkswirtschaftlichen Gesichtspunkten irrelevant, wer das Geld aufwenden muss.
Das beschriebene Dilemma existiert sowohl auf nationaler als auch auf globaler Ebene. Beispielsweise kann der Treibhauseffekt als eine Problematik globaler Gemeinschaftsgüter (sog. 'global commons') betrachtet werden[71].

2. Das Problem der 'social costs'

Wenn man im Rahmen eines Produktionsprozesses oder als Konsument ein bestimmtes Gut nutzt, hat man normalerweise dafür einen bestimmten Preis zu entrichten, der sich in der Kostenrechnung wiederfindet. Bei der Nutzung von Gemeinschaftsgütern ist dies jedoch nicht der Fall, d. h.. die eigentlich entstandenen Kosten werden externalisiert. Daher spricht man von (negativen) externen Effekten[72], die außerhalb des Preissystems wirken und daher durch den Preismechanismus auch nicht koordiniert werden können[73].
Beim Autoverkehr beispielsweise werden die Belastungen, die im Zusammenhang mit der Nutzung dieses Fortbewegungsmittels entstehen (Luftverschmutzung, Landschaftsverbrauch, Lärmbelästigung), nicht dem einzelnen Nutzer angelastet, sondern von der Allgemeinheit getragen.
Ein anderer Begriff für das gleiche Phänomen ist der der 'social costs'. Auch damit ist gemeint, dass Schäden und Verluste, die durch die Produktionstätigkeit einzelner Wirtschaftssubjekte entstehen, auf Dritte oder die Gemeinschaft abgewälzt werden[74].

---

69 *Weimann*, Umweltökonomik, S. 27

70 *v. Weizsäcker*, Erdpolitik, S. 179

71 *Cansier*, Umweltökonomie, S. 345 f.; dazu auch *Killinger/Schmidt*, in: Finanzarchiv N.F., Bd. 55 (1998), S. 219

72 *Tischler*, Umweltökonomie, S. 30; *Kirchgässner*, in: Grimm (Hrsg.), S. 453 (476); *Endres*, in: Donner u.a. (Hrsg.), S. 269 (276); *Killinger/Schmidt*, aaO., S. 219

73 *Nutzinger/Zahrnt* , in: Kurz, Marktwirtschaft und Umwelt, S. 18

74 dazu detailliert: *Kapp*, Soziale Kosten der Marktwirtschaft, Frankfurt 1979

3. Staatlich inspirierte Selbstverpflichtungsabkommen als Mittel zur Überwindung des Marktversagens ?

Die klassische marktwirtschaftliche Theorie ging von einem Gleichgewicht im Wettbewerb aus; das ökonomische Optimum sollte sich zwischen Angebot und Nachfrage einspielen. Der freie Wettbewerb sollte eine höchstmögliche Harmonie - sowohl auf individueller als auch auf gesamtgesellschaftlicher Ebene - schaffen. Dieser Effekt basiert auf der Annahme, dass die (für den einzelnen) rationellste Verwendung von Ressourcen gleichzeitig auch im allgemeinen Interesse ist[75]. Dies kann jedoch nur der Fall sein, wenn diePreise die tatsächlichen wirtschaftlichen und ökologischen Kosten widerspiegeln[76].
In diesem Modell waren soziale Kosten, die aus der Nutzung von Umweltgütern entstehen, jedoch noch nicht berücksichtigt. Dies ist darin begründet, dass zu der Zeit, in der die Theorie entwickelt wurde, eine Knappheit an diesen Gütern noch nicht realisiert wurde. Da nach den Gesetzen von Angebot und Nachfrage einem Gut nur dann ein Preis zukommt, wenn in irgendeiner Form eine Knappheit besteht, waren sie somit 'freie' Güter. Heute dagegen haben die "social costs" in diesem Bereich eine erhebliche Höhe erreicht[77]. Da sie im Modell jedoch nicht enthalten sind, wird so die Einstellung eines Gleichgewichts verhindert. Bei Vorliegen dieser Umstände versagt der Markt als Regelungsinstrument[78].
Zur Abwendung der daraus entstehenden Probleme kommen zunächst ordnungsrechtliche Lösungen in Betracht. Ein anderer Weg zur Behebung des Marktversagens wäre es, durch ein Abgabensystem Preise zu schaffen, die die ökologischen Kosten widerspiegeln und damit das System einem Gleichgewicht anzunähern.
Diese beiden Ansätze verlangen ein unmittelbares hoheitliches Tätigwerden. Ein anderes ökonomische Lösungsmodell ist die Einrichtung eines Systems handelbarer Emissionszertifikate[79].
Es ist jedoch möglich, dass diese Instrumente politisch nicht gewollt, nicht durchsetzbar oder nicht realisierbar sind. Dann ist eine dritter Weg zu suchen,

---

75 vgl. z. B. *Siebert,* Economics of the Environment, S. 9

76 vgl. dazu z. B.*v. Weizsäcker*, Erdpolitik, S. 143; *Endres*, in: Donner u.a. (Hrsg.), S. 269 f.

77 allein um die auf ökologischem Gebiet entstehenden social costs widerzuspiegeln, müsste der wahre Preis für den Umweltgebrauch das fünf- bis zehnfache der bisherigen Höhe betragen, vgl. *v. Weizsäcker*, Erdpolitik, S. 148

78 *Tischler*, Umweltökonomie, S. 33; *Kohlhaas/Praetorius*, Die Selbstverpflichtung der Industrie zur CO_2-Reduktion, S. 26 f.

79 dazu genauer *Morgan,* Greenhouse Gas Emissions Trading, S. 1 ff.

der von ordnungsrechtlicher Symptombekämpfung und der Arbeit mit dem Marktmechanismus in Reinform verschieden ist.
Hier bieten sich Kooperationsverhandlungen als Lösung an. Deren positive Bewertung geht auf die Studie von *Coase*[80] zurück. Darin stellt er die Hypothese auf, dass bei Vorliegen externer Effekte über Verhandlungen zwischen den Beteiligten eine Pareto-optimale Lösung zu erreichen ist. Darunter ist zu verstehen, dass die vorhandenen Ressourcen so auf die verschiedenen Nutzungen verteilt werden, dass es nicht möglich ist, durch Umverteilung irgendein Wirtschaftssubjekt besser zu stellen, ohne dass gleichzeitig ein anderes schlechter gestellt wird[81].
Direkte staatliche Eingriffe wären damit entbehrlich[82]. Genauer soll auf den theoretischen Hintergrund für Kooperationen in § 6 eingegangen werden.

4. Selbstverpflichtungen als marktwirtschaftliches Instrument?

In der allgemeinen Diskussion werden Selbstverpflichtungen häufig auch in der Kategorie der ökonomischen oder marktwirtschaftlichen Instrumente angeführt[83]. Diese Bezeichnung ist jedoch nur für solche Instrumente zutreffend, die sich des Marktmechanismus von Angebot und Nachfrage bedienen, der über die Preise beeinflusst wird. Bei Selbstverpflichtungen ist dies grundsätzlich gerade nicht der Fall, da sie nicht aus dem Marktsystem, sondern aus Verhandlungen zwischen Staat und Wirtschaftsverbänden resultieren[84]. Als Ausnahme ist das System des "Grünen Punktes " zu nennen, das zwar mittels einer Selbstverpflichtung organisiert ist, ökonomisch jedoch eigentlich die Funktion einer Abgabe einnimmt.

---

80 *Coase*, The problem of social cost, in: the Journal of Law and Economics, Vol. III, Oct. 1960, S. 1

81 *Kohlhaas/Praetorius*, Die Selbstverpflichtung der Industrie zur CO_2-Reduktion, S. 26; *Eidenmüller*, Effizienz als Rechtsprinzip, S. 49

82 *Coase*, aaO., S. 1 (42)

83 so z.B. *Steger*, Umweltmanagement, S. 97

84 *Bergmann/Brockmann/Rennings*, Möglichkeiten und Grenzen von freiwilligen Umweltschutz-maßnahmen der Wirtschaft unter ordnungspolitischen Aspekten, Kurzfassung des Endberichts, S. 4

§ 6 Wege zur Überwindung des Marktversagens: Die theoretischen Grundlagen von Abgabenlösungen und Kooperation

1. Der Public- Goods- Ansatz Pigous[85]

Fraglich ist nun, welche Wege zur Überwindung dieses Marktversagens im Falle der Umweltgüter theoretisch denkbar sind.

Ein Ansatz ist die "public-goods"-Theorie Pigous: Öffentliche Güter kennzeichnen sich dadurch, dass das marktwirtschaftliche Ausschlussprinzip auf sie nicht anwendbar ist und keine Konsumrivalität besteht. Die Güter sind nicht teilbar und können von allen Interessenten gemeinsam in Anspruch genommen werden. Daher sind potentielle Nutznießer kaum bereit, einen Kostenbeitrag zu übernehmen; ergo muss der Staat für die Güterbereitstellung Sorge tragen[86]. Klassisches Beispiel für ein öffentliches Gut ist die innere Sicherheit und Ordnung[87].

Bei Vorliegen der vorgenannten Voraussetzungen sind öffentliche Güter zugleich freie Güter; diese Kombination ist jedoch nicht zwingend: Gerade bei Umweltgütern ist inzwischen zumeist doch eine Konsumrivalität gegeben. Dies ist darin begründet, dass diese unterschiedlichen Nutzungsarten zugeführt werden können, die miteinander in Konkurrenz stehen: Die Funktion einer sauberen Umwelt als Konsumgut einerseits und von Umwelt als Aufnahmemedium für Schadstoffe andererseits rivalisieren miteinander.

Bei Umweltgütern handelt es sich also teilweise nicht um freie Güter im eigentlichen Sinne, sondern vielmehr um eine "common property resource", da eine Rivalität bezüglich ihrer Nutzung besteht[88].

Bei der Nutzung dieser Güter entstehen externe Kosten. Das bedeutet, dass die (gesamtgesellschaftlich) bei der Nutzung entstehenden Kosten sich nicht in den Produktionskosten des unter Verwendung von freien Gütern hergestellten Produktes wiederfinden[89].

Da es nach diesem Ansatz Aufgabe des Staates ist, die öffentlichen Güter und damit auch Umweltgüter bereitzustellen, sollen die klassischen Instrumente staatlichen Handelns die für ein Funktionieren des Marktes notwendigen Rahmenbedingungen schaffen. Dies bedeutet, dass der Staat entweder durch ord-

---

85 *A.C. Pigou*, The Economics of Welfare 183, 4th edition 1932

86 *Wicke*, Umweltökonomie, S. 41

87 *Cansier*, Umweltökonomie, S. 20

88 *Siebert*, The economics of the environment, S. 63

89 *Huckestein*, Effizienzbedingungen ökonomischer Instrumente in der EU-Umweltpolitik, S. 100

ordnungsrechtliche Maßnahmen regelnd eingreifen kann oder im Wege der Auferlegung von Abgaben, durch die dann alle Produktionsprozesse mit den externen Kosten belastet werden[90]. Allerdings lässt sich die Pigou-Lösung nicht ohne weiteres in die umweltpolitische Praxis umsetzen, da sich bei der Erfassung, Zurechnung und Bewertung von Umweltschäden erhebliche Probleme ergeben[91].

2. Das Coase-Theorem: Der Property- Rights- Approach

Ein anderer Ansatz zur Überwindung des Marktversagens ist der "property-rights-approach". Dieses Theorem wurde von Ronald Coase als Reaktion auf die soeben dargestellte traditionelle Position entwickelt, der zufolge das durch externe Effekte bewirkte Marktversagen nur durch staatliche Eingriffe geheilt werden kann.
Gründe für die Entwicklung einer Gegenposition waren die folgenden: Zum einen erwies sich die praktische Umsetzung des Konzepts Pigous als problematisch, da Umweltschäden sich nur schwer erfassen und präzise monetär bewerten lassen. Zum anderen wurde als kritisch angesehen, dass angesichts der Vielzahl externer Effekte auf Grundlage dieser Position staatlichen Interventionen ein weites Anwendungsfeld eröffnet wurde: Vor allem von den Ökonomen der Chicagoer Schule, die generell staatlichen Einmischungen in wirtschaftliche Abläufe ablehnend gegenüberstehen, wurde das Konzept Pigous mit Skepsis aufgenommen. Auch Coase gehört der Chicagoer Schule an und wollte Pigou dahingehend widerlegen, dass aus der Existenz externer Effekte nicht automatisch die Notwendigkeit einer staatlichen Interventionfolgt; vielmehr seien die beteiligten Wirtschaftssubjekte in der Lage, selbständig zu einer effizienten Lösung zu gelangen[92].
Coase geht davon aus, dass es bei einem vollständigen System einklagbarer Eigentumsrechte, egal wie diese ausgestaltet sind, möglich ist, durch direkte Verhandlungen zwischen den Parteien zu einer effizienten Internalisierung externer Effekte zu gelangen[93].
Sind die Eigentumsrechte dem Geschädigten zugeordnet (sog. "Verursacherregel"), müssen die Verursacher das Recht auf Herbeiführung eines externen Effektes von den Geschädigten kaufen. Unter der "laissez-faire"-Regel

---

90 *Huckestein*, Effizienzbedingungen ökonomischer Instrumente in der EU-Umweltpolitik, S. 100

91 *Endres*, in: Donner u.a. (Hrsg.), S. 269 (271)

92 vgl. dazu auch *Eidenmüller*, Effizienz als Rechtsprinzip, S. 67

93 vgl. *Eidenmüller*, aaO., S. 59 ff.

müssen die Geschädigten die Verursacher durch Zahlungen zur Vermeidung von externen Effekten bewegen[94].

Diese aus juristischer Perspektive ungewohnte Indifferenz gegenüber der Beschaffenheit der vorhandenen Eigentumspositionen ist im Rahmen der ökonomischen Fragestellung unproblematisch: Die Frage ist allein, wie ein Posten, der bisher irrelevant war, zu einer Position wird, die innerhalb des Systems Berücksichtigung findet; so kann dann die Gesamtsituation einer effizienten Lösung zugeführt werden.

Problematisch am Modell Coases ist jedoch, dass er von einer Vielzahl von Prämissen ausgeht:

Zunächst setzt er voraus, dass Verhandlungen ohne Transaktionskosten durchgeführt werden können. Transaktionskosten sind dabei diejenigen Kosten, die im Zusammenhang mit der Veränderung von Eigentumsrechten auftreten können, d. h. die direkten Kosten der Verhandlungen ebenso wie die der Spezifizierung, Überwachung und Durchsetzung von "exklusiven Verfügungsrechten".

Zudem sind die Beispielskonstellationen, anhand derer er sein Theorem darstellt, immer nur Zweipersonenverhältnisse; mit zunehmender Zahl teilnehmender Verhandlungsparteien verschärfen sich die Probleme. Ein weiterer problematischer Punkt der Hypothese ist, dass er von einer Externalität ausgeht, deren Wirkungszusammenhänge und Ausmaße bekannt sind[95]. Umweltprobleme sind jedoch größtenteils dadurch gekennzeichnet, dass sie auf einer Vielzahl von Ursachen und komplexen Kausalitäten beruhen.

Nicht ausdrücklich, aber implizit, geht Coase vom Vorliegen zweier weiterer Voraussetzungen aus, die für die Gültigkeit seiner Hypothese erforderlich sind: Beide Verhandlungspartner müssen zum einen vollständig informiert sein und zum anderen eine für beide Seiten vorteilhafte Vereinbarung anstreben[96]. Die letzten beiden Prämissen wurden erst im Rahmen einer spieltheoretischen Untersuchung des Theorems deutlich. Darin ergab sich, dass bei Vorliegen privater Informationen die Verhandlungspartner diese Informationen nutzen, um ein Verhandlungsergebnis zu erzielen, dass sie besser stellt als die Pareto-effiziente Allokation[97].

Daraus ließe sich jetzt der Schluss ziehen, dass Coases Theorem nur für eine kleine, realiter fast nicht vorkommende Fallgruppe Gültigkeit besitzen kann. Dies ist jedoch in dieser Absolutheit nicht zutreffend. Eine wichtige Feststel-

94 *Endres*, in: Donner u.a. (Hrsg.), S. 269 (274)

95 *Hodge*, Environmental Economics, S. 85

96 *Weimann*, Umweltökonomik, S. 43

97 *Weimann*, aaO., S. 51

lung Coases ist in jedem Fall, dass bei der Beurteilung eines Allokationsergebnisses die Kosten des jeweiligen Allokationsmechanismus bzw. des institutionellen Rahmens, in dem die Tauschvorgänge ablaufen, mit zu berücksichtigen sind[98].
Dieser Methode folgend kommt man zu dem Schluss, dass eine Internalisierung im Wege staatlicher Interventionen im Sinne Pigous oft nicht die effizienteste Lösung darstellt, da sie einen aufwendigen institutionellen Rahmen erfordert.
Zudem ist auch nach Coase eine Einflussnahme des Staates nicht vollkommen ausgeschlossen: Wenn eine Konstellation vorliegt, in der zu hohe Transaktionskosten eine Verhandlung zwischen den Parteien verhindern und durch staatliche Aktivität dieses Hindernis überwunden werden kann, kann die Einschaltung einer übergeordneten Instanz durchaus zu einer effizienten Lösung führen[99].

3. Einordnung des Instrumentes der Selbstverpflichtung unter wirtschaftstheoretischen Gesichtspunkten

Fraglich ist nun, wie sich das Instrument der Selbstverpflichtungsabsprache innerhalb der Ordnungsmodelle von Property-rights- und Public-goods-Ansatz einordnen lässt.
Selbstverpflichtungsabsprachen sind Absprachen zwischen verschiedenen Wirtschaftsunternehmen, die zumeist auf staatliche Initiative hin zu Stande kommen und auf die Erreichung eines bestimmten Umweltziels gerichtet sind. Maßgebliches Charakteristikum ist dabei, dass die Absprache vertikal mit einer staatlichen Instanz getroffen wird; die horizontale Abstimmung zwischen den Unternehmen einer Branche dient nur der Ausführung.
Zur Qualifizierung dieses Instrumentes im Lichte der wirtschaftstheoretischen Ansätze, soll von den Ordnungsvorstellungen nach Coase ausgegangen werden.
Der Versuch einer Einordnung soll am Beispiel von Emissionen in die Luft verfolgt werden. Zur Umsetzung von Coases Modell müssten Eigentumsrechte an der Luft definiert sein, sei es, dass das verschmutzende Unternehmen ein Recht an der Luft als Aufnahmemedium für Schadstoffe besitzt, sei es, dass anderen ein Recht an sauberer Luft als Konsumgut zusteht. Die klassische Situation im Sinne von Coase wäre es, wenn das verschmutzende Unternehmen und der Beeinträchtigte in Verhandlungen eintreten, die schließlich zu einer effektiven Lösung führen: Es würde das Recht zu

---

98 *Weimann*, aaO., S. 42

99 *Coase*, in:The Journal of Law and Economics, Vol III 1960, S. 28

demjenigen Preis transferiert, der die Situation einer optimalen Lösung zuführt.
Aufgrund dieser Gegebenheiten scheint es so, als könnte das kooperative Instrument der Selbstverpflichtungen nicht durch die ökonomische Theorie Coases untermauert werden; danach scheint eher ein Trading-System eine optimale Lösung zu sein.

Auch der Public-goods-Ansatz scheint zunächst nicht die Anwendung von Selbstverpflichtungen zu stützen: Danach sind die Handlungsmöglichkeiten des Staates grundsätzlich auf direkte Interventionen beschränkt.

Beide Ansätze stellen jedoch ökonomische Modelle dar, die in Reinform nie vorkommen, sondern lediglich dazu dienen, durch Reduzierung auf bestimmte Idealtypen die Analyse von Wirkungszusammenhängen zu erleichtern; ebenso sollen sie zur Erschließung neuer Lösungen anregen.
Dieser Intention folgend käme man zu dem Schluss, dass bezüglich der Aussage, dass interventionistische Lösungen nicht zwingend den effektivsten Weg staatlichen Handelns darstellen, Selbstverpflichtungsabsprachen durchaus in der Theorie Coase Unterstützung finden. Über eine Konstruktion der Public Goods als Summe privater Eigentumsrechte, deren Wahrnehmung durch den Staat übernommen wird, lassen sich auch in der momentanen Situation Verhandlungslösungen auf das Coase- Theorem stützen. In Form einer Art "institutionalisierter" Verhandlungslösung stellen sie einen Kompromiss der beiden Ansätze dar.
Die Vorteile dieses Konzepts sind die folgenden:
Zunächst werden auf diese Weise die Transaktionskosten auf ein praktikables Maß reduziert. Des weiteren behält der Staat (anders bei einer Coase-Lösung in Reinform) weiterhin die Einflussmöglichkeit auf das Gut "Umwelt". Die Wirtschaft schließlich profitiert von einem weiteren Handlungsspielraum, als er bei staatlichen Abgaben bestehen würde.
Grundsätzlich kann damit unter wirtschaftstheoretischen Gesichtspunkten eine Selbstverpflichtungsabsprache durchaus ein effizientes Instrument sein.

§ 7 Die Untersuchung von Kooperation mit den Methoden der Spieltheorie

Die Spieltheorie behandelt Situationen, in denen sich einzelne Akteure strategisch verhalten können, indem sie wie bei einem Gesellschaftsspiel aufeinanderfolgende Züge derart ausführen, dass sie bei jedem Zug aus einer gegebe-

nen Menge von möglichen Zügen auswählen. Dabei berücksichtigen sie die jeweiligen Gegenzüge des oder der Mitspieler[100].
Auch spieltheoretische Überlegungen weisen auf die Vorteilhaftigkeit kooperativer Verfahren hin. Dies soll im folgenden am Beispiel des Spiels des "Gefangenendilemma" dargestellt werden.

1. Das Gefangenendilemma

Das Spiel "Gefangenendilemma" geht von der Situation aus, dass zwei Spieler eine Straftat begangen haben und verhaftet wurden. Beiden droht eine Haftstrafe von zwanzig Jahren. Voraussetzung für eine Verurteilung wegen dieser Tat ist jedoch ein Geständnis, da ihnen andernfalls eine Straftat nicht nachzuweisen ist. Für ein weniger schwerwiegendes Vergehen könnten jedoch beide mit einer Haft von einem Jahr bestraft werden.
Beiden wird nun eine "Kronzeugenregelung" angeboten: Wenn einer gesteht, geht er straffrei aus; der andere erhält die lange Haftstrafe von zwanzig Jahren. Gestehen beide, so müssen sie für zehn Jahre ins Gefängnis; gesteht keiner von beiden, so werden sie wegen des geringeren Vergehens verurteilt und für ein Jahr inhaftiert. Dabei haben die Gefangenen keine Möglichkeit, sich hinsichtlich ihrer Entscheidung abzusprechen.
Die Frage ist nun, wie sich ein rational handelnder Spieler optimalerweise verhalten sollte[101].
Spieler 1 wird folgende Überlegung anstellen: Gesteht er und Spieler 2 tut dies auch, so erhält er eine Gefängnisstrafe von 10 statt von 20 Jahren; gesteht Spieler 2 nicht, so kann Spieler 1 von der Kronzeugenregelung profitieren und kommt frei. Unter individuell rationalen Gesichtspunkten ist es also immer besser für ihn zu gestehen. Da Spieler 2 dem gleichen Gedankengang folgen wird, werden beide gestehen und damit für 10 Jahre inhaftiert. Dieses Ergebnis ist jedoch nicht optimal: Im Falle der Kooperation würde ein für beide positiveres Ergebnis erreicht. Hätten sich beide solidarisch verhalten und geleugnet, wäre nur eine Verurteilung zu einer einjährigen Haftstrafe möglich gewesen.

2. Freifahrerverhalten als Konsequenz des sozialen Dilemmas

Im Bereich der Umweltprobleme findet sich ein Pendant zum Gefangenendilemma: das soziale Dilemma. Dieses entsteht, wenn größere Gruppen von externen Effekten betroffen sind[102]. Das soziale Dilemma kann als ein

---

100 vgl. *Weimann*, Umweltökonomik, S. 273 f; *Benz*, in: Dose/Nicolai, S. 297 (298)

101 vgl. z. B. *Cansier*, Umweltökonomie, S. 22

102 *Weimann*, Umweltökonomik, S. 66, *Axelrod*, Die Evolution der Kooperation, S. 22

Gefangenendilemma interpretiert werden, an dem statt zweier eine unbestimmte Vielzahl von Personen beteiligt ist. Dabei ist es für das Individuum die jeweils beste Strategie, sich nicht an umwelterhaltenden Maßnahmen zu beteiligen, unabhängig davon, wie die anderen sich verhalten[103].
Erläutern lässt sich dies am Beispiel des Autoverzichtes: Wenn nur eine Person auf die Benutzung ihres Autos verzichtet, sind die positiven Konsequenzen dieses Verhaltens für die Umwelt minimal. Die Einschränkungen, denen sich die Person durch den Verzicht auf das Auto unterworfen fühlt, sind dafür erheblich. Würden andererseits alle anderen, außer der relevanten Person, auf ihr Auto verzichten, wäre dies für diese die optimale Konstellation: Sie könnte weiterhin von den Vorteilen der Autobenutzung profitieren und zusätzlich eine saubere Umwelt genießen[104]; sie maximiert auf diese Weise ihren individuellen Nutzen. Dieses Verhalten wird als Freifahrer- oder Schwarzfahrerverhalten [105] bezeichnet. Durch dieses wird die Effektivität kooperativer Lösungen defektiert.

3. Kooperation statt Schwarzfahrens - ein irrationaler Weg?

Im Rahmen der Spieltheorie erweist sich die Freifahreroption als dominante Strategie eines rational handelnden Spielers, die er also auch verfolgen wird. Es stellt sich nun jedoch die Frage, wie das in der Realität durchaus vorkommende kooperative Verhalten zu erklären ist. Daraus ließen sich dann auch Folgerungen ziehen, wie eine Situation beschaffen sein muss, um Freifahrerverhalten zu verhindern.

a. Experimentelle Befunde

Bis vor kurzem galt die Ökonomie als eine nicht-experimentelle Wissenschaft. In letzter Zeit werden jedoch verstärkt Experimente als Methode zur Überprüfung von ökonomischen Theorien verwandt. Auch bezüglich des Vorkommens von Freifahrerverhalten gibt es eine Vielzahl von Experimenten[106]. Deren Ziel war es jedoch größtenteils festzustellen, ob Kooperation überhaupt praktiziert wird. Dabei kamen die Experimente zu Ergebnissen, die die Prognosen der Spieltheorie relativierten: Ausgehend von

---

103 *Cansier*, Umweltökonomie, S. 23; Kirchgässner, in: Grimm (Hrsg.), S. 453 (457)

104 *Weimann*, Umweltökonomik, S. 72

105 *Cansier*, Umweltökonomie, S. 23;*Bergmann/Brockmann/Rennings*, Möglichkeiten und Grenzen von freiwilligen Umweltschutzmaßnahmen der Wirtschaft unter ordnungspolitischen Aspekten, S. 11

106 *Weimann*, Umweltökonomik, S. 83 ff.

einem rational handelnden, eigennützigen Teilnehmer, hätten alle Probanden die dominante Strategie in Form der Freifahreroption wählen müssen. Dies war jedoch nicht der Fall; es trat durchaus kooperatives Verhalten auf.
In letzter Zeit wurden jedoch auch weitergehende Experimente durchgeführt, die Erkenntnisse über die Funktionsweise von Kooperation lieferten: Im Rahmen des Forschungsprogramms " Selbsttätige Verbreitung von umweltgerechtem Handeln"[107] wurde beispielsweise festgestellt, dass es für das Entstehen von Kooperationen förderlich ist, wenn eine Selbstverpflichtung öffentlich gestaltet wird[108].

b. Sonstige Erklärungsversuche

aa. Die Bedeutung von Präferenzen

Auch auf theoretischem Wege hat man versucht, Erklärungsversuche für die mangelnde Korrespondenz der experimentellen Resultate (manchmal kommt Kooperation vor, manchmal nicht) mit den theoretischen Grundsätzen (Kooperation kommt nie vor) zu finden.
Bei der Analyse der Experimente kam man zunächst zu dem Schluss, dass die Kooperationsbereitschaft zu einem erheblichen Teil von den jeweiligen Präferenzen der Teilnehmer abhängt. Das bedeutet, dass der Teilnehmer Verhaltensweisen zeigt, die lediglich von der Dilemma-Situation selbst abhängen, aber nicht durch die konkreten Umstände (wie z. B. Größe der beteiligten Gruppe, Dauer des Spiels..) bedingt sind[109].

bb. Normen als entscheidender Präferenzfaktor: Das 'principle of reciprocity'

Daraus folgt die nächste Frage: Wie müssen die Präferenzen eines kooperativen Menschen beschaffen sein? Altruismus wird als ausschließliche Erklärung abgelehnt[110]. Vielmehr sind Normen wohl der entscheidende Faktor, der die Präferenzen der Menschen bestimmt.

---

107 *Mosler*, in: Diekmann/Franzen, S. 151 ff.

108 *Mosler*, aaO., S. 151 (170)

109 *Weimann*, aaO., S. 97

110 *Weimann*, aaO., S. 103

aaa. Sugdens 'principle of reciprocity'

Wie diese Normen beschaffen sein müssten, um das im Experiment erzielte Ergebnis zu untermauern, versucht *Sugden*[111] zu erläutern. Er geht von der Beobachtung aus, dass Menschen dann zu Kooperationsbeiträgen bereit sind, wenn auch andere solche Beiträge leisten. Die sich daraus ergebende Regel bezeichnet *Sugden* als "principle of reciprocity". Diese Regel enthält das Verbot, eine Freifahrerposition einzunehmen: Wenn andere kooperieren, dann ist es nach dem "principles of reciprocity " verwerflich, keinen eigenen Beitrag zu leisten[112].
Dieser Erklärungsversuch besitzt jedoch einen Schwachpunkt: Wenn Menschen sich tatsächlich so verhielten, käme es nie zu Kooperation, da zumindest einer einen Anfang machen muss und die Leistung dieses ersten Beitrags sich weder mit Rationalitätsgründen noch mit einem Normbefehl begründen lässt[113].

bbb. Die 'tit for tat'-Strategie

Auch *Axelrod* stellt fest, dass eine kooperative "tit for tat "-Strategie, die dem Prinzip der Reziprozität entspricht, als am effektivsten einzustufen ist[114]. Im Unterschied zu *Sugden* postuliert er jedoch, dass das Spiel kooperativ begonnen wird und man dann die Strategie des anderen wiederholt.
Axelrod arbeitet vier Merkmale heraus, die eine Strategie der Kooperation erfolgreich machen:
Zunächst ist erforderlich, dass man auf eine momentane Besserstellung des Partners im Spielverlauf nicht mit Neid und daraus folgender Defektion reagiert. Es ist niemals positiv, als erster zu defektieren, da generell Kooperation vorteilhafter ist[115]. Des weiteren kann ein gewisses Maß an Nachsicht förderlich sein, um eine Folge wechselseitiger Vergeltungsschläge zu verhindern. Die Kooperation darf jedoch nicht unbedingt sein, d. h. Ausbeutungsversuche sind zurückzuschlagen. Als letzter wichtiger Punkt bleibt die Berechenbarkeit der Strategie, da so eine Vertrauensbasis für die effektive Kooperation geschaffen wird[116].

---

111 *Sugden,* in: The Economic Journal 94, 1984, S. 772 ff,

112 *Sugden,* aaO., S. 772 (774 f)

113 *Weimann,* Umweltökonomik, S. 100

114 *Axelrod,* Die Evolution der Kooperation, S. 28 ff

115 *Axelrod,* Die Evolution der Kooperation, S. 99, 102

116 *Axelrod,* aaO, S. 111

Neben dieser Analyse einer effektiven Strategie der Kooperation, schlägt er Maßnahmen zu deren Förderung vor. Hier ist zunächst wichtig, dass eine längerfristige Perspektive geschaffen wird, da bei lediglich einmaligen Interaktionen eine Kooperation schwierig ist: Dann scheint Defektion lohnender[117]. Außerdem müssen die Nutzenverhältnisse kooperativer und unkooperativer Handlungsalternativern verändert werden: Die unkooperative Alternative muss im Verhältnis zur Zusammenarbeit deutlich weniger reizvoll gestaltet werden[118].
Nicht als alleinigem Grund, sondern nur als einem von mehreren Faktoren wird schließlich dem Altruismus Bedeutung für das Zustandekommen von Kooperationen zugeschrieben: Axelrod empfiehlt, dass Menschen darin unterwiesen werden sollen, sich umeinander zu kümmern[119].
Mit dem Prinzip des "tit for tat" lässt sich das im Experiment erzielte Ergebnis (dass in wiederholten Dilemmasituationen Teilnehmer teilweise kooperieren, teilweise defektieren) erklären. Auch scheinen die Strategiemerkmale und Handlungsempfehlungen durchaus beachtenswert im Rahmen der Anwendung und Ausgestaltung des Instrumentes der Selbstverpflichtung.

§ 8 Ökonomisch-politische Bewertung von Selbstverpflichtungen in der konkreten Anwendung

1. Motivationslage zum Abschluss von Selbstverpflichtungen

a. Seitens des Staates

Der Hauptgrund für die Attraktivität von Selbstverpflichtungen für die Akteure auf staatlicher Seite liegt wohl in der besonderen Beschaffenheit von Umweltproblemen: Zumeist handelt es sich um komplexe Entscheidungssituationen naturwissenschaftlich-technischer Prägung .
Diese Komplexität ist auch eine der Ursachen für das im Umweltrecht besonders stark ausgeprägte Vollzugsdefizit[120]. Die herkömmlichen Instrumente regulativer Politik scheinen nicht mehr zu genügen; es wird nach Alternativen gesucht. Eine solche meint man im Instrument der Selbst-

---

117 *Axelrod*, aaO, S. 112

118 *Axelrod*, aaO, S. 119

119 *Axelrod*, aaO , S. 124

120 vgl. dazu *Tischler*, Umweltökonomie, S.198

verpflichtung gefunden zu haben. Welche Beweggründe zu diesem Schluss führen, soll im folgenden erörtert werden.

aa. Der Informationsaspekt

Aufgrund ihrer Komplexität können umweltrechtliche Problemstellungen auf gesetzgeberischer Ebene oft nur mittels unbestimmter Rechtsbegriffe und Abwägungsklauseln gehandhabt werden[121]; auf der Vollzugsebene erweist sich die präzise Sachverhaltsermittlung als problematisch[122].
Ursache dieser Probleme ist eine asymmetrische Verteilung von Informationen. Die für die Entscheidungsfindung relevanten Informationen besitzt der Unternehmer; ohne dessen Mithilfe sind sie für den Staat gar nicht oder nur mit erheblichem Aufwand zu ermitteln[123]. Kooperation ist ergo Mittel zur Gewinnung von Informationen, die zur Reduzierung der Komplexität notwendig sind[124]. Durch diesen Informationsgewinn wird die Gefahr verringert, bei der Entscheidungsfindung von falschen Voraussetzungen auszugehen[125].
Im Rahmen des Entstehungsprozesses einer von staatlicher Seite initiierten Selbstverpflichtung finden zumeist intensive Diskussionen statt, in deren Rahmen die staatliche Seite wichtige Informationen gewinnen kann[126]. Diese enge Zusammenarbeit ist nicht unproblematisch; auf die damit verbundenen Schwierigkeiten soll jedoch erst an späterer Stelle eingegangen werden.

bb. Der Zeit- und Flexibilitätsaspekt

Weiterhin sprechen der Zeit- und der Flexibilitätsaspekt für die Initiierung von Selbstverpflichtungsabsprachen. Diese beiden Aspekte sind eng miteinander verknüpft. Im Wege der Selbstverpflichtung sollen umweltwirksame Sofortprogramme ermöglicht werden, wo andernfalls aufgrund langwieriger

---

121 *Schrader*, in: DÖV 1990, S. 326 (328)

122 vgl. dazu auch *Posner*, Economic Analysis of Law, S. 376

123 *Hansjürgens*, in: Zimmermann/Hansjürgens, S. 68 (98); *Bussfeld*, in: Hill, Verwaltungshandeln durch Verträge und Absprachen, S. 39 (40); *Dose*, in: König/Dose, S. 371 (372)

124 *Dreier*, in: Staatswissenschaft und Staatspraxis, Band 4 (1993), S. 647 (657); *Bohne*, in: Gessner/Winter, S. 273

125 *Müggenborg*, in: NVwZ 1990, S. 909 (915); *Bauer*, in: VerwA 78 (1987), S. 241 (251)

126 *Brohm*, in: DÖV 1992, S. 1025 (1026)

Gesetz- und Verordnungsgebungsverfahren umweltschützende Maßnahmen auf unbestimmte Zeit hin verschoben würden[127]. Diesem Faktor wird in einer Zeit beschleunigten Wandels, in der "die Rechtzeitigkeit des Handelns immer mehr zur Bedingung von dessen Richtigkeit wird"[128], zunehmend Bedeutung zugemessen[129]. Nicht nur die erstmalige Gestaltung einer Problemlage, sondern auch die folgende Anpassung an veränderte sachliche Rahmenbedingungen oder an neue wissenschaftliche Erkenntnisse wird durch Selbstverpflichtungen ermöglicht[130]: Da Selbstverpflichtungen keine rechtliche Verbindlichkeit besitzen, kann ohne rechtliche Probleme (wie sie bei Erlass einer neuen gesetzlichen Regelung oder der Aufhebung von Verträgen oder Verwaltungsakten auftreten) deren Modifizierung betrieben werden[131]. Der Zeitvorteil von Selbstverpflichtungen gegenüber gesetzlichen Regelungen ist unter anderem auch dadurch bedingt, dass in deren Rahmen weniger präzise Festlegungen für erforderlich gehalten werden als sie für rechtliche Anordnungen nötig sind. Beispielsweise wurde im Falle der Restriktion der Zigarettenwerbung die Initiierung einer Selbstverpflichtung favorisiert, da gegen eine gesetzliche Regelung verfassungsrechtliche Bedenken bestanden[132]. Selbstverpflichtungen ermöglichen jedoch nicht nur in zeitlicher Hinsicht eine erhöhte Flexibilität, sondern auch unter dem Gesichtspunkt, dass im Rahmen von Selbstverpflichtungen besser auf die jeweiligen Gegebenheiten der verschiedenen Branchen eingegangen werden kann als es mit einer allgemeinen gesetzlichen Regelung möglich wäre; daher wird dem Instrument eine höhere Zielgenauigkeit zugeschrieben[133].

---

127 *Kohlhaas/Praetorius*, Die Selbstverpflichtung der Industrie zur CO_2-Reduktion, S. 55; *Tischler*, Umweltökonomie, S. 261; *von Bernuth*, Umweltschutzfördernde Unternehmensskooperationen und das Kartellverbot des Gemeinschaftsrechts, S. 31; *Kloepfer*, in: König/Dose, S. 329; *Bartmann*, Umweltökonomie - ökologische Ökonomie, S. 186; *Stengel/Wüstner*, Umweltökonomie, S.88; *Knebel/Wicke/Michael*, Selbstverpflichtungen und normersetzende Umweltverträge als Instrumente des Umweltschutzes, S. 31 f.

128 *Kaiser*, in: NJW 1971, S. 585 (588)

129 vgl. auch *Schulte*, Schlichtes Verwaltungshandeln, S. 4

130 *Schrader*, in: DÖV 1990, S. 326 (328); *Müggenborg*, in: NVwZ 1990, S. 909 (915); *Dreier*, in: Staatswissenschaften und Staatspraxis, Band 4 (1993), S. 647 (657)

131 *Müggenborg*, aaO., S. 915

132 *Brohm*, in: DÖV 1992, S. 1025 (1026)

133 *Baudenbacher*, in: JZ 1988, S. 689 (692); *Kohlhaas/Praetorius*, Die Selbstverpflichtung der Industrie zur CO_2-Reduktion, S. 61; *Baumann*, Rechtsprobleme freiwilliger Selbstbeschränkungen, S. 186, der diesen Effekt jedoch anzweifelt

cc. Der Akzeptanzaspekt

Selbstverpflichtungen kommen im Rahmen eines Kooperationsprozesses zwischen verschiedenen Unternehmern, Verbänden und staatlichen Vertretern zustande. Da letztendlich sich die Umweltnutzer selbst beschränken, ist davon auszugehen, dass sie der Beschränkung eine gewisse Akzeptanz entgegenbringen[134]. Der Inhalt der getroffenen Regelung ist nicht, wie im Falle eines "aufoktroyierten" Gesetzes, Gegenstand von Rechtsstreitigkeiten der Beteiligten[135].
Idealiter fördern also Selbstverpflichtungen die Mitwirkungsbereitschaft der verschiedenen gesellschaftlichen Gruppen und aktivieren die Kräfte der Selbstdisziplinierung[136].

dd. Der Aspekt des mildesten Mittels

Teilweise wird als Vorteil einer Selbstverpflichtungslösung auch angeführt, dass damit der geringst mögliche Eingriff vorgenommen würde[137]. Durch die Induktion einer Selbstverpflichtung, deren Ausgestaltung der Adressat weitgehend selbst bestimmt, die keine rechtliche Bindungswirkung entfaltet und deren Eingehung ihm freisteht, agiere der Staat auf einer denkbar niedrigen Interventionsstufe[138].

ee. Der "Besser-als-gar-nichts"- Aspekt

Dieser letzte Aspekt wird in der Literatur nicht so explizit formuliert, ist jedoch in der politischen Praxis von um so größerer Bedeutung: In vielen Situationen geht es nicht nur darum, eine schnellere und flexiblere Gestaltung der Problemlage zu ereichen; Ziel ist vielmehr, überhaupt zu einer Regelung zu gelangen. In diesen Situationen ist absehbar, dass eine gesetzliche Regelung

---

134 *Stengel/Wüstner*, Umweltökonomie, S. 88; *Brohm*, in: DÖV 1992, S. 1025 (1026)

135 *Schrader*, in: DÖV 1992, S. 326 (328); *Baudenbacher*, in. JZ 1988, S. 689 (692); *Dauber*, Kooperatives Verwaltungshandeln, S. 80; *Knebel/Wicke/Michael*, Selbstverpflichtungen und normersetzende Umweltverträge als Instrumente des Umweltschutzes, S. 34 ff.

136 *Kohlhaas/Praetorius*, Die Selbstverpflichtung der Industrie zur CO_2-Reduktion, S. 57; *Paefgen*, in: GewA 1991, S. 161 (162)

137 *Baumann*, Rechtsprobleme freiwilliger Selbstbeschränkungen, S. 186

138 hier wird als Bedenken jedoch angeführt, dass der informellere Weg nicht zwingend der weniger belastende ist, wenn aufgrund der Informalität auch weniger Rechtsschutzmöglichkeiten zur Verfügung stehen. vgl. dazu *Huber*, in: DVBl 1999, S. 489 (493 f)

politisch nicht durchsetzbar ist oder aufgrund einer Vielzahl entgegenstehender Sachzwänge nicht zustande kommen wird. Gerade im Fall der Klimaschutzsteuer bzw. der Alternativlösung über die Selbstverpflichtung der deutschen Industrie zum Klimaschutz war eine solche Konstellation gegeben[139]. In dieser Situation ist es die einzige Alternative, durch Gespräche mit den Verbänden zu einer - vielleicht auch langwierigen und unzureichenden - Lösung zu gelangen, die jedoch immer noch besser ist als vollkommen untätig zu bleiben.

Nebeneffekt dieses Vorgehens ist zudem, dass das jeweilige Umweltproblem durch Presseberichte über die Verhandlungen ins öffentliche Bewusstsein gerückt wird.

b. Motivation seitens der Wirtschaft

aa. Der Flexibilitätsaspekt

Auch aus Sicht der Wirtschaft liegt der entscheidende Vorteil von Selbstverpflichtungen in ihrer Flexibilität. Das Ordnungsrecht gewährt in der Regel keinen Spielraum für Einzelentscheidungen entsprechend der jeweiligen betrieblichen Situation[140]. Im Rahmen von Selbstverpflichtungen ist dem Unternehmen sowohl eine gewisse sachliche als auch zeitliche Flexibilität eingeräumt[141]. Dem Unternehmer bleibt die Mittelwahl überlassen; er kann das jeweils ökonomisch günstigste Verhalten zum günstigsten Zeitpunkt realisieren.

bb. Der Marketingaspekt

Ein weiterer Punkt, der das Mittel der Selbstverpflichtung für die Industrie reizvoll macht, ist die Möglichkeit, die freiwillig übernommenen Verpflichtungen werbewirksam zu nutzen[142]. Man hofft, durch eine um-

---

139 *Cansier*, Erscheinungsformen und ökonomische Aspekte von Selbstverpflichtungen, S. 13

140 *Tischler*, Umweltökonomie, S. 198; vgl. auch *Posner*, Economic Analysis of Law, S. 376

141 *Müggenborg*,in: NVwZ 1990, S. 909 (915); *Kohlhaas/Praetorius*, Die Selbstverpflichtung der Industrie zur CO_2-Reduktion, S. 61

142 *Cansier*, aaO., S. 1

weltfreundliche Gestaltung der Produktpalette und des Unternehmensimages Marktvorteile zu erlangen[143].

cc. Der Verzögerungsaspekt

Ein wenig edler, aber wohl durchaus praxisrelevanter Beweggrund ist der der Zeitverzögerung. Indem man sich auf Gespräche einlässt, die auf die Abgabe einer Selbstverpflichtung abzielen, und Kooperationsbereitschaft signalisiert, hofft man, eine gesetzliche Regelung abwenden zu können[144]. Wenn sich damit die Beschränkung für das Unternehmen schon nicht vollkommen vermeiden lässt, so wird die letztendlich abzugebende Selbstverpflichtung jedoch im Zweifel einen milderen Regelungsinhalt haben.

dd. Der Kostenaspekt

Gerade wenn es um Selbstverpflichtungen als Alternative zu Abgabelösungen geht, verspricht sich die Industrie von der Anwendung dieses Instrumentes erhebliche Kostenvorteile, da die mit einer Abgabe verbundene Doppelbelastung vermieden wird. Als Beispiel lässt sich hier die Selbstverpflichtung der deutschen Industrie zum Klimaschutz anführen:. Im Falle einer Energiesteuer wären auf die Unternehmen nicht nur die Kosten für Energiesparmaßnahmen zugekommen, sondern es hätte sich auch der restliche Energieverbrauch erheblich verteuert. Bei der Alternativlösung über eine Selbstverpflichtung fallen nun nur die Kosten an, die für Maßnahmen zum Klimaschutz erforderlich sind[145].
Zudem bieten Selbstverpflichtungen eine gewisse Sicherheit hinsichtlich der zukünftigen Kostenentwicklung: Einseitige staatliche Eingriffe sind nur schwer in ihren Auswirkungen zu prognostizieren; demgegenüber kann man Selbstverpflichtungsabsprachen als eine Art Versicherungskontrakt gegen zukünftige staatliche Auflagen und steuerlicher Belastungen verstehen[146].

---

143 *Tischler*, Umweltökonomie, S. 262; *von Bernuth*, Umweltschutzfördernde Unternehmenskooperationen und das Kartellverbot des Gemeinschaftsrechts, S. 31

144 *Kohlhaas/Praetorius*, Die Selbstverpflichtung der Industrie zur CO_2-Reduktion, S. 62; *Cansier*, Erscheinungsformen und ökonomische Aspekte von Selbstverpflichtungen, S. 1

145 *Cansier*, aaO., S. 12

146 *Lautenbach/Steger/Weihrauch*, in: BDI (Hrsg.), S. 42

2. Nachteile und Gefahren des Instrumentes der Selbstverpflichtung

Selbstverpflichtungen stellen jedoch in keinem Fall ein Allheilmittel für sämtliche Defizite in der momentanen umweltpolitischen Misere dar.
Die Aspekte, die sie einerseits so attraktiv machen, haben oft eine negative Kehrseite.

a. Überhandnahme der Interessenverflechtungen zwischen Staat und Wirtschaft

Der Kooperation ist stets die Gefahr der Kollaboration inhärent. Das bedeutet, dass zu enge Zusammenarbeit es der staatlichen Seite erschwert, notwendige Maßnahmen einseitig zu treffen[147]; bei verschlechterten ökonomischen Bedingungen wird die Realisierung einer durchgreifenden Umweltpolitik als "Vertrauensbruch" gewertet und ist in der Öffentlichkeit nur schwer zu rechtfertigen[148].
Voraussetzung für anspruchsvolle Selbstverpflichtungen, die sich nicht in bloßen Leerformeln erschöpfen, ist zudem eine starke Verhandlungsposition des Staates. Wenn die staatliche Seite sich zu sehr auf die Ebene der Kooperation konzentriert, verliert das Drohpotential des Regelungserlasses an Glaubwürdigkeit; die Verhandlungsposition wird geschwächt[149].

b. Gefahr umweltpolitischer Abstriche

Eng mit dem Problem der Kollaboration verbunden ist die Gefahr, dass im Rahmen von Verhandlungen Abstriche an umweltpolitischen Forderungen gemacht werden und damit Absprachen letztendlich hinter dem ökologisch Erforderlichen und rechtlich Möglichen zurückbleiben[150]; Ergebnis ist eine Reduktion auf den kleinsten gemeinsamen Nenner.
Dies ist wie folgt zu erklären: Aufgabe der Verbände ist es, der von ihnen repräsentierten Lobby im politischen Prozess Sondervorteile zu verschaffen. Hauptinteresse von Wirtschaftsunternehmen ist nach wie vor, ihre Tätigkeit möglichst frei von staatlichen Beschränkungen ausüben zu können. Wenn die

---

147 *Bohne*, Privatisierung des Staates, S. 275

148 *Schrader*, in: DÖV 1990, S. 326 (329)

149 *Bergmann/Brockmann/Rennings*, Möglichkeiten und Grenzen von freiwilligen Umweltschutzmaßnahmen der Wirtschaft unter ordnungspolitischen Aspekten, S. 24

150 *Müggenborg*, In: NVwZ 1990, S. 909 (915); *Kohlhaas/Praetorius*, Die Selbstverpflichtung der Industrie zur CO_2-Reduktion, S.55; *Rehbinder*, in: Grundzüge des Umweltrechts, 04/106

Verbände vor dem Hintergrund dieses Interesses in Verhandlungen agieren, droht eine Verwässerung umweltpolitischer Forderungen, da die Umsetzung der dort diskutierten Anforderungen zumeist mit Restriktionen für die Industrie verbunden ist[151].

c. Gefährdung von Drittpositionen

Ein weiteres Problem ist darin zu sehen, dass in Verhandlungsprozessen über Selbstverpflichtungen nicht alle Interessen gleichmäßig vertreten sind[152]. Es handelt sich nicht um multipolare Gespräche, sondern lediglich um ein bipolares Verhältnis zwischen staatlichen Vertretern und den Wirtschaftsverbänden[153]. In diesen Verhandlungen bestimmt sich die Position des Staates nicht nur durch Umweltschutzgesichtspunkte; schon in den Ausgangsstandpunkt sind wirtschafts- und sonstige politische Erwägungen mit eingeflossen. Ein "Anwalt" der Umwelt, der die zu ihrem Schutz erforderlichen Gesichtspunkte in Reinform in die Diskussion einbringt, fehlt damit.
Außerdem besteht die Gefahr, dass umweltpolitische Entscheidungen zu Lasten weniger organisierter Gruppen (z. B. den Individualverbrauchern) getroffen werden, die keine koordinierte Position bilden und energisch vertreten können[154].

d. Umsetzungsprobleme

aa. Freifahrerverhalten

Weitere Probleme stellen sich auf der Realisierungsebene. Zum einen gibt es die Gefahr des Freifahrerverhaltens. In manchen Branchen meiden Unternehmer die Verbandsmitgliedschaft, um sich bestimmten Verpflichtungen (wie z.B. solchen aus Tarifverträgen) zu entziehen. Der gleiche Effekt könnte auch bei Verpflichtungen im Umweltbereich auftreten:: Der nicht beteiligte Unternehmer profitiert insofern von der Selbstverpflichtung, als die gesetzliche Regelung, die durch die Selbstverpflichtung ersetzt wird, nicht erlassen wird; er selbst muss keine entsprechenden Maßnahmen auf freiwilliger Basis treffen[155]. Daher ist eine umfassende Verbandsstruktur als Grundvorausset-

---

151 *Cansier*, Erscheiungsformen und ökonomische Aspekte von Selbstverpflichtungen, S. 1

152 *Bartmann*, Umweltökonomie - ökologische Ökonomie, S. 190

153 *Dauber*, Kooperatives Verwaltungshandeln, S. 83

154 *Schrader*, in: DÖV 1990, S. 326 (329)

155 *Tischler*, Umweltökonomie, S. 262

zung für den Eintritt in Verhandlungen über den Abschluss einer Selbstverpflichtung zu sehen. Jedoch besteht auch bei einer ausgebildeten Verbandsstruktur die Gefahr eines Freifahrerverhaltens, da die Verbände zumeist keinerlei Sanktionsmöglichkeit gegenüber ihren Mitgliedern besitzen und so gegen ein dem Inhalt der Selbstverpflichtung entgegenstehendes Verhalten nicht vorgehen können.

bb. Mangelnde Sanktionsmöglichkeit

Nicht nur innerhalb des Verbandes, sondern auch im Verhältnis zwischen Staat und Verband zeigt sich die Kehrseite der Vorteile von Unverbindlichkeit und Flexibilität. Aufgrund dieser Eigenschaften existiert keinerlei Handhabe, den Verband oder das Unternehmen an den eingegangenen Verpflichtungen festzuhalten. Falls eine Zusage nicht eingehalten wird[156], bleibt nur die Möglichkeit, das ursprüngliche Gesetzesvorhaben, mit Verzögerung , zu realisieren.
Auf diese Weise besteht die Gefahr, dass Selbstverpflichtungen als Verzögerungsstrategie bewusst ausgenutzt werden[157].
Auch diejenigen, die im Rahmen des Verhandlungsprozesses ihre Position nicht einbringen konnten, sehen sich einer entsprechenden Kehrseite der schönen Unverbindlichkeit gegenüber: Da das überkommene System rechtsstaatlicher Sicherungen auf die Abwehr rechtswidriger formaler Maßnahmen (wie z. B. eines ordnungsrechtlichen Verwaltungsaktes) gerichtet ist, bestehen im Zusammenhang mit informalen Instrumenten wie den Selbstverpflichtungsabsprachen nur eingeschränkte Rechtsschutzmöglichkeiten.

3. Fazit

Aus ökonomisch-politischer Perspektive bietet das Instrument der Selbstverpflichtung eine Reihe von Vorteilen. Relativ unproblematisch ist v. a. die Anwendung als flankierendes Instrument zu ordnungsrechtlichen Maßnahmen und im Bereich der "no-regrets"-Aktivitäten. Ansonsten bestehen jedoch Bedenken hinsichtlich der Wahrung von Drittinteressen und der Aufrechterhaltung der umweltschützerischen Qualitätsstandards. Wichtig ist es also, dass Einsatzbereich und Ausgestaltung des Instrumentes so gewählt werden, dass die geschilderten Gefahren so weit wie möglich ausgeschaltet werden.

---

[156] wie z. B. die Zusage der Automobilindustrie zur freiwilligen Abgasreduktion von 1971, vgl.*Tischler*, Umweltökonomie, S. 62

[157] *Bartmann*,Umweltökonomie - ökologische Ökonomie, S. 190; *Paefgen*, in: GewA 1991, S.161 (165)

C. Internationale Rahmenbedingungen

§ 9 Das völkerrechtliche Klimaregime (Treibhauseffekt)

1. Die Klimarahmenkonvention von Rio

a. Charakter der Konvention

Das Treibhausproblem ist gekennzeichnet durch eine Diskrepanz von Problemebene und Problemlösungsebene[158]: Treibhausgas - Emissionen kennen keine Grenzen; eine "Weltregierung" - als politisches Gegenstück zum globalen Charakter der Klimaveränderung - existiert jedoch nicht.
Die Weltgemeinschaft der Staaten setzt sich konkret erst seit Anfang der 90er Jahre mit dem Klimaschutz auseinander[159]. Anlässlich der UN-Konferenz für Umwelt und Entwicklung[160] in Rio de Janeiro (1992) wurde eine Rahmenkonvention der Vereinten Nationen über Klimaveränderungen[161] verabschiedet, die von 166 Staaten unterschrieben wurde und 1994 in Kraft trat[162]. Um möglichst vielen Staaten eine Beteiligung zu ermöglichen, wählte man den Weg einer Rahmenkonvention (umbrella-treaty); auch angesichts der wissenschaftlichen Unsicherheiten über den Verlauf der Klimaveränderung unterstütze die Entscheidung für das Instrument. Diese Vorgehensweise, die auch als "framework convention and protocol approach"[163] bezeichnet wird, hat sich im Umweltvölkerrecht schon mehrfach bewährt[164]. Hintergrund ist es, für Staaten mit sehr heterogenen nationalen Interessen zunächst eine Verhandlungsbasis zu schaffen[165]. Dazu wird ein institutionelles Gerüst verab-

158 *Fischer,* Klimaschutz und internationale Politik, S. 25; *Clemens*, Die Klimaproblematik, S. 33

159 seit Ende der 70er Jahre fanden zwar internationale Konferenzen über das Weltklima statt, im Gegensatz zu den FCKW wurden zum Thema CO_2 allerdings keinerlei Beschlüsse gefasst, vgl. *Clemens*, Die Klimaproblematik, S. 37

160 United Nations Conference on Environment and Development (UNCED)

161 United Nations Framework Convention On Climate Change (UNFCCC)

162 *Ehrmann,* in: NuR 1997, S. 229 (230)

163 *Beyerlin/Marauhn,* Rechtssetzung und Rechtsdurchsetzung im Umweltvölkerrecht nach der Rio-Konferenz 1992, S. 30

164 Wiener Konvention zm Schutz der Ozonschicht, BGBl.II 1988, S. 902; Montrealer Protokoll; Genfer Konvention über weitreichende grenzüberschreitende Luftverunreinigungen, BGBl.II 1982, S. 374

165 *Beyerlin/Marauhn*, aaO., S. 31

schiedet, in dem die Zielsetzung des Vertrages, einige Grundprinzipien, Berichts- und Kooperationspflichten sowie Organe zur Weiterentwicklung und Kontrolle des Abkommens festgeschrieben sind.
Der rechtliche und praktische Wert einer Rahmenkonvention liegt also darin, dass zumindest ein rechtsverbindlicher prozeduraler Handlungsrahmen geschaffen wird[166]. Die genauere Ausgestaltung von Zielvorgaben und Fristen soll den Folgekonferenzen überlassen bleiben.

b. Inhalt

Hauptziel der Klimarahmenkonvention ist nach Art. 2 S. 1 "die Stabilisierung der Treibhausgaskonzentrationen auf einem Niveau zu erreichen, auf dem eine gefährliche anthropogene Störung des Klimasystems verhindert wird"[167].
Bei der Erreichung dieses Ziels sollen bestimmte Grundsätze beachtet werden: Neben dem Vorsorgeprinzip[168] ist der wichtigste Grundsatz das Prinzip der "gemeinsamen, aber differenzierten Verantwortlichkeit"[169].
Inhalt des letzteren Prinzips ist es, dass angesichts des globalen Charakters des Problems der Klimaänderungen zunächst einmal alle Nationen gleichermaßen zum Handeln aufgerufen sind. Da jedoch der größte Teil der Emissionen von Treibhausgasen den Industrieländern entstammt[170], sollen diese die Führung bei der Bekämpfung der Klimaveränderung übernehmen[171].
Dementsprechend werden zunächst im Anfangsteil des Regelwerkes Verpflichtungen festgelegt, die alle gemeinsam treffen. Zu dieser ersten Gruppe gehören:

- die Pflicht, nationale Treibhausgasinventare aufzustellen [172],
- die Pflicht, nationale und nach Möglichkeit regionale Programme zur Verringerung von Treibhausgasen zu entwickeln[173],

---

166 *Beyerlin/Marauhn*, aaO., S. 32

167 BGBL II 1993, S. 1783 (1784)

168 Art. 3.3 UNFCCC

169 Art. 3.1.UNFCCC

170 bei einem Anteil von 20 % an der Weltbevölkerung emittieren die Industriestaaten rund 70 % der Treibhausgase.

171 Art. 3.1, S.2 UNFCCC

172 Art. 4.1.a. UNFCCC

173 Art. 4.1.b UNFCCC

- die Pflicht, die Verringerung des Treibhauseffekts zu einer Querschnittsaufgabe der Politik zu machen[174],
- die Pflicht, das öffentliche Bewusstsein für die Schädlichkeit des Treibhauseffektes zu fördern, insbesondere auch im Erziehungswesen[175]
- und die Pflicht, im weitestgehenden Umfang zu kooperieren, insbesondere im wissenschaftlich - technischen Bereich[176].

Im folgenden wird jedoch bei der Ausgestaltung der Verbindlichkeiten nach Staatengruppen differenziert, was in den Annexen des Übereinkommens zum Ausdruck kommt. Die Industriestaaten sowie die Länder in Transition[177] (Annex I) werden dazu verpflichtet, Politiken und Maßnahmen zu ergreifen, die ihrer Führungsrolle im Klimaschutz entsprechen.
Außerdem trifft die reichen Länder des Annex II die Aufgabe, für die Kosten aufzukommen, die den Entwicklungsländern bei der Wahrnehmung ihrer Berichtspflichten nach dem Protokoll entstehen. Darüber hinaus soll weitere finanzielle Unterstützung gewährt werden, beispielsweise bei der Einführung umweltfreundlicher Technologien[178].

Im Rahmen der Verpflichtung der Annex I-Länder ist die Möglichkeit der gemeinsamen Umsetzung von Klimaschutzmaßnahmen (Joint Implementation, JI)[179]vorgesehen. Dies bedeutet, dass Länder, die eine bestimmte Reduktionsverpflichtung haben, diese auf fremdem Territorium erreichen können, indem bestimmte Projekte finanziert werden, die real zur Reduktion von Treibhausgasen führen[180].
Hintergrund ist die Tatsache, dass es für die Vermeidung des Treibhauseffektes irrelevant ist, wo die Reduktion erzielt wird; ergo erscheint es sinnvoll, dort zu investieren, wo mit dem geringsten finanziellen Aufwand das meiste an Reduktion zu erzielen ist[181]

---

174 Art. 4.1.c.f.UNFCCC

175 Art. 4.1.i UNFCCC

176 Art. 4.1.g UNFCCC

177 d. h.die ehemaligen Ostblockstaaten

178 Press Kit Buenos Aires 1998, S. 12, http: //www.cop4.unfccc.de

179 Art.4.2.a UNFCCC

180 BMU, Activities Implemented Jointly for Global Warming Prevention, S. 3,

181 SZ v. 3. 12. 1997

Kritisch ist zum Konzept der JI jedoch anzumerken, dass dabei die Gefahr besteht, dass sich Industrieländer durch Investitionen in Drittländern von eigenen Verpflichtungen "freikaufen", anstatt ihre Verantwortung als Verursacher von Klimaveränderungen ernst zu nehmen[182].
Die genaueren Kriterien für die Ausgestaltung der JI sollten jedoch erst durch die Vertragsstaatenkonferenz ausgearbeitet werden[183].
Über alle getroffenen Maßnahmen ist der Vertragsstaatenkonferenz regelmäßig zu berichten, welche die Angaben überprüft. Ziel ist es dabei, die Emissionen von Treibhausgasen bis zum Jahr 2000 auf das Niveau von 1990 zurückzuführen[184].

2. Die Fortentwicklung des Klimaregimes

a. Das Berliner Mandat

Die erste Vertragsstaatenkonferenz (COP 1) fand 1995 in Berlin statt. Ein konkretes Protokoll kam hier noch nicht zustande, sondern nur ein weiteres Verhandlungsmandat (sog. Berliner Mandat). Darin wurde festgestellt, dass das bisher festgeschriebene Reduktionsziel nicht ausreiche und für die Zeit nach 2000 zu verschärfen sei. Diese neue Verpflichtung sollte durch ein Protokoll oder ein anderes völkerrechtlich verbindliches Instrument festgelegt werden. Zur Ausarbeitung eines solchen Protokolls wurde eine eigene Arbeitsgruppe ins Leben gerufen, die seit 1995 regelmäßig tagt (Ad Hoc Group Berliner Mandat, AGBM).
Hinsichtlich des Modells der Joint Implementation wurde beschlossen, eine Pilotphase einzurichten (= Activities implemented jointly, AIJ)[185]. Darin sollen Projekte der Joint Implementation erprobt werden, ohne dass es jedoch zu einer Anrechnung der auf diesem Weg erzielten Emissionsminderungen kommt[186]. Jedoch blieben die Kriterien, die bei einer gemeinsamen Umsetzung beachtet werden sollen, unklar; die Projekte in der Pilotphase sollten lediglich der Kosteneffektivität dienen und zum Umweltschutz beitragen[187].

---

182 *Jungbauer/Müller-Kraenner*, in: Deutschland-Rundbrief des DNR 12/97, S.18 (20); *Herold*, in: Öko-Mitteilungen 4/97, S. 8 f

183 Art. 4.2.d UNFCCC

184 vgl. Art.4. 2.a, S.2, Art. 4.2. b, S.1 UNFCCC

185 UN/FCCC/CP/1995/L.13 unter 1 lit.a.

186 ibid, unter 1 lit.f; vgl. zu den bisherigen Erfahrungen in der Erprobungsphase *Herold*, in: Öko-Mitteilungen 4/97, S. 8 f.

187 ibid, unter 1 lit.b und d

Eine definitive Entscheidung über den Einsatz von Joint Implementation sollte bis zum Ende des Jahrzehnts gefällt werden.

b. Die Genfer Ministerdeklaration

Auch die folgende Vertragsstaatenkonferenz in Genf blieb im Hinblick auf ein verbindliches Instrument ergebnislos[188]; lediglich hinsichtlich der rechtlichen Verbindlichkeit des angestrebten Reduktionsziels erreichten die Verhandlungen unter dem Eindruck des 2. IPCC- Berichts eine neue Qualität: Statt des im Berliner Mandat noch eher vage angeführten Reduktionsziels werden jetzt ausdrücklich rechtlich verbindliche Emissionsbegrenzungen in einem vorgegebenen Zeitrahmen als Inhalt des zu erstellenden Protokolls gefordert[189]. Dessen Verabschiedung wurde jedoch auf die Konferenz in Kioto im Dezember 1997 vertagt.

c. Die Konferenz von Kioto

aa. Positionen im Vorfeld

Optimismus war im Zusammenhang mit dem Erfolg der dritten Vertragsstaatenkonferenz in Kioto nicht angebracht, da im direkten Vorfeld die Positionen noch weit auseinander klafften. Die vertretenen Standpunkte ließen sich in vier Gruppen gliedern: den der USA, den der Gruppe 77, den japanischen und schließlich den Standpunkt der EU[190].

Die Kernelemente des US-Vorschlags waren folgende:

- Stabilisierung der THG-Emissionen der Industriestaaten erst in den Jahren 2008 bis 2012 mit anschließender Reduktion um 5 % bis 2017 (jeweils bezogen auf 1990)[191],
- Verknüpfung dieser Ziele mit den Instrumenten der Joint Implementation und des Emissions Trading, wobei mit Zulassung der JI nicht erst bis Abschluss der Pilotphase gewartet werden sollte,
- auch die Entwicklungsländer sollen in Vorgaben über quantifizierte Begrenzungsziele eingebunden werden[192].

---

188 *Ehrmann*, in: NuR 1997, S. 229 ff.

189 The Geneva Ministerial Declaration, abgedr. in FCCC/CP/1996/15/Add.1 S. 71-74

190 vgl. zu den verschiedenen Verhandlungspositionen auch *Jungbauer/Müller-Kraenner*, in: Deutschland-Rundbrief des DNR 12/97, S. 18 f.

191 IUC press release I, S.1, www.cop3.or.jp./fccc/info/pr11-97.htm, 12.11.1997

192 Earth Negotiations Bulletin Vol.12, No. 68, S. 2

Diese Vorschläge wurden von der Mehrzahl der Vertragsparteien als unzureichend und enttäuschend kritisiert[193] .

Die gesamte Gruppe der Entwicklungsländer (G77 und China) unterstützte die von der EU für 2005 und 2010 vorgeschlagenen Ziele und strebte ein Protokoll mit folgenden Inhaltspunkten an:

- Reduktion der einzelnen Treibhausgase CO_2, Methan und Distickstoffoxid um mindestens 7,5 % bis 2005 und 15 % bis 2010 sowie um mindestens weitere 20% bis 2020. Das bedeutet eine Verringerung um mindestens 35 % bis 2020,
- Einrichtung eines Schadenersatzfonds im Protokoll, aus dem Entwicklungsländer für Schäden durch Klimaveränderungen oder für wirtschaftliche Nachteile durch Maßnahmen zum Klimaschutz entschädigt werden sollen,
- Einrichtung eines " Clean Development Fund", in den Industrieländer einzahlen sollen, falls sie ihre Reduktionsziele nicht erfüllen.

Der am 6. 10. 1997 vorgelegte japanische Vorschlag enthielt folgende Kernelemente: Grundsätzlich sei eine Reduktion der Treibhausgase von 5 % gegenüber 1990 anzustreben, die innerhalb der Zielperiode zwischen 2008 und 2012 erfüllt werden sollte. Allerdings wurde dieses Reduktionsziel durch zahlreiche Ausnahmemöglichkeiten abgeschwächt: Wenn die Emissionen eines Landes im Verhältnis zum Bruttosozialprodukt oder pro Kopf unter dem Durchschnitt aller anderen Industrieländer liegen bzw. das Land ein überdurchschnittliches Bevölkerungswachstum aufweist, kann die Reduktionsverpflichtung entsprechend verringert werden. Im Ergebnis bedeutete dieser Vorschlag dann nur eine Verringerung der Emissionen um etwa 3 % bis 2012.

Die EU[194] setzte sich für eine Verminderung der THG-Emissionen der Industrieländer um mindestens 7, 5 % bis zum Jahr 2005 und von 15 % bis zum Jahr 2010, jeweils bezogen auf 1990 ein[195]. Außerdem sollte die Möglichkeit der gemeinsamen Zielerfüllung (" bubble") in das Protokoll aufgenommen werden. Ferner strebte die Gemeinschaft an, Politiken und Maßnahmen festzulegen, die zur Reduzierung der THG-Emissionen beitragen sollen (z. B. CO_2-/ Energiebesteuerung, Erhöhung des Anteils erneuerbarer Energien, Flugbenzinbesteuerung...)[196]. Zwischenzeitlich erklärte sich die

---

193 *Merkel*, in: Mitteilung des BMU v. 23. 10. 1997

194 zur Stellung des Völkerrechts in der EU und der EU als Völkerrechtssubjekt vgl. *Epiney*, in: EuZW 1999, S. 5; *Breier*, in: EuZW 1999, S. 11 (13)

195 DG XI Press Communication on Climate Change, v. 1. 10. 1997

Flugbenzinbesteuerung...)[196]. Zwischenzeitlich erklärte sich die EU auch aufgeschlossen gegenüber der seitens der USA favorisierten Umsetzungsmöglichkeit des Trading[197], wenn Ziele in der vorgeschlagenen Höhe sowie verbindliche Politiken und Maßnahmen festgelegt werden und ein effektives Monitoringsystem etabliert würde[198].

Aus diesen Positionen wird deutlich , dass nicht allein die zu erreichenden Zielwerte in Frage standen, sondern eine Reihe anderer Problemkreise noch vollkommen offen waren. Im Mittelpunkt der Diskussion standen v. a. die folgenden:

- Das Problem der Differenzierung: Sollen alle Annex I-Staaten dasselbe Reduktionsziel haben oder soll es Differenzierungen geben, die den jeweiligen nationalen Besonderheiten Rechnung tragen?
- Die Frage der Flexibilität: Sollen Trading und der Erwerb von Credits für in anderen Ländern erzielte Reduktionen vorgesehen werden (örtliche Flexibilität) und soll es möglich sein, bei Übererfüllung eines Reduktionsziels Emissionsrechte für die Zukunft anzusparen (banking) bzw. das Verfehlen eines Minderungsziels durch zukünftige Übererfüllung auszugleichen (borrowing) ?

bb. Ergebnis

Die Konferenz von Kioto erwies sich insofern als Erfolg, als zumindest überhaupt ein rechtlich bindendes Protokoll zustande kam. Darin verpflichten sich die Industrieländer, einzeln oder gemeinsam ihre Emissionen bis zum Zeitraum von 2008-2012 um zwischen 5 und 8 % zu verringern[199]. Dieses Reduzierungsziel bezieht sich auf einen Korb von sechs Treibhausgasen. Bei den drei wichtigsten (CO_2, CH_4 und N_2O) bezieht sich die Minderung auf das Jahr 1990, bei der zweiten Gruppe der langlebigen Industriegase (HFCs, PFCs und SF_6) kann entweder auf 1990 oder 1995 Bezug genommen werden. Die Industrieländer haben differenzierte Minderungsziele übernommen, so z. B. die EU und die Schweiz von 8 %, 7 % durch die USA, 6% bei Kanada, Ungarn, Japan und Polen. Russland, Neuseeland und die Ukraine verpflichten sich, ihre Emissionen zu stabilisieren, wohingegen Norwegen, Australien und Island ein Zuwachs zugebilligt wird. Insgesamt ergibt sich daraus eine Reduktionsverpflichtung von 5, 2%.

---

[196] Mitteilung des BMU v. 7. 8. 1997

[197] *Morgan*, Greenhouse Gas Emission Trading, American Style, S. 4

[198] Mitteilung des BMU v. 31. 10 1997

[199] United Nations Press Release v. 11. 12. 1997, S.1

Für die Entwicklungsländer sind noch keine Minderungsziele vorgesehen.
Die EU-interne Lastenverteilung wurde inzwischen so geregelt, dass Deutschland eine Minderungsverpflichtung von 25 % trifft[200].
Hinsichtlich der Instrumente zur Zielerrechung räumt das Protokoll den Staaten einen verhältnismäßig großen Spielraum ein: Hervorzuheben ist insbesondere die Einrichtung des 'Clean Development Mechanism', über den die gemeinsame Umsetzung von Projekten (JI) abgewickelt werden soll[201]. Bei der Ermittlung der Reduktion[202] sieht das Protokoll auch die Einbeziehung von Senken (d. h. der Bindung von CO_2 durch Biomasse) durch Aufforstungsmaßnahmen vor.
Das Protokoll von Kioto konnte jedoch allenfalls eine Zwischenstation sein, da ein großer Teil der strittigen Fragen auf die nächste Vertragsstaatenkonferenz vertagt wurde, die im November 1998 in Buenos Aires stattfand.
Hauptproblempunkt war, wie die Konditionen für einen Handel mit Emissionszertifikaten ausgestaltet werden sollen[203]. Grundsätzlich sollte Trading nur unter den Annex- 1- Staaten zugelassen werden .

Das Protokoll von Kioto tritt in Kraft, wenn 55 Vertragsstaaten den Text ratifiziert haben. Weitere Bedingung ist, dass die Industrieländer unter den Vertragsstaaten mit einem Anteil vertreten sind, der 55 % der von ihnen 1990 ausgestoßenen CO_2-Emissionen entspricht. Die Europäische Gemeinschaft und ihre Mitgliedsstaaten haben das Protokoll bereits im April 1998 gemeinsam gezeichnet[204].

d. Die Konferenz von Buenos Aires

Auch die Konferenz von Buenos Aires brachte keine wirkliche Lösung für diese noch offenen Probleme.

---

200 Ergebnis der Sitzung des EU-Umweltministerrates vom 17. 6. 1998 in Luxemburg, vgl. Pressemitteilung 84/98 des BMU; vgl. weiter zur Lastenverteilung SZ v. 17. 6. 1998, S. 1, v. 18. 6. 1998, S. 1, 4, 5

201 seit Kioto bezieht sich also JI nur auf Klimaschutzprojekte, die eine bestimmte Emissionsobergrenze akzeptiert haben, während CDM-Projekte in Entwicklungsländern durchgeführt werden, die sich selbst noch nicht zu Reduktionen verpflichtet haben, vgl. *Kägi*, in: DIE ZEIT v. 5. 11. 1998

202 die genaue Ermittlung gestaltet sich allerdings problematisch, da die CO_2-Aufnahme von einer Vielzahl von Faktoren abhängig ist, vgl. *Maier* , in: Deutschland-Rundbrief des DNR 1/98, S.13

203 *Maier*, aaO., S. 13; *Jungbauer/Müller-Kraenner*, in: Deutschland-Rundbrief des DNR 12/97, S. 20 f

204 *Breier*, in: EuZW 1999, S. 11 (15)

Hauptergebnis war wiederum lediglich die Verabschiedung eines Aktionsplanes, demzufolge auf der folgenden 5. Vertragsstaatenkonferenz eine abschließende Entscheidung über die Regeln und die Ausgestaltung der flexiblen Mechanismen[205] getroffen werden soll. Ein weitergehendes Ergebnis war aufgrund der in diesem Bereich herrschenden tiefgreifenden Meinungsunterschiede nicht zu erreichen. Gelungen ist lediglich eine Anbindung dieser Mechanismen an eine Erfüllungskontrolle. Die weiteren Verhandlungen zu diesem Thema werden als problematisch eingeschätzt[206]. Des weiteren will man sich im Rahmen des Aktionsplanes auch mit der Einbeziehung der Entwicklungsländer in das Protokoll beschäftigen.

e. Die Konferenz von Bonn

Die fünfte Vertragsstaatenkonferenz fand im Herbst 1999 in Bonn statt. Darin standen erneut die Ausgestaltung der sog. "Kioto-Mechanismen" (Trading, JI) im Mittelpunkt. Darüber hinaus wurden die ev. Einbeziehung von Senken sowie die Behandlung der Emissionen des internationalen Schiffs- und Flugverkehrs diskutiert[207]. Außerdem sollten Mechanismen zur Durchsetzung der Verpflichtungen ("compliance") beraten werden.
Kritischer Punkt war jedoch vor allem die Festlegung einer Obergrenze für die Pflichterfüllungen im Wege des Emissionshandels[208]. Da die Konferenz von Anfang an als bloßer Zwischenschritt konzipiert war und definitive Beschlüsse der Konferenz von Den Haag vorbehalten bleiben sollten, wurde die Erwartungen weitgehend erfüllt[209].

f. Die Konferenz von Den Haag

Schon im Vorfeld der Konferenz herrschte große Skepsis hinsichtlich der Erfolgsaussichten: Es zeichnete sich ab, dass die notwendigen Schritte nur unter Überwindung des Widerstandes der " Bremserstaaten" (v.a. der USA) möglich sein würden[210].

---

205 Joint Implementation, Clean Development Mechanism und Handel mit Emissionsrechten

206 BMU in: UPR 1999, S. 23

207 vgl. Pressemitteilung 94/99 des BMU v. 13. 6. 1999

208 vgl. *Schmidt-Preuß*, in: JZ 2000, S. 581 (590)

209 vgl. Umwelt 1999/ Nr. 1, S. 587

210 vgl. *Roth*, in: Sueddeutsche Zeitung v. 22. 11. 2000

Angestrebt war ein Ergebnis, das es den nationalen Parlamenten endlich ermöglichen sollte, das Kioto-Protokoll mit konkreten Reduktionspflichten zu ratifizieren[211]. Hauptstreitpunkte waren nach wie vor die Ausgestaltung des Handels mit Emissionsrechten und die Anrechnung von aufgeforsteten Flächen zur CO_2- Reduktion[212].
Trotz intensiver Bemühungen auf höchster politischer Ebene scheiterte die Konferenz jedoch: Hinsichtlich der oben genannten Streitpunkte konnte man aufgrund des heftigen Widerstandes v.a. der USA nicht zu einem Kompromiss gelangen; die Konferenz blieb ohne das erstrebte abschließende Protokoll. Damit haben die Bemühungen um eine Konkretisierung der Klimaschutzverpflichtungen einen herben Rückschlag erlitten.
Um den Zeitverlust möglichst gering zu halten, plant man nun, die nächste Konferenz schon im Sommer 2001 in Bonn einzuberufen[213]. Auf diese Weise soll alles Mögliche getan werden, um das ursprüngliche Ziel eines verbindlichen völkerrechtlichen Instruments 10 Jahre nach dem Rio-Gipfel doch noch zu erreichen.

---

211 Bisher ist das Protokoll nur von einigen kleinen Inselstaaten ratifiziert worden, vgl. Financial Times Deutschland vom 10. 11. 2000

212 vgl. Financial Times Deutschland vom 10. 11. 2000, S. 7

213 Sueddeutsche Zeitung v. 1. 3. 2001

§ 10 Das völkerrechtliche Ozonregime

1. Das Ozonregime als Modell für den Klimaschutz ?

Die Beschäftigung mit dem Schutz der Ozonschicht auf der Ebene der internationalen Politik begann schon Mitte der 80er Jahre. Das hierinzwischen errichtete Regelungswerk wird oft als Präzedenzfall für das zu errichtende Klimaschutzregime angeführt[214]. Dies lässt sich dadurch erklären, dass es beim Treibhauseffekt ebenso wie beim Ozonloch um die Schädigung eines globalen Gemeinschaftsgutes geht und zudem das Ozonregime ein verhältnismäßig erfolgreiches Beispiel für die Handhabung eines umweltrechtlichen Problems auf völkerrechtlicher Ebene darstellt[215]. Gegen die Annahme einer solchen Parallelität lässt sich jedoch einwenden, dass im Falle der ozonschichtschädigenden Substanzen zum einen in der Mehrzahl der Fälle Substituten zur Verfügung standen und zum anderen generell nicht der Kernbereich des gesellschaftlichen und ökonomischen Systems tangiert war[216]. Im Falle der Treibhausgase sind dagegen zentrale Aspekte des Lebens und Wirtschaftens betroffen (z.B. Energieversorgung und Mobilität), so dass eine isolierte Problemlösung ohne massive gesellschaftliche Eingriffe ausgeschlossen ist.

2. Die Entstehung des Ozonregimes[217]

Seinen Ausgangspunkt fand die Bildung eines Ozonregimes im Wiener Übereinkommen zum Schutz der Ozonschicht vom 22. 3. 1985. Dem gewählten Stufenansatz entsprechend, handelt es sich dabei um ein Rahmenübereinkommen. Es wurde v. a. durch das Montrealer Protokoll und dessen Folgekonferenzen näher ausgestaltet.
Im Montrealer Protokoll von 1987 hatten etwa 150 Staaten den Ausstieg aus der Produktion von FCKW beschlossen (allerdings mit diversen Übergangsregelungen erst bis 2030). Aufgrund neuer besorgniserregender Messungen über Arktis und Antarktis wurde dieses ursprünglich vorgesehene Ausstiegstempo jedoch für zu langsam erachtet. Daher wurde in den Folgekonferenzen

---

214 *Merkel* in: Mitteilung der BMU vom 11. 9. 1997; *Haigh*, in: International Environmental Affairs Vol 3, No 3, 1991, S. 163 (177)

215 *Oberthür*, in: Aus Politik und Zeitgeschichte, B16/1992, S. 15; *Markandya/Milborrow*, in: European Economy No 1 1998, S. 39 (43)

216 *Clemens*, Die Klimaproblematik, S. 32

217 vgl. die detaillierte Darstellung in *Benedick* , Ozone Diplomacy; *Markandya/Milborrow*, in: European Economy No 1 1998, S .39 ff.

der Vertragsstaaten in London (1990) und Kopenhagen ein vollständiger Ausstieg der Industriestaaten bis 1996 beschlossen[218].
Bei der 7. Vertragsstaatenkonferenz 1995 in Wien vereinbarten die Teilnehmer, Produktion und Verbrauch von FCKW auch in den Entwicklungsländern bis 2010 vollständig einzustellen. Zur Förderung dieses Ziels errichteten die Industrieländer einen Multilateralen Fonds. Dabei hat sich die Möglichkeit, 20% des nationalen Beitrags zum Fond im Rahmen bilateraler Maßnahmen zu vergeben, als wichtiger Anreiz zum Transfer FCKW-freier Technologien in Entwicklungsländer erwiesen.
In den Ländern der EU wurde die Produktion zum 1. 1. 1995 eingestellt[219]. Nichtsdestotrotz werden weltweit immer noch 240. 000 Tonnen FCKW produziert.

§ 11 Die gemeinschaftsrechtliche Ebene

1. Handlungsmöglichkeiten der Gemeinschaft im Umweltrecht

a. Die Stellung des Umweltrechts im System des Gemeinschaftsrechts

Mit der Änderung der Gemeinschaftsverträge der Mitgliedstaaten der EG durch den Vertrag über die Gründung einer Europäischen Union (EUV)[220] streben die Unionsmitglieder einen immer engeren Zusammenschluss zur Förderung eines dauerhaften sozial-ökonomischen Fortschrittes an[221] . Die geänderten Rechtsgrundlagen der EG (als einer der Bestandteile der EU) sehen erstmals vor, dass dieser Fortschritt umweltgerecht verwirklicht werden soll[222]. Zudem nennt Art. 3 Nr. l EGV die Umweltpolitik als eigenständigen Tätigkeitsbereich der Gemeinschaft. Insofern wurde der Vertrag unter dem Gesichtspunkt des Umweltschutzes fortentwickelt[223].

---

218 *Altmann*, Umweltpolitik, S. 22

219 Mitteilung des BMU vom 11. 9. 1997. Damit wurde der in der entsprechenden EG-VO geforderte Ausstiegstermin (1. 7. 1997) schon bedeutend früher erreicht, vgl. dazu *Lautenbach/Steger/Weihrauch*, in: BDI (Hrsg.), S. 68

220 BGBl II 1993, S. 1947

221 Art. A, B, EUV, dazu auch *Dittmann*, in: Koch/Caspar, S. 63 (65)

222 Art. 2 EGV

223 *Himmelmann*, EG-Umweltrecht und nationale Gestaltungsspielräume, S. 18

Der Umweltschutz stellt eine relativ junge Materie des Gemeinschaftsrechts dar: Ursprüngliches Ziel der EWG war die Errichtung eines gemeinsamen Marktes, dessen Verwirklichung auch die anderen geregelten Politikbereiche dienen sollten. Erst mit der Einheitlichen Europäischen Akte (EEA)[224], fand das Thema Aufnahme in den EWGV: Mit der Schaffung eines eigenen Titels VII (Umwelt) und den dazugehörigen Rechtsvorschriften der Art. 174-176 (ex Art. 130 r-t) EGV wurde der Gemeinschaft eine eigene Kompetenzgrundlage übertragen.
Durch den EUV wurde die damit geschaffene Basis für eine Umweltpolitik der Gemeinschaft noch ausgebaut (Art. 2, 3 Nr. 1 EGV)
Hinsichtlich der Integration des Umweltschutzes in die anderen Gemeinschaftspolitiken wurde mit dem Vertrag von Amsterdam eine neue Entwicklungsstufe erreicht: Die darin vorgenommenen Modifizierungen stehen im Zeichen der nachhaltigen Entwicklung[225], die man als beherrschendes Thema in der europäischen Umweltpolitik Ende der 90er Jahre sehen kann. Das Integrationserfordernis ist jetzt im Rahmen der an den Anfang gestellten Grundprinzipien des Gemeinschaftsrechts zu finden[226] und nicht mehr im Art. 175 (ex 130 r) EGV. Der Umweltschutz wurde damit auf einer höheren Ebene der Gemeinschaftspolitik angesiedelt[227].
Mit diesen inzwischen auch politischen Einigungstendenzen kristallisiert sich die Europäische Gemeinschaft als diejenige überstaatliche Institution heraus, die aufgrund ihrer Rechtssetzungskompetenz das Potential zu einem wirksamen grenzübergreifenden Umweltschutz besitzt. Aufgrund der vielfältigen anderen politischen Herausforderungen fehlt es jedoch bisher in der tagespolitischen Realität an einer Schwerpunktsetzung, die der mit der Vertragsänderung bewirkten neuen Gewichtung entsprechen würde.

b. Kompetenzen der Gemeinschaft im Umweltrecht

Die Zuständigkeit der EG zum Erlass von Rechtsnormen beruht auf dem Prinzip der begrenzten oder enumerativen Einzelermächtigung (compétence

---

224 v. 28. 2. 1986, ABl. EG 1987 Nr. L 169, S. 1

225 dies äußert sich in der Änderung der Präambel durch Art. 1 Nr. 2 AV, in einer Ergänzung des Art. B EUV durch Art. 1 Nr. 5 AV, einer Neufassung des Art. 2 EGV durch Art. 2 AV.

226 durch Art. 2 Nr. 4 AV wurde ein neuer Art. 3 c EGV eingefügt, wonach "..die Erfordernisse des Umweltschutzes bei der Festlegung und Durchführung der in Art. 3 genannten Gemeinschaftspolitiken und Maßnahmen, insbesondere zur Förderung einer nachhaltigen Entwicklung einbezogen werden müssen."

227 *Kienle*, in: Bergmann/Lenz, Der Amsterdamer Vertrag, S. 123

d'attribution)[228]. Danach ist die Gemeinschaft nur in den Fällen zur Rechtssetzung befugt, für die im Vertrag eine ausdrückliche Rechtssetzungskompetenz vorgesehen ist.
Hinsichtlich des Umweltschutzes ist es neben Art. 175 (ex 130 s) EGV insbesondere Art. 95 (ex 100a) EGV, der die Gemeinschaft zu umweltschützenden Rechtsakten ermächtigt[229]. Des weiteren können umweltrelevante Maßnahmen auch auf der Grundlage von Handlungsermächtigungen andere Politikbereiche erlassen werden. Die jeweiligen Kompetenznormen sind an verschiedene Verfahren gekoppelt, die in unterschiedlicher Weise eine Beteiligung der Organe und eine Einflussnahme der Mitgliedsstaaten auf die Rechtssetzung zulassen[230]. Solange die Gemeinschaft von der ihr übertragenen Regelungsermächtigung keinen Gebrauch macht, bleiben die Mitgliedsstaatenweiterhin regelungsbefugt[231]. Damit ist im Bereich des Umweltschutzes von einer konkurrierenden Zuständigkeit auszugehen[232].
Explizite Ermächtigungsnorm im Umweltschutz ist Art. 175 (ex 130 s) EGV. Er eröffnet der Gemeinschaft die Möglichkeit, alle Maßnahmen zu treffen, die der Erfüllung der Ziele des Art. 174 (ex 130 r) EGV dienen. Der neu gefasste Art. 175 Abs.1 (ex 130 s Abs.1) EGV sieht nunmehr vor, dass der Rat im Verfahren der Mitentscheidung nach Art. 251 EGV und nach Anhörung des Wirtschafts- und Sozialausschusses sowie des Ausschusses der Regionen über das Tätigwerden der Gemeinschaft zur Erreichung der in Art. 174 EGV genannten Ziele entscheidet[233] . Damit werden Maßnahmen, die bisher im Kooperationsverfahren erlassen wurden nunmehr im Mitentscheidungsverfahren beschlossen. Einstimmig und nach bloßer Anhörung des Parlamentes müssen nach wie vor folgende Regelungen ergehen, Art. 175 Abs. 2 (ex Art. 130 s Abs. 2 S. 1) EGV:

- "Vorschriften überwiegend steuerlicher Art,
- Maßnahmen im Bereich der Raumordnung, der Bodennutzung sowie der Bewirtschaftung der Wasserressourcen,

---

228 *Grabitz*, EGV, Art. 189, RN 4; *Bleckmann* , Europarecht, RN 108 ff.

229 *Middeke*, Nationaler Umweltschutz im Binnenmarkt, S. 43

230 *Voß/Wenner*, in: NVwZ 1994, S.332 (333); dies gilt auch nach den Änderungen durch den Vertrag von Amsterdam noch insofern, als nach Art.175 Abs.2 EGV für bestimmte Bereiche immer noch das Einstimmigkeitserfordernis gilt; Art.175 Abs.1 und Art.95 Abs.1 EGV haben allerdings nunmehr den gleichen Abstimmungsmodus

231 *Middeke*, Nationaler Umweltschutz im Binnenmarkt, S. 45

232 *Seidel*, in: NVwZ 1993, S. 105 (107, 112)

233 vgl. zu dem nun auch effektiver gestalteten Mitentscheidungsverfahren *Kienle*, in: Bergmann/Lenz, Der Amsterdamer Vertrag, S. 136

- Maßnahmen, welche die Wahl der eines Mitgliedsstaates zwischen verschiedenen Energiequellen und die allgemeine Struktur seiner Energieversorgung erheblich berühren".

Der Rat kann zudem in Unanimität beschließen, in welchem dieser Regelungsbereiche mit qualifizierter Mehrheit entschieden werden soll. Die hier aufgeführten Ausnahmen stellen jedoch besonders sensible Regelungsbereiche dar. Deshalb wurde von dieser Möglichkeit bisher kaum Gebrauch gemacht, da die Staaten die diesbezüglichen Entscheidungen nicht vollkommen aus der Hand geben wollen.

Eine weitere wichtige Kompetenznorm im Umweltbereich ist Art. 95 (ex 100 a) EGV.
Die Errichtung und das Funktionieren des Binnenmarktes sind in Art. 14 (ex 7 a) EGV normierte Vertragsziele. Art. 95 Abs. 1 EGV bezieht sich auf die Angleichung von Rechts- und Verwaltungsvorschriften, die diese Ziele zum Inhalt haben.
Laut Abs. 3 dieser Vorschrift ist jedoch der Umweltschutz explizit miteinbezogen. Entsprechend können auch Rechtsakte, die dem Umweltschutz dienen, auf dieser Rechtsgrundlage erlassen werden (Bsp.: Produktnormen). Normen, die nach dieser Regelung erlassen werden, erfordern eine qualifizierte Mehrheitsentscheidung[234].

Des weiteren können umweltrelevante Aktionen der Gemeinschaft noch auf die bereichspezifischen Kompetenznormen der Art. 37 (ex 43), 71 (ex 75), 133 (ex 113) und 93 (ex 99) EGV gestützt werden.

Aus Art. 5 I EGV ergibt sich, dass jedes Handeln der EG einer ausdrücklichen Ermächtigung bedarf. Hierfür genügt jedoch nicht irgendeine Grundlage: Der Rechtsakt muss auf die richtige Kompetenznorm gestützt werden. Diese Spezifizierung ist nicht bloß theoretisches Gedankenspiel, sondern besitzt durchaus praktische Relevanz:
Die Ermächtigungsnormen sehen zum einen teilweise unterschiedliche Abstimmungsverfahren vor, so dass die Wahl der Ermächtigungsgrundlage für die Beteiligungsmöglichkeiten des Europäischen Parlamentes und die erforderlichen Mehrheiten relevant ist.
Zum anderen stellen die verschiedenen Ermächtigungsnormen unterschiedliche Voraussetzungen an die Möglichkeit eines nationalen Alleinganges.
Bis zur Einführung des Mitentscheidungsverfahrens des Art. 251 EGV im Vertrag von Amsterdam konzentrierte sich die Diskussion hauptsächlich auf die Abgrenzung von Art. 130 s und 100a EGV, dieser Streitist mit den Ände-

---

234 zum Verhältnis der beiden Rechtsgrundlagen vgl. das Titandioxid-Urteil, EuGH, Slg. 1991, S. 2867

rungen teilweise überholt; lediglich im Bereich des Art. 175 II (ex 130 s II) EGV besteht aufgrund der unterschiedlichen verlangten Entscheidungsmehrheiten noch Abgrenzungsbedarf. Aber auch aufgrund der aktuellen Gesetzeslage existieren noch weitere Konfliktbereiche (die auch Gegenstand aktueller Urteile sind), so dass die Grundzüge der Abgrenzungsrechtsprechung kurz dargestellt werden sollen[235].

Primär sind bei der Abgrenzung die klassischen Kriterien von Spezialität und Subsidiarität heranzuziehen.

Im Sinne der Spezialität wurde z.B. für eine Verordnung über Maßnahmen zur Erhaltung von Fischbeständen Art. 37 (ex 43) statt Art. 175 EGV als richtige Rechtsgrundlage erachtet[236].

Die Kompetenzergänzungsklausel des Art. 308 (ex 235) EGV demgegenüber ist im Verhältnis zu Art. 175 EGV subsidiär.

Eigentlich problematisch wird die Situation, wenn keinem der betroffenen Politikbereichen nach diesen Grundsätzen eine Vorrangstellung zukommt.

Falls die in Frage kommenden Rechtsgrundlagen verschiedene Verfahren vorsehen, scheidet eine Doppelabstützung aus[237].

Grundsätzlich richte sich die Wahl der richtigen Rechtsgrundlage nicht nach der Überzeugung des jeweils zuständigen Gemeinschaftsorgans, sondern nach objektiven, gerichtlich nachprüfbaren Umständen, zudenen insbesondere Ziel und Inhalt des Rechtsakts gehörten. Anhand dieser Umstände ist der (objektive) Schwerpunkt der Maßnahme festzustellen[238]: Im Falle eines nicht zu klärenden Mischcharakters der Maßnahme muss jedoch das Demokratieprinzip herangezogen werden, so dass im Zweifel die Rechtsgrundlage mit der stärkeren Parlamentsbeteiligung anzuwenden ist[239].

---

235 Umfassend zum Meinungsbild in Literatur und der Entwicklung in der Rechtsprechung des EuGH, *Breier*, in: Rengeling (Hrsg.), EUDUR, § 13, S. 381 ff.

236 EuGH, Slg.1993, I-6133, RN 26 ff

237 So zum Verhältnis von Art. 100 a und 130 s (a.F.) *Epiney*, in: JZ 1992, S.564 (568); *Middeke*, in: DVBl 1993, S.769 (770 f.); auch der EuGH hat eine solche Doppelabstützung in der Titandioxid-Entscheidung, EuGH, Slg. 1991, I-2867 , RN 17 bis 21, verworfen

238 Urteil v. 25.2.1999 - Verb.Rs. C-164/97 & C-165/97, in: ZUR 1999, S. 223 (224, RN 16); so auch schon im Urteil zur Abfalländerungsrichtlinie, EuGH, NVwZ 1993, S: 872 (873), dort war Art. 100a nicht heranzuziehen,

239 so auch EuGH in: ZUR 1999, S. 223 (224, RN 20); vgl. auch den Kommentar von *Callies* an selbem Ort, S. 224 (226)

c. Instrumente der gemeinschaftlichen Umweltpolitik

aa. Überblick

Die Gemeinschaft kann im Rahmen ihrer Umweltpolitik alle vom Vertrag vorgesehenen rechtsverbindlichen[240] und unverbindlichen Handlungen[241] vornehmen. Dies ergibt sich aus dem Fehlen einer namentlichen Aufzählung in Art. 175 EGV[242]. Speziell aufgeführt ist allerdings in Art. 175 Abs. 3 EGV die Möglichkeit des Rates, in Abstimmung mit dem Wirtschafts- und Sozialausschuss Umweltaktionsprogramme zu erlassen, in denen die Leitlinien der Umweltpolitik der Gemeinschaft festgelegt werden.. Neben den allgemeinen Handlungsmöglichkeiten des Art. EGV gibt es als für den Umweltschutz spezifische Handlungsform die Umweltaktionsprogramme:
Seit der Änderung des EGV durch den Vertrag von Maastricht ist die Befugnis der Gemeinschaftsorgane, die allgemeinen Ziele und Schwerpunkte der gemeinschaftlichen Umweltpolitik für einen bestimmten Zeitraum in Aktionsprogrammen festzulegen, ausdrücklicher Vertragsinhalt geworden. Sie dienen der Bündelung mehrere Aktionen im Rahmen eines einheitlichen Gesamtkonzepts[243]. Die Aufgabe der EG besteht hier grundsätzlich in der Koordinierung und der finanziellen Unterstützung der nationalen Vorhaben.
Es handelt sich bei diesen Aktionsprogrammen lediglich um politische Absichtserklärungen ohne Außenwirkung[244]. Aufgrund des Prinzips der begrenzten Einzelermächtigung können sie nicht als Rechtsgrundlage für umweltpolitische Maßnahmen herangezogen werden. Die dahingehend leicht missverständliche Formulierung des Art. 175 Abs. 3 S. 2 EGV ist lediglich ein genereller Handlungsauftrag, der jedoch voraussetzt, dass die Kompetenz zur Ergreifung der Maßnahme anderweitig begründet ist.
Außerdem fehlt es auch einem erkennbaren Willen der Gemeinschaftsorgane, mit dem von ihnen erlassenen Programm eine rechtliche Wirkung zu erzeugen.
Aufgrund der systematischen Stellung kann nicht davon ausgegangen werden, dass der Erlass eines Aktionsprogramms Voraussetzung für die Verabschiedung einer umweltpolitischen Maßnahme (im Sinne eines zweistufigen Verfahrens) ist: Das Verabschiedungsverfahren ist in Art. 175 Abs. 1 und 2

240 vgl. Art. 249 EGV

241 insbesondere Empfehlungen, Stellungnahmen, Informationsveranstaltungen, Auskünfte

242 *Nettesheim*, in: JURA 1994, S. 337 (341), *Grabitz*, EGV, Art. 130 s RN 11

243 *Himmelmann*, EG-Umweltrecht und nationale Gestaltungsspielräume, S. 19

244 *Baier*, in: Jakob/Zugmaier, S.145 (160), aA *Rengeling*, in: DVBl 2000, S.1473 (1474)

fahrens) ist: Das Verabschiedungsverfahren ist in Art. 175 Abs. 1 und 2 EGV geregelt; die Aktionsprogramme behandelt gesondert Abs. 3[245]. Ein solches Verfahren würde zudem im Falle umweltrechtlichen Handlungsbedarfes eine schnelle und flexible Reaktion hemmen.

Da dem Rat die Befugnis eingeräumt ist, die jeweilige Notwendigkeit einer Umweltschutzmaßnahme zu beurteilen, kann auch keine Verpflichtung zum Erlass der in den Aktionsprogrammen vorgesehenen Maßnahmen angenommen werden[246].
Die Umweltaktionsprogramme haben also lediglich politische Bedeutung: Sie werden in der Regel bei der Interpretation unbestimmter Rechtsbegriffe herangezogen[247]. Man kann die Aktionsprogramme als freiwillige Selbstbindung des Rates und der Mitgliedsstaaten verstehen, sich um die Verwirklichung der im Programm genannten Ziele zu bemühen[248].

bb. Neue Instrumente

aaa. Einführung

Seit dem 5. Aktionsprogramm forciert die EG die Erschließung neuer Instrumente. Das bisherige hierarchische Konzept der Verhaltenssteuerung primär über Ge- und Verbote ("sog. top-down- Konzept") wird darin als unzureichend qualifiziert; die neue Strategie betont die gemeinsame Verantwortung aller Akteure - von Politik, Wirtschaft und von Einzelpersonen[249]. Durch Dialog und Information soll auf partnerschaftliche Art Umweltbelastungen vorgebeugt werden ("bottom- down")[250]. Auf diese Weise sollen zukünftig verstärkt die Kräfte des Marktes zum Schutz der Umwelt mobilisiert werden.

---

245 *Himmelmann*, aaO., S. 19 f., aA *Epiney/ Furrer*, EuR 1992, S. 369 (399 f.), die ein zweistufiges Verfahren zur Sicherung der Beteiligungsrechte des Parlamentes für erforderlich halten

246 *Himmelmann*, aaO., S. 20

247 *Baier*, in: Jakob/Zugmaier, S.145 (161); *Thiel*, Umweltrechtliche Kompetenzen in der Europäischen Union, S.89

248 *Behrens*, in: EuR 1977, S.240 (246); *Riegel*, in: EuR 77, S.74 (80)

249 DG XI - The Fifth Environmental Action Programme: Towards Sustainability, S.1; www.europa.eu.int/en/comm/dg11/actionpr.htm

250 Abl. 1993, Nr. C 138, S. 5 (Zsfsg. Nr. 11, 19, 34)

Im Dezember 1996 wurde ein Vorschlag der Kommission für einen Zwischenbericht hinsichtlich der Umsetzung des 5. Umweltaktionsprogramms vorgelegt[251]. Darin wurde festgestellt, dass die Erweiterung der Instrumentenpalette sich problematischer zeigte als erwartet[252]. Die dahingehende Schwerpunktsetzung wird jedoch bestätigt und es wird gefordert, weitere Anstrengungen zur Umsetzung steuerlicher und partizipatoxischer Instrumente zu unternehmen[253]; gleiches gilt für den inzwischen vorliegenden Entwurf für das 6. Umweltaktionsprogramm.

bbb. Abgabenrechtliche Lösungen

(1) Motivation für den Einsatz von Umweltabgaben

Umweltabgaben werden auf Gemeinschaftsebene als ein effektives Mittel zur Umsetzung umweltpolitischer Ziele eingeschätzt. Verstärkt werden seitens der Kommission ihre Einsatzmöglichkeiten untersucht[254].
Umweltabgaben sind Abgabenarten, die geeignet sind, einer umweltpolitischen Zielsetzung zu dienen und die für ein Tun oder Unterlassen erhoben werden, das geeignet ist, eine schädliche Wirkung auf die Umwelt zu entfalten[255]. Umweltabgaben bewirken die Internalisierung externer Umweltkosten und führen im Idealfall zu einer effektiven Umsetzung des Verursacherprinzips[256], weil die Umweltkosten dem Preis einer Ware oder einer Dienstleistung zugeschlagen werden.
So werden Anreize sowohl für den Hersteller als auch für den Verbraucher geschaffen, ihr Verhalten umweltgerechter zu gestalten[257].
Zudem können auf diese Weise Finanzmittel aufgebracht werden. Diese können entweder in die Finanzierung von Umweltschutzmaßnahmen fließen oder dazu verwandt werden, Steuersenkungen in anderen Sektoren auszugleichen,

---

251 KOM (96) 648

252 KOM (96) 648, S.3

253 aaO., Art. 2.2.a; 2.3.d, Art. 9

254 KOM (97) 9

255 *Vahrenholt*, in: HdUR II, S.2259; vgl. auch *Wasmeier*, Umweltabgaben und Europarecht, S.27; *Huckestein*, Effizienzbedingungen ökonomischer Instrumente in der EU-Umweltpolitik, S.59

256 *EEA*: Environmental taxes, executive summary, S. 2; *Wasmeier*, Umweltabgaben und Europarecht, S.1; *Huckestein*, Effizienzbedingungen ökonomischer Instrumente in der EU-Umweltpolitik, S. 60

257 *Barde/Opschoor*, in: Jahrbuch Ökologie 1996, S. 80 (82 f.)

in denen die momentane Besteuerung als marktverzerrend angesehen wird[258]. Als besonders effektiv wird das Instrument der Umweltabgaben eingeschätzt, wenn es darum geht , der Umweltprobleme Herr zu werden, die aus sog. 'diffusen Verschmutzungsquellen' stammen[259]. Paradebeispiel dafür sind die Verkehrsemissionen.
Eine auf Anfrage des Europäischen Parlamentes erstellte Studie kommt zu dem Ergebnis, dass bei durchdachter Entwicklung von Umweltabgaben positive Effekte nicht nur auf dem Gebiet des Umweltschutzes erzielt werden könnten; auch die Wettbewerbsfähigkeit der Wirtschaft, die Arbeitsmarktsituation und das Steuersystem an sich könnten profitieren[260]. Momentan am intensivsten diskutiert werden abgabenrechtliche Lösungen im Zusammenhang mit einer CO_2-/ Energiesteuer. Auf deren genaue Ausgestaltung soll jedoch erst im Rahmen der Klimaschutzpolitik der EG eingegangen werden.

(2) Gemeinschaftsrechtliche Kriterien für die Einführung von Umweltabgaben

Bei der Erhebung von Abgaben auf EU-Ebene sind die gemeinschaftsrechtlichen steuerlichen Anforderungen zu beachten.
Ein eigenes Steuerfindungsrecht der Gemeinschaft ist im Vertrag nicht vorgesehen [261]; die Steuerhoheit verbleibt bei den einzelnen Mitgliedsstaaten[262]
Abgabenrechtliche Lösungen der Gemeinschaft können ergo nur so beschaffen sein, dass die Gemeinschaft Vorgaben für eine Harmonisierung der nationalen Abgabenregelungen erlässt.
Im Bereich des Klimaschutzes käme vorrangig eine indirekte Steuer in Betracht. Rechtsgrundlage für eine Harmonisierung der indirekten Steuern wäre Art. 93 (ex 99) EGV.
Danach erlässt der Rat auf Vorschlag der Kommission und nach Anhörung des Europäischen Parlamentes einstimmig die Bestimmungen zur Harmonisierung der Umsatzsteuern, Verbrauchsabgaben und sonstiger indirekter Steuern, soweit dies für die Erreichung und das Funktionieren des Gemeinsamen

---

258 EUR-OP News Environment Supplement 2/1997, S. 6

259 vgl. allgemein zum Einsatzbereich von Umweltabgaben *Jakob/Zugmaier* , in: Jakob/Zugmaier, S. 11 (14)

260 EUR-OP News Environment Supplement 2/1997, S. 1

261 *Bleckmann/Hölscheidt*, in: DÖV 1990, S. 853 (857); *Wasmeier*, Umweltabgaben und Europarecht, S.35. Die Finanzierung bestimmt sich nach Art. 201 EGV. Allerdings ist gemäß Art. 49 EGKSV die Montanunion berechtigt, Umlagen zu erheben

262 *Schweitzer/Hummer*, Europarecht, S. 335

Marktes notwendig ist. Auf dieser Grundlage könnten auch indirekte Steuern mit dem Ziel des Umweltschutzes erhoben werden[263].
Teilweise wird vertreten, dass bestimmte Abgabenformen, die nicht als Steuern im Sinne des Gemeinschaftsrechts zu qualifizieren sind, aufgrund der jeweils einschlägigen Sachkompetenz erhoben werden können. Dieser Weg soll vor allem für lenkende Sonderabgaben gelten[264]. Voraussetzung für den Erlass einer Abgabenregelung aufgrund der Sachkompetenz soll darüber hinaus sein, dass durch die Regelung keine Wettbewerbsverzerrung bewirkt wird[265]. Im Bereich des Umweltschutzes ergibt sich die Sachkompetenz aus Art. 174, 175 EGV; diese wären danach ausreichende Grundlage für gewisse Abgabeformen.
Gegen diesen Lösungsweg wird eingewandt, dass der Begriff der Steuern im Gemeinschaftsrecht weit auszulegen sei, um die mitgliedsstaatliche Souveränität im Bereich der Abgaben und Finanzhoheit weitestgehend zu gewährleisten[266]. Daher unterfielen auch zweckgebundene Abgaben dem gemeinschaftsrechtlichen Steuerbegriff[267].
Diese letztere Ansicht ist zu unterstützen, da es sich bei der Kategorie der Sonderabgaben um eine Begrifflichkeit des deutschen Rechtes handelt, die damit als Abgrenzungskriterium für die Anwendung gemeinschaftsrechtlicher Ermächtigungsnormen wenig tauglich ist[268]. Soweit Steuerungsziele verfolgt werden[269], können somit Abgaben nur unter den Voraussetzungen des Art. 93 EGV erhoben werden. Davon ausgenommen bleiben nach dem gemeinschaftsrechtlichen Steuerbegriff lediglich solche Abgaben, die den Charakter als Entgelt für eine Leistung haben[270].

---

263 vgl. dazu auch *Huckestein*, Effizienzbedingungen ökonomischer Instrumente in der EU-Umweltpolitik, S. 124, der jedoch unrichtigerweise aus dieser Ermächtigungsnorm eine Stillhalte-verpflichtung der Mitgliedsstaaten folgert, solange eine gemeinschaftliche Harmonisierungsregelung noch nicht ergangen ist

264 vgl. *Hilf*, in: NVwZ 1992, S. 105 (108)

265 *Hilf*, aaO., S.108

266 vgl. *Wasmeier*, Umweltabgaben und Europarecht, S. 228; *Himmelmann*, EG-Umweltrecht und nationale Gestaltungsspielräume, S. 77

267 *Wasmeier*, aaO., S. 2

268 vgl. dazu auch *Himmelmann*, aaO., S. 77

269 so wie es auch im Falle einer CO_2-Abgabe der Fall wäre

270 *Wasmeier*, aaO., S. 39

Da Art. 93 EGV keine dem Art. 95 Abs. 3 EGV entsprechende Regelung enthält würde durch den Erlass derartiger Harmonisierungsregelungen der Gestaltungsspielraum der Mitgliedsstaaten erheblich eingeschränkt.
Anders verhält es sich, falls Umweltabgaben auf der Grundlage von Art. 175 EGV eingeführt werden, zulässig bei der Ausgestaltung als direkte Steuern oder Gebühren[271]: In diesem Fall können gemäß Art. 176 EGV verstärkte einzelstaatliche Schutzmaßnahmen getroffen werden.

ccc. Freiwillige Vereinbarungen

(1) Überblick

Eines der wichtigsten Ziele des 5. Aktionsprogramms ist die Ergänzung der Rechtssetzung durch andere Politikinstrumente. Entsprechend dem Grundsatz der geteilten Verantwortlichkeit und der Partizipation nimmt das Instrument der freiwilligen Vereinbarung zwischen Industrie und öffentlicher Hand eine wichtige Position ein [272].
Auf mitgliedsstaatlicher Ebene werden die verschiedensten Formen von Umweltabsprachen zwischen Staat und Wirtschaft praktiziert. Dies hat zur Konsequenz, dass mit dem Terminus der Absprache sehr divergierende Instrumente verbunden werden, was eine gemeinschaftsweite Harmonisierung kompliziert.
In einer Mitteilung der Kommission an den Rat und das Europäische Parlament werden daher Leitlinien für den Abschluss von Umweltabsprachen aufgestellt[273]. Das Fazit der Mitteilung lässt sich wie folgt darstellen:

(2) Typen von Umweltabsprachen

Entsprechend dem Bericht der Kommission können Umweltabsprachen in zwei Grundformen auftreten: Zum einen kann es sich um rechtlich bindende Vereinbarungen handeln mit Verpflichtungen für beide Teile. Zum anderen können es rechtlich unverbindliche 'gentleman's agreements' sein, in Form einer einseitigen Zusage, die von behördlicher Seite anerkannt wird[274]. Ers-

---

271 s.o. und zudem *Himmelmann*, aaO., S. 100

272 COM 96 (561), S. 4

273 COM 96 (561), S. 4

274 COM 96 (561), S. 5

tere werden in der Terminologie der Mitteilung als Vereinbarungen, letztere als Selbstverpflichtungen bezeichnet[275].

(3) Handlungsempfehlung

Umweltvereinbarungen bieten eine Reihe von positiven Aspekten. Sie mobilisieren die Innovationskräfte der Industrie. Da sie den Unternehmen erlauben, die Umweltinvestitionen so vorzunehmen, dass es mit ihrer sonstigen Investitionsstruktur im Einklang steht, lassen sich kostengünstigere Lösungen erzielen als mit ordnungsrechtlichen Maßnahmen. Im Regelfall versprechen sie eine schnellere Umsetzung, was insbesondere in den Bereichen, die einem starken technischen Wandel unterworfen sind, von Bedeutung ist.
Allerdings waren nicht alle der bisher getroffenen Vereinbarungen transparent und glaubwürdig.
Die Kommission schlägt daher vor, dass Umweltvereinbarungen möglichst in bindender Form abgeschlossen werden sollten. Das bloße Versprechen, größtmögliche Anstrengungen zu unternehmen, stellt keinen geeigneten Inhalt dar; es sollten quantifizierbare Zielwerte enthalten sein.
Damit deren Einhaltung auch überprüft werden kann, ist die klare Regelung eines Monitoring- Systems unabdingbar. Die Überprüfung sollte durch eine externe Instanz durchgeführt werden[276].
Um eine ausreichende Öffentlichkeitsbeteiligung zu gewährleisten, sollten sowohl die Vereinbarung selber als auch die Ergebnisse des Monitoring publiziert werden.

(4) Bisherige Umsetzung auf Gemeinschaftsebene

Bisher wurden auf gemeinschaftlicher Ebene nur informelle Vereinbarungen in Form einseitiger Verpflichtungen ohne Vertragscharakter realisiert, die von der Kommission gefördert oder anerkannt wurden. Der Abschluss dieser informellen Vereinbarungen erfolgte entweder aufgrund Entschließung des Rates [277] oder durch Empfehlung aufgrund Art. 211 (ex 155) EGV[278].

---

[275] COM 96 (561), S. 8

[276] COM 96 (561), S. 3

[277] Entschließung des Rates 88/C/285/01, ABl EG Nr. C v. 9.11.1988 und Empfehlungen der Kommission über die Aerosolindustrie, die Schaumkunststoffindustrie und die Kälteindustrie, ABl EG Nr. L 144 v. 27.5.1989, S.56; ABl EG Nr. L 227 v. 21.8.1990, S. 26 und 30

[278] Empfehlung 89/542/EWG über die Kennzeichnung von Detergentien und Reinigungsmitteln, ABl EG Nr. L 291 v. 10.10.1989, S. 55

Diesem Vorgehen der Kommission lassen sich jedoch rechtliche Bedenken entgegenhalten: Art. 211 EGV stellt eine Ausnahme vom Prinzip der begrenzten Einzelermächtigung (compétence d'attribution) dar[279]; daher ist seine Anwendung eher restriktiv zu handhaben. Zudem ist die der Kommission zustehende Durchführungskompetenz[280] von einem eigenständigen Abschlussmandat für Umweltvereinbarungen zu trennen; letzteres steht ihr nicht zu, auch wenn es sich bei den Umweltvereinbarungen um rechtlich unverbindliche Konstrukte handelt[281].

Eine Erhebung dieses Verfahrens zur gängigen Praxis würde das institutionelle Gleichgewicht in der Gemeinschaft gefährden[282]. *Grewlich*[283]schlägt daher vor, eine Rechtsgrundlage für eine Empfehlung über das Vorschlagsrecht der Kommission nach Art. 202 (ex 145) UAbs. 3, 211 (ex 155) UAbs. 4 EGV zu konstruieren.

Einen differenzierteren Ansatz wählt *Pommerenke*[284]. Da der Charakter der von der Kommission angestrebten Vereinbarungen mit der Industrie noch nicht festgelegt ist, spielt sie die Zulässigkeit verschiedener denkbarer Einordnungen durch:

Zunächst wäre es denkbar, dass es sich bei den Absprachen um öffentlichrechtliche Verträge handelte. Zwar ließe sich generell eine Abschlusskompetenz der Kommission für öffentlich-rechtliche Verträge konstruieren[285]. Rechtssetzende Umweltvereinbarungen verstießen jedoch insofern gegen das Prinzip der begrenzten Einzelermächtigung, als sie anstelle von Verordnung, Richtlinie oder einer an einen Mitgliedsstaat gerichteten Entscheidung ergehen sollten[286]. Des weiteren bestehen Bedenken hinsichtlich der Organkom-

---

279 *Bleckmann*, Europarecht, S. 71

280 *Geiger*, EGV, Art.155 RN 2

281 *Grewlich*, in: DÖV 1998, S. 54 (61)

282 *Geiger*, EGV, Art.4 RN 17

283 *Grewlich*, aaO., S.61

284 *Pommerenke*, in: RdE 1996, S. 131

285 vgl.*Bleckmann*, Europarecht, RN 493 f, der die Kompetenz der EG zum Abschluss öffentlich- und privatrechtlicher Verträge aus den Aufgabenzuweisungen des EGV (Art. 2, 3 bzw. die jeweiligen Einzelbestimmungen) in Verbindung mit der sog. Kompetenz kraft Sachzusammenhang zieht; anders *Spannovsky*, Grenzen des Verwaltungshandelns durch Verträge und Absprachen, S. 522, der in Art. 238 (ex 181) EGV selbst eine ausreichende Ermächtigungsgrundlage der EG zum Abschluss von Verträgen sieht

286 *Pommerenke*, in: RdE 1996, S. 131 (135)

petenz der Kommission und der Durchsetzungs- und Sanktionsmöglichkeiten der Vereinbarung[287].
Auch bei Annahme eines privatrechtlichen Vertrages wäre dieser als Instrument der Rechtssetzung nicht mit den Regelungen des EGV vereinbar[288].
Zum Abschluss von Umweltvereinbarungen als einem Mittel der Rechtskonkretisierung besäße die Europäische Kommission zwar die Organkompetenz aus Art. 202 (ex 145) UAbs 3 und Art. 211 (ex 155) UAbs 4 EGV; diese Konstellation entspricht jedoch nicht den zur Debatte stehenden Absprachen: Diese sollen nicht zur Umsetzung einer Verordnung dienen, sondern an deren Stelle treten.
Ergo können sie nur als vorläufige politische Vereinbarungen abgeschlossen werden, da diesen das Prinzip der begrenzten Einzelermächtigung nicht entgegensteht: Mangels Rechtsverbindlichkeit beeinträchtigen sie weder die Allgemeininteressen der EG noch die Einzelinteressen der Mitgliedsstaaten; auch greifen sie nicht in Rechte Dritter (wie z.B. von Umweltschutzorganisationen) ein. Insofern setzt sich die Kommission in Widerspruch zu den Anforderungen, die sie an die Mitgliedsstaaten stellt: Von diesen wird möglichst ein rechtsverbindlicher Vertrag verlangt, wohingegen alleinige Praxis der Kommission unverbindliche Absprachen sind.
Jüngstes Beispiel für eine gemeinschaftsweite Absprache ist die Vereinbarung mit dem Verband der Europäischen Automobilhersteller über die Reduktion der Emissionen von PKW[289]; anfänglich waren die Positionen höchst divergent, so dass der Abschluss einer Vereinbarung lange ausgeschlossen schien. In zähen Verhandlungen ist es der Kommission schließlich gelungen, doch eine Einigung herbeizuführen[290].
Dabei handelt es sich jedoch wiederum um eine bloß unverbindliche Absprache, die von der Kommission herbeigeführt wurde. Zudem wird vermieden, eine Klarstellung hinsichtlich einer eventuellem verordnungs- oder richtlinienersetzenden Funktion zu treffen.
Aus dem Abschlussmodus können damit keine weitergehenden Erkenntnisse über die genaue rechtliche Grundlage für Vereinbarungen zwischen Kommission und Wirtschaftsverbänden gezogen werden.
Diese Fragestellung bleibt jedoch akut, da Umweltvereinbarungen weiterhin als ein Instrument mit Zukunft angesehen werden[291].

---

287 *Pommerenke*, aaO., S. 135 ff.

288 *Pommerenke*, aaO., S.138

289 siehe näher unter 2.

290 vgl. Pressemitteilung des BMU v. 7. 10. 1998

291 Dies gilt insbesondere für den Klimaschutz, vgl. KOM (1999), 230 endg.

2. Die Strategie der EU zum Klimaschutz

a. Überblick

aa. Der Schutz der Ozonschicht

Auch auf Ebene des Gemeinschaftsrechts war die Gefährdung der Ozonschicht derjenige Aspekt des Klimaschutzes, der zeitlich vorrangig in den Fokus rückte. Schon 1980 entschied die EG, dass zum einen die Produktionskapazität für die FCKW R 11 und R 12 nicht ausgeweitet werden sollte und zum anderen der Verbrauch dieser Stoffe im Aerosolbereich (Spraydosen) bis Ende 1981 um mindestens 30 % gegenüber dem Stand von 1976 zu verringern sei[292]. Zur Umsetzung des Montrealer Protokolls verabschiedete die EG 1988 eine Verordnung[293], die die Produktion, die Verwendung und den Import der im Protokoll erfassten Stoffe mengenmäßig beschränkte.
Diese Entscheidungen wurden im wesentlichen durch freiwillige Vereinbarungen mit der Industrie umgesetzt[294]: Nach einem Ersuchen des Rates an die Kommission nahm diese Gespräche mit der Föderation Europäischer Aerosolverbände auf[295]. Diese Gespräche mündeten in eine Übereinkunft, die in Form einer Empfehlung der Kommission im April 1989 publiziert wurde[296]. Inhalt dieser Empfehlung war eine Verringerung der Verwendung von vollhalogenierten FCKW um mindestens 90 % gegenüber dem Jahr 1976[297]. Der Dachverband der europäischen Aerosolindustrie erklärte daraufhin eine entsprechende Selbstverpflichtung[298].

---

292 Entscheidung des Rates 80/372/EWG vom 26. 3. 1980 über Fluorchlorkohlenwasserstoffe in der Umwelt, Abl. 1980 Nr. L 90, S.45

293 Verordnung Nr. 3322/88 des Rates über bestimmte Fluorchlorkohlenwasserstoffe und Halone, die zum Abbau der Ozonschicht führen, Abl. 1988, Nr. L 297, S. 1 ff.

294 *Bunge*, in: HdUR, S. 1591

295 vgl. die Entschließung des Rates 88/540/EWG vom 14. 10. 1988 zur Begrenzung der Verwendung von Fluorchlorkohlenwasserstoffen und Halonen , ABl.1988, Nr. L 297, S. 8 f.

296 *von Bernuth*, Umweltschutzfördernde Unternehmenskooperationen und das Kartellverbot des Gemeinschaftsrechts, S. 29

297 Empfehlung der Kommission 89/349/EWG v. 13. 4. 1989 zur freiwilligen Verringerung der Fluorchlorkohlenwasserstoffe durch die europäische Aerosolindustrie, Abl. 1989, Nr. L 144, S. 56 f.

298 nicht publiziert, vgl. dazu *von Bernuth*, aaO., S. 30

Obwohl die Aerosolproduktion den Haupteinsatzbereich für FCKWs darstellte, führte die Selbstverpflichtung dieser Sparte nicht zu einer absoluten Verringerung der FCKW-Produktion in der Gesamtschau[299]. Es folgten entsprechende Absprachen mit den Dachverbänden der anderen beiden Sparten, die FCKW verwenden: der Schaumstoffindustrie[300] und den Herstellern von Kühlgeräten[301].
Die Verordnung von 1988 wurde 1991 nach der Änderung des Protokolls durch eine angepasste Neufassung[302] ersetzt, die sogar teilweise über die Anforderungen des Londoner Protokolls hinausging. Mit der Verordnung vom 30. 12. 1992[303] wurden diese Vorschriften erneut geändert. Die Fristen für die Reduktionsschritte wurden verkürzt und der Zeitpunkt für ein gänzliches Verbot von Produktion, Einfuhr und Verwendung von FCKW, Tetrachlorkohlenstoff und Halonen wurde auf 1994, der für 1,1,1-Trichlorethan auf 1995 festgelegt. In der Gesamtschau sieht die Verordnung also- differenziert nach den verschiedenen Unterprodukten der Stoffgruppe- ein absolutes Produktionsverbot von FCKW vor, das zeitlich gestaffelt von 1997 bis 1999 wirksam werden soll[304].

bb. Der Treibhauseffekt

Seit Beginn der 80er Jahre beschäftigte sich die Kommission auch mit der Klimaveränderung in Gestalt des Treibhauseffektes. Jedoch nahm es in diesem Bereich mehr Zeit in Anspruch, bis realisiert wurde, dass das Problem eine erhebliche Brisanz besaß und somit Handlungsbedarf bestand.
1988 beschloss die Kommission, eine Strategie der EG zum Schutz desKlimas zu entwickeln[305].

---

299 *von Bernuth*, aaO., S. 30

300 ABl. 1990, Nr. L 227, S. 26

301 ABl. 1990, Nr.L 227, S. 30

302 Verordnung (EWG) Nr. 594/91/EWG v. 4. 3. 1991 über Stoffe, die zu einem Abbau der Ozonschicht führen, ABl. L 67 v. 14. 3. 1991, S. 1

303 Verordnung Nr. 3952/92 des Rates v. 30. 12. 1992, zur Änderung der VO (EWG) Nr. 594/91 über den beschleunigten Verzicht auf Stoffe, die zum Abbau der Ozonschicht führen, ABl.1992 Nr.L 405, S.41

304 vgl. *Kloepfer*, Umweltrecht, S. 926

305 KOM 88 (656), S. 4, bestätigt durch den Rat im Juni 1989, ABl. 1989 Nr. C 183, S. 4 ff.

Dieser Beschluss wurde 1990 mit dem ersten Klimaschutzprogramm umgesetzt. Der prognostizierte Anstieg der CO_2- Belastungen von 12 % bis zur Jahrtausendwende sollte durch ein Paket einzelner Maßnahmen verhindert und die Emissionen auf dem Niveau von 1990 stabilisiert werden[306]. Eine abgestimmte Gesamtstrategie zum Klimaschutz wurde jedoch erstmals 1993 mit dem 5. Umweltaktionsprogramm der EG[307] ausgearbeitet, das generell die Grundzüge der Umweltpolitik der Gemeinschaft bis zur Jahrtausendwende festlegt. Da Maßnahmen zum Schutz der Ozonschicht bereits weitestgehend ergriffen wurden[308], wurde der Schwerpunkt im Rahmen des Klimaschutzes auf die Reduzierung der Treibhausgase gelegt. Dazu zählen auch die FCKW, so dass die primär zur Bekämpfung des Treibhauseffektes ergriffenen Maßnahmen auch im Hinblick auf den Schutz der Ozonschicht wirken.
Nichtsdestotrotz soll auch im Rahmen der folgenden Darstellung dieser getrennten Schwerpunktsetzung gefolgt werden.

Das 5. Umweltaktionsprogramm ist nach "Programmthemen und- zielen"[309] gegliedert. Neben dem Klimaschutz handelt es sich dabei um die Problemkreise Übersäuerung und Luftqualität, Natur -und Artenschutz, Wasserwirtschaft, städtische Umwelt, Küstengebiete und Abfallwirtschaft. Diese Umweltprobleme werden im Rahmen des Aktionsprogramms als Symptome von Misswirtschaft und Missbrauch, d. h. von menschlichem Fehlverhalten, verstanden. Ansatzpunkt zu deren Lösung, und damit auch Basis für die Klimaschutzstrategie der Gemeinschaft, ist also eine Änderung der menschlichen Verbrauchs- und Verhaltensmuster[310].
Der spezifische Titel des Klimaschutzes befasst sich allein mit den Maßnahmen, die unmittelbar einer weiteren Klimaveränderung durch einer Emissionsminderung der direkt klimarelevanten Treibhausgase (CO_2, CH_4, FCKW, N_2O)[311] entgegenwirken sollen. Anpassungsmaßnahmen an veränderte klimatische Bedingungen (z. B. Küstenschutz) werden im Kontext des jeweiligen relevanten Sachgebietes behandelt, da diese Maßnahmen auch aufgrund anderer Umstände erforderlich sein können.

---

306 Schlußfolgerungen des Rates vom 29. 10. 1990, Bull. EG 10-1990, S.41

307 ABl. 1993 Nr. C 138, S. 1ff.

308 siehe aa.

309 ABl. 1993 Nr. C 138, S. 1 (42)

310 ABl. 1993 Nr.C 138, S. 1

311 ABl. 1993 Nr.C 138, S. 1 (42)

b. Behandlung des Klimaschutzes im 5. Umweltaktionsprogramm

Das 5. Umweltaktionsprogramm konzentriert sich bei der Erarbeitung seiner Handlungsstrategie für das nächste Jahrtausend auf fünf Schwerpunktbereiche, denen besondere Umweltrelevanz zukommt:

- die Industriepolitik
- den Energiesektor
- den Transportbereich
- die Landwirtschaftspolitik und
- den Tourismus.

Maßnahmen, die dem Ziel des Klimaschutzes dienen sollen, finden sich in den ersten drei dieser Schwerpunktbereiche. Da ein Großteil der Maßnahmen im Klimaschutz sowohl dem Industrie- als auch dem Energiesektor zuzurechnen sind, sollen diese Bereiche hier zusammen dargestellt werden.

aa. Maßnahmen in den Bereichen der Industrie- und Energiepolitik

Die Rolle der Industrie in der Gemeinschaftspolitik ist durch eine gewisse Janusköpfigkeit geprägt: Zum einen ist die Industrie Dreh- und Angelpunkt des erstrebten wirtschaftlichen Wachstums; andererseits ist sie durch die Verbrennung fossiler Brennstoffe einer der Hauptverursacher des anthropogenen Treibhauseffekts.
Ziel der Industriepolitik im Rahmen des 5. Umweltaktionsprogramms ist es, diese gegenläufigen Interessen im Wege der Integration einer Auflösung zuzuführen: Von der Industrie wird erwartet, dass sie ihr Verhalten dahingehend ändert, dass es zu einer nachhaltigen Entwicklung beiträgt und dass sie gleichzeitig ihrer Verantwortung auf dem Arbeitsmarkt gerecht wird.
Die Herausforderung wird darin gesehen, nachhaltige Produktions- und Konsummuster zu entwickeln, die effektiven Umweltschutz und Wettbewerbsfähigkeit miteinander in Einklang bringen[312]. Inwiefern die Industrie fähig und willens ist, diese ihr zugedachte Verantwortungsposition wahrzunehmen, wird sich zeigen.
Konkret soll sich dieses angestrebte partnerschaftliche Verhältnis wie folgt auswirken:
Die Industrie soll ihr Engagement in freiwilligen Vereinbarungen sowie sonstigen Maßnahmen der Selbstkontrolle deutlich machen[313]. Außerdem wird eine Intensivierung des Dialogs erwartet.

---

312 Rede Bjerregard v. 14. 4. 1997, S. 1

313 Rede Bjerregard v. 14. 4.1 997, S. 3, 4; Consolidated text of KOM 95 (647) and 96 (648), S. 6

Im Gegenzug sieht die EG ihre Aufgabe darin, die freiwilligen Maßnahmen der Industrie zu unterstützen, Wettbewerbsverzerrungen zu vermeiden und die Integrität des Binnenmarktes zu wahren.
Bisher wurden von der EG folgende konkrete Maßnahmen ergriffen:

aaa. Das ALTENER - Programm[314]

Ziel des ALTENER[315]- Programms ist eine Stabilisierung der CO_2- Emissionen in der Gemeinschaft bis zum Jahr 2000 auf dem Stand von 1990. Ansatzpunkt ist eine gesteigerte Nutzung der erneuerbaren Energieträger. Dies soll durch die finanzielle Förderung von Maßnahmen im Bereich der Ausbildung und Information, von technischen Untersuchungen und von Studien zur Verbesserung der Marktchancen erneuerbarer Energieträger geschehen[316]. Für das Programm wurden innerhalb des Zeitraums von 1993 bis 1997 Finanzmittel in Höhe von 40 Millionen ECU bereitgestellt .
Inzwischen liegt ein Vorschlag der Kommission für eine Fortsetzung des Programms vor (ALTENER II)[317]. Dieser beinhaltet, dass der Anteil der erneuerbaren Energien in der EU bis zum Jahr 2005 von 5 % auf 8 % erhöht werden soll[318].

bbb. Das Programm THERMIE[319]/THERMIE II

Im Rahmen des Thermie-Programmes werden Unterstützungen für Projekte gewährt, die im Bereich der Steigerung der Energieeffizienz angesiedelt sind. Die Gemeinschaft finanziert diese Aktionen oder erleichtert die Anwendung und die Marktdurchsetzung neuer Technologien durch Begleitmaßnahmen. Das Programm wurde auch gegenüber den assoziierten Ländern Mittel- und Osteuropas angewandt[320].

---

314 ABl. L 235 v. 18. 9. 1993

315 = Alternative Energy

316 Art. 3, 4

317 KOM 97, 481, S. 9

318 *Müller-Kraenner/Knospe*, Klimapolitik, S. 115, wobei jedoch dieses Ziel als zu niedrig gesteckt angesehen wird

319 Verordnung (EWG) Nr. 2008 /90 des Rates zur Förderung der Energietechnologie in Europa (Thermie- Programm) v. 29. 6. 1990, Abl.1990 Nr L 185 v. 17.7.1990, S. 1 ff.

320 Kommissionsbericht 1996, Über die Umsetzung des Programmes der EG für Umweltpolitik und Maßnahmen im Hinblick auf eine dauerhafte und umweltgerechte Entwicklung- Für eine dauerhafte und umweltgerechte Entwicklung, KOM 95, 624

1997 wurden im Rahmen dieses Programms 134 Projekte auf dem Gebiet der Energietechnologie finanziert sowie 75 begleitende Maßnahmen mit einem Betrag von insgesamt 140 Millionen ECU[321]. Das THERMIE-Programm wird als ein wichtiger Bestandteil der europäischen Klimaschutzpolitik eingeordnet; die bisherige Bilanz ergibt, dass es in erheblichem Maße zur Förderung innovativer und energiesparender Technologien beiträgt[322]

ccc. Das Programm SAVE II ("Specific Action Program for Vigorous Energy Efficiency) [323]

Mit dem Programm SAVE II soll eine rationellere Energienutzung erreicht und somit zu einer Verringerung der CO_2-Emissionen beigetragen werden. Das Programm soll vom 1. 1. 1996 bis zum 31. 12. 2000 Anwendung finden und tritt die Nachfolge des vorhergehenden SAVE- Programms an. Zu dessen Umsetzung wurden mehrere Richtlinien erlassen, die die Etikettierung und die Mindestenergieleistung neuer Geräte betrafen[324]. Des weiteren sollte über die SAVE-Richtlinie aus dem Jahre 1993 die Verringerung des Endenergieverbrauches in Wohngebäuden und dem tertiären Sektor erreicht werden.
Da diesem Bereich auch nach Abschluss des ersten Programms ein hohes Minderungspotential zugeschrieben wird (15 % der Gesamtemissionen an CO_2 entstammen dem Haushaltssektor[325]), wurde die Förderung von diesbezüglichen Rationalisierungsmaßnahmen im SAVE II- Programm weitergeführt. Die bereitgestellten Finanzmittel betragen 45 Millionen ECU für fünf Jahre. Hierbei handelt es sich um eine deutlich geringere finanzielle Ausstattung als ursprünglich von Kommission und Parlament vorgeschlagen[326]. Das Programm steht auch der Beteiligung der assoziierten Länder Mittel- und Osteuropas sowie Maltas und Zyperns offen.

---

321 Midday express v. 12. 1. 1998

322 vgl. *de Sampaio Nunes*, in: UNEP Industry and Environment, January-March 1994, S. 36 f.

323 ABl. Nr. L 335 v. 24. 12. 1996

324 Richtlinie 94/2/EG der Kommission zur Durchführung der Richtlinie 92/ 75/EWG betreffend die Energieetikettierung für elektrische Haushalts- und Gefriergeräte sowie entsprechende Kombinationsgeräte, ABl. 1994 Nr. L 45, v.17. 2. 1994, S. 1

325 Air Pollution in Europe 1997, EEA Environmental Monograph No 4, Executive Summary, S. 10

326 *Forum Umwelt und Entwicklung*, Klimapolitik, S. 11

ddd. Maßnahmen zur Umsetzung des integrativen Ansatzes in der Ressourcenplanung

Entsprechend dem Vorsorgegrundsatz des Art. 174 Abs. 2 S. 2 EGV sieht das 5. Umweltaktionsprogramm vor, dass Gesichtspunkte der Umweltverträglichkeit und damit auch des Klimaschutzes möglichst früh im Rahmen von Planungs- und Genehmigungsverfahren zu berücksichtigen sind.
Mit dem Erlass der UVP- Richtlinie[327]hat dieser Gedanke bereits seine Umsetzung gefunden. Auch die IPCC- Richtlinie macht schon die Erteilung einer Genehmigung zum Betrieb einer Anlage von der Einhaltung bestimmter, vom Rat festzulegender Emissionsgrenzwerte abhängig

eee. Das Projekt einer gemeinschaftlichen CO_2-/Energiesteuer

Obwohl in allgemeiner Form das Instrument der Umweltsteuer nahezu allseits positive Beurteilungen erfährt[328], scheint das im Bereich des Klimaschutzes seit langem verfolgte Projekt einer CO_2-/Energiesteuer zum Scheitern verurteilt zu sein.

(1) Der Richtlinienvorschlag von 1992

Der erste Richtlinienvorschlag geht auf das Jahr 1992 zurück[329] . Darin sollten alle Energieträger- mit Ausnahme der erneuerbaren Energieformen- mit einer Grundsteuer belegt werden. Darüber hinaus sollte je nach Anteil an der CO_2- Verschmutzung eine weitere Belastung erfolgen. Durch die Steuer wäre der Preis eines Fasses Rohöl bis zum Jahr 2000 schrittweise um 10,- $ angehoben worden. Durch Unterstützung von Maßnahmen zur Energieeinsparung sollte die Steuer jedoch letztendlich für die Unternehmen kostenneutral sein. Außerdem waren Ausnahmen für diejenige Industriezweige geplant, die besonders stark auf Energien angewiesen sind; dies ist v. a. der Sektor der Stahlindustrie. Die Umsetzung der Richtlinie war für den 1. 1. 1993 vorgesehen, wobei zur Verhinderung von Wettbewerbsverzerrungen ihre Geltung davon abhängig gemacht wurde, dass die anderen Mitgliedsstaaten der OECD vergleichbare Maßnahmen einführten[330].
Die Annahme dieser Direktive scheiterte an mannigfaltigen Widerständen: Großbritannien zweifelte zum einen an der Notwendigkeit einer solchen Steu-

---

327 ABl. EG Nr. L 175 v. 5. 7. 1985, S. 40 ff.

328 Rede *Bjerregard* v. 14. 4. 1997, S. 5

329 ABl. EG Nr. C 196 v. 3. 8.1992, S. 1 ff.

330 *Barde/Opschoor*, in: Jahrbuch Ökologie 1996, S. 80 (84)

er und sah zum anderen deren Einführung als Prärogative des eigenen Parlamentes an; die ärmeren Mitgliedsstaaten stellten sich gegen die Steuer, da sie eine Hemmung ihrer angestrebten wirtschaftlichen Entwicklung befürchteten. Einhellig wurden Bedenken dahingehend zum Ausdruck gebracht, dass durch eine Energiesteuer die Konkurrenzfähigkeit auf dem Weltmarkt gefährdet würde.

(2) Die Rahmenrichtlinie von 1995

1995 lancierte die Kommission einen erneuten Richtlinienvorschlag[331], der sich nun auf Rahmenvorgaben beschränkte. Den Mitgliedsstaaten wurde eine Übergangszeit bis zum 31. 12. 1999 eingeräumt, innerhalb derer sie eine derartige Steuer einführen sollten. Auch dieser Vorschlag wurde jedoch aus ähnlichen Beweggründen wie der erste nicht angenommen.

(3) Der Vorschlag für eine Energieproduktsteuer

Der letztdatierte Versuch, auf diesem Gebiet doch noch zu einem Resultat zu kommen, ist in dem Vorschlag der Kommission für eine Steuer auf Energieprodukte[332] zu sehen. Damit wurden die ursprünglichen Vorstellungen eines kombinierten Ansatzes aufgegeben: Das Kriterium der Emissionen taucht als Bemessungsgrundlage nicht mehr auf. Der Richtlinienvorschlag beschränkt sich auf eine Ausdehnung der bereits existierenden Verbrauchssteuern. Bisher ist Mineralöl als einziges Energieprodukt einer solchen Besteuerung unterworfen; jetzt sollen auch andere Energieprodukte, insbesondere Kohle, Elektrizität und Gas darunterfallen. Der Vorschlag legt lediglich eine Mindestbesteuerung fest; für eine Abweichung nach oben ist den Mitgliedsstaaten freie Hand gelassen.
Nach dem Richtlinienvorschlag stünde es des weiteren den Mitgliedsstaaten offen, eine nationale Flugbenzinsteuer für Flüge innerhalb des Staatsgebietes festzulegen, die in Deutschland von Experten einhellig gefordert wird[333]. Ebenso besteht die Möglichkeit, innereuropäische Flüge auf der Basis von bilateralen Abkommen zu besteuern.
Das Inkrafttreten der Richtlinie war für Januar 1998 vorgesehen; sie ist bisher jedoch nicht angenommen.
Seitens verschiedener Industrieverbände wird vorgebracht, dass selbst mit diesem abgemilderten Vorschlag untragbare Wettbewerbsnachteile auf die

331 KOM 95 (172) endg. v.10. 5. 1995

332 Proposal for a Council Directive restructuring the Community - framework for the taxation of energy products, KOM 97 (30) endg. v.12. 3. 1997

333 *Troge*, SZ v. 19. 1. 1997, S. 1

europäische Industrie zukämen[334]; stattdessen wird der Weg der freiwilligen Absprachen favorisiert.

(4) Guidelines für den Erlass von Energiesteuern auf mitgliedsstaatlicher Ebene

Da eine gemeinschaftsweite Vorgabe also bisher nicht realisiert werden konnte, setzt die Kommission jetzt darauf, durch die Vorgabe vonunverbindlichen Richtlinien für den Erlass von Umweltabgaben Aktivitäten auf der Ebene der Mitgliedsstaaten zu fördern[335]. Mittels dieser Guidelines soll sichergestellt werden, dass diejenigen Nationalstaaten, die Regelungen über Umweltabgaben erlassen möchten, dies in Konformität mit Gemeinschaftsrecht tun. Zudem wurde die Europäische Umweltagentur mit einer Studie beauftragt. Diese Studie beschäftigt sich mit den in den verschiedenen Mitgliedsstaaten vertretenen Modellen von Umweltabgaben, bewertet deren Effektivität und versucht Anwendungskriterien abzuleiten, die generell bei der Einführung von Umweltabgaben zu berücksichtigen sind.
Es ist somit der nationalen Ebene Spielraum und Handlungsanregung gegeben, um durch das Vorbild erfolgreicher Projekte auf mitgliedsstaatlicher Ebene ev. die Durchsetzung eine EG-Regelung zu erleichtern.

fff. Freiwillige Vereinbarungen

Als Reaktion auf den letzten Vorschlag einer Richtlinie über die Besteuerung von Energieprodukten hat der europäische Verband der Chemieindustrie (CEFIC) den Abschluss eines langfristigen Übereinkommens zur Verbesserung der Energieeffizienz vorgeschlagen[336]. Dieses Abkommen solle die bisher erzielten Reduktionen berücksichtigen und einen verbindlichen Charakter haben.
Auf diesem Weg sollen die Wettbewerbsnachteile, deren Eintritt mit Einführung einer Energiebesteuerung befürchtet wird, abgewendet werden[337]. Auch grundsätzlich begrüßt die Kommission Umweltvereinbarungen auf Industrieebene. Inzwischen haben weitere Industrieverbände Interesse an einer

---

334 vgl. zur Haltung des Europäischen Verbandes der Chemieindustrie (CEFIC), europe environment no 514, S. 1; Stellungnahme der European Aluminium Association, europe environment no 514, S. 2

335 Umweltsteuern- und gebühren im Binnenmarkt, KOM 97 (9) endg. v. 26. 3. 1997

336 europe environment no 514 v. 13. 1.1 998, S. 1

337 KOM 98 (246) endg., Mitteilung der Kommission über die Energieeffizienz in der Europäischen Gemeinschaft - Ansätze für eine Strategie des rationellen Energieeinsatzes, S. 11; europe environment no 514 v. 13. 1. 1998, S. 1 (2)

EU-weiten Vereinbarung angemeldet. Sie wurden daraufhin von der Kommission aufgefordert, ihre Vorschläge bis Ende 1999 einzureichen[338]. Diese Zeitgrenze würde es ermöglichen, die Vereinbarungen sinnvoll in den Rahmen des Kyoto-Prozesses einzufügen: Vereinbarungen könnten dann bis zum Jahr 2000 geschlossen werden, so dass eine Bewertung der Fortschritte bis 2005 schon möglich wäre[339].

ggg. Handel mit Treibhausgasemissionen

Am 8. 3. 2000 hat die Kommission ein Grünbuch zum Handel mit Treibhausgasemissionen in der Europäischen Union vorgestellt[340]. Nach diesem Diskussionspapier soll der Emissionshandel integraler Bestandteil der Strategie der EU zur Umsetzung ihrer Verpflichtungen aus dem Kyoto-Protokoll werden.
Die Problematik der konkreten Umsetzung eines solchen Handelssystems sowie seine Vereinbarkeit mit bestehenden ordnungsrechtlichen Vorschriften wird darin ausführlich diskutiert[341].
Angesichts der hohen Realisierungsquote der bisher veröffentlichten Grünbücher der Kommission besteht eine große Wahrscheinlichkeit, dass auf lange Sicht das Instrumentarium im Klimaschutz um das Zertifikatemodell erweitert wird[342]. Solange jedoch auf völkerrechtlicher Ebene keine Einigung erzielt ist, werden jedoch wohl konkrete Realisierungsmaßnahmen zurückgestellt werden.

bb. Maßnahmen im Bereich der Verkehrspolitik

Im Rahmen des Klimaschutzes ist der verkehrsbedingte Anteil an CO_2-Emissionen von besonderer Bedeutung: Zwischen 1990 und 2010 ist im Verkehrssektor mit einem Anstieg der CO_2-Emissionen von 39 % zu rechnen[343]. Aufgrund der bereits realisierten Gemeinschaftsregelungen sind zwar die Einzelemissionen bereits zurückgegangen; jedoch kommt es aufgrund des massiv zunehmenden Verkehrsaufkommens trotzdem zu dieser Emissions-

---

338 vgl. KOM (1999) 230 endg., S .9 f.

339 KOM (1999) 230 endg., S. 10

340 KOM (2000) 87 endg. vom 8. 3. 2000

341 vgl. aaO, S. 8, 15, 24

342 *Rengeling*, in: DVBl 2000, S.1473 (1481)

343 Climate Change - The EU Approach for Kyoto, COM 97 (481), S. 5

steigerung[344]. Die Klimaschutzmaßnahmen der Gemeinschaft auf dem Verkehrssektor haben daher zwei Ansatzpunkte[345]:
Erstens sollen Ineffizienzen bei der Wahl der Transportmittel und der Organisation der Verkehrsinfrastruktur beseitigt werden[346]. Die soll geschehen durch eine Internalisierung der tatsächlichen Kosten in Investitionen und Benutzerkosten, durch Information über verkehrsbedingte Umweltbelastungen, durch eine Förderung des öffentlichen Nahverkehrs und Schienenverkehrs sowie durch eine verbesserte Raumplanung[347].
Der zweite Ansatzpunkt basiert auf dem Prinzip, dass in den Fällen, in denen der Kraftfahrzeugverkehr/Flugverkehr nicht verhindert wird, die dadurch auftretende Umweltbelastung möglichst gering bleibt. Dies geschieht durch die technische Verbesserung von Kraftstoffen und Fahrzeugen hinsichtlich des Schadstoffausstoßes.

Die genauere Ausgestaltung der 'Verkehrsstrategie' der Gemeinschaft findet sich in der Mitteilung der Kommission 'Eine Strategie der Gemeinschaft zur Minderung der CO_2-Emissionen von Personenkraftwagen und zur Senkung des durchschnittlichen Kraftstoffverbrauchs'[348]. Ziel der Strategie ist es, bis zum Jahr 2005 einen Emissionswert von 120 g /km bei Neufahrzeugen zu erreichen[349]. Dies entspricht einem Durchschnittsbenzinverbrauch von 5 l/100 km für Fahrzeuge mit Benzinmotor und von 4,5 l/100 km für solche mit Dieselmotor.
Zur Erreichung dieses Ziels sind verschiedene Maßnahmen vorgesehen:

aaa. Steuerliche Maßnahmen

Auf dem Gebiet der steuerlichen Regelung wird eine selektive Ausrichtung angestrebt: Eine Kombination aus Steuern auf den Erwerb, einer jährlichen

---

344 Kommissionsbericht 1996, KOM (95) 624, S. 33; *Jansen/Denis*, in: European Economy No1 1998, S. 129 (133)

345 vgl. auch zum kombinierten Ansatz in der Verkehrspolitik *Jansen/Denis*, in: European Economy No 1 1998 S. 129 (149)

346 KOM 97 (481), S. 5, 6

347 KOM 97 (481), S. 5

348 Stellungnahme des WSA zu der Mitteilung der Kommission an den Rat und das Parlament " Eine Strategie der Gemeinschaft zur Minderung der CO_2-Emissionen von Pkw und zur Senkung des durchschnittlichen Kraftstoffverbrauchs v. 19. 3. 1997, ABl. EG 1997 Nr.C 89, S. 9

349 DG XI Press Release v. 16. 10. 1997, S. 1

Kfz-Steuer und Mineralölsteuern soll so gestaltet werden, dass eine Änderung in Richtung nachhaltigerer Verhaltensmuster erzielt wird[350]. Diese Vorschläge werden von der Industrie abgelehnt, die versucht, deren Umsetzung durch Abschluss einer freiwilligen Vereinbarung abzuwenden[351]

bbb. Freiwillige Vereinbarungen mit der Automobilindustrie

In einer freiwilligen Vereinbarung will die Automobilindustrie sich zu einer Verringerung des spezifischen Kraftstoffverbrauchs von Neufahrzeugen verpflichten.
Diese Selbstverpflichtungsabsprache ist Ergebnis eines langwierigen Verhandlungsprozesses mit dem Europäischen Automobilherstellerverband (ACEA)[352]. Lange blieben die Vorschläge der Industrie hinter den Erwartungen zurück[353]. Hauptproblem im Rahmen der Verhandlungen war die Tatsache, dass sich die Hersteller der verschiedenen Mitgliedsstaaten nicht auf den jeweiligen Beitrag zu einem allgemeinen Reduktionsziel verständigen konnten[354]. Da die Fronten im Rahmen dieser Diskussion sich den nationalen Grenzen folgend abzeichneten, hatte sich die Kommission mit dem Anliegen an die nationalen Umweltminister gewandt, auf die nationalen Hersteller einzuwirken und so eine Einigung mit anspruchsvollem Inhalt zu fördern[355]. Während zwischenzeitlich die Positionen so weit auseinanderlagen, dass mit einem Abbruch der Verhandlungen seitens der Kommission zu rechnen war, wurde das Verhandlungsmandat der Kommission dann durch den Rat verlängert[356]. Hintergrund dafür war der von der ACEA überarbeitete Entwurf einer Selbstverpflichtung. Danach sollten die CO_2-Emissionen im Durchschnitt der Neuwagenflotte bis zum Jahr 2008 von 185 g/km auf 140 g/km gesenkt werden[357]. Dies entspricht einem Verbrauch von 5,8 l pro 100 km

---

350 ABl EG 1997 Nr. C 89 S. 9 v. 29. 1. 1997

351 *Müller-Kraenner/Knospe,* Klimapolitik, S. 116 f.

352 Pressemitteilung des BMU v. 16. 12. 1997

353 vgl. EU - Rundschreiben des DNR 3/98, S. 14 f

354 DG XI Press Release, IP/97/895

355 ibid

356 vgl. EU - Rundschreiben des DNR 3/98, S. 14 f.

357 Pressemitteilung des BMU 84/98, S. 2

und einer Reduktion von 25 % gegenüber dem heutigen Mittelwert[358]. Mit diesem Inhalt kam eine Vereinbarung auch schließlich im Oktober 1998 nach zähen Verhandlungen zustande.
Dieser Wert ist jedoch nicht absolutes Endziel; die Verpflichtung soll überprüft werden und einer Anpassung an weiterreichende Zielwerte offen stehen: Bis zum Jahr 2003 soll überprüft werden, ob nicht eine Reduktion auf 120 g CO_2/km schon bis um Jahr 2012 vorgenommen werden kann[359].
Es wird erwartet, dass sich die prognostizierten Emissionssteigerungen[360] im Verkehrssektor infolge der Umsetzung der ACEA-Vereinbarung um mehrere Prozentpunkte mindern werden[361].

ccc. Maßnahmen im Bereich Forschung , Kennzeichnung und Zulassung

Die Forschung soll zur Entwicklung von energieeffizienteren Fahrzeugen weiter vorangetrieben werden, wozu eine TaskForce 'Auto von morgen' eingerichtet wurde. Zudem soll durch Einführung einer Kennzeichnung für Neuwagen, die den Kraftstoffverbrauch des Fahrzeugs angibt, dem Käufer die Kaufentscheidung erleichtert werden[362].
Des weiteren soll hinsichtlich des Kraftstoffverbrauchs die Erteilung einer nationalen Typengenehmigung oder Betriebserlaubnis von der Einhaltung bestimmter gemeinschaftsweit einheitlicher Grenzwerte abhängig gemacht werden[363].

cc. Ausblick auf die künftige Schwerpunktsetzung in der europäischen Klimaschutzpolitik

Um die in den verschiedenen Bereichen gestreuten Maßnahmen und Programme besser aufeinander abstimmen zu können, hat die Kommission im

---

358 DG XI Press Release: Commission and ACEA agree on CO_2-emissions from cars, www.europa.eu.int/en/comm/dg11/press/98734.htm, 4. 9. 1998

359 vgl. Pressemiteilung des BMU v. 7. 10. 1998;

360 Laut einem Bericht der Europäischen Umweltagentur war bisher mit einer Steigerung gegenüber 1990 bis zum Jahr 2000 von 22 %, bis zum Jahr 2010 von 39 % zu rechnen, vgl. KOM (99), 230 endg., S.4

361 KOM (99), 230 endg., S.4

362 ABl. EG 1997 Nr. C 89 S.9 v. 29. 1. 1997

363 vgl .Richtlinie 93/116/EG der Kommission zur Anpassung der Richtlinie 80/1268//EWG des Rates über den Kraftstoffverbrauch von Kraftfahrzeugen an den technischen Fortschritt, ABl. EG 1993 Nr. L 329 v. 30. 12. 1993, S. 39 ff.

März 2000 ein European Climate Change Programs (ECCP)[364]. Ziel des Programms ist es, die Kernpunkte einer EU-Strategie zur Umsetzung des Kyoto- Protokolls klar herauszuarbeiten und zu strukturieren, um so eine Anpassung und die erforderlichen Entscheidungsvorgänge zu beschleunigen. Das Programm ist auf 12 Monate begrenzt; der bis dahin zu erstellenden Bericht soll dann Grundlage der Kommissions-Initiativen sein.

§ 12 Schlussfolgerungen für den Einsatz von Selbstverpflichtungen

Sowohl auf völkerrechtlicher als auch auf EG- Ebene ist die Klimaschutzpolitik noch durch ein erhebliches Maß an Unsicherheit geprägt.
Zwar sind hinsichtlich des Schutzes der Ozonschicht die zu treffenden Maßnahmen auf den Weg gebracht; jetzt geht es primär darum, deren Umsetzung zu gewährleisten.
Auf dem Gebiet der Treibhausgase bietet sich dagegen ein anderes Bild.
Auf völkerrechtlicher Ebene ist in Gestalt des verbindlichen Minderungsziels der Konferenz von Kioto und den weiter in Buenos Aires beschlossenen Maßnahmen zwar ein Schritt in die richtige Richtung getan:
Grundsätzlich ist die Einführung eines Trading Systems vorgesehen. Wie dieses ausgestaltet werden soll, ist jedoch noch vollkommen unklar. Wer darf handeln und unter welchen Konditionen? Die Implementierung eines Trading Systems auf internationaler und nationaler Ebene ist ohnehin ein hochkompliziertes Unterfangen[365]; unter anderem ist die Vereinbarkeit mit den bestehenden ordnungsrechtlichen Rahmenbedingungen problematisch.
Die Konferenz in Den Haag sollte die Konkretisierung des Konzepts voranbringen; nach dem Scheitern der Verhandlungen ist die Lage unsicherer denn je.
Würde sich letztendlich die Option realisieren, dass Trading nicht nur zwischen Staaten, sondern auch auf der Ebene der Unternehmen möglich sein sollte, würde ein steuerliches Regelungssystem zur CO_2- Minderung die Einführung eines nationalen Trading-Systems komplizieren. Zwar ist auch die Selbstverpflichtung der deutschen Industrie zum Klimaschutz keine geeignete Basis für ein Trading-System[366], aufgrund ihrer Unverbindlichkeit jedoch zumindest kein Hemmnis und damit aus politischer Sicht die vorzugswürdigere Alternative. Auch unter dem Gesichtspunkt der verstärkten Umsetzung von

---

364 " EU policies and measures to reduce greenhouse gas emissions: Towards a European Climate Change Programme (ECCP) ", COM (00) 88

365 *Morgan,* Greenhouse Gas Emissions Trading - American Style, S. 14

366 *Morgan,* Greenhouse Gas Emissions Trading - American Style, S. 14

Joint Implementation auf der Basis der Klimarahmenkonvention bietet eine Selbstverpflichtung die flexiblere und damit günstigere Ausgangsposition[367].

Auch die Perspektiven der Klimaschutzpolitik der EU sind in vielen Punkten diffus.
Es ist das allgemeine Dilemma der Umweltpolitik der EU, dass eine Kombination aus umweltpolitischem Unwillen und institutionellen Hürden die Verwirklichung weiterreichender Vorstellungen verhindert. Der Einigungsfähigkeit auf einen kleinsten gemeinsamen Nenner kommt weit größere Bedeutung zu als dem Subsidiaritätsprinzip oder Effizienzgesichtspunkten [368]; Fortschritte werden nur noch bei weichen und konsensfähigen Instrumenten erzielt[369]. Diese Problemlage findet sich auch im Bereich der Klimapolitik wieder:
Wesentliche Kernpunkte der Maßnahmenbündel (wie die CO_2-/ Energiesteuer) scheitern mit Regelmäßigkeit an der Hürde des Einstimmigkeitserfordernisses und sonstigen politischen Widerständen. Dieser Umstand erschwert es für die Mitgliedsstaaten, weitergehende Regelungen zu treffen, da man sich nicht darauf einstellen kann, ob und mit welchem Inhalt eine Gemeinschaftsregelung zustande kommt. Bei Erlass eines nationalen Legislativaktes besteht die Gefahr, dass eine entgegenstehende Gemeinschaftsregelung erlassen wird, die dann Anwendungsvorrang genießt bzw. eine entsprechende Umsetzung erfordert und die bisherigen Bemühungen überflüssig macht.
Damit besteht die Gefahr, dass die 'Lähmung ' auf Gemeinschaftsebene auch zu einer Passivität auf der Ebene der Mitgliedsstaaten führt. Die Guidelines der Kommission und die in Auftrag gegebenen Studien zu Umweltsteuern und zu freiwilligen Vereinbarungen sind als Versuch zu sehen, durch die Vorgabe von Leitlinien die Handlungsinitiative seitens der Mitgliedsstaaten zu fördern.

Nichtsdestotrotz hemmen diese internationalen Rahmenbedingungen die nationale Realisierung von ohnehin höchst kontroversen Sachfragen wie dem Erlass einer CO_2-Steuer.
Unter diesen Voraussetzungen erscheint es verlockend, zunächst auf das informelle Mittel der freiwilligen Vereinbarung zu setzen. Der Staat ist dadurch nicht gebunden; er kann sich die Flexibilität bewahren, um sich gegebenenfalls den veränderten internationalen Anforderungen anpassen zu können, ohne in vollkommener Untätigkeit zu verharren.

---

367 BT-Drucksache 13/6704

368 so auch *Huckestein*, Effizienzbedingungen ökonomischer Instrumente in der EG-Umweltpolitik, S. 37

369 *Hey*, in: Forum Umwelt und Entwicklung, Rundbrief 1/1998

Im Kontext des Rio-Prozesses hatte die Selbstverpflichtungserklärung der Deutschen Industrie auch die Funktion, zu verhindern, dass die Bundesrepublik auf internationalem Parkett hinter ihrem Ruf als Musterschüler auf umweltpolitischem Gebiet zurückbleibt: Nachdem absehbar war, dass ein Gesetzesvorhaben hinsichtlich einer CO_2-Steuer nicht zu realisieren war, diente die Selbstverpflichtung der deutschen Industrie dazu, einen blamablen Auftritt des Gastgebers auf der Berliner Nachfolgekonferenz zu verhindern.

Aus dieser Analyse der Rahmenbedingungen ergeben sich eine Reihe von allgemeinen Merkmalen, die charakteristisch sind für Situationen, in denen auf das Lösungsmittel der Selbstverpflichtung zurückgegriffen wird:

- Der Unsicherheitsfaktor: Die weitere Entwicklung der politischen und rechtlichen Rahmenbedingungen ist nicht absehbar.
- Der Konfliktfaktor: Das zur Debatte stehende Problem ist nur in geringem Maße konsensfähig.
- Es wird jedoch trotzdem Handlungsbedarf gesehen.

Eine Situation, in der diese drei Aspekte kumulativ vorliegen, legt den Einsatz des Instrumentes der Selbstverpflichtung nahe. Damit ist allerdings noch keine Aussage getroffen, ob dies dann zugleich auch eine rechtlich zulässige Vorgehensweise ist. Darauf ist erst an späterer Stelle einzugehen.

D. Darstellung vorhandener Selbstverpflichtungen

§ 13 Selbstverpflichtungen der Industrie in Deutschland

Freiwillige Verhaltensabstimmungen mit der Industrie sind ein umweltpolitisches Instrument, das sowohl national als auch international immer stärker Verwendung findet.
Die konkreten Ausgestaltungen dieses Instrumententyps variieren jedoch erheblich.
Eine eindeutige Kategorisierung dieser verschiedenen Erscheinungsformen und eine Subsumtion unter eine harmonisierte Begrifflichkeit wird zumeist nicht vorgenommen.
Daher sollen vor dem Versuch einer Kategorisierung hier zunächst die praktizierten Selbstverpflichtungen inhaltlich dargestellt werden. Diese Darstellung kann nicht abschließend sein, da inzwischen allein national über 80 Selbstverpflichtungen der verschiedensten Sparten vorliegen[370]. Die Untersuchung bleibt deshalb, außerhalb des Klimaschutzes, auf die charakteristischeren Beispiele beschränkt. Insbesondere soll der Blick darauf gerichtet werden, auf welche Art und Weise die Selbstverpflichtungen zustande kamen und wie sie rechtlich zu qualifizieren sind.

1. Selbstverpflichtungen im Bereich des Klimaschutzes

a. FCKW und Aerosole

aa. Entstehungsgeschichte und Inhalt

Schon in den 70er Jahren erklärte die Aerosolindustrie erstmals, dass sie den FCKW-Verbrauch verringern wolle[371]. Dies führte zu einer Minderung der FCKW im Treibgas von 25 % zwischen 1975 und 1979[372].

---

370 *BDI,* Freiwillige Vereinbarungen und Selbstverpflichtungen der Industrie im Bereich des Umweltschutzes, Stand: April 1996, S. 1; vgl. zu einer umfassenden empirischen Darstellung des Großteils der deutschen Selbstverpflichtungen *Knebel/Wicke/Michael*, Selbstverpflichtungen und normersetzende Umweltverträge als Instrumente des Umweltschutzes, S. 334 ff.

371 *Kohlhaas/Praetorius*, Selbstverpflichtungen der Industrie zur CO_2-Reduktion, S. 87; *Lautenbach/Steger/Weihrauch,* in: BDI (Hrsg.), S. 63; *von Bernuth,* Umweltschutzfördernde Unternehmenskooperationen und das Kartellverbot des Gemeinschaftsrechts, S. 28

372 *Dempfle,* Normvertretende Absprachen, S. 8

Nachdem jedoch in den 80er Jahren die Berichte über die Ausmaße der Ozonzerstörung zunahmen, drängte die Bundesregierung auf Abgabe einer weiterreichenderen Verzichtserklärung.
Daraufhin erklärte der Industrieverband Aerosole sich 1987 bereit, die Verwendung von FCKW in Spraydosen schrittweise einzustellen[373]: Bis 1989 wurde eine Reduktion von 95 % erreicht[374]. Der Abgabe der Erklärung waren detaillierte Verhandlungen mit dem BMU vorausgegangen, innerhalb derer verschiedene Entwurfstexte diskutiert worden waren[375]. Die Einhaltung der Selbstverpflichtung wurde durch ein unabhängiges Wirtschaftsprüfungsunternehmen, die Treuhand AG, überwacht[376].
Nachdem die Verhandlungen zwischen Industrie und Regierung hinsichtlich einer weitergehenden Reduzierung zunächst gescheitert schienen, begann die Regierung mit den Vorbereitungen zum Erlass entsprechender gesetzlicher Regelungen. Die Verordnung zur Emissionsbegrenzung von leichtflüchtigen Halogenkohlenwasserstoffen (2. BImSchV)[377] trat am 10.12.1990 in Kraft; wenig später wurde auch die FCKW- Halon-Verbots-Verordnung auf der Grundlage des Chemikaliengesetzes beschlossen[378]. Darin wird ein stufenweises Verbot der Verwendung, des Inverkehrbringens und teilweise auch der Herstellung der vom Montrealer Protokoll in der Fassung der Londoner Beschlüsse erfassten Stoffe[379] bis 1995 statuiert.
Zeitlich parallel zum Erlass dieser Verordnung erklärte die chemische Industrie ihre Bereitschaft, die Produktion von FCKW bis 1995 einzustellen[380], was über die Anforderungen der Verordnung hinausging[381]. Außerdem ver-

373 Erklärung über die Reduzierung des Einsatzes vollhalogenierter Fluorchlorkohlenwasserstoffe in Spraydosen (1987), in: VCI - Bericht, S. 29

374 detailliert zum Rückgang der Produktion *Clemens*, Erfahrungen mit Selbstverpflichtungen der Wirtschaft im Umweltschutz, S. 7 f.

375 *von Bernuth*, Umweltschutzfördernde Unternehmenskooperationen und das Kartellverbot des Gemeinschaftsrechts, S. 29

376 Umwelt 1988, S. 310; *Kohlhaas/Praetorius*, Selbstverpflichtungen der Industrie zur CO_2-Reduktion, S. 89

377 BGBl. I, 1989, S. 2694

378 Verordnung zum Verbot bestimmter die Ozonschicht abbauender Halogenkohlenwasserstoffe (FCKW-Halon-Verbots-Verordnung) v.6. 5. 1991, BGBl. I 1991, S. 1090

379 *Bunge*, in: HdUR II, S. 1599

380 Selbstverpflichtung der chemischen Industrie zur stufenweisen Einstellung der Produktion vollhalogenierter Fluorchlorkohlenwasserstoffe (1991), VCI - Bericht, S. 29

381 BT-Drucksache 12/3846, S. 17

pflichtete sie sich, FCKW und Kälteöle aus Kühl- und Klimageräten zurückzunehmen[382].

bb. Bewertung

Maßgeblich für die Wahl des Mittels der Selbstverpflichtung war seitens der Bundesregierung die Tatsache, dass ihr bis 1987 nur ein eingeschränkter legislativer Spielraum zur Verfügung stand: Ein FCKW-Verbot wäre mit EG-Recht nicht vereinbar gewesen[383].
Vor dem Hintergrund des zunehmenden öffentlichen Drucks hatte die Regierung jedoch trotzdem eine relativ starke Verhandlungsposition, die mit Inkrafttreten der neuen EG-rechtlichen Regelung am 1. 7. 1987 noch ausgebaut wurde.
Ökologisch kann diese Selbstverpflichtung als Erfolg klassifiziert werden: Die Ziele wurden übererfüllt, obwohl teilweise kritisch ins Feld geführt wurde, dass der Ausstieg noch schneller hätte erfolgen können[384].
Als Indiz dafür, dass im Rahmen der Selbstverpflichtung jedoch tatsächlich von der Industrie Anstrengungen unternommen wurden, die über ein bloßes 'business-as-usual' hinausgingen lässt sich folgendes anführen:: In den Jahren zwischen 1980 und 1986, in denen keine Selbstverpflichtung vorlag, ging die Reduktion des FCKW-Verbrauch merklich zurück[385].
Maßgeblich für den Erfolg dieser Selbstverpflichtung war, dass man ohne relevante Kostensteigerung auf Ersatzstoffe zurückgreifen konnte[386] und Druck von Seiten der Konsumenten bestand[387] . Somit war in diesem Fall eine Übereinstimmung zwischen unternehmerischen und ökologischen Interessen gegeben.

---

382 Selbstverpflichtung der chemischen Industrie zur Rücknahme und Verwertung gebrauchter FCKW aus Kälte- und Klimageräten sowie Isolierschäumen (1991), VCI-Bericht, S. 29

383 *Lautenbach/Steger/Weihrauch*, in: BDI (Hrsg.), S. 66

384 *Kohlhaas/Praetorius*, Selbstverpflichtungen der Industrie zur CO_2- Reduktion, S. 89; *Bergmann/Brockmann/Rennings*, Möglichkeiten ud Grenzen von freiwilligen Umweltschutzmaßnahmen der Wirtschaft unter ordnungspolitischen Aspekten, S. 14

385 *Lautenbach/Steger/Weihrauch*, in: BDI (Hrsg.), S. 69

386 Die Umstellung war für die deutsche Aerosolindustrie zwar insgesamt mit Kosten von 60-100 Millionen DM verbunden, durch eine Mischkalkulation konnten jedoch die Verbraucherpreise konstant gehalten werden, vgl. *Lautenbach/Steger/Weihrauch*, in: BDI (Hrsg.), S. 71 ff

387 *Bergmann/Brockmann/Rennings*, Möglichkeiten und Grenzen von freiwilligen Umweltschutzmaßnahmen der Wirtschaft unter ordnungspolitischen Aspekten, S. 14

b. Die Erklärung der deutschen Wirtschaft zur Klimavorsorge

aa. Entstehungsgeschichte

Im März 1995 publizierte der BDI im Vorfeld der ersten Vertragsstaatenkonferenz der Klimarahmenkonvention in Berlin zusammen mit 5 weiteren Handels- und Industrieverbänden eine "Erklärung der deutschen Wirtschaft zur Klimavorsorge". Darin wurde die Bereitschaft bekundet, die spezifischen CO_2- Emissionen bis zum Jahr 2005 bis zu 20 %- bezogen auf das Jahr 1987 - zu reduzieren. Dieser ersten Erklärung schlossen sich 15 Industrieverbände an. Die Verpflichtung wurde jedoch allseitsals nicht weitgehend genug kritisiert[388]: Hinsichtlich der Verbesserung der Energieintensität bleibe sie hinter dem in den letzten Jahren Erreichten zurück; bei kontinuierlicher Fortsetzung wäre eine Einsparung von 30 % zu realisieren[389].
Ein Jahr später wurde dann eine aktualisierte Version vorgelegt[390], in der teilweise auf die vorgebrachten Kritikpunkte reagiert wurde.
Inzwischen liegt eine 2. Selbstverpflichtungserklärung vor, bei deren inhaltlicher Gestaltung auf die Ergebnisse der ersten vorliegenden Monitording-Berichte zurückgegriffen werden konnte.

bb. Inhalt der aktualisierten Selbstverpflichtung von 1996

- Statt 1987 wurde auf 1990 als Basisjahr Bezug genommen. Damit wird ein erheblicher Teil der strukturellen Anpassung nach der Wiedervereinigung ausgeklammert. Um mit einer wirklich verlässlichen Datenbasis arbeiten zu können, ist dieser Zeitpunkt jedoch immer noch zu früh gesetzt, da die Ausgangsdaten von 1990 noch aus Quellen der ehemaligen DDR stammen[391].
- Die Erklärung wurde dahingehend geändert, dass sie nicht eine Reduktion von "bis zu 20 %" anstrebte, sondern eine Minderung von 20% als konkretes Minderungsziel enthält.
- Die Erklärungen von einzelnen der beteiligten Wirtschaftsverbände enthalten teilweise nicht nur spezifische Reduktionsziele (d. h. pro Pro-

---

388 vgl. *Buttermann/Hillebrand/Lehr*, CO_2-Emissionen und wirtschaftliche Entwicklung, S. 17 mwN

389 *Hoffmann-Riehm*, in: GewArch 1996, S. 1,4,

390 *BDI e.V.*, Aktualisierte Erklärung der deutschen Wirtschaft zur Klimavorsorge, Köln 27. 3. 1996

391 *OECD*, Annex I Expert Group on the UN FCCC, WP 8, S. 51

duktionseinheit), sondern auch absolute Zielwerte. Diese ergeben eine Gesamtminderung von 170 Millionen Tonnen Kohlendioxid jährlich.

- Die Zusage wird im Rahmen eines zwischen Wirtschaft und Bundesregierung vereinbarten Monitoringsystems durch das Rheinisch-Westfälische Institut für Wirtschaftsforschung als externem Prüfer verifiziert. Auf diese Weise sollen Politik und Öffentlichkeit detailliert und transparent über die Fortschritte beim Klimaschutz informiert werden.

Auch nach diesen Nachbesserungen wird von Seiten der Naturschutzverbände kritisch angemerkt, dass die meisten Branchen in ihren Zusagen nur unwesentlich über die Minderung hinausgehen, die ohnehin durch den Zusammenbruch der ostdeutschen Wirtschaft bewirkt wurde ('wall fall profits')[392].

Die Erklärung bezieht derzeit 19 Wirtschaftsverbände mit ein, die in Einzelerklärungen ihre jeweiligen Reduktionsbeiträge darstellen. Durch die Beteiligten sind 70 % der industriellen Endenergieverbraucher und 99 % der öffentlichen und industriellen Elektrizitätsversorgung umfasst. Zudem stellen sie einen erheblichen Teil der Energieanbieter dar, die den Haushalts- und Kleinverbrauchsbereich mit Energie beliefern[393].
Im Gegenzug zu dieser Selbstverpflichtung der deutschen Wirtschaft hat sich die Bundesregierung bereit erklärt, die Einführung einer Wärmenutzungsverordnung vorläufig zurückzustellen.
Zweck dieser Verordnung ist es, die Durchsetzung des gesetzlichen Wärmenutzungsgebotes des § 5 Abs. Nr. 4 BImSchG zu ermöglichen. Bei der geplanten Wärmenutzungsverordnung handelt es sich um ein ordnungspolitisches Instrument. Das Konzept der Verordnung basiert auf dem Grundsatz, dass den Anlagebetreibern geboten wird, zumutbare Einsparmaßnahmen durchzuführen[394].
Dies konkretisiert sich in drei Hauptregelungsinhalten: Erstens sollte ein neuer Mindeststandard für die Energieeffizienz von Kraftwerken darin festgelegt werden. Außerdem sollte dadurch ein großer Teil der Unternehmen aus Handel und Industrie einer obligatorischen Wärmenutzungsüberprüfung unterworfen werden. Falls die Überprüfung ergibt, dass die Wärmenutzung nicht den geforderten Maßstäben entspricht, konnte es dann zur Anordnung betriebli-

---

392 *Forum Umwelt und Entwicklung*, Klimapolitik, S. 19; Der Spiegel 49/1997, S. 226

393 *Buttermann/Hillebrand/Lehr*, CO_2-Emissionen und wirtschaftliche Entwicklung, S. 19

394 *Bressler*, UBA Text 41/94, S. 3, 10

cher Energiesparkonzepte kommen[395]. In diesem Wärmenutzungskonzept sollen vom Betreiber selbst die technischen Möglichkeiten für Einsparungen aufgezeigt und die entsprechenden zumutbaren Maßnahmen dargelegt werden[396]. Neben der CO_2-/Energiesteuer war diese Wärmenutzungsverordnung ursprünglich das Kernstück des deutschen CO_2- Minderungsprogramms[397] Zudem wollte die Bundesregierung sich im Falle einer europaweiten CO_2-Steuer dafür einsetze, dass die Minderungsziele der an der Selbstverpflichtung beteiligten Branchen voll angerechnet werden.
Über diese beiden Kernzusagen hinaus, knüpfen einzelne Branchen ihre Zusagen an weitere Bedingungen. Im Falle der Vereinigung Deutscher Elektrizitätswerke ist dies zum Beispiel das Festhalten an der Option für die Kernenergie[398]: Die Verpflichtung ist an die Bedingung geknüpft, dass das Kernkraftwerk Mülheim-Kärlich in Betrieb genommen und die Ausnutzungsdauer der bestehenden Kernkraftwerke erhöht wird. Diese Bedingungen erscheinen allerdings beide nicht realisierbar: Die rot-grüne Bundesregierung arbeitet am vollen Ausstieg aus der Kernenergie und nach dem Urteil des BGH ist eine Inbetriebnahme von Mülheim-Kärlich nahezu ausgeschlossen[399]. Unter diesen Bedingungen mindert sich die übernommene Verpflichtung auf eine Reduktion von 13 bis 19 Millionen Tonnen CO_2 bis zum Jahr 2005; ursprünglich waren 23 bis 29 Millionen Tonnen vorgesehen. Die Zuckerindustrie sagt eine Minderung nur unter der Voraussetzung einer gleichbleibenden Ertragslage der Unternehmen zu[400]. Diese Bedingungen nivellieren die Zusagen also noch weiter.
Allerdings wurde seitens der Bundesregierung klargestellt, dass die Umsetzung dieser Selbstverpflichtung als dynamischer Prozess betrachtet wird. Dies bedeutet, dass die Entwicklung kontinuierlich überprüft und gegebenenfalls die Anforderungen neu festgelegt werden: Erreicht die Wirtschaft die gesteckten Ziele ohne besondere Anstrengung oder stellt sich heraus, dass die geleis-

---

395 *OECD,* Working Paper 8 , Policies and Measures for Common Action , Demand Side Efficiency: Voluntary Agreements with Industry, S. 52

396 *Bressler*, UBA Text 41/94, S. 10

397 *Müller-Kraenner/Knospe*, Klimapolitik, S. 69

398 *Herold*, in: Öko-Mitteilungen 4/97, S. 11

399 *Buttermann/Hillebrand/Lehr,* CO_2-Emissionen und wirtschaftliche Entwicklung, S. 148

400 *Herold*, aaO., S. 10

teten Beiträge zur Erreichung des nationalem Minderungsziels nicht ausreichen, soll eine Verschärfung möglich sein[401].

cc. Inhalt der 2. Klimavereinbarung vom November 2000

Im Vorfeld der Klimakonferenz von Den Haag gab die deutsche Industrie eine 2. Selbstverpflichtungserklärung zum Klimaschutz ab. Dies geschah vor folgendem Hintergrund:
Zum einen bestanden begründete Zweifel, ob das Reduktionsziel bis zum Jahre 2005 würde erreicht werden können. Ohnehin klaffte zwischen dem Minderungsziel der Selbstverpflichtung und dem nationalen Minderungsziel eine Lücke von 5 %, die durch Senkungen von mehr als 25 % in anderen Sektoren zu decken wäre. Von Seiten der Industrie wurde diese Tatsache damit erklärt, dass im Bereich des Kleinverbrauchs und der Haushalte die größeren Einsparpotentiale lägen und ergo die Reduktionen dort überproportional sein sollten[402].
Zum anderen waren die mit der Konferenz von Kioto gesetzten neuen Rahmenbedingungen. Das dort verabschiedete Protokoll erstreckt die Minderungsverpflichtung über CO_2 hinaus auch auf N_2O, CH_4, PFC, HFC und SF_6. Weitere Veränderung war die Ausdehnung auf einen Zielzeitraum anstelle eines Stichjahres.
Nach der neuen Klimaschutzerklärung sollen die CO_2- Emissionen um nunmehr 28 % bis 2005 verringert werden. Auf diese Weise sollen zusätzliche zehn Millionen Tonnen CO_2.eingespart werden. Darüber hinaus sagte die Wirtschaft zu, den Ausstoß der THG (incl. CO_2) bis 2012 um 35 % zu mindern.
Inhaltlich wird von staatlicher Seite die Verpflichtung erneuert, keine ordnungsrechtlichen Maßnahmen zu ergreifen, solange die von der Wirtschaft gegebenen Zusagen erfolgreich umgesetzt und weiterentwickelt werden[403]. Hiermit ist zwar der Verzicht auf ein verbindliches Energieaudit gemeint, nicht aber ein Verzicht auf eine Energieeinsparverordnung sowie auf Maßnahmen zur Kraft-Wärme-Kopplung.
Darüber hinaus will sich die Bundesregierung dafür einsetzen, dass der deutschen Wirtschaft bei der Fortentwicklung der ökologischen Steuerreform auf internationaler Ebene keine Wettbewerbsnachteile entstehen.

---

401 *Burger/Schulz*, Umweltziele, S. 22

402 *Cansier*, Erscheinungsformen und ökonomische Aspekte von Selbstverpflichtungen, S. 13

403 vgl. Pressemitteilung des BDI vom 23. 11. 2000

Nicht nur inhaltlich, sondern auch formal spiegelt sich die Diskussion um die erste Selbstverpflichtung in der neuen Fassung: Es handelt sich nicht mehr um eine rein einseitige Erklärung, die von staatlicher Seite lediglich billigend zur Kenntnis genommen wird: Die neue Erklärung von Vertretern von Wirtschaft und Regierung im Kanzleramt unterzeichnet.

dd. Bewertung

Der erste Monitoringbericht schien zu untermauern, dass die Einhaltung des Inhalts der Selbstverpflichtung keine relevanten Anstrengungen seitens der Industrie erforderte: Im Zeitraum von 1990 bis 1996 wurde die Verpflichtung der Reduktion von 20 % bis 2005 schon zu 3/4 erfüllt[404]. Dies war schon von mehreren Studien prognostiziert worden, die nach Abschluss der Selbstverpflichtung erstellt wurden. Deren Einschätzung ging so weit zu sagen, dass der Inhalt der Selbstverpflichtung sogar hinter den Minderungen eines Business-as-usual- Szenarios zurückbleibe[405]. Business-as-usual-Szenario bedeutet in diesem Zusammenhang, dass gedanklich die Abwesenheit von klimaschutzpolitischen Maßnahmen unterstellt wird; dem Anstieg von CO_2- Emissionen wirkt primär der Faktor der Effizienzsteigerung entgegen[406].
Zudem erwies sich als problematisch, dass die eingereichten Berichte höchst heterogen waren, was eine zuverlässige Verifikation und Bewertung der getroffenen Maßnahmen erschwerte[407].
Diese Tendenzen und Ergebnisse wurden im zweiten Monitoringbericht, der im Frühjahr 1999 publiziert wurde weitgehend bestätigt. Über die im ersten Bericht genannten Sektoren hinaus haben inzwischen weitere Branchen das Reduktionsziel fast erreicht oder sogar schon überschritten[408]. Darin wird eine Bestätigung der dauerhaften Bemühungen der Unternehmen um einen rationellen Energieeinsatz gesehen[409]. Nach wie vor ist jedoch die Qualität der Berichte nicht befriedigend. Damit besteht ein Defizit in einem für das

---

[404] von den 57 Millionen Tonnen an verlangter CO_2- Reduktion wurden schon 42 Millionen Tonnen erreicht, Süddeutsche Zeitung v. 1 9. 11. 1997, S. 4; *Clemens*, Erfahrungen mit Selbstverpflichtungen der Wirtschaft im Klimaschutz, S.18

[405] *OECD*, aaO., S. 28, 50; *Müller-Kraenner/Knospe*, Klimapolitik, S. 69

[406] Zweiter Nationalbericht zum Klimaschutz, S. XVI, XVII

[407] *Buttermann/Hillebrand/Lehr*, CO_2-Emissionen und wirtschaftliche Entwicklung, S.156

[408] *Buttermann/Hillebrand/Lehr*, aaO., S. 157

[409] vgl. Pressemitteilung der Bundesregierung 229/99

Funktionieren des Instrumentes zentralen Bereich: der Bereitschaft, Informationen über die getroffenen Maßnahmen offen zu legen.
Nach diesen Minderungserfolgen ist jedoch im vergangenen Jahr der CO_2-Ausstoß erstmals wieder leicht angestiegen[410]. Insofern war die Anpassung in Form der 2. Selbstverpflichtungsabsprache dringend erforderlich.
Damit wurde ein Hauptvorteil des Instrumentes genutzt und von der Möglichkeit, die Erklärung anzupassen und neue Ziele anspruchsvoller zu definieren, Gebrauch gemacht.
Eine weitere zeitnahe Abstimmung der Erklärung auf veränderten Rahmenbedingungen würde das Instrument im Hinblick auf eine seiner Hauptqualitäten, die Flexibilität, auch zukünftig bestätigen.
Hier wurde bewiesen, dass ein informales Instrument auch unter veränderten politischen Rahmenbedingungen Kontinuität gewährleisten kann[411]. Es wird nunmehr jedoch verstärkt die Funktion der Erklärung als Umsetzungsmittel des Protokolls von Kioto betont, nicht mehr die Abwendung einer "Ökosteuer".
Wenn man so die Möglichkeit einer flexiblen Anpassung wahrnimmt, existiert für das Instrument ein Einsatzfeld (neben steuerlichen und sonstigen Maßnahmen), in welchem es zur Erfüllung der in Kioto übernommenen Verpflichtung beitragen kann.
Man kann momentan sogar davon sprechen, dass das Instrument neben den steuerliche Regelung dringend erforderlich ist, da die bereits umgesetzte erste Stufe der Steuerreform so beschaffen ist, dass sie noch keine Lenkungswirkung entfalten kann; diese kann erst mit der Umsetzung weiteren Stufen greifen[412].

c. Die Zusage der deutschen Automobilindustrie zur Minderung des Kraftstoffverbrauchs

aa. Entstehung und Inhalt

1978 erklärte die Autoindustrie in einer ersten freiwilligen Verpflichtung, bis 1985 den durchschnittlichen Kraftstoffverbrauch der Neuwagen um 15 % zu reduzieren[413]. Dieses Ziel wurde mit einer Minderung von fast 23 %[414]

---

410 Der Anstieg beträgt 0,2 % bzw. 1,5 Millionen Tonnen, vgl. Pressemitteilung des BMU vom 7. 2. 2001.

411 Gespräch mit Dr. Joachim Hein, BDI, umweltpolitische Abteilung, v. 22. 7. 1999

412 vgl. *Troge*, Ökosteuer: Kleine Schritte und wenig Ausnahmen, in: SZ v. 9. 12. 1998

413 VDA-Boschüre 'Auto und Klima', S. 11

414 BT-Drucksache 12/2081, S. 51

deutlich übererfüllt. Im Rahmen dieser Selbstverpflichtung einigten sich die Hersteller und Importeure auf sog. Flottenstandards. Das bedeutet, dass Grenzwerte für den Kraftstoffverbrauch festgelegt werden, die im Durchschnitt über alle Produkte des Herstellers einzuhalten sind[415].

1990 wurde diese Selbstverpflichtung durch die Zusage ergänzt, zur Erreichung des Minderungsziels der Bundesregierung einen angemessenen Beitrag zu leisten. Diese blieb allerdings zunächst ohne ausreichende inhaltliche Konkretisierung.

Erst 1995 wurde die Zusage um folgenden Punkten erweitert[416]:

- Die Autoindustrie verpflichtet sich, zur Minderung der Fahrzeugemissionen die eigene Forschung und Entwicklung weiterhin zu bündeln, zu stärken und die erreichbaren Minderungspotentiale auszuschöpfen.
- Darüber hinaus verpflichtet sich der VDA den durchschnittlichen Kraftstoffverbrauch der von seinen Mitgliedern produzierten und abgesetzten PKW bis zum Jahr 2005 um 25 %- bezogen auf 1990- zu senken. Konkret würde das eine Minderung des Durchschnittsverbrauchs von 8 Liter/100 km auf 6 Liter bedeuten[417]. Dies soll möglichst inÜbereinstimmung mit den europäischen Automobilherstellern geschehen.
- Die Fortschritte in der Kraftstoffeinsparung sollen in regelmäßigen Abständen dokumentiert werden[418].

Während der erste Punkt der Verpflichtung sich wiederum in einer bloßen Absichtserklärung ohne konkreten Inhalt erschöpft, enthält der zweite Punkt diesmal ein definiertes Minderungsziel.

Inzwischen wurde auch eine Abstimmung zwischen den verschiedenen europäischen Autoherstellern erzielt, so dass vom europäischen Herstellerverband gegenüber der Europäischen Kommission eine freiwillige Verpflichtung zur Treibstoffminderung abgegeben wurde[419].

Die Dokumentation der Fortschritte im Rahmen der nationalen Selbstverpflichtung bei der Reduktion erfolgt durch den Verband selbst.

Nach Aussage des Verbandes soll es sich bei der Verpflichtung nur um die Angabe eines Zwischenzieles handeln; die Selbstverpflichtung soll noch vor dem Jahr 2000 fortgeschrieben werden. Längerfristiges Ziel soll es dann sein,

---

415 *Bartmann*,Umweltökonomie-ökologische Ökonomie, Kap.3.7.3.1

416 vgl.dazu auch Pressemitteilung des VDA vom 1. 12. 1997: CO_2: Automobilindustrie auf Reduktionskurs

417 VDA, aaO., S. 10

418 VDA, aaO, S. 12

419 vgl. § 11 Nr. 1/ c/cc/ccc/4

den durchschnittlichen Kraftstoffverbrauch auf ein Drittel zu reduzieren. Dies soll auch unter Hinzuziehung alternativer Kraftstoffe und Antriebsarten gelingen[420]

bb. Bewertung

Der Abgabe dieser Selbstverpflichtungserklärung ging eine intensive Kooperation voraus. Der Inhalt wurde maßgeblich durch die Vorstellungen der staatlichen Seite beeinflusst. Inwiefern die gesetzten Ziele ausreichend sind und ob die Verpflichtung erfüllt werden wird , lässt sich zum momentanen Zeitpunkt schwerlich prognostizieren. Ein inhaltliches Manko ist jedoch sicherlich der Umstand, dass lediglich ein internes Monitoring vorgesehen ist. Eine unmittelbare normersetzende Funktion ist hier nicht gegeben; die Initiierung der Selbstverpflichtungsabsprache war lediglich eine begleitende Maßnahme, die im Zusammenspiel mit anderen Regelungen wie beispielsweise der Kraftstoffbesteuerung zur Erreichung der Minderungsziele beitragen soll.

2. Selbstverpflichtungen im Bereich des Abfallrechts - das Beispiel der Altautoentsorgung

a. Allgemein

Die Abfallpolitik ist der Bereich der Umweltpolitik, in welchem das Instrument der Selbstverpflichtung die größte Akzeptanz genießt und auch am häufigsten praktiziert wird. Die Bedeutung von Selbstverpflichtungen in diesem Sektor wird von der Bundesregierung auch ausdrücklich betont[421]. Grund für die Häufigkeit von Selbstverpflichtungen ist hier unter anderem, dass Produzenten die Möglichkeit nutzen wollen, dem Erlass von branchenspezifischen Rechtsverordnungen auf Grundlage des neuen Kreislaufwirtschafts- und Abfallgesetzes zuvorzukommen bzw. deren Inhalt zu beeinflussen.
Erstmals praktiziert wurde dieses System aus Selbstverpflichtung und einkleidender Rahmenverordnung im Falle von Verpackungsverordnung (VerpackVO)[422] und der Selbstverpflichtung "Grüner Punkt" [423].

---

420 VDA, aaO., S. 12

421 vgl.z.B. *Merkel*, in: Pressemitteilung 9/96

422 Verordnung über die Vermeidung von Verpackungsabfällen (Verpackungsverordnung - VerpackVO) v. 12.6.1991, BGBl. I, S. 1234; geändert durch VO v. 26. 10. 1993, BGBl.I, S. 1782

423 aA *Scholz/Aulehner*, Umweltstrategien im Verpackungsrecht, S. 111 f, die die Verpflichtung zur Einhaltung der Mehrwegquote nicht als Selbstverpflichtung qualifizieren,

Vor diesem Hintergrund ist auch die Freiwillige Selbstverpflichtung zur umweltgerechten Altautoverwertung zu sehen, die hier exemplarisch als aktueller Fall aus diesem Bereich ausführlicher dargestellt werden soll.

b. Die 'Freiwillige Selbstverpflichtung zur umweltgerechten Altautoverwertung (PKW) im Rahmen des Kreislaufwirtschafts- und Abfallgesetzes'

aa. Entstehungsgeschichte

Die Zahl der Pkws in Deutschland steigt permanent. Für das Jahr 2010 wird ein Bestand von etwa 45 Millionen Pkws prognostiziert (heute: 40 Millionen)[424]. Davon werden im Jahr momentan 2,6 Millionen verschrottet. Rund 75 Gewichtsprozent der Autos werden verwertet. Die nicht verwertbaren Teile (Kunststoffe, Gummi, Glas, Textilien) werden deponiert. Diese sog. Shredderleichtfraktion ist oft durch Motoröle und andere Flüssigkeiten verunreinigt[425] und wird daher als Sondermüll eingestuft[426].
Daher sah die Bundesregierung Regelungsbedarf für die Altautoverwertung und bemühte sich seit 1992, eine entsprechende Verordnung herbeizuführen[427]. Anfangs wurde dieses Vorhaben noch auf die Rechtsgrundlage des § 14 AbfG gegründet. Seitens der Industrie wurde der Vorschlag mit heftiger Kritik aufgenommen; durch die Vorlage entsprechender Selbstverpflichtungsentwürfe versuchte sie, eine Regelung im Verordnungswege abzuwenden[428].
Die aktuell vorliegende Selbstverpflichtung der Automobilindustrie sowie der maßgeblichen Wirtschaftszweige des Handels, der Zuliefer- und Entsorgungsindustrie wurde im Februar 1996 von der Bundesregierung entgegengenom-

da hier nicht im Falle der Nichteinhaltung der Zusage eine bloße politische Reaktion (in Form des Gesetzeserlasses) evtl. greift, sondern eine Sanktion unmittelbar gesetzlich vorgesehen ist. Dieser Ansicht ist jedoch nicht zu folgen, da in beiden Fällen eine Freiwilligkeit insofern gegeben ist, als die Einhaltung der Zusage nicht erzwungen werden kann. Dieser Umstand rechtfertigt es, entsprechend der hier vertretenen Begrifflichkeit, auch die Zusage im Rahmen der VerpackVO als (normakzessorische) Selbstverpflichtungsabsprache einzuordnen.

424 BT-Drucksache 13/7780, S.20

425 *Hadamitzky*, in: Kormann (Hrsg.), Abfallrecht- und Abfallwirtschaft, S. 71

426 *Bergmann/Brockmann/Rennings*, Möglichkeiten und Grenzen von freiwilligen Umweltschutzmaßnahmen der Wirtschaft unter ordnungspolitischen Aspekten, Kurzfassung des Endberichts, S.9; DG IX press release IP/97/625, S. 1

427 *Zimmermeyer*, in: Rengeling (Hrsg.), Kreislaufwirtschafts- und Abfallrecht, S. 97

428 *Faber*, Altautoentsorgung: Umweltschutz und Wettbewerb, in: UPR 1997, S. 432

men[429]. Sie resultierte letztendlich aus mehrjährigen Abstimmungsgesprächen mit dem BMU[430].
Um kartellrechtliche Bedenken auszuräumen, wurde der Text im November 1996 noch leicht modifiziert[431].

bb. Inhalt der Selbstverpflichtung

Die Verpflichtung hat zum Inhalt, bis zum Jahr 2005 die zu beseitigenden Abfälle aus der Altautoentsorgung von derzeit rund 25 Gewichtsprozent bis zum Jahr 2002 auf maximal 15 Gewichtsprozent und bis zum Jahr 2015 auf maximal 5 Gewichtsprozent zu verringern. Zur Erreichung der gesetzten Ziele sollen folgende Maßnahmen ergriffen werden[432]:

- Es soll ein flächendeckendes Rücknahmesystem zertifizierter Betriebe zur Rücknahme und ökologischen Verwertung von Altautos aufgebaut werden. Dies soll innerhalb von zwei Jahren nach Inkrafttreten der Regelung geschehen.
- Altautos, die vor Inkrafttreten der Selbstverpflichtung angemeldet wurden, werden zu marktüblichen Konditionen vom Hersteller zurückgenommen; zukünftig angemeldete Fahrzeuge werden grundsätzlich über einen Zeitraum von 12 Jahren kostenlos zurückgenommen, wenn bestimmte Voraussetzungen vorliegen[433].
- Die Autohersteller verpflichten sich, die Verwertungseigenschaften ihrer Erzeugnisse im Rahmen ihrer Produktverantwortung kontinuierlich zu verbessern.
- Es wird eine Arbeitsgemeinschaft Altauto beim VDA eingerichtet, die die Erfüllung der Selbstverpflichtung koordinieren und nachweisen soll; die Bundesregierung wird zweijährig über die getroffenen Maßnahmen unterrichtet, erstmals zwei Jahre nach Inkrafttreten der rechtlichen Rahmenbedingungen.

---

429 Pressemitteilung des BMU 9/96, S. 1

430 vgl. *Zimmermeyer*, in: Rengeling (Hrsg.), Kreislaufwirtschafts- und Abfallrecht, S. 100

431 *Faber,* Altautoentsorgung: Umweltschutz und Wettbewerb, in: UPR 1997, S.432

432 Pressemitteilung des BMU 9/96, S. 1f; *Clemens*, Erfahrungen mit Selbstverpflichtungen der Wirtschaft im Umweltschutz, S. 22 f.; *Giesberts/Hilf*, Kreislaufwirtschaft Auto: Altautoverordnung und freiwillige Selbstverpflichtung, S. 15

433 Der PKW muss für den Markt der EU bestimmt gewesen sein, muss zuletzt in Deutschland und auf die Person des Anlieferers zugelassen gewesen sein, muss im wesentlichen unbeschädigt sein und darf keine wesentlichen herstellerfremden Bauteilveränderungen erfahren haben, vgl. Pressemitteilung des BMU 9/ 96, S. 1 f.

cc. Ordnungsrechtliche Rahmenbedingungen

Um die Selbstverpflichtung zu ergänzen, wurde auf Grundlage des § 59 KrW-/AbfG eine Verordnung über die Entsorgung von Altautos und die Anpassung der straßenverkehrsrechtlichen Vorschriften verabschiedet. Sie trat, nachdem die Kommission erklärt hatte, dass eine Notifikationspflicht nach der Richtlinie 83/189/EWG[434] nicht besteht[435], am 1. 4. 1998 in Kraft. Diese Verordnung soll entsprechend der Zielsetzung der Bundesregierung an Stelleeiner umfassenden rechtlichen Lösung treten: Die getroffene kooperative Regelung soll in einen ordnungsrechtlichen Rahmen eingebunden werden, damit die Selbstverpflichtung zum Tragen kommt und weitergehende abfallwirtschaftliche Ziele außerhalb der Selbstverpflichtung erreicht werden[436].
Die Rahmenverordnung besteht aus drei Artikeln:
Art. 1 besteht aus der AltautoVO; Art. 2 enthält die Änderungen der StVZO und Art. 3 führt die Änderungen der Gebührenordnung für Maßnahmen im Straßenverkehr auf.
Nach der Altautoverordnung müssen die Besitzer von Autos, die endgültig stillgelegt werden, bei der Abmeldung einen Verwertungsnachweis oder eine Verbleibserklärung abgeben (§ 3 Abs. 2 AltautoVO, 27 a StVZO). Diese Verwertungsnachweise dürfen nur durch zertifizierte Verwertungsbetriebe ausgestellt werden, denen unabhängige Sachverständige die Einhaltung der durch die Verordnung vorgegebenen Umweltstandards bestätigt haben (§ 3 Abs. 1 AltautoVO).
Durch Art. 2 wird das Konstrukt des Verwertungsnachweises in die StVZO eingeführt. Wird ein Verwertungsnachweis nicht vorgelegt, so teilt die Zulassungsstelle dies der zuständigen Überwachungsbehörde mit. Dadurch besteht die Gelegenheit zum gezielten Eingreifen.
Art. 3 enthält schließlich die Änderung der Gebührenordnung, um Maßnahmen in den Fällen zu ermöglichen, in denen eine endgültige Stillegung ohne Vorlage eines Verwertungsnachweises erfolgt[437].
Es ist jedoch zweifelhaft, ob die Verordnung in dieser Form von langer Dauer sein wird, da die EU-Kommission einen Richtlinienentwurf vorgelegt hat[438],

---

434 Abl. EG 1983, L 109, S.8, zuletzt geändert durch Richtlinie des Europäischen Parlamentes und des Rates vom 23. 3. 1994 (94/10/ EG), Abl. EG 1994, L 100, S. 30: Hiernach bedürfen technische Vorschriften der Mitgliedsstaaten noch vor ihrem Erlaß einer Notifizierung bei der Komissin. Wird gegen die Notifizierungspflicht verstoßen, ist der entsprechende Rechtsakt formell EG-rechtswidrig.

435 Pressemitteilung des BMU 8/ 98

436 BT-Drucksache 13/ 7780, S. 2

437 BT-Drucksache 13/7780

der teilweise wesentlich schärfere Regelungen enthält. Nach Ansicht des Verbandes der Automobilhersteller überschreitet dieser Vorschlag das unweltpolitisch gebotene Maß und greift unangemessen massiv in wirtschaftliche Abläufe ein[439]. Der Entwurf ist insofern weitergehend, als er eine kostenlose Rückgabe durch den Letztbesitzer unabhängig vom Zeitpunkt der Zulassung und dem Alter des Fahrzeugs vorsieht[440]. Da das Durchschnittsalter eines Fahrzeugs bei der Ausrangierung in Deutschland mehr als 13 Jahre beträgt[441], ist dies ein durchaus relevanter Unterschied. Die Produktverantwortung der Industrie kommt damit bedeutend klarer zum Ausdruck als in der deutschen Regelung.

Dieser Entwurf sollte während der deutschen Präsidentschaft der EU im Frühjahr 1999 endgültig beschlossen werden. Aufgrund einer Sperrminorität (dem deutschen Veto hatten sich Spanien und Großbritannien angeschlossen[442]) kam der Beschluss jedoch nicht zustande. Im zweiten Halbjahr 1999 konnte man sich unter finnischer Präsidentschaft schließlich im Rat auf einen gemeinsamen Standpunkt einigen[443], der im Februar 2000 auch in den wesentlichen Punkten vom Parlament gebilligt wurde. Demnach soll das Inkrafttreten der Rücknahmepflicht für Neufahrzeuge zeitlich nach vorne, für bereits im Markt befindliche Fahrzeuge dagegen nach hinten verschoben werden[444]: Alle in der EU zugelassenen Neuwagen, Importfahrzeuge eingeschlossen, sollen von 2001 an von den Herstellern kostenlos zurückgenommen werden. Für Altfahrzeuge gilt die Rücknahmepflicht von 2006 an.

Die Reaktionen auf diesen Vorschlag sind nach wie vor zwiespältig: Für die Recyclingindustrie sind die gesetzten Termine zu spät. Aufgrund der Verschrottung im Ausland seien Arbeitsplätze gefährdet. Der VDA kritisiert dagegen auch die neue Regelung als zu teuer und behält sich eine rechtlicheÜ-

---

438 Proposal for a Council Directive on End of Life Vehicles, COM 97 (358)

439 Antwort auf Anfrage an den VDA e.V. vom 25. 1. 1997

440 Art.5 des Richtlinienentwurfs, COM 97 (358), S. 21; DG XI press release ip/97/625, S. 2

441 Statistik des ADAC, vgl. SZ Nr.235/97, S. 25

442 vgl. dazu *Bjerregard* , in: DG XI Commissioner's Newsletter, June 1999, S. 1 f.; www.europa.eu.int/dg11/news, 22. 8. 1999

443 Abl. EG 1999 Nr. C 317, S. 19

444 Eine solche Lösung entspräche auch den Vorstellungen der Automobilindustrie, vgl. *Gottschalk*, Präsident des VDA, in: Focus 28/1999, S. 11

berprüfung der geplanten Richtlinie vor[445]. Ansatzpunkt wäre hier wohl ein Verstoß gegen das gemeinschaftsrechtliche Rückwirkungsverbot, insofern die Richtlinie den Herstellern verbindliche Belastungen auch für Altfahrzeuge auferlegt, die bereits vor Veröffentlichung des Rechtsaktes hergestellt sind[446] Momentan ist es jedoch wahrscheinlich, dass die Umsetzung die Automobilindustrie letztlich weniger hart treffen wird als sie es befürchtet: Entsprechend dem Entwurf muss die Industrie die Kosten nämlich nicht zwingend zu 100 % tragen, auch die Verbraucher können mit einem Teilbetrag belastet werden[447].

dd. Bewertung

Die Selbstverpflichtung der deutschen Automobilindustrie lässt sich ergo, resultativ betrachtet, als eine verordnungsergänzende Selbstverpflichtung betrachten, auch wenn es vom zeitlichen Ablauf her umgekehrt richtiger wäre: Die Verordnung wurde als Ergänzung der Selbstverpflichtung geschaffen. Im Unterschied zum sonst häufig verfolgten Ziel der Verordnungsvermeidung verlangt die Selbstverpflichtung hier also für ihre Wirksamkeit gerade den Erlass einer Verordnung, um wirksam werden zu können[448].
Die Entstehung dieser Selbstverpflichtung ist durch ein Höchstmaß an Kooperation zwischen Bundesregierung und Industrieverband geprägt. Über einen Zeitraum von mehreren Jahren wurden die einzelnen Regelungsinhalte intensiv diskutiert, mit dem Ziel, eine gangbare Lösung zu finden. Der staatliche Mitwirkungsbeitrag ist hier also sehr konkret.

---

445 vgl. SZ v. 23.7.1999, S.1; SZ v. 24./25.7.1999, S. 1, 4; Handelsblatt v. 23. 7. 1999, S. 1

446 vgl. *Günther*, in: EuZW 2000, S. 329; Rechtsgutachten von Prof.Dr. Jürgen Schwarze im Auftrag des VDA, www.arge-altauto.de/presse/internet-gutachten-schwarze-991122.htm, 21. 08. 2000

447 vgl. hierzu auch folgenden Entwurf: Common position (EC) No _/99 adopted by the Council on _ with a view to the adoption of directive 1999/_/EC of the Parliament and of the Council on end-of-life vehicels, draft statement of the Councils reasons, S. 7, Art. 5, par. 4, www.arge-altauto.de/common-position-990920.html, 24. 9. 1999

448 *Giesberts/Hilf*; Kreislaufwirtschaft Auto: Altautoverordnung und freiwillige Selbstverpflichtung, S. 16

3. Der Umweltpakt Bayern[449]- Beispiel für eine branchen- und medienübergreifende Selbstverpflichtung

a. Entstehung und Charakterisierung

Der Umweltpakt Bayern wurde am 23. 10. 1995 zwischen der Bayerischen Wirtschaft und der Bayerischen Staatsregierung geschlossen. Es handelt sich dabei um eine branchenübergreifende freiwillige Vereinbarung mit dem Ziel eines verstärkten Umweltschutzes. Novum und herausragendes Merkmal dieser Selbstverpflichtung war es, dass beide Seiten Verpflichtungen eingehen: Die Wirtschaft garantiert Leistungen im Umweltschutz, die über das gesetzlich geforderte Maß hinausgehen (z.B. verstärkte Teilnahme an Öko-Audits); der Staat erklärt sich zu zusätzlichen freiwilligen Leistungen bereit. Allerdings sind auch in diesem Fall die Zusagen nur unverbindlich.
In Fortführung dieser Vereinbarung haben die bayerische Staatsregierung und die bayerische Wirtschaft am 23. Oktober 2000 einen „neuen" Umweltpakt unterzeichnet[450]. Gegenstand der folgenden Ausführungen sind jedoch vorrangig die Regelungen der ursprünglichen Vereinbarung.

b. Inhalt

Die Teilnahme steht jedem Einzelunternehmen, jedem Verband und jeder Einrichtung mit Sitz oder Standort in Bayern offen. Voraussetzung ist, dass sie Umweltschutzleistungen erbringen, die den Inhalten und Zielsetzungen des Umweltpaktes entsprechen. Die jeweilige Leistung muss nach Abschluss des Umweltpaktes und - soweit nichts Abweichendes vereinbart wird - spätestens zum Jahr 2000 erbracht werden.
Die Einhaltung der Zusagen und Verpflichtungen wird regelmäßig durch den Arbeitskreis "Wirtschaft und Umwelt" überprüft, der die Vereinbarung erarbeitet hat und dem Vertreter sowohl der Staatsregierung als auch der Bayerischen Wirtschaft angehören.
Einige Zusagen der Wirtschaft decken sich mit Verpflichtungen,die von dem entsprechenden Verband auf Bundesebene eingegangen wurden. Beispielsweise verpflichten sich die BMW AG und die Audi AG, den Kraftstoffverbrauch bei Neufahrzeugen um 25 % gegenüber 1990 bis zum Jahr 2005 zu

---

449 *Bayerische Staatskanzlei (Hrsg.)*, Umweltpakt Bayern - Miteinander die Umwelt schützen, Freiwillige Vereinbarung zwischen der Bayerischen Wirtschaft und der Bayerischen Staatsregierung mit dem Ziel eines verstärkten Umweltschutzes

450 vgl. www.umweltministerium.bayern.de

reduzieren[451]. Zum größten Teil handelt es sich jedoch um eigenständige Verpflichtungen, die erhebliche Verbesserungen über das gesetzlich verlangte Maß hinaus darstellen. Beispielsweise verpflichtet sich die Audi AG, ihren Schienentransportanteil von 49 % auf 70 % zu erhöhen[452].
Die Maßnahmen, die die bayerische Staatsregierung im Gegenzug zugesagt hat, konzentrieren sich im wesentlichen auf drei Bereiche:

- Im Bereich der Abfallwirtschaft und der Altlastensanierung verpflichtet sie sich, einen Altlastensanierungsfonds einzurichten. Dieser soll existenzbedrohte Unternehmer bei der eigenverantwortlichen Altlastensanierung unterstützen. Ferner verlängert die Staatsregierung ihre Beteiligung an der Gesellschaft für Altlastensanierung in Bayern (GAB) und verdoppelt ebenso wie der Industriepartner ihren Finanzierungsbeitrag[453].
- Das schon bestehende Umweltschutzberatungsprogramm wird noch auf die Beratung bei der Einführung von Umweltmanagementsystemen ausgebaut[454].
- Unter der Überschrift der Deregulierung verpflichtet sich die Bayerische Staatsregierung, die Unternehmer von überflüssigen Regelungen zu entlasten[455]. Insbesondere sollen Unternehmen, die sich einem Öko-Audit unterzogen haben, von gewissen Kontroll- und Berichtspflichten befreit werden[456].

Der Umweltpakt Bayern will Modell für die erfolgreiche Substitution von Ordnungsrecht sein[457]. Dies ist vor dem Hintergrund der allgemeinen Deregulierungsdebatte zu sehen.
Der Rat der Sachverständigen für Umweltfragen kam in seinem Umweltgutachten 1996 zu dem Schluss, dass eine weitere Entrechtlichung des Umweltschutzes, angeregt durch die Öko-Audit VO, nicht zu vehement betrieben

---

451 Broschüre des Bayerischen Staatsministeriums für Landesentwicklung und Umweltfragen und des Bayerischen Staatsministeriums für Wirtschaft, Verkehr und Technologie, Umweltpakt Bayern-Mitmachen

452 Anlage zum Umweltpakt Bayern (s.o.), S. 33

453 Umweltpakt Bayern, S. 14 f

454 Umweltpakt Bayern,, S. 15

455 Anlage zum Umweltpakt Bayern (s.o.), S. 38

456 Anlage zum Umweltpakt Bayern (s.o.), S. 40 f

457 *Böhme-Amtmann*, in: GewA 1997, S. 353

werden sollte[458]: Eine Senkung der Anforderungen in Genehmigungsverfahren für Unternehmen, die sich einem Öko-Audit unterzogen haben (und damit eine tatsächliche Ersetzung des Ordnungsrechts durch betriebliche Eigenverantwortung), soll erst angegangen werden, wenn sich das System des Öko-Audits bewährt hat.
Die Bayerische Staatsregierung betreibt daher im Rahmen des Umweltpaktes Bayern ein Pilotprojekt für eine erweiterte Bandbreite der Substitution von Ordnungsrecht:
Ein Werk der Hoechst AG in Gendorf dient als "Versuchslabor" für Möglichkeiten der Deregulierung[459]. Dort wird ein Kriterienkatalog, der vom Verband der bayerischen chemischen Industrie in Zusammenarbeit mit den einschlägigen Ministerien entwickelt wurde, praktisch erprobt[460]. Konkret bedeutet dies, dass in den Bereichen des Immissionsschutz-, Abfall- und Wasserrechts die einschlägigen Dokumentations- und Berichtspflichten sowie Kontroll-, Überwachungs- und Genehmigungsvorschriften ausgesetzt wurden; stattdessen wurde das Pflichten- und Kontrollkonzept der Öko-Audit-VO durchgespielt[461]. Das Projekt ist inzwischen mit einem grundsätzlich positiven Ergebnis abgeschlossen worden: Auch wenn nicht durchgängig eine Substitution im Sinne einer direkten funktionalen Äquivalenz erzielt werden konnte, haben sich doch die meisten Vorschläge des Kriterienkataloges als praktikabel erwiesen.
Mit dem Begriff der Substitution soll klargestellt werden, dass materielle Schutzstandards iSv Art. 2, 20 a GG, Art. 174 EGV nicht abgebaut werden[462]: Eine Ersetzung des Ordnungsrechts durch betriebliche Eigenverantwortung kommt nur dann in Betracht, wenn das jeweilige Ersatzinstrument von seiner Zielsetzung und Steuerungswirksamkeit her gleichwertig ist[463].
Der neue Umweltpakt bezieht sich über die genannten Themen hinausgehend jetzt auch auf den Dienstleistungssektor und erweiterte die Maßnahmenpalette.

---

458 Umweltgutachten 1996 des Rates von Sachverständigen für Umweltfragen, BT-Druck-sache 13/4108, RN 8

459 *Braun*, in: Unternehmen und Umwelt 1.97, S. 8

460 *Köck*, in: Reich/Heine-Mernik, S. 149 (173)

461 *Köck*, aaO, S.173

462 *Böhme-Amtmann*, in: GewA 1997, S. 353 (354)

463 *Böhme-Amtmann*,,aaO., S. 355

c. Bewertung

Der Umweltpakt Bayern lässt sich als diejenige der Selbstverpflichtungen sehen, die den Kriterien der EU noch am ehesten gerecht wird[464]:
Auch wenn er ebenso wie die anderen keinerlei rechtliche Verpflichtung begründet, vermittelt er jedoch aufgrund der strukturierten Kooperation und der Konnexität der Verpflichtungen ein höheres Maß an Verbindlichkeit. In der Tauschbeziehung zwischen Staat und Wirtschaft ist erstmals der Staat auch formell beteiligt und besteht die staatliche Leistung nicht lediglich im Unterlassen hoheitlicher Eingriffe, sondern in Gewährung von konkreten Vorteilen. Hier existiert zwar kein rechtlicher Rahmen, der eine Auffangregelung gewährleistet; es wird jedoch eine gewisse Kontinuität durch den umfassenden Charakter des Programms herbeigeführt. Aufgrund des Inhalts ist in diesem Zusammenhang ein garantierter gesetzlicher "Back-up" aber auch nicht unbedingt erforderlich: Gegenstand ist nicht Erreichung eines konkreten Zielwertes, sondern allgemein die Förderung einer nachhaltigen Wirtschaftspraxis.
Die Vorteilhaftigkeit des Ansatzes wurde auch durch die positive Bilanz nach Abschluss der ersten 5 Jahre bestätigt, so dass bis 2005 eine substantielle Weiterentwicklung, insbesondere im Bereich der Verwaltungsvereinfachung geplant ist[465].

---

464 vgl. KOM 96 (561) endg., Anhang, S. 27

465 vgl. www.umweltministerium.bayern.de/agenda

§ 14 In anderen Ländern praktizierte Formen von Absprachen

Der Trend zu kooperativen Handlungsformen des Staates ist kein spezifisch deutsches Phänomen. In manchen Ländern (wie z. B. in Frankreich und Japan) werden konsensuale Lösungen schon bedeutend länger und weitgehender angegangen als in Deutschland. Die jeweiligen nationalen Ausprägungen kooperativer Ansätze unterscheiden sich jedoch hinsichtlich Rechtsnatur und Verbindlichkeit. Die wichtigsten Beispiele sollen im folgenden dargestellt werden. Dabei sind die folgenden Darstellungen nur als "Blick über den Tellerrand" zu verstehen; detaillierte rechtsvergleichende Ausführungen würden den Rahmen der Arbeit überschreiten.

1. Frankreich

a. Hintergrund der Suche nach konsensualen Lösungen

In Frankreich sind Abstimmungen und Verhandlungen zwischen Staat und Industrie schon seit längerer Zeit maßgeblicher Teil der Verwaltungspraxis im Umweltschutz[466].
Dies lässt sich auf mehrere Ursachen zurückführen:
Zunächst ist davon auszugehen, dass in Frankreich generell das Umweltbewusstsein nicht so ausgeprägt ist wie in Deutschland oder den skandinavischen Staaten. Dies lässt sich durch die geringere Bevölkerungsdichte und die allgemein positivere Umweltausgangssituation erklären[467]. Diese Haltung ist in der Bevölkerung, in der Industrie und in der Verwaltung gleichermaßen verbreitet. Dies führte unter anderem auch dazu, dass die Umweltpolitik lange Zeit das Stiefkind der französischen Politik darstellte. Das 1971 gegründete Umweltministerium[468] stand bis vor kurzem in totaler Abhängigkeit von den anderen Fachministerien; dies wurde mit dem Querschnittscharakter der Umweltpolitik gerechtfertigt[469]. Auch fehlten dem Ministerium bis zur Umsetzung des Reformunternehmens des "Plan vert" im Jahre 1991 eigene nachgeordnete Vollzugsstrukturen[470].
Diese spezifischen Gegebenheiten der Umweltpolitik in Kombination mit den allgemein herrschenden Besonderheiten im Rahmen der französischen Ver-

---

466 *Prieur*, Droit de l'environnement, S. 116

467 *Woehrling*, in: DVBl 1992, S. 884

468 genau: Ministère de l'Amenagément du Territoire et de l'Environnement

469 *Müller-Brandeck-Bocquet*, Die institutionelle Dimension der Umweltpolitik, S. 98

470 *Lascoumes*, L'éco-pouvoir, S. 16

waltungsordnung[471] führen zu einem Vollzugsdefizit im Umweltrecht von noch massiverer Dimension als in Deutschland[472].
Dadurch wurde das Umweltressort frühzeitig dazu bewegt, nach neuen Wegen zu einer Reduktion der Umweltbelastung zu suchen. Als Ausweg bot sich der Weg der Kooperation an[473], der in Frankreich jedoch mit einer spezifischen Schwerpunktsetzung begangen wurde: Während vom deutschen Verständnis des Prinzips die Zusammenarbeit sowohl unter den staatlichen Instanzen als auch mit Umweltverbänden und Industrie gemeint ist, konzentriert sich der französische Grundsatz der "concertation" auf eine "Konsenssuche mit dem Verschmutzer"[474]. Dies wird teilweise als Ausprägung des "pädagogischen Charakters"[475] der Umweltpolitik wertfrei bis positiv eingeordnet, teilweise als bloße Notlösung qualifiziert, die in der Schwäche und Ineffektivität der Umweltverwaltung begründet ist[476].

b. Instrumente der Verhaltensabstimmung mit der Industrie

Mittel der Verhaltensabstimmung mit der Industrie existieren in zwei Varianten: Zum einen gibt es den sog. Branchenvertrag (contrat de branche) , zum anderen die Variante der sog. Branchenprogramme (programmes de branche). Diesen Maßnahmen der "politique contractuelle "ist gemeinsam, dass durch Übereinkommen zwischen Staat und einzelnen Wirtschaftsunternehmen oder -branchen die Unternehmen zu bedeutenden Reduktionen ihrer Emissionen bewegt werden sollen. Diese Reduktion liegt oft im Bereich des ohnehin gesetzlich Vorgeschriebenen[477], kann jedoch auch zu Normübererfüllungen führen[478]. Von Seiten des Umweltministeriums wer-

---

471 Abstimmungsprobleme zwischen Zentralgewalt und Präfekten, starke Einbindung in das lokale Machtgefüge, vgl. *Müller-Brandeck-Bocquet*, aaO., S. 91

472 *Lascoumes*, aaO., S. 99, 169

473 Protection de l'Environnement, S. 1, www.france.diplomatie.fr /france/societe/environ.gb.html, 2.11.1998

474. *Woehrling*, aaO.,S. 886

475 *Prieur*, Droit de l'environnement, S. 116

476 *Müller-Brandeck-Bocquet*, aaO., S. 92 f; *Woehrling*, in: DVBl 1992, S.884 (886)

477 *Prieur*, aaO., S. 118

478 *Müller-Brandeck-Bocquet*, Die institutionelle Dimension der Umweltpolitik, S. 92

den im Gegenzug gewisse Zugeständnisse gemacht, die in Finanzhilfen oder nichtmonetären administrativen Vorteilen bestehen können[479].

aa. Der Branchenvertrag (contrat de branche)

Im Falle des Branchenvertrages erhält das Unternehmen eine finanzielle Zuwendung für die Ausarbeitung eines Planes zur Reduktion der Emissionen. Parteien des Vertrages sind der Umweltminister und ein Vertreter des jeweils relevanten Verbandes. Kern der Verträge ist zum einen die Formulierung von Umweltschutzzielen und deren Realisierungsfristen, zum anderen die Vereinbarung von finanziellen Zuwendungen bei der Zielrealisierung. Bis 1981 nahmen die finanziellen Unterstützungen z. T. erhebliche Ausmaße an: Es wurden nicht nur bis zu 50 % der Kosten für die jeweiligen Schutzmaßnahmen übernommen, sondern auch Ausgleichszahlungen für die zu zahlenden Verschmutzungsabgaben gewährt (Praxis des "écrêtement")[480]. Damit wurde das Verursacherprinzip weitgehend außer Kraft gesetzt.
Ab 1972 wurden 9 Branchenverträge abgeschlossen, alle im Bereich der Gewässerverschmutzung[481]. Für die zugesagten Reduktionen wurden den beteiligten Unternehmen Unterstützung bei der Sanierung der Altanlagen und Subventionen gewährt. Auf diesem Wege wurde die Gewässerverschmutzung bis 1978 um 80 % reduziert.
Problematisch an diesem scheinbar erfolgreichen Projekt ist jedoch die Tatsache, dass dieses Ergebnis nur dem gesetzlich Geforderten entsprach und eigentlich im Wege eines " normalen" Vollzugs hätte erreicht werden sollen[482].
Neben den Kernverpflichtungen können diese Abkommen auch genauere technische Vorschriften enthalten, die in Rundschreiben publiziert werden und als potentielles Vorbild für Erlasse des Präfekten dienen.

bb. Die Branchenprogramme (programme de branche/programme d'entreprise)

Mitte der 70 er Jahre sah sich allerdings das französische Umweltministerium gezwungen, seine bisherige Praxis der Branchenverträge zu revidieren: Seitens der Europäischen Gemeinschaft waren Einwendungen erhoben worden, dass die in Form der Branchenverträge durchgeführte Subventionierung zu

---

479 *Wicke*, Umweltökonomie, S. 274

480 *Prieur*, Droit de l'environnement, S.117

481 *Müller-Brandeck-Bocquet*, aaO., S. 93

482 *Müller-Brandeck-Bocquet*, aaO., S. 93

einer erheblichen Wettbewerbsverzerrung innerhalb des jeweiligen Sektors führe. Daher wurde das Instrument des Branchenvertrages durch die Branchenprogramme abgelöst. Bis auf die Tatsache der fehlenden finanziellen Zuwendungen gibt es zwischen den beiden Instrumenten keine Unterschiede; im Falle der Branchenprogramme besteht das Zugeständnis des Staates inder Gewährung nichtmonetärer administrativer Vorteile.

c. Rechtliche Einordnung

Die Maßnahmen der "politique contractuelle" sind bindende Verträge öffentlich-rechtlicher Art. Im Falle der Branchenverträge hatte realiter die Bindungswirkung jedoch eine primär moralische Grundlage: Da der Vertrag nur durch einen Vertreter des Verbandes unterzeichnet wurde und dieser Verband wiederum keine rechtliche Handhabe oder Sanktionsmöglichkeit gegenüber seinen Mitgliedern hatte[483], beruhte deren vertragskonformes Verhalten primär auf außerrechtlichen Gründen. Anders war dies in den Fällen, in denen zusätzlich zu der Verpflichtung des Verbandes der Einzelunternehmer den Vertrag ratifizierte und direkt staatliche Subventionen bezog, die ihm unter der Bedingung der Schadstoffreduzierung gewährt wurden. In dieser Konstellation trifft den Unternehmer, der letztendlich auch die Maßnahmen zu erbringen hat, eine rechtliche Pflicht.
Daher wählte man im Falle der Branchenprogramme von vornherein den Ansatz, dass die Verträge mit Firmen oder Firmengruppen direkt abgeschlossen wurden. Eines der umfassendsten Abkommen dieser Art wurde 1979 abgeschlossen. Darin wurde branchenübergreifend ein Konzept zur Vermeidung und Entsorgung von Abfällen erarbeitet.
Ferner erwies es sich im Zusammenhang mit der "politique contractuelle" als problematisch, dass auf diesem Weg ohne rechtliche Grundlage über ordnungsrechtliche Befugnisse des Staates Dispositionen getroffen wurden[484]. Das oberste französische Verwaltungsgericht (conseil d'état) erklärte in diesem Zusammenhang 1985 eine zwischen dem Umweltministerium und einem Papierhersteller abgeschlossene Vereinbarung für widerrechtlich. Zum einen seien durch die Vereinbarung die Handlungsmöglichkeiten des Staates eingeschränkt: Einem in einem Branchenabkommen eingebundenen Unternehmen könne der zuständige Präfekt keine weiteren Betriebsanforderungen auferlegen, selbst wenn diese im Rahmen des Gesetzesvollzuges sinnvoll und notwendig seien; zum anderen seien Dritte in der Ausübung ihrer Beteiligungsrechte unzulässig eingeschränkt[485]. Dennoch wurden die zuvor praktizierte

483 *Prieur*, Le droit de l'environnement, S. 117

484 *Lascoumes*, L'éco-pouvoir, S. 171

485 RFDA (Revue Francaise du Droit Administratif) 1985, S. 363

"politique contractuelle" nahezu unverändert fortgesetzt[486]. Es wird lediglich versucht, die rechtliche Bindungswirkung der Abkommen gering zu halten, um erneute Konflikte mit gesetzlichen Regelungen zu vermeiden. Die neuesten Regelungen betreffen Verpackungsabfälle und ausgediente Kraftfahrzeuge[487].

d. Bewertung

Der Einsatz von kooperativen Instrumenten dient in Frankreich, im Unterschied zu Deutschland, im wesentlichen zur Erreichung des ohnehin schon gesetzlich Vorgeschriebenen. Aufgrund der Probleme im Rahmen der französischen Verwaltungsorganisation scheint dieser "erkaufte Gesetzesvollzug " als einzig gangbare Möglichkeit zur Realisierung der angestrebten Umweltziele. Ob diese Instrumente einen Platz von Dauer im Rahmen der französischen Verwaltungsorganisation finden werden oder lediglich ein temporales Phänomen bleiben[488], ist abzuwarten.

2. Niederlande

a. Hintergrund

In den Niederlanden sind freiwillige Absprachen mit der Industrie ein populäres Instrument: Mehr als 100 wurden bisher zwischen Regierung und Industrie abgeschlossen und befinden sich momentan in der Umsetzungsphase[489]. Sie werden als flexibles Instrument zur Realisierung des NEPP (National Environmental Policy Plan) und des NEPP Plus, die 1989 und 1990 veröffentlicht wurden[490], eingesetzt. Diese bilden den Rahmen für nationale umweltpolitische Maßnahmen mit dem Ziel einer dauerhaften und umweltgerechten Entwicklung[491]. Dabei wird zwischen einer mittelfristigen (für die Jahre 1995 bis 2000) und einer langfristigen Umsetzungsphase (bis 2010) unter-

---

486 *Lascoumes*, aaO., S. 171

487 KOM 96 (561), endg., S. 29

488 *Lascoumes*, L'éco-pouvoir, S. 179

489 *Kohlhaas/Praetorius*, Die Selbstverpflichtung der Industrie zur CO_2-Reduktion, S. 90; KOM 96 (561), S. 30

490 KOM 96 (561), S. 31

491 *Peters*, in: van Dunné, S. 19

schieden. Die Pläne enthalten Qualitätsziele für eine Anzahl von Bereichen, die in über 200 quantifizierte Ziele umgesetzt werden[492].
Grundsätzlich erfolgt auch in den Niederlanden die Umsetzung politischer Ziele durch Gesetze, Verordnungen und Verwaltungsrichtlinien.
Dieser Weg der direkten Verwaltung wird auch im wichtigsten niederländischen Umweltgesetz, dem Wet Milieubeheer, verfolgt, dessen Hauptinstrument die Betriebsgenehmigung für Anlagen ist[493].
Diese traditionellen Ansätze des Vollzuges schienen jedoch innerhalb des ambitionierten Konzeptes des NEPP nicht als adäquat[494]. Mittels des NEPP stellte die niederländische Regierung ein umfassendes und zukunftsweisendes Handlungsprogramm vor, zu dessen Umsetzung sie das Engagement und die Mitverantwortung aller gesellschaftlicher Gruppierungen einforderte, auch von seiten der Industrie[495].
Hintergrund für die Wahl dieses neuen Ansatz war zum einen die lange Dauer der Gesetzgebungsverfahren in den Niederlanden. Des weiteren ermangelt es den herkömmlichen Instrumenten an der erforderlichen Flexibilität und Zielgenauigkeit: Die Ausgangsvoraussetzungen und Problemschwerpunkte der jeweiligen Unternehmen sind zu verschieden, so dass man mit einer allgemeinen Regelung Umweltschutzmaßnahmen nicht optimal umsetzen konnte. Außerdem fehlte es bisher an ausreichenden Erfahrungen mit der Verfolgung eines integrativen Ansatzes: Ein multi-media-approach, d. h. eine Herangehensweise, die die verschiedenen Verschmutzungsquellen und die Auswirkungen auf verschiedene Umweltmedien berücksichtigt, ist zwar seit 1993 gesetzlich vorgesehen; eine ausreichende Umsetzungspraxis konnte sich jedoch noch nicht entwickeln[496].
Als Ausweg aus dieser Situation wählt man den Weg einer Erweiterung des Instrumentenbündels um die Kooperationen mit der Industrie. Die Unternehmen sollen mit in die Verantwortung genommen werden; dies soll in Form eines breit angelegten Konsensbildungsprozesses zwischen Regierung und Industrieverbänden bzw. zwischen Genehmigungsbehörde und einzelnen Unternehmen geschehen. Der Abschluss einer freiwilligen Vereinbarung soll als Ergebnis am Ende dieses Konsensbildungsprozesses stehen.
Auch für die Industrie besitzt das Modell der Konsensbildung und der Abschluss von freiwilligen Vereinbarungen eine Reihe von Vorteilen. Zum einen

---

492 KOM 96 (561), S. 31

493 *van de Broek*, in: van Dunné, S. 35

494 *Peters*, in: van Dunné, S. 20

495 *Kohlhaas/Praetorius*, aaO., S. 91

496 *Peters*, in: van Dunné, S. 27

besteht so die Möglichkeit, die sich innerhalb eines Gesetzgebungs- bzw. Genehmigungsverfahrens ergebenden Unwägbarkeiten abzumildern. Diese Unwägbarkeiten sind in den weitreichenden Beteiligungs- und Klagemöglichkeiten begründet, die Dritten innerhalb der Verfahren gewährt werden[497]. Eine freiwillige Vereinbarung gewährt dabei dem Unternehmen insofern Planungssicherheit, als die Genehmigungsbehörde bei der Konsenssuche über die Intentionen des Unternehmens informiert wird und auch Gelegenheit hat, ihren Standpunkt zu verdeutlichen. In dieser Hinsicht hat die freiwillige Vereinbarung eine Art ermessensreduzierende Wirkung im folgenden Genehmigungsverfahren: Nur bei Vorliegen besondere Gründe, wie einer relevanten Änderung der Sachlage, ist ein Abweichen vom bezogenen Standpunkt zulässig. Auch auf der Ebene der Gesetzgebung sieht sich die Regierung an die geäußerten Zielvorstellungen in einem gewissen Maße gebunden. Dadurch kann den Wirtschaftszweigen zwar keine absolute Sicherheit gegen den Neuerlass gesetzlicher Normen gewährt werden; nichtsdestotrotz agieren die Unternehmen in einem Klima von geringerer Ungewissheit; so werden zukunftsgerichtete Investitionsentscheidungen erleichtert[498].

Seitens der Regierung wurde ein Stufenplan für die Umsetzung der Ziele des NEPP im Dialog mit der Industrie entwickelt. In einem ersten Schritt wurden diejenigen Industriesektoren identifiziert, die für 80 - 90 % der Gesamtverschmutzung verantwortlich zu machen waren[499]. Jeder dieser Sektoren sollte sich in einer Zielgruppe organisieren, die durch eine einzelne Interessenvertretung repräsentiert werden sollte. Seitens der politischen Entscheidungsträger wurden dann spezifische Umweltqualitätsziele für die jeweiligen Bereiche erarbeitet, die auf 25 Jahre angelegt waren. Den Zielgruppen wurde daraufhin aufgegeben, eine glaubwürdige Strategie zur Erreichung des Qualitätsziels zu erarbeiten. Im Falle eines homogenen Industriezweiges kann es bei der Entwicklung einer Branchenstrategie verbleiben. Handelt es sich jedoch um einen eher heterogenen Sektor, d. h. einen Sektor, in dem sich die angewandten Produktionsverfahren erheblich unterscheiden, muss jeweils noch eine Strategie auf Unternehmensebene ausgearbeitet werden[500].

Die Umsetzung dieser Strategien erfolgt schließlich durch freiwillige Abkommen ("covenants") zwischen dem repräsentierenden Industrieverband und der Regierung.

---

497 *Peters*, aaO., S. 30

498 *Peters*, aaO., S. 32

499 *van den Broek*, in: van Dunné, S. 35

500 KOM 96 (561), S. 31

Darin verpflichtet sich der Verband zur Einhaltung der Zieldaten und die Regierung sichert zu, keine weiteren gesetzlichen Regelungen in diesem Bereich zu erlassen.
Unterzeichnete Abkommen werden im Amtsblatt veröffentlicht[501].
Die traditionellen Instrumente von Gesetz, Verordnung und Genehmigung werden damit nicht ad acta gelegt, sondern dienen lediglich zunehmend als "back-up" für die freiwilligen Absprachen[502].
Um eine einheitliche Praxis beim Abschluss der Abkommen zu gewährleisten, wurden vom zuständigen Ministerium Leitlinien in Form eines Verhaltenskodexes herausgegeben. Weitere Anweisungen finden sich in einer 1995 vom Ministerpräsidenten veröffentlichten Verwaltungsdirektive[503].

b. Darstellung der Entstehungsgeschichte einer Selbstverpflichtung am Beispiel der Long Terme Agreements im Klimaschutz

aa. Hintergrund

Auch das im Zusammenhang mit dem Klimaschutz relevante CO_2-Minderungsziel ist Inhalt des NEPP[504]. Angestrebt ist eine Minderung der Emissionen um 3 % bis zum Jahr 2000, bezogen auf das Niveau von 1989. Eines der Mittel, mit denen dieses Ziel erreicht werden soll, sind "Long Terme Agreements on Energy Efficiency" (LTA). Politisches Ziel des Instrumentes der LTA ist es, die Energieeffizienz der Industrie entgegen dem herrschenden Trend des Kontextes niedriger Energiepreise zu fördern, ohne neue gesetzliche Maßnahmen zu erlassen. Das erste LTA wurde 1992 unterzeichnet; 1996 bestanden bereits Vereinbarungen mit 31 Wirtschaftsverbänden, denen etwa 1000 Einzelunternehmen beigetreten waren[505].

bb. Abschlussmodus

In der Regel vollzieht sich der Abschluss eines LTAs in folgenden Schritten:
Die Rahmendaten sind im "Long Terme Plan for Improvement of Energy Efficiency" festgelegt.

---

501 KOM 96(561), S. 31

502 *Peters*, in: van Dunné, S. 37

503 KOM 96 (561), S. 31

504 *OECD*, Policies and Measures for Common Action, Working Paper 8 , Demand Side Efficiency: Voluntary Agreements with Industry, S. 61

505 *OECD*, aaO. S. 61

Zuerst tritt die Agentur NOVEM[506] an den Vertreter des Industriezweiges bzw. das einzelne Unternehmen heran, um im Rahmen einer vorläufigen Bewertung das Energiesparpotential festzustellen.
Im folgenden wird von Seiten der Industrie eine Absichtserklärung erstellt, die an das Wirtschaftsministerium gerichtet ist.
Durch NOVEM wird dann ein Katalog von ökonomisch sinnvollen Maßnahmen erarbeitet, die in den einzelnen Unternehmen des Verbandes in Frage kämen. Vor diesem Hintergrund wird dann das jeweilige Reduktionsziel festgelegt.
Das LTA wird dann schließlich von dem Industrieverband, dem Wirtschaftsminister und von NOVEM unterzeichnet. Die Einbeziehung der Einzelunternehmen erfolgt durch die Abgabe von Absichtserklärungen[507].

cc. Inhalt

Die genaue Ausgestaltung des Abkommens variiert entsprechend den Besonderheiten des betroffenen Sektors. Grundsätzlich verpflichtet sich die Industrie, ein Konzept zur Verbesserung der Energieeffizienz zu erarbeiten und die Effizienz so weit wie praktisch und ökonomisch möglich zu verbessern. Dabei sind ein Energiesparplan und ein jährlicher Monitoring-Report für jede Firma verpflichtend[508]. Wird eines der beiden nicht erbracht, so gilt dies als Grund für die Beendigung des Abkommens. Dann unterfällt das Unternehmen wieder den allgemeinen gesetzlichen Bestimmungen[509].
Die Regierung verpflichtet sich im Gegenzug, die eingeschlagene politische Strategie grundsätzlich beizubehalten und keine neuen Regelungen bezüglich der Verbesserung der Energieeffizienz zu erlassen. Darüber hinaus wird auch technische und finanzielle Unterstützung gewährt[510].

---

506 Niederländische Agentur für Energie und Umwelt, ein rechtlich unabhängiges aber hauptsächlich staatlich finanziertes Beratungsinstitut, vgl. *Kohlhaas/Praetorius*, Die Selbstverpflichtung der Industrie zur CO_2-Reduktion, S. 91

507 *OECD*, Policies and Measures for Common Action, Working Paper 8, Demand Side Efficiency: Voluntary Agreements with Industry, S. 61

508 *Kohlhaas/Praetorius*, aaO., S. 93

509 *OECD*, aaO., S. 63

510 *OECD*, aaO., S. 63

c. Rechtliche Einordnung

aa. Rechtsnatur

In der Anfangsphase bestand noch keine Möglichkeit, die Abspracheninhalte gerichtlich geltend zu machen[511]. Jetzt besitzen die meisten der Abkommen jedoch eine zivilrechtlich durchsetzbare Form[512]. Paradebeispiel für eine Absprache der zweiten Kategorie ist das Grundabkommen der holländischen Metallindustrie ("Dutch Basic Metal Industry Covenant").

bb. Rechtliche Zulässigkeit von Absprachen mit der Industrie

Ähnlich wie in Deutschland wird auch in den Niederlanden die rechtliche Zulässigkeit von Absprachen mit der Industrie diskutiert.
Die Frage, ob der Staat überhaupt im Verhandlungswege tätig werden kann, wird einhellig bejaht: Solange der Abschluss von Abkommen nicht ausdrücklich verboten ist oder in unauflöslichem Widerspruch zu dem System des öffentlichen Rechts[513] steht, ist er zulässig[514]. Festzuhalten ist jedoch, dass dies nur für die Konstellation der verordnungsersetzenden Absprache erörtert wird: Das ausdrückliche Verbot, auf das Bezug genommen wird, soll gegebenenfalls in der Verordnungsermächtigung enthalten sein; die grundsätzliche Zulässigkeit der gesetzessubstituierenden Absprache bleibt offen.
Über die grundsätzliche Frage nach der Zulässigkeit des modus operandi der Absprache hinaus ist jedoch problematisch, inwiefern sich die Regierung durch die Absprache Bindungen unterwerfen kann. Kann sich der Staat bindend verpflichten, eine Verordnung eines bestimmten Inhalts zu erlassen oder von einer entsprechenden Verordnungssetzung Abstand zu nehmen?
Die Antwort auf diese Fragestellung ist negativ: Auch wenn es grundsätzlich in der Hand des Verordnungsgebers liegt, ob und in welcher Weise er von der im zugebilligten Befugnis Gebrauch macht, gibt es doch gewisse Kontrollmechanismen, die bei einer Ersetzung dieser Entscheidung durch eine Absprache umgangen würden. Ergo hat die Regierung ihre Verpflichtung im Rahmen der Absprache auf eine "best-effort"- Klausel zu beschränken[515].

---

511 *van Buren*, in: van Dunné, S. 49

512 KOM 96 (561), S.31; *Kohlhaas/Praetorius*, Die Selbstverpflichtung der Industrie zur CO_2-Reduktion, S. 92

513 Dies gilt v.a. für den Fall der Beeinträchtigung von Verfahrensrechten zum Schutze Dritter

514 *van Buren*, aaO., S. 50

515 *van Buren*, aaO., S. 53

Jedoch besitzt auch schon diese eingeschränkte Zusage für die Industrie einen gewissen Wert, da der Verordnungsgeber einen erheblichen Ermessensspielraum besitzt.
Grenzen erfährt das Instrument der Absprache auch in anderer Hinsicht: Es ist ausgeschlossen, dass auf diesem Wege eine Sanktion für den Fall der Nichterfüllung eines gesetzlichen Erfordernisses abbedungen wird. Ebenso wenig kann durch ein Covenant ein Genehmigungserfordernis für verzichtbar erklärt werden[516].

d. Stellungnahme

Die in den Niederlanden gewählten Kooperationsformen sind vor allem in der Hinsicht bemerkenswert, dass ein sehr umfassender Ansatz verfolgt wird. Die freiwilligen Selbstverpflichtungen sind nicht " Notlösung" im Falle eines politischen Engpasses, sondern Teil eines abgestimmten Gesamtkonzeptes. Dadurch wird auch die Effektivität des Instrumentes erhöht und werden einige der Schwachpunkte (wie z. B. die Schwarzfahrerproblematik) durch die Einbindung in gesetzliche Rahmenregelungen vermieden.
Auch in der langfristigen Perspektive favorisiert man in den Niederlanden das Instrument der freiwilligen Absprachen: Die LTA sollen auch im nächsten Jahrtausend den Schwerpunkt im Rahmen des Energiesektors bilden; des weiteren soll der Einsatzbereich des Instruments auch auf den Bereich des Recycling und der nachhaltigen Produktgestaltung ausgedehnt werden[517]
Bei der insgesamt positiven Bewertung des niederländischen Modells ist jedoch zu beachten, dass die Niederlande ein relativ kleines Land sind, dessen Wirtschaftsschwerpunkt nicht im industriellen Bereich liegt. Ergo ist die Anzahl der verschiedenen Branchen und der jeweils beteiligten Unternehmen überschaubar, was eine Konsensbildung innerhalb des Verbandes und zwischen Verband und Regierung erleichtert. Zudem sind einige der positiven Effekte nicht direkt mit der Vorgehensweise der Absprache verbunden: Ein Hauptaspekt für die positive Entwicklung im Umweltbereich ist die umfassende Beratung und Betreuung der Unternehmen durch die Agentur NOVEM. Ein derartiges Beratungskonzept ließe sich auch in ein ordnungsrechtliches Konzept einbinden[518].

---

516 allerdings war genau dies unrechtmäßigerweise Inhalt der Absprache über die Reduzierung von Herbiziden: Es wurde vereinbart, dass bei Einhaltung der in der Absprache vereinbarten Grenzwerte eine Genehmigung für die Emissionen nicht erforderlich sei, Council of State, Administrative Court, 1.9.1992, no.Go5.09.1712

517 *OECD,* Working Paper 8, S. 66

518 vgl. *Kohlhaas/Pratorius*, Die Selbstverpflichtung der Industrie zur CO_2-Reduktion, S. 94 f.

Diese Praxis lässt sich allerdings schwerlich auf deutsche Verhältnisse übertragen, da der Aufwand einer solchen Beratung bei der Vielzahl der Unternehmen nicht tragbar wäre.

3. USA

a. Hintergrund

Kooperationslösungen wurden lange Zeit in den USA überhaupt nicht praktiziert. Dies hat mannigfaltige Gründe. Zunächst bietet die Wirtschaftsstruktur in den Vereinigten Staaten schlechte Ausgangsvoraussetzungen für den Einsatz von kooperativen Instrumenten: Eine Tradition von Wirtschaftsverbänden, wie sie in vielen europäischen Ländern existiert, gibt es nicht, und daher haben die heutigen Interessenvertretungen geringere Einwirkungsmöglichkeiten auf ihre Mitglieder. Zudem gibt es eine derartige Vielfalt von Branchen, dass die Herausbildung eines koordinierten Standpunktes der Industrie schwierig ist[519].
Außerdem herrschte allgemein eine erhebliche Skepsis gegenüber 'deals' zwischen Regierung und Wirtschaft[520]: Während für die Lösung von eingetretenen Konflikten sich durchaus eine Praxis konsensualer Lösungen entwickelte[521], wurde auf regulativer Ebene voll und ganz auf den 'command und control'- Ansatz gesetzt. Dies führte dazu, dass in 25 Jahren aktiver Umweltpolitik eine Masse von Einzelregelungen entstand, die sich teilweise überlagerten. Die Tätigkeit der amerikanischen Umweltagentur beispielsweise ist in 16 verschiedenen Bundesgesetzen geregelt und wird durch 70 Komitees und Unterkomitees des Kongresses überwacht[522]. Der durch diese Regelungsmasse schon sehr reduzierte Handlungsspielraum der umweltpolitischen Akteure wird weiterhin noch durch die weitreichenden Klagemöglichkeiten eingeschränkt, die Dritte hinsichtlich der ordnungsgemäßen Umsetzung gesetzlicher Regelungen haben[523].
Zunehmend wurde realisiert, dass der bisher verfolgte Regelungsansatz nicht das Optimum an Umweltschutz gewährleistete.

---

519 *Steward*, in: van Dunné, S. 143 (147)

520 *Steward*, aaO., S. 143

521 *Bartmann*, Umweltökonomie - ökologische Ökonomie, S. 192

522 *Environmental Protection Agency (EPA)*, The Common Sense Initiative: A New generation of Environmental Protection, S.2, www.epa.gov/commonsense/bckgrd.htm, 25. 2. 1998

523 so z.B. im Clean Water Act, Sec. 505

Den Reibungsverlusten durch Prozesse versuchte man zunächst mit dem Experiment des 'negotiated ruling'[524] zu begegnen; der Einsatzbereich dieser Kooperationsform blieb jedoch beschränkt auf eine Zwischenstufe im normalen Normerlassverfahren.
Ansonsten sah man eine Alternative zum "command- and control"-Ansatz eher in wirtschaftlichen Instrumenten als in kooperativen und freiwilligen Handlungsformen: Vor allem im Bereich der Luftreinhaltung wurde mit dem System der handelbaren Emissionszertifikate eine Lösungsvariante mit Vorbildcharakter entwickelt.

b. Die EPA als Initiatorin von Selbstverpflichtungen

Primär auf Initiative der EPA hin stieß jedoch seit Anfang der 90er Jahre das Instrument der Selbstverpflichtung auf zunehmende Akzeptanz. Seitens der Industrie lag der Grund in dem Bestreben, die Rahmenbedingungen für eine langfristige Strategie so stabil wie möglich zu gestalten. Selbstverpflichtungen boten sich dabei als Alternative zu einer unübersichtlichen und wenig kalkulierbaren Gesetzgebungspraxis an[525] . Die EPA sah den Weg der Selbstverpflichtung einerseits als Versuch, Umweltschutz und wirtschaftliche Prosperität in Einklang zu bringen[526], andererseits als Mittel zur Verbesserung der eigenen Effizienz: Durch die Kooperation mit der Industrie erhoffte sie sich eine Verringerung des Prozessrisikos und damit einen sinnvolleren Einsatz der ansonsten von gerichtlichen Auseinandersetzungen in Anspruch genommenen Ressourcen[527].
Während zu Beginn Selbstverpflichtungen angegangen wurden, die sich inhaltlich auf ein begrenztes Problemfeld beschränkten[528], wird jetzt zunehmend auch nach umfassenden Lösungen gesucht. Paradebeispiel dafür ist 'The Common Sense Initiative', die anhand von Programmen in den sechs wichtigsten Industriesektoren Prinzipien für einen neuen Stil in der Umwelt-

---

524 *Steward*, aaO., S. 148

525 Green Plans and the Private Sector, S. 1, http:// www.rri.org/gp-priv.html#US, 13. 2. 1998

526 *EPA*, The Common Sense Initiative, S. 1, www.epa.gov/commonsense/bckgrd.htm, 25. 2. 1998

527 *EPA*, The Common Sense Initiative, S. 2, www.epa.gov/commonsense/bckgrd.htm, 25. 2. 1998

528 wie z.B. das 33/ 50 Programm, mit welchem die Emissionen von bestimmten toxischen Substanzen um 33 % bis 1992 und 50 % bis 1995 reduziert werden sollten, vgl. *EPA*, EPA's 33/50 Program, S. 2, http://es.epa.gov/partners/3350/3350.htm#history, 25. 2. 1998

politik entwickeln will, der den Gegensatz von Ökologie und Ökonomieüberwindet[529].

c. Beispiele im Klimabereich

1993 stellten die USA ein nationales Klimaschutzprogramm auf, mit dem Ziel, ihre CO_2- Emissionen von 1990 bis zum Jahr 2000 zu stabilisieren. Große Teile dieses Programmes setzen auf freiwillige Maßnahmen der Wirtschaft.

aa. " Climate Challenge"

Das wichtigste dieser Programme ist "Climate Challenge". Es richtet sich an die Energiewirtschaft. Darin verpflichteten sich bis 1995 mehr als 50 % der Energieversorgungsunternehmen zu einer Begrenzung ihrer CO_2-Emissionen. Darüber hinaus erklärten sie sich z. T. zu spezifischen Maßnahmen bereit, wie der Förderung erneuerbarer Energien, Aufforstungsmaßnahmen oder Joint Implementation[530].

bb. "Climate Wise"[531]

Das Climate Wise-Programm folgt einem ähnlichen Konzept:
Es ist ein gemeinsames Programm von EPA und dem U. S. Department of Energy (DOE), das Unternehmen bei der Reduzierung ihrer THG-Emissionen unterstützen soll.
Um dem Programm beizutreten, unterzeichnet das Unternehmen ein 'climate wise partnership agreement'. Darin verpflichtet es sich, innerhalb von sechs Monaten einen Aktionsplan mit den zu treffenden Maßnahmen vorzulegen. Außerdem hat es jährlich Bericht zu erstatten.
Von staatlicher Seite erhält das Unternehmen bei der Ausarbeitung des Aktionsplan Unterstützungen verschiedener Form: Das Unternehmen kann sich einem kostenlosen 'energy and waste assessment audit' unterziehen, wird auch ansonsten durch Beratung unterstützt und es wird der Zugang zu Finanzquellen erleichtert.
Momentan nehmen etwa 30 Unternehmen an diesem Programm teil[532].

---

529 *EPA*, The Common Sense Initiative, S. 1 ff, www.epa.gov/commonsense/bckgrd.htm, 25.2.1998

530 vgl. dazu *Müller-Kraenner/Knospe*, Klimapolitik, S. 198

531 *EPA*, climate wise, http://wwwepa.gov/climatewise.htm, 25. 2. 1998

532 *EPA*, climate wise, S.3, http://wwwepa.gov/climatewise.htm, 25. 2. 1998

cc.'Green Lights'[533]

Mehr als 20 % des Elektrizitätsverbrauchs in den Vereinigten Staaten wird für Beleuchtung verbraucht[534].
Daher sollen durch dieses freiwillige Programm die teilnehmenden Unternehmen bei der energiesparenden Umgestaltung von Beleuchtungssystemen für Geschäftsgebäude oder Fabriken unterstützt werden. Die Teilnehmer unterzeichnen ein "memorandum of understanding" mit der EPA, in dem sie sich verpflichten, innerhalb von 5 Jahren ihr Beleuchtungssystem so zu erneuern, dass dabei eine Energieersparnis von mehr als 20 % erzielt wird. Zudem haben sie einen 'implementation manager' mit der Durchführung der Umgestaltung zu betrauen und mindestens einmal jährlich an die EPA über die erzielten Fortschritte zu berichten. Im Gegenzug gewährt die EPA technische und logistische Unterstützung[535].

d. Rechtsnatur

Den meisten der praktizierten Selbstverpflichtungen liegen sog. 'memoranda of understanding' zu Grunde. Verfehlt ein Unternehmen die darin eingegangenen Verpflichtungen, kann es nicht länger von den Vorteilen des Programms (wie technischer Unterstützung und öffentlicher Anerkennung) profitieren. Rechtliche Verbindlichkeit kommt diesen Absprachen jedoch nicht zu[536].

e. Stellungnahme

Selbstverpflichtungen in den USA zeichnen sich durch einen minimalen Grad an Verbindlichkeit aus. Sie dienen nicht dazu, zukünftige Regelungen vorwegzunehmen und sind auch nicht an die Drohung mit einem zukünftigen Normerlass gekoppelt[537].

---

533 *EPA,* U.S.EPA Green Lights Program: An overwiew, http.//www. epa.gov/appdstar/green/glb-home.html, 25. 2. 1998

534 *EPA,* U.S.EPA Green Lights Program, S.1, http.//www. epa.gov/appdstar<7green/glb-home.html, 25. 2. 1998

535 *EPA*, ibid, S. 2, 3

536 *OECD*, WP 8, S. 75

537 *OECD*, WP 8, S. 72

Grund dafür ist die starke Energie-Lobby im Kongress: Bindende Emissionsstandards waren gegen deren Widerstand nicht durchzusetzen[538]. Die fehlende Sanktionsmöglichkeit ist aber nicht so gravierend, da die Selbstverpflichtungen ohnehin auf einem no-regrets-Ansatz beruhen, d. h. nicht mehr von der Industrie verlangen, als das ohnehin im Interesse der Profitabilität Nützliche. Als Grund für diese sehr 'weiche' Praxis bei der Handhabung dieses Kooperationsinstrumentes kann zudem gesehen werden, dass der Bereich, der in anderen Ländern mittels dieses Instrumentes eine Regelung erfährt, durch das System der handelbaren Emissionsrechte abgedeckt wird. Hier sind konkrete Minderungsziele erforderlich. Deren Einhaltung ist auch durch die Einbindung dieses wirtschaftlichen Instrumentes in einen engen regulatorischen Rahmen gewährleistet.
Daher erfüllt die Selbstverpflichtung in dieser Form im amerikanischen System eine angemessene Funktion, die jedoch nicht ohne weiteres auf andere Regelungssysteme übertragen werden kann.

4. Japan

a. Hintergrund

In Japan haben Absprachen auf lokaler Ebene seit langem einen festen Platz im Instrumentarium der Verwaltung. Allein im Zeitraum zwischen Oktober 1992 bis September 1993 wurden über 2200 "environmental pollution prevention agreements" abgeschlossen. In einem Teil dieser Absprachen zwischen Staat und Industrie sind Dritte, wie z. B. Anwohner, sogar als Parteien einbezogen[539]. Außerdem wurde auf nationaler Ebene von der Japanischen Umweltagentur ein freiwilliges "Program of Evaluation of Environmental Performance of Businesses" entwickelt. Darin werden Firmen angehalten, die von ihnen verursachten THG-Emissionen einzuschätzen und ein Programm zu deren Minderung zu entwerfen.

---

538 *Müller-Kraenner/Knospe*, Klimapolitik, S. 198 f

539 *OECD*, WP 8, S. 24

b. Das Basic Environmental Law von 1993[540]

Auch im Rahmen des Basic Environmental Law finden die Prinzipien der Industrieverantwortung und der freiwilligen Zusammenarbeit ihren Eingang: Art. 8, dessen Titel eigentlich allgemein "Responsibility of the citizens" lautet, beschreibt detailliert die Verantwortung, die die Industrie bei Herstellung und Verkauf im Hinblick auf den Schutz der Umwelt trifft.
Auf Grundlage von Art. 15 des Gesetzes wurde der Basic Environmental Plan[541] beschlossen, der umfassend und langfristig die Grundsätze der Umweltpolitik festlegen soll. Auch darin wird die Verantwortung der Industrie für Umweltbelange und deren Umsetzung in Form von Selbstverpflichtungen ausführlich behandelt. Dies geschieht v. a. in Part III[542]/ Chapter 3[543].Zunächst wird dort generell festgestellt, dass jedes Mitglied der Gesellschaft entsprechend seiner Leistungsfähigkeit in dem Maße zum Umweltschutz beitragen soll, in dem es die Umwelt belastet oder von ihr profitiert. Die Rolle der Regierung soll es dabei sein, freiwillige und kooperative Aktivitäten zu fördern. Im Anschluss werden die Aufgaben präzisiert, die den einzelnen Gesellschaftssektoren zugeschrieben werden.
Dem Staat kommt es zu, die Ziele und Rahmenbedingungen abzustecken und auch die erforderlichen Maßnahmen zu erlassen. Außerdem wird betont, dass sowohl auf nationaler als auch auf lokaler Ebene die zu treffenden Maßnahmen in enger Zusammenarbeit mit der Industrie zu entwickeln und freiwillige Aktionen zu fördern sind[544].
Seitens der Wirtschaft wird verlangt, dass sie freiwillig Aktivitäten zur Reduktion derjeniger Umweltbelastungen vornimmt, die durch ihre wirtschaftliche Betätigung verursacht werden. Darüber hinaus sollen sie auch Anstrengungen im Bereich der Erschließung von neuen, ökologisch korrekten Betätigungsbereichen unternehmen, um langfristig zu einer umweltverträglichen Wirtschaftsstruktur zu gelangen[545].
Section 2 beschäftigt sich umfassend mit der Förderung freiwilliger Aktivitäten in den verschiedenen Bereichen der Gesellschaft. Im wirtschaftlichen Be-

---

540 Law No.91 /1993, in Kraft getreten am 13. 11. 1993, www.eic.or.jp.eanet/e/blaw.htm, 22. 8. 1999

541 http://www.eic.or.jp.eanet/e/bplan.html, 22. 8. 1999

542 ibid, "Future Policy on Environmental Conservation"

543 ibid,"Participation of all Sectors of Society Sharing Fair Burden"

544 ibid, Part III, Chapter 3, section 1, No.1,2

545 ibid, Part III, Chapter 3, Section 1, No. 3

reich wird dabei der Schwerpunkt auf die Förderung umweltfreundlicher Managementsysteme gelegt[546].

c. Stellungnahme

Ausgehend von den im Basic Environmental Law und dem dazugehörigen Aktionsplanvorgesehenen Maßnahmen, kommt man zu dem Schluss, dass sich die japanische Umweltpolitik auf kooperative Instrumente konzentriert. Wie sich diese Kooperationen genau auswirken, kann in den meisten Fällen noch nicht beurteilt werden, da die Absprachen noch nicht lang genug in Kraft sind.
Zu berücksichtigen ist jedoch, dass Japan den entscheidenden umweltpolitischen Sprung, den es in den 70er Jahren vollzogen hat, nicht mit kooperativen Instrumenten erreichte: Der Luftverschmutzung, die zu dieser Zeit verheerende Ausmaße angenommen hatte, wurde nicht im Wege der Kooperation mit der Industrie entgegengetreten, sondern mit extrem hohen Umweltabgaben, wie z. B. auf SO_2[547].
Ein weiteres Instrument, das in Japan verstärkt eingesetzt wird, ist das Haftungsrecht, dessen strenge Grundsätze[548] seit 1967 im "Basisgesetz zur Verhütung von Umweltschäden" geregelt sind.
Insofern wäre es wohl unzutreffend, Japan als Land zu charakterisieren, in dem der Kooperation mit der Industrie Tür und Tor geöffnet sind; Kooperationslösungen sind lediglich einer von mehreren begangenen Wegen.

5. Schweiz

a. Das Beispiel des Bundesgesetzes über die Reduktion der CO_2-Emissionen ("CO_2-Gesetz")

Auch wenn die Schweiz politisch immer noch eine Insel im sich einigenden Europa bildet, werden die umweltpolitischen Diskussionen auf europarechtlicher Ebene mit Aufmerksamkeit verfolgt. Insbesondere die Erschließung neuer marktwirtschaftlicher und kooperativer Instrumente im Umweltschutz wird auch hier untersucht[549]. Besonders beachtlich sind die

---

546 ibid, Part III, Chapter 3, Section 2, No. 2.1.

547 *Kirchgässner*, in: Grimm (Hrsg.), Staatsaufgaben, S. 453 (476), *v. Weizsäcker*, Erdpolitik, S. 155

548 Gefährdungshaftung, Beweislastumkehr, Verschuldensvermutung

549 vgl. z.B. Botschaft zum Bundesgesetz über die Reduktion der CO_2-Emissionen v. 17. 3. 1997, 97.030, S. 14 f.

gesetzgeberischen Vorhaben der Schweiz im Bereich des Klimaschutzes, die freiwillige Maßnahmen in eine gesetzliche Auffangregelung einbinden:
Bei dem im März 2000 beschlossenen CO_2-Gesetz handelt es sich um eine umfassende Regelung, die die bisher getroffenen Maßnahmen und Programme mit einbezieht und den rechtlichen Rahmen für weitergehende Instrumente setzt.
Das Gesetz wird als ein Musterbeispiel für die Integration von wirtschaftlichen und umweltpolitischen Anliegen bewertet. Das Gesetz stützt sich auf drei Basiselemente:

- Selbstverantwortung der Betroffenen
- Kooperation zwischen Staat und Wirtschaft
- Anreize anstelle von Geboten und Verboten[550].

Ansatzpunkt ist die gesetzliche Festlegung eines quantifizierbaren Reduktionsziels: Im Zeitraum von 2008 –2012 ist eine Gesamtreduktion von 10 % gegenüber 1990 zu erzielen, wobei bei Brennstoffen die Emissionen um 15 % zu reduzieren sind, bei Treibstoffen um 8 %.
Die Strategie des CO_2-Gesetzes räumt freiwilligen Maßnahmen große Bedeutung ein. Vor Inkrafttreten einer allgemein gültigen CO_2-Abgabe können Form und Inhalt der freiwilligen Maßnahme frei gewählt werden (z. B. im Rahmen des Programmes Energie 2000[551]); wenn die subsidiäre Abgabe dann letztendlich in Kraft tritt, müssen allerdings die freiwilligen Maßnahmen in formelle Verpflichtungen übergehen, wenn die Betroffenen von der CO_2-Abgabe befreit werden wollen[552]. Der genaue Regelungsmechanismus verhält sich entsprechend Art. 6 ff. des Gesetzes wie folgt:
Sobald absehbar ist, dass das gesetzlich festgelegte Minderungsziel mit den sonstigen getroffenen Maßnahmen nicht erreicht werden kann, führt der Bundesrat die CO_2-Abgabe ein (ohne dass dafür ein weiterer Parlamentsbeschluss oder ein Referendum erforderlich wären[553]). Die Entscheidung soll auf Grundlage einer regelmäßigen Evaluation des Zielerreichungsgrades erfolgen. Um den subsidiären Charakter der Abgabe - und damit den Vorrang der übrigen Maßnahmen - zu betonen ist als frühestmöglicher Zeitpunkt der Einführung das Jahr 2004 vorgesehen.

---

550 vgl. „ Nationale Klimapolitik", www.buwal.ch, S.2, 06.03.2001

551 vgl. z.B. Botschaft zum Bundesgesetz über die Reduktion der CO_2-Emissionen v. 17. 3. 1997, 97.030, S. 46

552 vgl. BUWAL, Faktenblätter zum CO_2-Gesetz, Faktenblatt 1.3

553 Botschaft zum Bundesgesetz über die Reduktion der CO_2-Emissionen v. 17.3.1997, 97.030, S. 41f.; in letzter Zeit gibt es jedoch Bestrebungen, die definitive Einführung von einem Parlamentsbeschluss (ohne fakultatives Referendum) abhängig zu machen, vgl. Tagesanzeiger v. 9. 6. 1999

Als Höchstabgabesatz ist ein Betrag von 210 Fr/Tonne CO_2 vorgesehen, die genaue Höhe ist von der noch bestehenden Ziellücke abhängig[554]. Dieser Höchstsatz entspricht etwa 50 Rappen pro Liter Benzin und 7 Rappen pro Liter Heizöl. Um zu betonen, dass mit der Abgabe keine neuen Finanzmittel erhoben werden sollen, sondern nur eine ökologische Lenkungswirkung Ziel ist, ist folgende Mittelverwendung vorgesehen: Innerhalb der Bevölkerung sollen die Einnahmen pro Kopf verteilt werden, innerhalb der Wirtschaft differenziert nach der Abgabenbelastung[555].
Auf die Anforderungen der internationalen Wettbewerbsfähigkeit wird insofern Rücksicht genommen, dass Unternehmen von der CO_2-Abgabe befreit werden, wenn sie sich verpflichten, ihre CO_2-Emissionen freiwillig zu begrenzen. Wird diese Verpflichtung zur Begrenzung nicht eingehalten, erlischt die Befreiung und die Abgabe muss einschließlich Zinsen nachbezahlt werden.
Die Verpflichtungen müssen folgenden Mindestinhalt haben:
Es ist ein CO_2-Begrenzungsziel für das Jahr 2010 festzulegen und ein Maßnahmenplan, wie dieses Ziel zu erreichen ist. Die Wirkung der Maßnahmen ist regelmäßig zu überprüfen und es ist darüber Bericht zu erstatten.
Grundsätzlich können sowohl Privatpersonen als auch Unternehmen oder Verbände entsprechende Verpflichtungserklärungen abgeben. Damit die Vorgehensweise sich noch wirtschaftlich gestalten lässt, ist es jedoch erforderlich, dass die teilnehmenden Parteien eine gewisse Größe haben. Die genaue Ausgestaltung dieses Erfordernisses erfolgt dann im Verordnungswege[556].
Es ist vorgesehen, dass der Vollzug zu einem großen Teil von den privaten Organisationen bzw. den Verbänden übernommen wird[557].

b. Bewertung

Die in der Schweiz verfolgte Konzeption weist eine Reihe positiver Aspekte auf: Durch die rechtliche Fixierung des Reduktionszieles werden klare Verhältnisse geschaffen. Es wird ein klarer Rahmen für den Inhalt möglicher Selbstverpflichtungsabsprachen gesetzt. Durch die Kombination von freiwilligen Selbstverpflichtungsabsprachen mit einer subsidiären Abgabe wird dafür gesorgt, dass einerseits Sachverstand und Engagement der Wirtschaft mit

---

554 vgl. BUWAL, Faktenblätter zum CO_2-Gesetz, Faktenblatt 1.4

555 Botschaft zum Bundesgesetz über die Reduktion der CO_2-Emissionen v. 17. 3. 1997, 97.030, S. 44

556 Botschaft zum Bundesgesetz über die Reduktion der CO_2-Emissionen v. 17. 3. 1997, 97.030, S. 4

557 vgl. BUWAL, Faktenblätter zum CO_2-Gesetz, Faktenblatt 1.4

einbezogen werden können und gleichzeitig sich der Staat nicht der Verantwortung für die Gewährleistung des angestrebten umweltschützerischen Ziels begibt.
Auch in der Schweiz zeigte sich die Gefahr, dass die ursprünglich in sich geschlossene und aufeinander abgestimmte Konzeption im Verlauf des Gesetzgebungsprozesses aufgeweicht wird: Der Nationalrat hat auch im dritten Durchgang der Gesetzesdebatte an der Parlamentskompetenz für die Einführung der CO_2-Abgabe festgehalten; eine Entscheidung über die Einführung der Steuer im bloßen Verordnungswege würde einen Verstoß gegen das Demokratieprinzip konstituieren. Die kleine Kammer hatte hingegen zuvor eine Zuordnung dieser Entscheidung an den Bundesrat beschlossen[558]. Bei dem Erfordernis einer neuerlichen Parlamentsdiskussion und Beschlussfassung würde dem Gesetz allerdings seine "Drohwirkung" genommen, die in gewissem Maße für das Funktionieren freiwilliger Systeme unabdingbar ist:
Wenn die Verfehlung der gesetzlich festgelegten Minderungsziele nur die Konsequenz hat, dass die politische Debatte im Parlament erneut eröffnet wird, ist die Zugkraft des Gesetzes massiv eingeschränkt. Die letztliche Entscheidung war der Einigungskonferenz der beiden Räte übertragen[559]. Am 1. Mai 2000 ist nun eine Fassung in Kraft getreten, die den Beschluss der Abgabenpflicht nun doch dem Bundesrat zuweist. Damit ist die effektivere Variante zur Umsetzung gelangt.

558vgl. Tagesanzeiger v. 9. 6. 1999

559vgl. Tagesanzeiger v. 9. 6. 1999

E. Rechtliche Beurteilung

§ 15 Präzisierung des Untersuchungsgegenstandes innerhalb der Begriffsfelder informalen und kooperativen Handelns

Das Instrument der Selbstverpflichtung wird sowohl als informell als auch als kooperativ charakterisiert. Hierbei handelt es sich um zwei deutlich zu unterscheidende Grundsätze, die nicht zwingend in Kombination auftreten müssen. Beide Prinzipien sollen in ihren Wesenszügen dargestellt werden, um zu zeigen, inwiefern sie für Selbstverpflichtungen charakteristisch sind.

1. Begriff der Informalität

a. Definition

Informale Handlungsweisen sind schon lange Teil der Regierungs- und Verwaltungspraxis[560]. Sie sind in nahezu allen Sparten und Ebenen staatlichen Handelns zu finden: Informalität findet sich als Alternative zu den herkömmlichen Handlungsformen sowohl, wenn es um den Erlass eines Verwaltungsaktes geht, als auch im Rahmen von Verordnungs- oder Gesetzgebungsverfahren.
Als begriffliche Kategorie des Rechts wurde die Informalität jedoch erst von *Bohne*[561] präzisiert. Demnach erfasst der Terminus der Informalität "alle rechtlich nicht geregelten Tathandlungen, die der Staat anstelle von rechtlich geregelten Verfahrenshandlungen oder Rechtsfolgeentscheidungen wählt, die jedoch zur Herbeiführung des Erfolges auch in den von der Rechtsordnung bereitgestellten öffentlich-rechtlichen oder privatrechtlichen Handlungsformen hätten erfolgen können"[562].
Gegenstand der informale Beziehungen zwischen Bürger und Verwaltung ist in der Regel das Aushandeln von Rechtsverhältnissen oder die Abstimmung künftigen Verhaltens[563]. Da dem Verhalten einerseits keine rechtliche, sondern nur eine tatsächliche Bindungswirkung zukommt, es

560 vgl. z.B.*Bauer*, in: VerwA 78 (1987), S. 241 (246); *Henneke*, in: NuR 1991, S. 267 (268); zur sozialwissenschaftlichen Einordnung vgl. *v. Beyme*, in: Hartwich/Wewer, S. 31 ff

561 *Bohne*, in: VerwA 75 (1984), S. 343 ff.

562 *Bohne*, aaO., S.344

563 *Bauer*, in: VerwA 78 (1987), S. 241 (262)

sich andererseits aber auch nicht jeglichem rechtlichen Rahmen entzieht[564], befindet es sich in einer "Grauzone" des Rechts[565].

b. Tauschverhältnis als conditio sine qua non?

Das Prinzip der Informalität kommt in einer Reihe von Handlungstypen zum Ausdruck.
Nach *Bohne* lassen sich jedoch drei allgemeine Merkmale informalen Regierungs- und Verwaltungshandelns festhalten:

- Rechtliche Nichtregelung und Unverbindlichkeit,
- Alternativitätsverhältnis zu rechtlichen Handlungsformen,
- Tauschprinzip[566].

Auch *Dreier* sieht das Tauschverhältnis als Wesenselement des informalen Verwaltungshandelns, da dies den Intentionen und Interessen der Beteiligten gerecht würde[567].
Entsprechend diesen Definitionen bliebe einseitiges schlichthoheitliches Handeln (wie Warnungen oder Empfehlungen), das in Unterscheidung zum informalen Handeln als informationelles Handeln bezeichnet wird, ausgeklammert.

Die Gegenmeinung verzichtet auf das Merkmal des Tauschverhältnisses und umfasst ergo auch einseitiges staatliches Handeln, das sich außerhalb der rechtlich vorgesehenen Formen vollzieht[568].
Innerhalb dieser Meinungsgruppe wird jedoch teilweise eine andere Differenzierung vorgenommen. Vom informalen Verwaltungshandeln, dem ein Zwangselement zugeschrieben wird, wird das lediglich 'indikative' Verwaltungshandeln unterschieden, welches auf vollkommener Freiwilligkeit beruht[569]. Das "Zwangselement" des informalen Verwaltungshandelns verlan-

---

564 *Dreier,* in: Staatswissenschaft und Staatspraxis, Band 4 (1993), S. 647 (648)

565 *Hoffmann-Riem,* in: VVdStRL 40 (1982), S. 187 (234)

566 *Bohne,* in: VerwA 75 (1984), S .343 (344)

567 *Dreier,* in: Staatswissenschaft und Staatspraxis, Band 4 (1993), S. 647 (649)

568 *Brohm,*in: DVBl 1994, S. 133 (134); *Papier,* in: VerwA 84 (1993), S. 417 (421); *Badura,* Anmerkung zum sog. "Jugendsekten-Urteil", in: JZ 1993, S. 39; *Ossenbühl,* Umweltpflege durch behördliche Warnungen und Empfehlungen, S.8 ff, trifft in dieser Streitfrage keine Entscheidung , sondern spricht lediglich von der Kategorie des schlicht-hoheitlichen Verwaltungshandelns

569 *Grüter,* Umweltrecht und Kooperationsprinzip in der Bundesrepublik Deutschland, S. 62

ge eine gewisse Finalität der staatlichen Tätigkeit, welche somit dieser Ansicht zufolge als drittes Charakteristikum zur Bestimmung informalen Handelns erforderlich ist.

Die Unterscheidung zwischen informalen (zweiseitigen) und informationellen (einseitigen) Handeln der erstgenannten Ansicht wird von ihren Vertretern damit begründet, dass die beiden Phänomene vollkommen divergierende Problemkreise berührten:
Während der Bereich des (zweiseitigen) informalen Handelns primär Fragestellungen der Handlungsformenlehre und des Verwaltungsverfahrens tangiere, stellten sich bei der Auseinandersetzung mit staatlichen Warnungen und Empfehlungen verfassungsrechtliche Probleme[570].
Diese Differenzierung ist jedoch so nicht haltbar: Da informales Staatshandeln im vorgenannten Sinne nicht nur auf Verwaltungshandeln beschränkt ist, sondern auch Regierungstätigkeit umfasst, stellen sich durchaus auch bei informalen Staatstätigkeiten mit Tauschcharakter verfassungsrechtliche Fragen. Dies ist gerade bei gesetzesvertretenden Absprachen der Fall.
Das Element des 'Tauschs' als außerhalb eines Verfahrens zu erzielender Konsens ist korrekter als Ausprägung des Kooperationsprinzips zu sehen.
Die Qualifizierung des Tauschprinzips als conditio sine qua non für die Annahme informalen Verwaltungshandelns bedeutet eine Vermischung der beiden Prinzipien ohne zwingende Notwendigkeit.
Auch das einschränkende Erfordernis der Finalität erscheint als Kriterium für das Vorliegen informalen Verwaltungshandelns nicht erforderlich. Die Finalität wird bei der Beurteilung eines Hinweises, einer Warnung oder Empfehlung relevant, wenn es um die Frage der Eingriffsqualität des staatlichen Handelns geht. Für die Annahme von informalem Handeln an sich ist dieses Erfordernis jedoch nicht zwingend.

Festzuhalten ist also, dass zwei Kriterien für die Annahme informalen staatlichen Handelns zu verlangen sind:
Es bedarf zum einen einer rechtlichen Unverbindlichkeit und zum anderen eines Alternativitätsverhältnisses zu rechtlich geregelten Handlungsformen.

2. Das Kooperationsprinzip

Grundlage des umweltrechtlichen Kooperationsprinzips ist die Einsicht, dass Umweltrecht nicht einseitig staatlicherweise durchsetzbar ist, sondern vielmehr des Zusammenwirkens mit den gesellschaftlichen Kräften bedarf. Allgemein wird es als politisches Verfahrensprinzip eingeordnet, das neben Vorsorge- und Verursacherprinzip Eingang in die umweltrechtliche Prinzipientri-

---

570 *Dreier,* aaO., S. 650

as gefunden hat[571]. Sowohl auf nationaler als auch auf europarechtlicherE-bene wird es als Beurteilungskriterium für die Rechtmäßigkeit von Verwaltungshandeln herangezogen[572].
Welche Tragweite dieses Prinzip nun tatsächlich hat, blieb bisher unklar[573]. Die Rechtsprechung in Deutschland hat jedoch vor kurzem einen qualitativen Schritt vollzogen; dem Grundsatz kommt nunmehr konkretere Bedeutung zu als zuvor: Im Urteil des BVerfG zur Verpackungssteuer[574] wird ausführlich auf die Vorteile von kooperativen Lösungen eingegangen[575]. Entscheidende Neuerung ist dabei, dass aufgrund der Unvereinbarkeit mit der Entscheidung des Bundesgesetzgebers für den Weg der Kooperation im Abfallrecht die kommunale Verpackungssteuer für verfassungswidrig erklärt wird[576]. Das Kooperationsprinzip ist damit weit mehr als ein vager politischer Leitgedanke; es besitzt konkrete rechtliche Relevanz.
Zukünftig soll das Kooperationsprinzip auch gesetzlich verankert werden:
Bei der Arbeit am Entwurf zu einem UGB war es zentrales Anliegen der Kommission, dem Kooperationsprinzip eine stärkere Position zu verleihen[577].
In den Entwürfen zu einem UGB ist nun in dessen Allgemeinem Teil eine Kodifizierung vorgesehen[578].

a. Definition und Systematisierungsvorschläge

Es gibt einige Versuche, den Begriff der Kooperation zu definieren. Diese Versuche sind zumeist sehr weit gefasst: Kooperation wird als ein Vorgang beschrieben, in dem zwei oder mehr Personen zusammen oder aufeinander bezogen arbeiten, die so - zumindest auch - ein gemeinsames Ziel erreichen

---

571 *Bender/Sparwasser/Engel*, Umweltrecht, S. 28 f.; *Rengeling*, in: HdUR I, Spalte 1285; *Hansjürgens*, in: Zimmermann/Hansjürgens, S. 68

572 *Würfel*, Informelle Absprachen in der Abfallwirtschaft, S. 14

573 so beklagt von *Lübbe-Wolff*, in: NuR 1989, S.295; *Hansjürgens*, aaO., S. 69

574 BVerfG, in: DÖV 1998, S. 642

575 BVerfG, aaO., S. 643 f.

576 BVerfG, aaO., S. 645 f.; vgl. auch die detaillierte Bewertung von *DiFabio*, in: NVwZ 1999, S.1153 (1156 f.)

577 so *Sendler*, vgl. *Hagenah*, in: DVBl 1998, S. 87

578 Art. 7 UGB - KomE

wollen[579]. Unter diese Definition lassen sich eine Vielzahl von Phänomene fassen. Auch auf Konstellationen bloßer Partizipation trifft diese Beschreibung zu[580].
Die letzte Zeit hat allerdings eine Veränderung im Selbstverständnis staatlichen und behördlichen Handelns mit sich gebracht[581]. Verwaltung versteht sich weniger autoritär- intervenierend als korporativ- zusammenwirkend. Damit verbunden ist eine veränderte Schwerpunktsetzung innerhalb des Kooperationsbegriffs[582]: Zuvor standen die Mitwirkungsrechte im Mittelpunkt des Interesses: Dem Bürger wurde damit zugebilligt, am Entscheidungsprozeß teilzuhaben, wobei dessen Ablauf und Ergebnis jedoch voll und ganz in der Hand der Behörde verblieben[583]. Jetzt wird der Begriff der Kooperation verstärkt mit einer wirklichen Zusammenarbeit von Staat und Privaten in Form einer eigenverantwortlichen und aufeinander abgestimmten Aufgabenerfüllung verbunden[584]. Dieser Entwicklung folgend wird teilweise zwischen den Kategorien von partizipatorischer und aufgabenzuweisender Kooperation unterschieden[585].

Im Zusammenhang mit Selbstverpflichtungen der Industrie ist deren Verständnis des umweltrechtlichen Kooperationsprinzips von Interesse. Aus der Perspektive der Industrie hat sich das Kooperationsprinzip primär in einer Begrenzung der Staatstätigkeit zu äußern[586]. Die Zusammenarbeit wird auf die Konstellation Wissenschaft- Staat-Wirtschaft konzentriert, andere gesellschaftliche Interessengruppen bleiben außen vor[587].

---

579 *Benz,* in: Nicolai/Dose, S. 297 (301)

580 *Hansjürgens*, in: Zimmermann/Hansjürgens, S. 68 (72)

581 vgl. dazu *Hesse* auf dem 1. Berliner Kolloquium der Gottlieb Daimler- und Karl Benz -Stiftung, DVBl 1997, S. 1165 f.

582 vgl. hierzu auch das Umweltgutachten 1996, BT - Drucksache 13/4108, RN 61 ff

583 so auch das Partizipationsverständnis bei *Grüter*, Umweltrecht und Kooperationsprinzip in der Bundesrepublik Deutschland, S. 20

584 *Würfel*, Informelle Absprachen in der Abfallwirtschaft, S. 15

585 vgl. *Grüter,* aaO., S. 20 ff.; *Hansjürgens,* in: Zimmermann/Hansjürgens, S. 68 (77)

586 Jahresbericht des BDI 1995, S.38; Jahresbericht des BDI 1996, S. 38

587 *Malle*, in: Frankenberg/Spieß (Hrsg.), Umwelt und Wirtschaft, S. 397 (413)

Teilweise propagieren in letzter Zeit jedoch gerade international tätige Unternehmen[588] eine umfassendere Kooperationskonzeption: Zwar wird nach wie vor klargestellt, dass marktwirtschaftliche und freiwillige Instrumente eindeutige Priorität gegenüber staatlicher Intervention genießen; jedoch wird gerade im Bereich der Umweltaufklärung und -erziehung eine Kooperation mit allen gesellschaftlichen Interessengruppen, auch mit den Umweltorganisationen befürwortet.

Nach alledem bleibt die Begriffsbestimmung diffus. Daher soll zur besseren Erfassbarkeit des Prinzips versucht werden, Ausprägungen von Kooperation zu systematisieren.

aa. Kooperation auf staatlicher Ebene/zwischen Staat und Gesellschaft

Zunächst kann eine Unterscheidung getroffen werden zwischen Kooperation auf staatlicher Ebene einerseits und zwischen der Zusammenarbeit zwischen Staat und gesellschaftlichen Kräften andererseits.
Das Kooperationsprinzip beinhaltet, dass zum Schutze der Umwelt Staaten untereinander zusammenarbeiten sollen. Auch verlangt es die Kooperation zwischen verschiedenen Ebenen innerhalb eines Staates, insbesondere zwischen Bund und Ländern.
Kerngedanke ist jedoch das koordinierte Zusammenwirken zwischen Staat und Gesellschaft[589]. Auf diesen Aspekt konzentrierte sich schon eine der ersten Äußerungen der Bundesregierung zum Kooperationsprinzip[590]: Danach verlangte das Kooperationsprinzip "eine frühzeitige Beteiligung der gesellschaftlichen Kräfte am umweltpolitischen Willensbildungs- und Entscheidungsprozeß"[591] . Diese soll das spezifisch umweltrechtliche Vollzugsdefizit beheben .

---

588 für das Beispiel Procter and Gamble vgl. *Lugtmeijer,* Industry, subsidiarity and shared responsibility, in: Collier u.a. (Hrsg.), Subsidiarity and Shared Responsibility: New Challenges for EU Environmental Policy, S. 169 ff; für die Automobilindustrie (Ford) vgl. *Lewandowski*, in: SZ v. 26./27. 6. 1999; speziell zur CO_2-Reduktion: *Lindahl* ,in: SZ v. 12. 2. 1999 für ABB

589 *Di Fabio*, in: DVBl 1990, S.338

590 Umweltbericht 1976-Fortschreibung des Umweltprogramms der Bundesregierung vom 14. 7. 1976, BT-Drucksache 7/5684

591 ibid, RN 8

bb. Institutionalisierte und nichtinstitutionalisierte Formen von Kooperation

Des weiteren kann differenziert werden zwischen Kooperationsformen , die in gesetzlichen Regelungen vorgesehen sind (institutionalisierte) und solchen, bei denen dies nicht der Fall ist[592].
Zu den institutionalisierten Formen zählen zunächst die öffentlich-rechtlichen Verträge. Weiterhin sind verschiedene Formen der Kooperation im Rahmen des staatlichen bzw. behördlichen Entscheidungsfindungsprozesses vorgesehen. Dazu zählen die Beteiligung über Beratungsgremien[593], Beteiligungsmöglichkeiten im Rahmen von Gesetzgebungsverfahren[594] und beim Verordnungs-[595]und Satzungserlass.
Ebenso zur institutionalisierten Form der Kooperation sind die Mitwirkungsrechte im Rahmen des Verwaltungsverfahrens zu rechnen.
Eine besondere umweltbezogene Ausprägung erfährt diese Verfahrensbeteiligung im UVP-Gesetz. Dessen Ziel ist es, bei den im Gesetz aufgeführten Vorhaben die Auswirkungen auf die Umwelt so früh als möglich zu berücksichtigen[596]. In § 6 UVPG werden die Anhörungs- und Beteiligungsrechte der Betroffenen geregelt, der wiederum auf die Vorschriften des allgemeinen Verwaltungsverfahrens verweist. Eine neue Variante der institutionalisierten Kooperationsformen findet sich in § 25 KrW-/AbfG: Danach ist der Erlass von Rechtsverordnungen nicht nur an die Anhörung der beteiligten Kreise geknüpft, sondern ist subsidiär gegenüber von der Wirtschaft freiwillig zu befolgenden Zielfestlegungen.

cc. Vertikale und horizontale Kooperation

Eine weitere Unterscheidungsmöglichkeit ist die zwischen vertikalen und horizontalen Kooperationen. In die Kategorie der vertikalen Zusammenarbeit fällt die unmittelbare Zusammenarbeit zwischen Regierung/Behörde und einem Verband/Unternehmen. Dies geschieht zumeist in Form der Absprache.

---

592 vgl. dazu *Rengeling*, Das Kooperationsprinzip im Umweltrecht, S .62 ff.

593 wie z.B. des Rates der Sachverständigen für Umweltfragen (Erlass über die Einrichtung eines Rates von Sachverständigen für Umweltfragen bei dem Bundesministern des Innern vom 28. 12. 1971, BAnz1972, Nr.8) oder des Nationalen Komitees für Nachhaltige Entwicklung

594 z.B. § 40 Abs.3 GOBR

595 z.B.§ 51 BImSchG, § 29 BNatSchG

596 § 1 UVPG

Horizontale Kooperation ist zum einen die Zusammenarbeit, die sich auf der staatlichen Ebene abspielt[597], zum anderen die Form von Absprachen, die sich ohne direkte staatliche Beteiligung zwischen "Privaten" vollziehen. Hierbei gibt es Absprachen, die ganz ohne Involvierung von staatlicher Seite entstehen. Von einigen frühen juristischen Beiträgen wird nur diese Gruppierung mit dem Terminus 'Selbstverpflichtung' bezeichnet[598] und als von Absprachen zu unterscheidendes Phänomen diskutiert.
Entsprechend der hier verwendeten Terminologie handelt es sich bei diesen um Selbstverpflichtungen i.e.S..
Andere Absprachen werden lediglich seitens der Exekutive "initiiert". Wie intensiv diese Einflussnahme jedoch ist, ist oft nur ungenau festzustellen; daher fällt es auch schwer, eine klare Grenze gegenüber den vertikalen Absprachen Staat/Bürger zu ziehen.

b. Gesetzliche Erfassung des Kooperationsprinzips

Entsprechend dem wachsenden Stellenwert von kooperativen Instrumenten strebte man an, das vage Kooperationsprinzip in einen konkreteren Rahmen einzubinden. Der vom Umweltbundesamt in Auftrag gegebene Professorenentwurf für ein Umweltgesetzbuch betitelt den § 6 des Allgemeinen Teils mit der Überschrift 'Kooperationsprinzip'. Darin ging es um die Möglichkeit von Vereinbarungen zum Schutze der Umwelt. Diese sollten nicht nur von staatlicher Seite bei der Erwägung anderer Maßnahmen berücksichtigt werden, sondern sogar unter gewissen Voraussetzungen gegenüber Ge-und Verboten Vorrang haben. Dies sollte der Fall sein, wenn dadurch ein gleichwertiger Schutz der Umwelt gesichert wäre und die Betroffenen dadurch nicht stärker belastet würden[599].
Dieser grundsätzliche Verantwortungsvorrang für den einzelnen Bürger wurde jedoch in der weiteren Diskussion als problematisch angesehen: Es wurde befürchtet, dass die Klausel der Rechtfertigung staatlicher Untätigkeit dienen würde und dass der Bürger damit überfordert sei[600]; die Gewährleistung eines ausreichenden Schutzstandards könne so nicht garantiert werden[601].

---

597 vgl. aa

598 *Kaiser*, in: NJW 1971, S. 585; *v.Zezschwitz*, in: JA 1978, S. 497

599 § 6 Abs.1, 3 UGB-AT ,*Umweltbundesamt (Hrsg.)*, Umweltgesetzbuch - Allgemeiner Teil, Berichte-Reihe des UBA, 7/90

600 *Hoffmann-Riem*, in: Koch, S. 108 (112 f.)

601 *Lübbe-Wolff*, in: Schmidt, S. 81 (84 f.)

Inzwischen ist von einer unabhängigen Sachverständigenkommission ein weiterer Entwurf vorgelegt worden (UGB - KomE). Nach fünfjähriger Arbeit wurde der Entwurf im Oktober 1997 an das Umweltministerium übergeben und soll als Grundlage für einen Gesetzesvorschlag der Bundesregierung dienen[602]. Darin ist ebenfalls eine Kodifikation des Kooperationsprinzips vorgesehen; jedoch wird dabei nicht mehr von einem Subsidiaritätsverhältnis von Ge- und Verboten zu kooperativen Instrumenten ausgegangen[603]:
In § 7 wird das Kooperationsprinzip als gleichgewichtiges Zusammenwirken von Bürger und Staat zum Schutze der Umwelt definiert[604]. Es findet unter anderem darin seinen Ausdruck, dass den Behörden die Pflicht auferlegt werden soll, vor Erlass einer Maßnahme zu prüfen, "ob der verfolgte Zweck nicht in gleicher Weise durch Vereinbarungen mit den Betroffenen erreicht werden könnte".
Konkrete Formen, in denen dieses Prinzip umgesetzt werden soll, werden in den §§ 35 ff. UGB-KomE vorgeschlagen: Die Selbstverpflichtung im Sinne einer verordnungsvertretenden Absprache ist in § 35 UGB-KomE geregelt. Danach können Verbände oder einzelne Unternehmen gegenüber der Bundesregierung erklären oder mit ihr ohne Rechtsverbindlichkeit vereinbaren, dass bestimmte Anforderungen zur Risikovorsorge, die Gegenstand einer Rechtsverordnung sein können, innerhalb einer angemessenen Zeit freiwillig erfüllt werden. Der Entwurf schlägt auch einen gewissen formalen Rahmen für die Durchführung von Selbstverpflichtungen vor. Dieser beinhaltet Berichtspflichten und eine Veröffentlichung der Selbstverpflichtung. Er ist jedoch nicht verbindlich, so dass auch andere Modelle möglich sind[605]. Eine weitere Umsetzung des Kooperationsprinzips, in einer verbindlicheren Form, findet sich in den §§ 36, 37 UGB-KomE. Darin sind normersetzende Verträge geregelt (§ 36 UGB-KomE), die unter bestimten Voraussetzungen nicht nur für die Vertragsschließenden gelten, sondern gem. § 37 UGB-KomE für allgemeinverbindlich erklärt werden können. § 38 UGB-KomE bietet mit den sog. Normvereinbarungen eine Möglichkeit für kooperative Lösungen auf kleinerer Ebene[606]: Demgemäss können die zuständige Behörde, der Anlagenbetreiber und die Eigentümer des Nachbargrundstücks in einem öffentlichrechtlichen Vertrag Anforderungen aushandeln[607]. § 39 UGB- KomE

602 *Hagenah*, in: DVBl 1998, S. 87

603 *Kloepfer/Durner*, in: DVBl 1997, S. 1081 (1083)

604 *Sendler*, in: UPR 1997, S. 381 (382)

605 *Sendler*, in: UPR 1997, S. 381 (383)

606 *Kloepfer/Durner*, in: DVBl 1997, S. 1081 (1086)

607 *Sendler*, in: UPR 1997, S. 381 (383)

schließlich befasst sich mit den umweltrelevanten Unternehmensvereinbarungen zur Umsetzung normativer Anforderungen. Zur Lösung der wettbewerbsrechtlichen Probleme, die dieses Vorgehen teilweise mit sich bringt, ist ein Kartellprivileg bzw. eine Ministererlaubnis vorgesehen[608].
Ein erster Teil des UGB sollte ursprünglich zur Umsetzung von IVU- und UVP-Änderungsrichtlinie geschaffen werden. Aufgrund von kompetenzrechtlichen Bedenken seitens von BMJ und BMI wurde jedoch das Beschlussverfahren unterbrochen[609]. Die (inzwischen schon verspätete) Umsetzung der genannten Richtlinien soll nun im Wege eines Artikelgesetzes erfolgen. Das Projekt des UGB ist damit jedoch nicht ad acta gelegt, sondern soll nach Anpassung der kompetenzrechtlichen Grundlage als langfristiges Ziel beibehalten werden.

3. Einordnung des Instrumentes der Selbstverpflichtungsabsprache

Kooperation und Informalität lassen sich als Ausdruck der gleichen Grundtendenz sehen, die momentan die Entwicklung von Staat, Verwaltung und Gesellschaft bestimmt[610]: Das Selbstverständnis moderner Staatlichkeit entspricht nicht mehr dem einer punktuell eingreifenden Ordnungsmacht, sondern dem einer umfassend wirkenden Gestaltungskraft[611]. Dem ersteren Modell, dem der liberale Ordnungsstaat des 19. Jahrhunderts anhing, diente als Instrument der hoheitliche Eingriff. Eine umfassende Gestaltung bedarf dagegen eines differenzierteren Handlungsspektrums: Dies ist vor allem deshalb der Fall, weil viele Problemkonstellationen nicht mehr bloß zweiseitig (Bürger-Staat) sind, sondern sich durch mehrpolige Interessenverhältnisse auszeichnen. Dem teilweisen Verzicht auf eine imperative Steuerung steht dabei die Erwartung des Staates gegenüber, dass auf Seiten des " Bürgers" auch die Bereitschaft besteht, subtileren Steuerungsinstrumenten grundsätzlich Folge zu leisten[612].
Selbstverpflichtungen sind ein Instrument, das in seiner Charakteristik sowohl durch das Prinzip der Informalität als auch durch das Kooperationsprinzip bestimmt ist: Seinen informalen Charakter bezieht es daraus, dass es außerhalb der gesetzlich vorgesehenen Handlungsformen zu verorten ist. Das kooperative Element begründet sich durch die Kontaktaufnahme, Einflussnahme

608 *Kloepfer/Durner*, aaO., S. 1086

609 vgl. *Stüer/Rude*, in: DVBl 2000, S. 250 (251)

610 *Dreier*, in: Staatswissenschaften und Staatspraxis Band 4 (1993), S. 651

611 *Dauber*, in: Becker-Schwarze/Köck/Kupka/ von Schwanenflügel, S. 67 (68)

612 *Schulte*, Schlichtes Verwaltungshandeln, S. 3

oder Diskussion, die im Zweifel der Abgabe einer Selbstverpflichtung vorangeht.
In der Schnittmenge von kooperativem und informalem staatlichen Handeln finden sich eine Reihe von verschiedenen Erscheinungsformen, die hier untersucht werden sollen, um den Untersuchungsgegenstand zu präzisieren. Es kann hier nicht auf die Gesamtheit der entweder nur informalen[613] oder nur kooperativen[614] Instrumente eingegangen werden; die Darstellung soll auf diejenigen Instrumente beschränkt bleiben, denen beide Elemente inhärent sind und bei denen daher ein Bedürfnis zur Abgrenzung vom eigentlichen Untersuchungsgegenstand der Selbstverpflichtungsabsprache besteht.

a. Normvollziehende Absprachen

Bei normvollziehenden Absprachen tritt die für den Vollzug von Umweltgesetzen zuständige Behörde mit dem Verursacher der Umweltbelastung in Kontakt und trifft eine Absprache über Ziel, Inhalt, Durchführungsmodalitäten oder Zeitpunkt der zu treffenden Umweltschutzmaßnahme[615]. Zumeist geht es um die Einhaltung oder Verschärfung von umweltrechtlichen Standards im Einzelfall. Zu beachten ist allerdings, dass mit der Bezeichnung 'normvollziehende Absprache' noch keine Aussage über die Rechtmäßigkeit des behördlichen Handelns getroffen ist; der Terminus beschreibt lediglich das Handlungsfeld. Teilweise wird mit gleichem Inhalt auch der Begriff der projektbezogenen Absprache verwandt[616]. Dieses informale einzelfallbezogene Verwaltungshandeln hat verschiedene Ausprägungen, die im folgenden geschildert werden.

aa. Verfahrensbeteiligungen im Vorfeld

Diese Kategorie des Verwaltungshandelns lässt sich wiederum in zwei Typen unterteilen[617]: Vorverhandlungen und Vorabzuleitung von Bescheidsentwürfen. Bei beiden handelt es sich nicht um normvollziehendes informales Verwaltungshandeln im engeren Sinn. Sie stehen zwar im Zusammenhang mit der Vollziehung einer Norm; es ist jedoch nicht der Vollzug der

---

613 wie z. B. Warnungen und Empfehlungen

614 wie z. B. auch öffentlich- rechtliche Verträge

615 *Scherer*, in: DÖV 1991, S. 1 (2)

616 *Kloepfer*, in: JZ 1991, S. 737 (740)

617 *Rengeling*, Das Kooperationsprinzip im Umweltrecht, S. 65; *Bohne*, in: VerwA 1984, S. 343 (347 ff)

Norm selbst, der letztendlich auf informalem Wege erfolgt, sondern es sind lediglich die Präliminarien. Das letztlich erzielte Verhandlungsergebnis wird dann in den (formellen) Bescheid übernommen[618].
Das kooperative Element ist in dem Tausch zu sehen, der angestrebt ist: Die Behörde wird frühzeitig über Art und Umfang des Vorhabens informiert; im Gegenzug kann der Anlagenbetreiber erwarten, dass er zuverlässige Auskunft über die Erfolgsaussichten seines Antrags sowie etwaige Auflagen und Bedingungen erhält[619].
Im Rahmen des Scoping- Verfahrens des § 5 UVPG hat die Praxis der Abstimmung im Vorfeld einer Antragstellung eine gewisse Formalisierung gefunden[620].
Ziel des UVP- Verfahrens ist es, die bisherige formale Abschottung zwischen Antragsteller, Behörde und Öffentlichkeit zu überwinden: Durch größtmögliche Transparenz des Informationsermittlungs- und Auswertungsverfahrens soll Akzeptanz für das Verfahrensergebnis gesichert werden. Das Scoping-Verfahren dient dazu, diese Zielsetzung organisatorisch zu gewährleisten[621].
Seit der Änderung das VwVfG von 1996 ist eine Vorfeldabstimmung, die dem Modell des Scoping folgt, auch allgemein gesetzlich vorgesehen (§ 71 c Abs.2 Nr.1 VwVfG). Mit dieser Formalisierung der bisher informalen Abstimmungspraxis ist jedoch die Gefahr verbunden, dass davor wiederum eine informale Koordinationsstufe entsteht[622].

aaa. Vorverhandlungen

Die erste Gruppierung der Abstimmungen im Vorfeld ist die der Vorverhandlungen. Sie ist zeitlich vor der Antragstellung bzw. Planeinreichung anzusiedeln. Es werden dabei in intensiven Gesprächen zwischen Vorhabenträger und Behörde alle verfahrens- und materiellrechtlichen Bedingungen des Vorhabens diskutiert[623]. Ziel dieser Vorgehensweise ist es, das Risiko sinnloser Fehlplanungen gering zu halten[624]. Im Bereich des Immis-

---

618 *Bohne,* in: VerwA 75 (1984), S. 343(348)

619 *Bohne*, Der informale Rechtsstaat, S. 68

620 *Nisipeanu*, in: NVwZ 1993, S. 319

621 *Nisipeanu*, in: NVwZ 1993, S. 319 (321)

622 *Kunig/Rublag*, in: JURA 1990, S. 1 (5)

623 *Schulte*, Schlichtes Verwaltungshandeln, S. 41

624 *Lübbe-Wolff*, in: NuR 1989, S. 295 (297)

sionsschutzes finden solche Absprachen in fast 3/4 aller Fälle statt[625]. Das Ergebnis dieser Diskussion zwischen Antragsteller und Behörde ist rechtlich nicht bindend, erzeugt jedoch eine erhebliche faktische Bindungswirkung[626]. Kritisch ist im Rahmen dieses Modus, dass Rechtsschutzmöglichkeiten betroffener Dritter erheblich erschwert werden[627].

bbb. Vorabzuleitung von Bescheidsentwürfen

Gewissermaßen als zweite Stufe der Präliminarien sind Vorabzuleitungen von Bescheidsentwürfen zu sehen. Es handelt sich dabei nicht um eine Anhörung iS des § 28 Abs.1 BVwVfG[628]. Es geht darin vor allem um die Detailregelung der Nebenbestimmungen, die bei größeren Projekten erheblichen Umfangs sein können[629] . Teilweise ist die Zuleitung der Liste der vorgesehenen Nebenbestimmungen auch mit einer Bitte um Rechtsmittelverzicht verbunden[630]. Als Resultat ergibt sich formell ein einseitig erlassener Hoheitsakt; realiter handelt es sich jedoch um das Produkt eines informalen Kooperationspozesses. Auch hier besteht die Gefahr, dass Drittinteressen nicht in ausreichendem Maße geltend gemacht werden können.

bb. Sanierungsabsprachen

Ein häufiger Fall normvollziehender informeller Kooperation sind die Sanierungsabsprachen. Sie werden relevant, wenn bei einer nach dem BImSchG genehmigungsbedürftigen Anlage nach der Genehmigungserteilung Probleme auftreten: Immissionsprognosen erweisen sich als unzutreffend, Langzeitwirkungen werden erst spät deutlich oder es wurde während des Genehmigungsverfahrens etwas übersehen. Für diese Fälle ist in § 17 BImSchG die Möglichkeit einer nachträglichen Anordnung vorgesehen. Damit kann die zuständige Behörde Weisungen hinsichtlich der Beschaffenheit der Anlage und der Art des Anlagebetriebes erteilen; es können dabei alle Maßnahmen angeord-

---

625 *Bohne*, Der informale Rechtsstaat, S. 50 ff, *Hoffmann-Riehm*, in: VVDStRL 40 (1982), S. 187 (191 ff.)

626 *Bohne*, aaO., S. 57

627 *Beyerlin*, in: NJW 1987, S. 2713, *Bohne*, in: VerwA 75 (1984), S. 343 (352)

628 *Bohne*, aaO., S. 155

629 *Dreier*, in: Staatswissenschaften und Staatspraxis 4 (1993) S. 655

630 *Hartkopf/Bohne*, Umweltpolitik I, S. 223; *Rengeling*, Das Kooperationsprinzip im Umweltrecht, S. 65 f.; *Dreier*, in: Staatswissenschaften und Staatspraxis 4 (1993), S. 647 (655)

net werden, die zur Vollziehung der umweltrechtlichen Vorschriften erforderlich sind. Zudem kann nach § 20 BImSchG der Betrieb untersagt und nach § 21 BImSchG die Genehmigung widerrufen werden.
In der Praxis wird jedoch zumeist auf den Einsatz dieser Mittel verzichtet. Grund dafür ist das Risiko, aufgrund von Prognosen Anordnungen mit teilweise erheblichen Konsequenzen für Betriebsbestand und ergo auch für Arbeitsplätze zu treffen. Stattdessen wird oft mittels informaler Absprachen ein Weg zur Vornahme der notwendigen Verbesserungen gesucht[631]. Dabei teilt die Behörde dem Anlagenbetreiber mit, dass die Voraussetzungen für eine nachträgliche Anordnung vorliegen. Damit verbunden wird der Hinweis, dass vom Erlass einer Anordnung abgesehen würde, wenn der Anlagenbetreiber von sich aus Maßnahmen zur Verminderung der Umweltbelastung vornimmt. Soweit die Behörde nicht zu einem Einschreiten verpflichtet ist, was im Vorsorgebereich regelmäßig der Fall ist, sind dort bei Vorliegen der Tatbestandsvoraussetzungen des § 17 BImSchG Absprachelösungen zulässig[632]. Die Tatsache, dass Absprachen gegenüber einer Anordnung hier mehr Zeit in Anspruch nehmen, machen sie im Bereich der Gefahrenabwehr untauglich[633]. Inhaltlich ist die Absprache auf eine ökologische Verbesserung der Unternehmensbedingungen durch die Stillegung alter Anlagen, die Verbesserung bestehender oder die Anschaffung neuer Anlagen gerichtet. Dabei kommt es häufig zu einer Kombinationslösung für mehrere Anlagen eines Unternehmens: Bei einer Anlage bleibt eine Überschreitung der Grenzwerte ungeahndet; dafür verpflichtet sich das Unternehmen zur Vornahme von Sanierungsmaßnahmen bei einer anderen[634]. Insoweit liegt darin eine Verallgemeinerung des Rechtsgedankens des § 17 Abs. 3 a BImSchG[635].

b. Normvermeidende Absprachen

Normvermeidende[636], auch normvertretende oder regulative[637] Absprachen genannt, werden zwischen Staat und Unternehmer bzw. Wirtschaftsverbänden

---

631 *Jarass*, BImSchG,§ 17 RN 5 ff; *ders.*, in: DVBl 1985, S. 193 (194)

632 *Bohne*, Der informale Rechtsstaat, S. 165

633 *Müggenborg*, in: NVwZ 1990, S. 909 (917)

634 *Dreier*, in: Staatswissenschaften und Staatspraxis Band 4 (1993), S. 647 (655f.)

635 vgl. *Jarass*, BImSchG, § 17, RN 7

636 so der von *Oebbecke*, in: DVBl 1986, S. 793 und *Würfel*, Informelle Absprachen in der Abfallwirtschaft, S. 71 verwendete Terminus, der hier auch im folgenden gebraucht werden soll, da er die Charakteristika des Instrumentes am besten zum Ausdruck bringt.

getroffen. Ziel ist es, eine schärfere Regelung, die in Aussicht gestellt worden ist, obsolet zu machen[638]. Inhalt dieser Absprachen ist zumeist eine Zusage seitens des Verbandes oder Unternehmers, durch bestimmte freiwillige Maßnahmen zur Lösung von Umweltproblemen beizutragen. Demgegenüber steht das Versprechen des Staates, unter Berücksichtigung der freiwilligen Maßnahme einstweilen von Regelungen durch Gesetz, Verordnung oder Satzung abzusehen.
Bei dem Untersuchungsgegenstand der Arbeit, etwas untechnischer und der Wortwahl der politischen Akteure folgend, Selbstverpflichtung genannt, handelt es sich um solche normvermeidende Absprachen.

aa. Unterscheidung zwischen gesetzes- und verordnungsvermeidenden Absprachen

Anfangs wurden Absprachen nur eingesetzt, um Regelungen in Gestalt von Verordnungen zu vermeiden[639]; man war der Ansicht, dass für gesetzesabwendende Absprachen im Umweltschutz aufgrund des umfangreichen bestehenden Regelungssystems kein praktisches Bedürfnis bestehe. Inzwischen ist man zu der Erkenntnis gelangt, dass allein die Masse eines umweltrechtlichen Regelwerks kein Garant für effektiven Umweltschutz ist[640]. Auch auf der Ebene gesetzlicher Regelungen können eventuell Alternativen zum Normerlass angebracht sein.
Die Selbstverpflichtung der deutschen Industrie zum Klimaschutz beispielsweise ist sowohl gesetzes- als auch verordnungsvermeidend: Es soll damit zum einen der Erlass einer gesetzlichen Regelung über eine CO_2-Steuer verhindert werden (gesetzesvermeidendes Element); zum anderen soll auch eine Wärmenutzungsverordnung vorerst aufgrund der Selbstverpflichtung nicht realisiert werden (verordnungsvermeidendes Element).

bb. Unterscheidung zwischen normakzessorischen und normantizipierenden Absprachen

Hinsichtlich des Funktionszusammenhangs sind bei normabwendenden Selbstverpflichtungsabsprachen zwei Gruppen zu unterscheiden:
Im ersten Fall besteht grundsätzlich eine belastende Primärpflicht aufgrund einer Norm. Deren Realisierung soll durch die Selbstverpflichtung vermieden

---

637 *Kloepfer*, in: JZ 1991, S. 737 (740)

638 *Henneke*, in: NuR 1991, S. 267 (271); *Kloepfer*, in: JZ 1991, S. 737 (740)

639 *Scherer*, in: DÖV 1991, S. 1 (2)

640 *Grüter*, Umweltrecht und Kooperationsprinzip, S. 66

werden. Dabei ist die Möglichkeit, durch eine eigenverantwortliche Regelung des Sachverhalts die Realisierung der generellen Pflicht zu vermeiden, schon in der Norm vorgesehen. Diese Gruppierung wird als normakzessorische Selbstverpflichtung bezeichnet[641]. Als Beispiel für diese Vorgehensweise lässt sich das Duale System anführen[642]. Dabei wird der Private sozusagen erfüllungshalber tätig.
Auch diese Kategorie ist in der Hinsicht normvermeidend, dass zwar nicht der Erlass einer Norm abgewendet wird, aber der Normbefehl keine Anwendung findet, wenn eine eigenverantwortliche Alternativlösung verfolgt wird. Diese Gruppierung wird auch als umweltrechtlich flankierte Selbstverpflichtung bezeichnet[643].
Bei der zweiten Spielart wird die Selbstverpflichtung nicht durch eine schon bestehende gesetzliche Pflicht angeregt, sondern die Initiierung erfolgt schon durch die Ankündigung eines Gesetzgebungsvorhabens. Dabei handelt es sich dann um eine sog. normantizipierende Selbstverpflichtung[644].

Genauer soll auf die Charakteristika und spezifischen Probleme des Instrumentes der normersetzenden Absprache an späterer Stelle eingegangen werden.

cc. Mischformen aus normvollziehenden und normersetzenden Absprachen

Im Bereich des gebietsbezogenen Immissionsschutzes gab es sog. Belastungsgebietsabsprachen, die sowohl normvertretende als auch normvollziehende Elemente hatten. Merkmal eines Belastungsgebietes ist eine besondere Gefahrenkonstellation, die sich aufgrund der Dauer, Häufigkeit, Konzentration und dem synergetischen Zusammenwirken der Emissionen ergab[645]. Für solche Belastungsgebiete war im BImSchG ein abgestimmtes Bündel von Sanierungsinstrumenten vorgesehen[646]. Seitens der Wirtschaft

---

641 *Schmidt-Preuß*, in: VVDStRL 56 (1997), S. 160 (214)

642 dieses ist als Möglichkeit der Eigenvornahme in § 6 Abs.1, 3 VerpackV vorgesehen

643 *Cansier*, Erscheinungsformen und ökonomische Aspekte von Selbstverpflichtungen, S. 3

644 *Schmidt-Preuß*, in: VVDStRL 56 (1997), S. 160 (215)

645 § 44 Abs.2 BImSchG

646 die in einem Sanierungsplan nach § 47 BImSchG koordiniert sind, vgl. *Bender/Sparwasser/Engel*, Umweltrecht, S. 404

wurde jedoch befürchtet, dass eine Qualifikation als Belastungsgebiet das Ansehen des Standortes beeinträchtigt und sich dadurch negativ auf das Wirtschaftsklima auswirkt.
Ziel dieser Absprachen war es, die Festsetzung eines Untersuchungsgebietes durch Rechtsverordnung nach § 44 Abs. 2 BImSchG (alte Fassung[647]) zu vermeiden. Damit fielen auch die sich aufgrund der Einordnung als Belastungsgebiet ergebenden Pflichten für die Betreiber weg. Dabei ging es insbesondere darum, die Verpflichtung gemäß § 27 BImSchG iVm der 11. BImSchV zur jährlichen Abgabe einer Emissionserklärung[648] abzuwenden.
In der aktuellen Fassung des BImSchG ist in den §§ 44 ff. die Grundidee des gebietsbezogenen Immissionsschutzes beibehalten worden; eswerden lediglich die vormaligen Belastungsgebiete als Untersuchungsgebiete bezeichnet, um die gefürchteten negativen Assoziationen zu vermeiden. Weggefallen ist allerdings die jährliche Berichtspflicht der Betreiber; die Ausweisung eines Gebietes als Untersuchungsgebiet führt nunmehr nur noch zu Pflichten der Landesbehörden; Private werden nicht verpflichtet[649]. Damit ist das Bedürfnis zum Abschluss von Absprachen auf diesem Sektor weggefallen[650].
Diese Absprachen waren insofern normvermeidend, als eine Belastungsgebietsverordnung nicht erlassen wurde, und insofern normvollziehend, als die Verpflichtung zur Abgabe einer Emissionserklärung durch eine freiwillige Absprache ersetzt wird.

c. Die aktive Duldung

Bei dem Begriff der Duldung handelt es sich um einen äußerst inhomogenen Terminus, der eine Vielzahl von Phänomenen umfasst[651]. Teilweise sind diese Erscheinungen durch informale und kooperative Merkmale geprägt.
Die verschiedenen Duldungsmodalitäten basieren jedoch auf der gleichen Ausgangssituation: Eine Behörde hat ein Handeln des Bürgers als rechtswidrig erkannt und schreitet dennoch nicht mittels Untersagungsverfügung ein, obwohl sie dies könnte.

---

647 Fassung v. 1.3.1974, BGBl I , S. 721

648 *Bohne*, in: VerwA 75 (1984), S. 343 (368)

649 *Jarass*, Bundesimmissionsschutzgesetz, § 44 RN 1, 11

650 zum genauen Vorgehen bei Abschluss von Belastungsgebietsabsprachen und den damit verbundenen rechtlichen Problemen vgl. *Bohne*, in: VerwA 75 (1984), S. 343 (368); *Kloepfer*, Umweltrecht, § 5 RN 214

651 vgl. *Bender/Sparwasser/Engel*, Umweltrecht, S. 39

Bei der weiteren Einordnung ist zwischen Duldungsakten außerhalb und innerhalb eines Zulassungsverfahrens zu unterscheiden. Bei Fehlen eines Zulassungsverfahrens kann eine Duldung in Form eines schlichten Untätigbleibens vorkommen; sie kann jedoch auch auf einem Verwaltungsakt oder einem öffentlich-rechtlichen Vertrag beruhen. Nur wenn die behördliche Duldung aufgrund einer rechtlich unverbindlichen Absprache erfolgt, ist sie Ausprägung beider hier diskutierter Prinzipien.
Nach Einleitung eines Zulassungsverfahrens kann die Duldung die Bedeutung einer nachträglichen konkludenten Genehmigung haben oder als Vereinbarung über die Nichtbescheidung des Antrags gelten. Beide Ausprägungen werden als aktive Duldung bezeichnet.
Auch hier handelt es sich nur um ein kooperatives informales Instrument, falls die Umsetzung mittels einer rechtlich unverbindlichen
Absprache erfolgt. Diese ist dann insofern normvollziehend, da sie anstelle einer Zulassung des vorzeitigen Vorhabenbeginns nach § 9a WHGoder § 8 a BImSchG tritt oder aber einen Ablehnungsbescheid ersetzt. Nach *Bohne*[652] ist diese Vorgehensweise als Nichtbescheidungsabsprache zu bezeichnen, um sie terminologisch innerhalb der übrigen Duldungsvarianten herauszuheben.

d. EXKURS: Das Öko-Audit

Beim Öko-Audit handelt es sich um einen weiteren Typus neuerer Handlungsformen im deutschen Umweltrecht. Geregelt ist diese Vorgehensweise in der sog. Öko-Audit-Verordnung[653]. Ziel des neuen Modus ist es, dass im Wege eines eigenverantwortlichen Vorgehens der Industrie der betriebliche Umweltschutz kontinuierlich verbessert wird[654]. Durch die Verordnung soll ein Anreiz für die Unternehmen geschaffen werden, sich aus eigenem ökonomischen Interesse heraus auf freiwilliger Basis an einem System zur Bewertung und Verbesserung des betrieblichen Umweltschutzes zu beteiligen[655]. Positiver Nebeneffekt dieses Systems ist es, dass es den Unternehmen ermöglicht wird, sich auf die (unternehmerischen) Risiken einzustellen, die im Bereich des Umweltschutzes auf sie zukommen[656].
Seit April 1995 ist die Verordnung in allen EU-Staaten verbindlich, wobei jedoch einige Regelungen zur Ausfüllung durch die Mitglieder selbst be-

---

652 *Bohne* , Informales Verwaltungshandeln, in: HdUR I, Sp.1063

653 VO (EWG) 1836/93 vom 29.6.1993, ABl. L 168 S. 1

654 *Frenz*, Europäisches Umweltrecht, S. 175

655 *Scherer/Bartsch*, in: Lademann/Rohmer (Hrsg.), Umweltrecht III, Vorb.UAG, RN 11

656 *Falk*, in: EuZW 1997, S. 593

stimmt sind. Dies betrifft z. B. die Zulassung von unabhängigen Umweltgutachtern und die Aufsicht über ihre Tätigkeit[657].
Das Umwelt-Audit-Gesetz (UAG) und seine Durchführungsverordnungen sind erlassen worden, um die gemeinschaftsrechtlichen Regelungsaufträge zu erfüllen.

aa. Sachliche Nähe zur Selbstverpflichtungsabsprache

Die am Anfang dieses Kapitels aufgestellten Auswahlkriterien (dass nämlich sowohl Informalität als auch Kooperation vorliegen) scheinen zunächst auf das Instrument des Öko-Audits nicht zu passen und damit diese Handlungsmöglichkeit auch nicht in die Nähe der zu erörternden Selbstverpflichtungsabsprache zu rücken.
Dies ist jedoch so nicht zutreffend. Eine sachliche Nähe zu Selbstverpflichtungsabsprachen ist in der Hinsicht gegeben, dass beide Instrumente eine kontextuale Steuerung anstreben[658]. Darunter ist zu verstehen, dass seitens des Staates selbstregulative gemeinwohlfördernde Systeme eingerichtet werden, bei denen es jedoch in der freiwilligen Entscheidung des Privaten liegt, ob er sich hieran beteiligt.
Die eigentlich für ein informales Instrument zu fordernde Alternativität zu rechtlich geregelten Handlungsformen ist momentan im Falle des Öko-Audits nicht gegeben; das Verfahren tritt in Parallelität neben die einzuhaltenden gesetzlichen Regelungen. Es wird jedoch diskutiert, ob nicht mit einer erfolgreichen Durchführung des Öko-Audits auch materiell-rechtliche Konsequenzen verbunden werden sollen; dies könnte so aussehen, dassbei zertifizierten Unternehmen die Überprüfungsintervalle im Rahmen des BImSchG verlängert werden könnten. Bei dieser Konstellation wäre von einer Alternativität von eigenverantwortlichem Handeln im Rahmen des Audits und der Anwendung gesetzlicher Regelungen zu sprechen.
Auch hinsichtlich des Instruments der Selbstverpflichtung bestehen Tendenzen, dieses rechtlich zu erfassen[659]; somit ist der unterschiedliche materiellrechtliche Erfassungsgrad kein Grund, der einer Einordnung von Öko-Audit und Selbstverpflichtung in die gleiche Familie von Handlungsinstrumenten entgegensteht.
Auch die Tatsache, dass das Öko-Audit im Gegensatz zur Selbstverpflichtung ein rechtlich geregeltes Instrument mit präzisen Verfahrensschritten ist, steht

---

657 Art.6.Abs.1 S.1.UAVO

658 *Schmidt-Preuß*, in: VVDStRL 56 (1997), S. 160 (230)

659 vgl. zu den Bestrebungen auf nationaler Ebene(§ 35 SK-UGB-AT), vgl. *Sendler*, in: UPR 1997, S. 381 (383); *Kloepfer/ Durner*, in: DVBl 1997, S. 1081 (1086); zu den Bestrebungen auf europäischer Ebene, vgl. KOM 96 (561)

der Annahme einer sachlichen Nähe nicht entgegen: Das Öko-Audit hat seinen Ursprung in innerbetrieblichen Systemen der Umweltmanagementkontrolle, die keiner rechtlichen Regelung unterworfen waren[660]; nur aus dem europarechtlichen Bedürfnis nach einem einheitlichen Rahmen heraus wurden sie in eine rechtliche Form gefasst.
Ebenso findet das Kooperationsprinzip im Öko-Audit seinen Ausdruck[661]. Abweichend von einem 'command- and control'- Ansatz[662] sind die Regelungen der Öko-Audit- Verordnung als 'Angebot' des Staates in gesetzlicher Form an das Unternehmen zu sehen, mit ihm ein Austauschverhältnis einzugehen[663].
Damit stehen Selbstverpflichtung und Öko-Audit in einem sachlichen Näheverhältnis; aus der Betrachtung der Regelungen des Öko-Audit-Systems können sich Schlüsse für eine zukünftige sinnvolle Gestaltung und ev. rechtliche Einbindung der Selbstverpflichtungsabsprache ergeben. Daher ist eine Darstellung des Instruments sowie eine Abgrenzung erforderlich.

bb. Abgrenzung von Öko-Audit und Selbstverpflichtungsabsprache

Die gesamte Vorgehensweise im Rahmen des UAG als Selbstverpflichtung zu bezeichnen, wie es in der wirtschaftswissenschaftlichen Literatur teilweise getan wird[664], ist unter juristischen Kategorien nicht haltbar. Teilaspekte des zu durchlaufenden Umweltmanagement-Verfahrens könnten jedoch als solche qualifiziert werden:
Die Durchführung eines Umweltmanagement- Verfahrens nach der Öko-Audit-Verordnung beginnt mit der Festlegung einer auf das gesamte Unternehmen bezogenen Umweltpolitik durch die Unternehmensführung[665]. Ein Teil der festzulegenden Unternehmens-Umweltpolitik besteht in einer Selbstverpflichtung. Darin verpflichtet sich der Unternehmer zum einen zur Einhaltung der geltenden umweltrechtlichen Vorschriften und zum anderen

---

660 *Breuer*, in: NVwZ 1997, S. 833 (841)

661 *Scherer/Bartsch*, in: Lademann/Rohmer, Umweltrecht III, Vorb.UAG, RN 8

662 *Sellner/Schnutenhaus*, in: NVwZ 1993, S. 928

663 *Köck*, in: JZ 1995, S. 643 (650)

664 vgl. *Cansier*, Erscheinungsformen und ökonomische Aspekte von Selbstverpflichtungen

665 Art. 3 a UAV

zur angemessenen und kontinuierlichen Verbesserung des betrieblichen Umweltschutzes[666].

Daran schließt sich eine erste interne Betriebsprüfung an, die eine umfassende Bestandsaufnahme der Umweltsituation am jeweiligen Standort darstellt und von einem sog. Umweltprüfer durchgeführt wird[667]. Auf Grundlage dieser Betriebsprüfung wird ein betriebliches Umweltprogramm erstellt. Darin werden konkrete Umweltziele in Form quantifizierbarer und mit einem zeitlichen Rahmen versehener Vorgaben festgelegt. Darüber hinaus wird ein System des Umweltmanagements eingerichtet, in dem die Bereitstellung der erforderlichen organisatorischen und personalen Mittel zur Verwirklichung dieses Programms geregelt wird[668].

Ob das Umweltprogramm tatsächlich verwirklicht wird, wird im Rahmen von periodisch stattfindenden Betriebsprüfungen kontrolliert[669]; diese sind Grundlage für die schließlich abzugebende Umwelterklärung[670]. Diese ist für die Öffentlichkeit bestimmt und ist daher verständlich zu halten[671]. Von einem Gutachterausschuss wird die Erklärung auf ihren Wahrheitsgehalt hin überprüft und - bei positiver Beurteilung - validiert. Dieser Umweltgutachterausschuss besteht aus unabhängigen und ehrenamtlichen Sachverständigen, die von Unternehmen, Behörden und Umweltorganisationen vorgeschlagen werden. Die Zulassung erfolgt durch die DAU - GmbH (Deutsche Akkreditierungs- und Zulassungsgesellschaft für Umweltgutachter mbH), die als juristische Person des Privatrechts den Status eines Beliehenen hat[672].

Die Validierung ist Voraussetzung für einen Eintrag des Unternehmensstandortes in ein bei der jeweiligen IHK bzw. Handwerkskammer geführtes Register und das Recht, das Öko-Audit -Logo zu führen[673].

Nach Untersuchung des gesamten Verfahrensablaufs ist also festzuhalten, dass im Rahmen der Durchführung eines Öko-Audits lediglich ein Teil der

---

666 Art. 3 a UAVO

667 diese Reihenfolge soll entsprechend dem Arbeitsentwurf der Kommission zur Revision der Umweltauditverordnung durch die Übernahme des Umweltmanagementsystems DIN ISO EN 14001 umgekehrt werden, vgl. *Lütkes/Ewer,* in: NVwZ 1999, S.19 (21)

668 Anhang I zur UAV, B, C, D

669 Art. 4 Abs. 1 UAV

670 Art. 5 Abs. 1 UAV

671 Art. 5 Abs. 2 UAV

672 *Breuer*, in: NVwZ 1997, S. 833 (844)

673 Art. 10 UAV

festzulegenden Unternehmens-Umweltpolitik in einer Selbstverpflichtung besteht, deren Inhalt die Verpflichtung zur angemessenen und kontinuierlichen Verbesserung des betrieblichen Umweltschutzes[674] ist[675].

cc. Folgen der erfolgreichen Validierung: Eigenverantwortung statt ordnungsrechtlicher Kontrolle?

Die Frage, ob über die Verwendung der Teilnahmeerklärung hinaus weitere Folgen an eine erfolgreiche Validierung geknüpft werden sollen, war im Vorfeld des Verordnungserlasses umstritten und steht auch nach wie vor auf der rechtspolitischen Tagesordnung[676].
Eine Bevorzugung erfolgreich untersuchter Standorte bei der Vergabe öffentlicher Aufträge wurde von deutscher Seite abgelehnt, da die Validierung aufgrund der verschiedenen nationalen Umweltschutzregelungen keine Garantie für ein tatsächlich höheres Umweltschutzniveau biete[677]: Einer spanischen Firma beispielsweise mag es bedeutend leichter fallen, die nationalen Anforderungen zu erfüllen und damit eine Validierung zu erhalten; ein deutsches Unternehmen, das zwar kein Öko-Audit durchgeführt hat, jedoch die strengeren deutschen Vorschriften zu beachten hat, mag ein höheres Umweltschutzniveau gewährleisten[678].
Ebenfalls nicht realisiert hat sich eine Sonderbehandlung validierter Betriebe im Rahmen von Umwelthaftpflichtversicherungen, da ein Umweltaudit keine objektive Aussage über die Umweltsituation trifft und dadurch die Eintrittswahrscheinlichkeit eines Unfalls mit umweltgefährdenden Folgen nicht messbar gesenkt wird[679].

Gegenwärtiger Hauptdiskussionspunkt ist jedoch die Frage, ob das System des Öko-Audits nicht den optimalen Rahmen bildet, um die Bestrebungen nach staatlicher Verschlankung im Sinne einer tatsächlichen Substitution von Ordnungsrecht einen Schritt voran zu bringen: Kann der Einsatz staatlicher

---

674 Art. 3 a UAVO

675 *Lübbe-Wolff*, in: DVBl 1994, S. 361 (363); *Köck*, in: JZ 1995, S. 643 (645)

676 vgl. z.B. Rede von Bundesumweltminister *Trittin* anlässlich der BDI/BMU-Tagung am 19. 1. 1999 in Brüssel

677 *Pohl*, in: BB 1998, S. 381 (385)

678 *Sellner/Schnutenhaus*, in: NVwZ 1993, S. 928, (932); *Wagner*, in: Frankenberg/Spieß (Hrsg.), S. 275 (289)

679 *Pohl*, aaO., S. 381 (385); vgl. allgemein zum Verhältnis Öko-Audit und Umwelthaftungsrecht *Falk*, in: EuZW 1997, S. 593 ff.

Kontrollsysteme zugunsten eigenverantwortlicher Selbstkontrolle reduziert werden ?
Dieser Ansatz, seitens der Industrie schon zu Beginn der Diskussion um das System des Öko-Audits propagiert[680], wurde ansonsten weitgehend mit Skepsis aufgenommen[681]. Im Zusammenhang mit der allgemeinen Diskussion um eine Verschlankung der Staatstätigkeit und der Initiierung eigenverantwortlichen Handelns[682] findet er jedoch zunehmend Unterstützung[683].
Der Umweltpakt Bayern, der nach der hier vertretenen Begrifflichkeit auch zur Kategorie der Selbstverpflichtungsabsprachen zählt, ist ein Pilotprojekt, in dem eine Weiterentwicklung des Konzeptes des Öko-Audits in Richtung einer Substitution von Ordnungsrecht durch Eigenverantwortung getestet werden soll[684].
Im Rahmen dieses Programms sollen Unternehmen sich einer kombinierten Zertifizierung nach der UAV, ISO 14001 und ISO 9000 ff. unterziehen.
Die internationale Norm ISO 14001 hat ebenso wie die UAV betriebliche Umweltmanagementsysteme und Umweltaudits zum Inhalt; sie unterscheiden sich jedoch in vielen Punkten grundlegend: Während das Verfahren nach der UAV auf eine Kontrolle der Einhaltung der umweltrechtlichen Vorschriften und der Verbesserung des betrieblichen Umweltverhaltens gerichtet ist, beschränkt sich ISO 14001 auf eine Systemprüfung des Umweltmanagements[685]. Im Rahmen des Umweltpaktes Bayern soll eine Verknüpfung der Systeme erprobt und in ein verfassungsrechtlich einwandfreies , gemeinschaftsrechtskonformes System eingebunden werden, das sowohl Wirtschaft als auch Administration entlastet[686]. Im Rahmen des Umweltpaktes Bayern wird das Ziel verfolgt, die Unterwerfung unter die hoheitliche be-

---

680 *Römer*, in Frankenberg/Spieß (Hrsg.), S. 293 (299)

681 vgl. z.B. *Köck*, in: JZ 1995, S. 643 (650); *Schneider*, in: Die Verwaltung 1995, S. 361 (386)

682 vgl. z.B.*Wagner*, in: Frankenberg/Spieß (Hrsg.), S. 275 (286)

683 vgl. den Bericht der sog. Schlichter- Kommission; *BMWi (Hrsg.)*, Investitionsförderung durch flexible Genehmigungsverfahren, Bericht der Unabhängigen Expertenkommission zur Vereinfachung und Beschleunigung von Genehmigungsverfahren; dagegen nach wie vor zurückhaltend bezüglich einer Weiterentwicklung des Öko-Audit-Systems im Zeichen der Deregulierung ist der Rat der Sachverständigen für Umweltfragen, Umweltgutachten 1996, BT - Drucksache 13/4108, RN 8

684 *Böhm- Amtmann*, in: GewA 1997, S. 353 (356)

685 *Breuer*, in: NVwZ 1997, S. 833 (845)

686 *Böhm- Amtmann*, in: GewA 1997, S. 353 (354)

wehrte Verpflichtung des Umweltrechts durch eine eigenverantwortliche Leistung "implemendi causa" zu ersetzen[687].
Damit bleibt die Verpflichtung an sich bestehen, nur ihr Erfüllungstatbestand ändert sich.
Bereits umgesetzt wurde der an das Umweltauditverfahren anknüpfende Deregulierungsansatz bereits im baden- württembergischen Landesabfallgesetz[688]. Darin ist vorgesehen, dass eine validierte Umwelterklärung unter gewissen Voraussetzungen als Abfallwirtschaftskonzept oder Abfallbilanz nach §§ 19, 20 KrW-/AbfG anerkannt wird[689]. Ebenso kann die Überwachung einer Abfallbeseitigungs- oder -verwertungsanlage reduziert werden, wenn der Betreiber dafür eine validierte Umwelterklärung besitzt[690].
Auch der Entwurf des UGB I, das noch im Jahr 1999 in Kraft treten soll, will Neuregelungen hinsichtlich des Öko-Audits treffen und es für die Unternehmen attraktiver machen: Zertifizierte Betriebe sollen hinsichtlich der Überwachung privilegiert werden. Dabei müsse jedoch sichergestellt werden, dass die betriebliche Eigenkontrolle der behördlichen gleichwertig sei[691].

Gemäß Art. 20 der UAV ist die Verordnung fünf Jahre nach ihrem Inkrafttreten einer Überprüfung zu unterziehen. Diese Frist ist im Sommer 1998 abgelaufen. Die von der Kommission angestrebten Veränderungen konzentrieren sich dabei auf folgende Punkte:

- Der Anwendungsbereich des Öko-Audit/EMAS-System soll für weitere wirtschaftliche Organisationsformen geöffnet werden.
- Das Umweltmanagementsystem soll mit der DIN ISO EN 14001 harmonisiert werden; der Charakter von EMAS als weitergehendem Instrument soll jedoch beibehalten werden.

Die im Umweltpakt Bayern zum Ausdruck kommenden Substitutionsbestrebungen werden auf europäischer Ebene nicht weiter verfolgt.
Deutschland hat es sich jedoch ür die Zeit seiner Präsidentschaft (1999/I) zum Ziel gemacht, die Überarbeitung des EMAS-Systems maßgeblich vor-

---

687 *Böhm- Amtmann*, in: GewA 1997, S. 353 (355)

688 BadWürttAbfG v.8. 1. 1990 (GBl S.1), zuletzt geändert durch Art.1.des Gesetzes v. 7. 2. 1996 (GBl S.116)

689 § 4 BadWürttAbfG

690 § 20 a Abs.3 BadWüttAbfG

691 so *Gallas* (BMU) auf den 6. Osnabrücker Gesprächen zum deutschen und europäischen Umweltrecht v. 17.-19.Juni 1998, vgl. dazu Martini, in: ZFG 1998, S. 378 (383)

anzubringen[692] und hat vor, unter anderem auch das Thema der Gewährung von rechtlichen Erleichterungen voranzutreiben, für den Fall, dass das Öko-Audit-System die Einhaltung umweltrechtlicher Vorschriften hinreichend gewährleistet.

4. Einordnung der Selbstverpflichtung der deutschen Industrie zum Klimaschutz

Die Selbstverpflichtung der deutschen Industrie zum Klimaschutz stellt sich nach alledem als normersetzende Absprache dar, die mit sowohl gesetzes- als auch verordnungsabwendendem Charakter konzipiert war. Inzwischen sind nichtsdestotrotz Regelungen über eine Energiebesteuerung erlassen worden; welche konkrete Bedeutung die Erklärung der deutschen Industrie zum Klimaschutz zukünftig haben wird, bleibt abzuwarten.
Es handelt sich um ein Instrument ohne rechtliche Verbindlichkeit und es besteht eine Alternativität zu den üblichen vorgesehenen Handlungsinstrumenten des Staates; damit handelt es sich um ein informales Instrument.
Der Kooperationscharakter ist bei den verschiedenen Selbstverpflichtungsabsprachen unterschiedlich stark ausgeprägt: Das der Abgabe vorangehende Vorgehen kann in einem gezielten Hinwirken der staatlichen Vertreter auf die Abgabe der Selbstverpflichtung bestehen; dies ist in vielen Fällen mit intensiven Verhandlungen zwischen Industrie und Regierungsvertretern verbunden.
Demgegenüber gibt es als Gegenpol Verpflichtungen, die scheinbar in vollkommener Freiwilligkeit, ohne jegliche staatliche Anregung, abgegeben werden.
Diese scheinen zunächst ein Phänomen zu sein, das sich von denjenigen Absprachen, die aus eingehenden Verhandlungen mit dem Staat resultieren, grundlegend unterscheidet: Es ergeben sich schon Zweifel, ob es überhaupt in die Kategorie staatlichen Handelns eingeordnet werden kann, da ja die gesamte Initiative auf der Ebene der Privaten liegt. Mangels eindeutiger Anregung von Seiten der Regierung scheint auch der Kooperationscharakter fraglich.
Tatsächlich ist es jedoch so, dass auch scheinbar autonome Selbstverpflichtungen als Reaktion auf staatliches Handeln entstehen; diese Handlungsanregung ist lediglich subtiler als ein konkretes Verhandlungsangebot. Es kann beispielsweise darin bestehen, dass in politischen Grundsatzerklärungen der Weg der Kooperation mit der Industrie gegenüber ordnungsrechtlichen Maßnahmen favorisiert wird.
Zwischen diesen beiden Polen (Selbstverpflichtungsabsprache als Ergebnis intensiver Aushandlungsprozesse und quasi-autonome Selbstverpflichtung)

---

692 vgl. hierzu Rede des Bundesumweltministers *Trittin* anläßlich der BMU/BDI - Tagung in Brüssel am 19. 1. 1999

lassen sich fast alle als Selbstverpflichtung titulierten Maßnahmen einordnen. Die Unterschiede zwischen gezielt erwirkten Selbstverpflichtungen und den quasi-autonomen sind oft nur graduell; ergo wäre eine Einordnung in verschiedenen Kategorien nicht angemessen.

§ 16 Strukturelemente einer Selbstverpflichtung im Sinne einer normvertretenden Absprache

Um im folgenden auf problematische Aspekte eingehen zu können, die mit der Handlungsform der Selbstverpflichtung verbunden sind, sollen am Beispiel der Selbstverpflichtung der deutschen Industrie zum Klimaschutz deren konstituierenden Wesenselemente herausgearbeitet werden.

1. Freiwilligkeit

Sowohl in der deutschen als auch in der englischen Terminologie ist das Element der Freiwilligkeit zentral: Schon das Präfix 'Selbst-' bringt Freiwilligkeit und Autonomie zum Ausdruck[693]; viele der in Deutschland abgegebenen Selbstverpflichtungen sind zudem mit dem Zusatz 'freiwillig' versehen. Auf europäischer Ebene wird die Instrumentenkategorie, zu der auch die deutschen Selbstverpflichtungen gerechnet werden, als "voluntary agreements" beschrieben[694].

Hintergrund für die Wahl dieser Begriffe ist ein Idealbild, demzufolge sich Industriebetriebe in verantwortungsbewußter und autonomer Entscheidung einer Selbstbeschränkung unterwerfen: Der 'industrial statesman' nimmt seine soziale Mitverantwortung wahr[695].

Es ist jedoch fraglich, ob dieses Bild den tatsächlichen Gegebenheiten entspricht. Das Eigeninteresse des Unternehmens ist primär auf die Maximierung seines Gewinns gerichtet. Dieses Ziel kann sich teilweise mit den Gemeinwohlinteressen decken, die im Mittelpunkt des Abkommens stehen[696]. In Wirklichkeit beruht daher die Abgabe einer Selbstverpflichtung nicht selten auf Druck verschiedener Intensität und die Erklärungen werden auch inhaltlich durch den Staat beeinflußt.

Oft übt die staatliche Seite ihr Drohpotential mittels des Entwurfs einer Rechtsverordnung aus, manchmal nimmt die Einflussnahme auch subtilere

---

693 *DiFabio*, in: JZ 1997, S. 969 (970)

694 vgl. KOM 96 (521)

695 *v. Zezschwitz*, in: JA 1978, S. 497

696 *Kaiser*, in: NJW 1971, S. 585

Formen an. Der Mechanismus des Androhungsgesetzes wird nicht ganz unzutreffend mit dem Vorzeigen der Folterinstrumente verglichen, welches früher als erster Schritt der Folter galt[697]. Auf die genaue Form der staatlichen Einflussnahme soll dann im folgenden eingegangen werden.
Da im Mittelpunkt des juristischen Interesses jedoch die Bewertung der Selbstverpflichtung als Möglichkeit staatlichen Handeln steht, ist es wichtig, hinsichtlich des Charakters der staatlichen Einflussnahme kein Missverständnis aufkommen zu lassen: Auch wenn die staatliche Verhandlungsseite den Erlass einer rechtlichen Regelung ankündigt, steht es der Seite der Wirtschaft frei, die Abgabe einer Selbstverpflichtungserklärung abzulehnen. Konsequenz dieser Ablehnung wäre lediglich, dass ein normales Normerlassverfahren seinen Lauf nimmt. Dies wäre aber auch der Fall gewesen, wenn erst schon keine Anfrage zur Kooperation an die Industrie gerichtet worden wäre. Der Normerlass ist damit nicht als Sanktion für die fehlende Kooperationsbereitschaft zu sehen, die die Annahme einer Zwangslage rechtfertigen würde.
Festzuhalten bleibt daher, dass eine Freiwilligkeit der Selbstverpflichtungsabgabe zu bejahen ist, jedoch nur dergestalt, dass sie sich auf das Nichtbestehen eines rechtlichen Zwanges beschränkt[698]. Faktische Druckausübung bleibt unberücksichtigt[699],soweit sie nicht eine Intensität erreicht, die jedweden Entscheidungsspielraum ausschließt. Bei den bisher in Deutschland initiierten Selbstverpflichtungsabsprachen bestand jedoch stets noch ein Entscheidungsspielraum für die Wirtschaftsvertreter, da die staatliche Verhandlungsposition aufgrund der politischen Gegebenheiten nie übermächtig war.
Die Studie der OECD zu freiwilligen Selbstverpflichtungen und Absprachelösungen[700] kommt dementsprechend zu einem begrifflich differenzierteren Ergebnis; für Konstellationen, in denen eine Selbstverpflichtungserklärung abgegeben wird, um einen drohenden Regelungserlass abzuwenden oder in den Genuss eines finanziellen Anreizes zu kommen, wird der Terminus der 'negotiated agreement' dem der 'voluntary agreements' vorgezogen[701].

---

697 *Murswiek*, in: JZ 1988, S. 985 (988)

698 *Faber*, in: UPR 1997, S.431 (432); *Baudenbacher*, in: JZ 1988, S. 689 (691)

699 vgl.*Hansjürgens*, in: Zimmermann/Hansjürgens (Hrsg.), S. 68 (74)

700 *OECD*, Policies and Measures for Common Action , Working Paper 8, Demand Side Efficiency: Voluntary Agreements with Industry

701 *OECD*, Policies and Measures for Common Action , Working Paper 8, Demand Side Efficiency: Voluntary Agreements with Industry, S. 13

2. Beteiligte

a. Seite der Industrie

Auf Seiten der Industrie können Beteiligte zum einen einzelne Unternehmen sein; zumeist werden Abkommen jedoch mit den Verbänden als Vertreter der jeweiligen Branche geschlossen. Dies hat seinen Grund darin, dass es gerade im Falle der normabwendenden Selbstverpflichtung unabdingbar ist, eine gewisse Garantie für die allgemeine Wirkung der Selbstverpflichtung zu haben. Auch allein organisatorische Gründe sprechen dafür: Die staatliche Seite kann nicht eine Abstimmung mit jeder unternehmerischen Einzelposition treffen; eine Koordination innerhalb des Verbandes hat als notwendiger Schritt dem Eintritt von Verhandlungen mit den Vertretern der staatlichen Seite vorherzugehen. Auch bietet erst die verbandliche Organisation die Möglichkeit, der unternehmerischen Position die ausreichende Druckkraft zu verleihen. Wie es die bisherigen Erfahrungen gerade auch im Klimaschutz zeigen, stellt dies einen entscheidenden Vorteil gegenüber weniger organisierten Einheiten, wie zum Beispiel den Privathaushalten, dar[702].

b. Qualifikation der staatlichen Mitwirkungshandlung

aa. Selbstverpflichtungen ohne jegliche staatliche Einwirkung?

Teilweise wird der Begriff der Selbstverpflichtungserklärung nur für solche Konstellationen verwendet, die autonom, ohne staatliche Einflussnahme, von der Wirtschaft abgegeben werden[703]. Fraglich ist jedoch, ob das Phänomen in dieser Reinform bei den heutigen diskutierten Umweltkooperationen überhaupt noch vorkommt.

Als Beispiel für eine Absprache, die ohne staatliche Einflussnahme abgegeben worden sein soll, wird häufig die Absprache der Asbestzementhersteller über die Substitution von Asbestzementbaumaterial durch Nichtasbest- Faserzement genannt[704].

Auch hier ging jedoch die Abgabe der Selbstverpflichtung auf eine staatliche Initiative zurück: Es wurde zwar nicht mit einem konkreten Verordnungserlass 'gedroht'; es gab jedoch eine ausdrückliche Aufforderung des zuständigen Innenministers, den Einsatz von Asbest nachhaltig zu redu-

---

702 *Cansier*, Erscheinungsformen und ökonomische Aspekte von Selbstverpflichtungen, S. 13

703 so z. B. *Beyer*, Der öffentlich-rechtliche Vertrag, informales Handeln der Behörden und Selbstverpflichtungen Privater als Instrumente des Umweltschutzes, S. 271 f.

704 *Wicke*, Umweltökonomie, S. 275

zieren[705]. Diese Aufforderung fand zwar im Rahmen der allgemeinen öffentlichen Diskussion über die Schädlichkeit von Asbestzement statt, so dass auch zu schließen wäre, dass die öffentliche Meinung den maßgeblichen Initiator darstellte. Auslöser für die öffentliche Diskussion war jedoch wiederum eine Veröffentlichung des Umweltbundesamtes und damit ein staatliches Handeln[706]. Ergo ist auch diese Selbstverpflichtung nicht 'autonom' im engeren Sinne entstanden.
Im Falle der Erklärung der Lackindustrie[707] wurde ausdrücklich klargestellt, dass die Erklärung ohne jegliche staatliche Einflussnahme aufgrund alleiniger Initiative der Industrie abgegeben wurde; die staatliche Seite wurde durch die Abgabe der Erklärung überrascht[708].
Für den Bereich der wirtschaftspolitischen Selbstverpflichtungen wurde festgestellt, dass oft nicht auszumachen ist, ob die auslösende Anregung zur Abgabe einer Selbstverpflichtung seitens des Ministeriums erfolgte oder aus der betroffenen Branche stammt[709].

Bei der Betrachtung der neueren in Deutschland abgegebenen Selbstverpflichtungen ist allerdings davon auszugehen, dass stets irgendeine Form mittelbarer Lenkung als auslösendes Moment mitgewirkt hat: Die Umweltpolitik befindet sich momentan in einer Phase, in der das Kooperationsprinzip vehement favorisiert wird. Dies wird auch in vielerlei Äußerungen des Ministeriums deutlich. Ob man schon diese allgemeinen politischen Willensbekundungen als Initiierungshandlung genügen lässt, kann in Zweifel gezogen werden. Eine Abgrenzung der nuancierten Formen mittelbarer staatlicher Einflussnahme anhand formaler Kriterien scheint jedoch nahezu unmöglich. Sinnvoller erscheint es, auf die Zielsetzung abzustellen.
Dies führt zu dem Schluss, dass auch schon allgemeine politische Grundsatzerklärungen, in denen die zunehmende Bedeutung von Selbstverpflichtungen betont wird, genügen; auch damit wird stillschweigend ein gesetzgeberisches Unterlassen als "Gegenleistung" angeboten[710]. Es ist nicht erforderlich, dass ein konkretes gesetzgeberisches Vorhaben angezeigt wird,

---

705 Pressemitteilung des BMI v.1. 3. 1983

706 *Wicke*, Umweltökonomie, S. 275

707 *vgl. Lautenbach/Steger/Weihrauch*, in: BDI (1992), S. 84 f.

708 *Rengeling*, Das Kooperationsprinzip im Umweltrecht, S. 42 f

709 *Nickel*, Absprachen zwischen Staat und Wirtschaft - die öffentlich-rechtlichen Aspekte der Selbstbeschränkungsabkommen der deutschen Industrie, S. 91

710 *Oebbecke*, in: DVBl 1986, S. 793 (794)

bei dem eine Alternativlösung über das Instrument der Selbstverpflichtung gewünscht ist.

bb. Staat als Initiator

Bei dem allergrößten Teil der Selbstverpflichtungen in Deutschland ist die Rolle des Staates die eines Initiators, d. h. er regt in irgendeiner Form das Handeln der Industrie an, ohne jedoch als formeller Partner an der letztendlich bewirkten Aktion der Wirtschaft beteiligt zu sein.
Inhaltlich besteht die Induktionshandlung zumeist in dem In-Aussicht-Stellen gesetzgeberischer Untätigkeit; dieses kann ausdrücklich oder stillschweigend erfolgen[711]. Dieses "Angebot" erfolgt unter der Bedingung der Abgabe und der Einhaltung der Selbstverpflichtung.
Teilweise kann die " hoheitliche Inspiration" auch darin liegen, dass wirtschaftliche Anreize gewährt werden[712].
Die staatliche Initiierung kann sich auf den bloßen gedanklichen Anstoß beschränken oder aber sich in intensiveren Verhandlungen äußern, in denen inhaltliche Details der Selbstverpflichtung diskutiert werden.
Formal beschränkt sich das Handeln des Staates auf die Kenntnisnahme oder Empfangnahme der Selbstverpflichtung.
Auch die Erklärung der deutschen Wirtschaft zum Klimaschutz gehört zu dieser Hauptform der Selbstverpflichtungen. Mit den Entwürfen eines Gesetzes über eine CO_2- Abgabe und der Wärmenutzungsverordnung lagen 'Anregungen ' in sehr konkreter Form vor. In eingehenden Verhandlungen zwischen Vertretern der Industrie und der zuständigen Ministerien wurde die Selbstverpflichtung inhaltlich ausgearbeitet. Formal ist es jedoch lediglich eine einseitige Erklärung und keine Absprache; sie wurde nur von der Ministerin in Empfang genommen.
Auf die Rechtsnatur dieser staatlichen Initiierungshandlung soll an späterer Stelle eingegangen werden.

cc. Staat als 'Partner'

Der Umweltpakt Bayern ist das erste Beispiel einer freiwilligen Selbstverpflichtung, in dem der Staat als Quasi- Partner an der Vereinbarung beteiligt ist. In den übrigen Fällen beschränkt sich der Beitrag der Behörden auf

---

711 *Becker*, in: DÖV 1985, S. 1003 (1007); *Bohne*, in: VerwA 75 (1984), S. 343 (361); vgl. *Knebel/Wicke/Michael*, Selbstverpflichtungen und normersetzende Umweltverträge als Instrumente des Umweltschutzes, S.49, wonach in 37,5 % der Selbstverpflichtungen es zu konkreten Zusagen seitens der Verwaltung kam und in 25 % der Fälle sogar unverhohlener Druck seitens der Behörde ausgeübt wurde.

712 *Rengeling*, Das Kooperationsprinzip im Umweltrecht, S 59

eine informelle Absprache im Vorfeld; letztendlich wird die Selbstverpflichtung offiziell einseitig von der Industrie abgegeben und von den Behörden lediglich zur Kenntnis genommen. Der Umweltpakt Bayern zeichnet sich dagegen durch eine auch formelle Beteiligung der Bayerischen Staatsregierung an dem Abkommen aus. Die Verpflichtungen sind nicht einseitig auf die Industrie bezogen; auch auf Seiten des Staates bestehen Handlungspflichtenüber die bloße gesetzgeberische Untätigkeit hinaus:
Die bayerische Staatsregierung verpflichtet sich zur Einrichtung eines Altlastensanierungsfonds, zum Ausbau des Beratungsprogramms für die Einrichtung von Umweltmanagementsystemen und zu einer Entlastung der beteiligten Unternehmen von Berichts- und Kontrollpflichten, soweit dies möglich ist[713].
Auch Berlin verfolgt ein umfassendes Konzept der Kooperation mit der Wirtschaft zur möglichen Substitution von Ordnungsrecht; bei den Umweltallianzen Berlin ist die Beteiligung des Staates jedoch schon so verfestigt, dass er Partner einer vertraglichen Vereinbarung ist. Inhaltlich betreffen die Berliner Umweltallianzen diejenigen Vorschriften im BImSchG, in denen der Behörde ein Ermessensspielraum gewährt ist; in diesem Zusammenhang soll die Substitution ordnungsrechtlicher Maßnahmen durch Eigeninitiative der Industrie erprobt werden: Bei zertifizierten Betrieben, die der Umweltallianz beitreten, wird das Überprüfungsinterval des § 52 BImSchG von einem auf zwei Jahre verlängert[714].

3. Tauschcharakter

Aus dem Vorhergehenden ergibt sich der Schluss, dass ein do-ut-des Wesenselement von Selbstverpflichtungsabsprachen ist[715]. In einem Verhandlungsprozess werden die beiderseitigen Einsätze ausgehandelt, wobei das Ergebnis letztlich von der Verhandlungsmacht abhängt, die die jeweilige Seite geltend machen kann[716].
Selbst wenn man das Tauschprinzip nicht schon als Wesenselement von informalem Handeln an sich anerkennt[717], ist es als Charakteristikum von

---

713 Anlage zum Umweltpakt Bayern, S. 38, 40

714 bisher wurden damit gute Erfahrungengemacht, genaue Angaben darüber, ob die Lockerung des ordnungsrechtlichen Rahmens zu Abstrichen hinsichtlich der Umweltqualität führt, lassen sich jedoch erst in zwei bis drei Jahren machen, Gespräch mit Fr. Steiner, Umweltsenat Berlin, 13. 7. 1999

715 a A *Beyer*, Der öffentlich-rechtliche Vertrag, S. 294 f.

716 *Baudenbacher*, in: JZ 1988, S. 689 (691)

717 *Bohne*, in: VerwA 75 (1984), S. 343 ff

Selbstverpflichtungen nicht hinwegzudenken. Formell mag dieses Tauschprinzip nicht offensichtlich sein; auch die scheinbar autonomen einseitigen Erklärungen der Industrie werden jedoch im Hinblick auf ein bestimmtes staatliches Verhalten (den Normsetzungsverzicht) als Gegenleistung abgegeben[718]. Es ist jedoch klarzustellen, dass dieses "Synallagma" im Zweifel nicht rechtlich verbindlich ist, sondern lediglich faktischen Charakter hat: Staat und Wirtschaft versprechen sich etwas von ihrem Verhalten und richten es deswegen aufeinander aus[719].
Auch unter ökonomischen Gesichtspunkten wird von einem Tauschverhältnis ausgegangen[720]. Die Unternehmen erwarten vom Staat zumindest ein Unterlassen von hoheitlichen Maßnahmen; der Staat erwartet eine kostengünstige und schnelle Erreichung von Umweltverbesserungen unter Vermeidung der wirtschafts- und finanzpolitischen Komplikationen , die beispielsweise mit einer Abgabenlösung verbunden wären.
Teilweise beinhaltet das Versprechen des Staates über den Normsetzungsverzicht hinaus noch weitere Leistungen, wie z.B. finanzielle Unterstützungen[721]. Diese Konstellation ist im Falle des Umweltpaktes Bayern gegeben.

4. Rechtliche Bindungswirkung

a. Sanktion bei Nichterfüllung?

Wenn man sich dem Phänomen der Selbstverpflichtung von der terminologischen Seite her nähert, scheint alles auf einen rechtlich bindenden Charakter hinzudeuten: Eine Verpflichtung ist eine Erklärung, in der jemand verbindlich die Erbringung einer bestimmten Leistung verspricht.
Bei einer Annäherung von der rechtlich-konstruktiven Seite ergibt sich jedoch ein anderes Bild. Voraussetzung für eine rechtlich verbindliche Erklärung, deren Inhalt letztlich auch durchgesetzt werden kann, ist ein Rechtsbindungswillen bei Abgabe. Der BDI verwendet in der "Aktualisierten Erklärung der deutschen Wirtschaft zur Klimavorsorge" die Formulierung "auf freiwilliger

---

718 *Becker*, in: DÖV 1985, S. 1003 (1007)

719 *Würfel*, Informelle Absprachen in der Abfallwirtschaft, S. 6

720 *Brandner*, in: DVBl 1997, S.1165 (1167); *Cansier*, Erscheinungsformen und ökonomische Aspekte von Selbstverpflichtungen, S. 1

721 *Bohne*, in: VerwA 75 (1984), S. 343(361)

Basis ist die deutsche Wirtschaft bereit...". Ein Rechtsbindungswille kann aus dieser Formulierung nicht geschlossen werden[722].
Tatsächlich besitzen also die normabwendenden Absprachen, die mit dem Begriff der Selbstverpflichtung beschrieben werden, keine rechtliche Verbindlichkeit und sind auch nicht auf rechtlichem Wege durchsetzbar[723]. Darin wird auch gerade der Reiz dieses Instrumentes gesehen, der es als so opportun erscheinen lässt: Aufgrund der fehlenden Verbindlichkeit bietet das Instrument Raum für flexible Verhaltensanpassungen im Falle einer veränderten Sachlage[724].

b. Mittelbare rechtliche Bindung durch den Vertrauensschutzgedanken ?

Fraglich ist jedoch, ob aufgrund der unmittelbaren rechtlichen Unverbindlichkeit sämtliche weiterreichenden rechtlichen Rahmenbindungen entfielen. Kann der Staat sich ohne weiteres über eine von ihm gegebene Zusage aus politischen Gründen hinwegsetzen?
Zur Debatte steht dabei folgende Konstellation: In informellen Verhandlungen zwischen Staat und Unternehmer wurde eine Übereinkunft dahingehend erzielt, dass bei Vornahme bestimmter Dispositionen seitens des Unternehmers eine gesetzliche Regelung unterbleibt. Der Unternehmer nimmt die entsprechenden Maßnahmen vor, z. B. eine gewisse Produktgestaltung, die finanzielle Aufwendungen erfordert. Fraglich ist, ob es zulässig ist, dass der Staat dann doch eine andere Produktgestaltung hoheitlich vorschreibt. Wenn man von der allgemeinen Unverbindlichkeit der Absprache ausgeht, dürfte dem nichts entgegenstehen; der Verwaltung muss jederzeit der ungehinderte Rückgriff auf eine hoheitliche Regelung offen bleiben[725].
DiFabio sieht jedoch ein solches Vorgehen unter Vertrauensschutzgesichtspunkten als unzulässig an [726] .
Teilweise wird der Vertrauensschutz als allgemeiner Rechtsgrundsatz angesehen, der letztlich aus dem Rechtsstaatsprinzip hergeleitet wird[727]. Als Schutz

722 davon kan auch generell für den Typus der Absprachen ausgegangen werden, vgl. *Kloepfer*, in: König/Dose, S. 329 (343)

723 so auch *Beyer*, Der öffentlich-rechtliche Vertrag, S. 319 f.

724 *Bohne*, in: Gessner/Winter (Hrsg.), S. 266 (272)

725 so *Scheuing*, in: VVDStRL 40 (1982), S. 153 (163); ebenso weitere Urteile bzgl. früherer Selbstverpflichtungen, vgl.*Kaiser*, NJW 1971, S. 585 ff.; *Rüfner*, DVBl 1976, S. 689 (693); *v.Zezschwitz*, JA 1978, S. 497 ff.

726 *DiFabio*, in: JZ 1997, S. 969 (971)

727 *Jarass/Pieroth*, GG - Kommentar, Art. 20, RN 21

gegenüber gesetzgeberischem Handeln äußert er sich vor allem in den Rückwirkungsfällen[728].
Dies bedeutet, dass rückwirkende Gesetze, die belastend in abgeschlossene Tatbestände eingreifen (echte Rückwirkung oder Rückbewirkung von Rechtsfolgen) ausgeschlossen sind; Gesetze, die noch nicht abgeschlossene Tatbestände ändern (unechte Rückwirkung oder tatbestandliche Rückanknüpfung) sind zulässig, wenn das verfolgte öffentliche Interesse das schutzwürdige Vertrauen des Betroffenen überwiegt[729]. Wann in darüber hinausgehenden Fällen der Gesetzesänderung Vertrauensschutz gewährt wird, bestimmt sich anhand von der Rechtsprechung entwickelten Kriterien[730].
Teilweise wird auch versucht, den Grundsatz des Vertrauensschutzes auf andere Weise zu begründen: Nicht auf das eher vage Rechtsstaatsprinzip wird abgestellt, sondern auf das jeweils betroffene Rechtsgut[731]. Es wird geprüft, ob die Beeinträchtigung des Rechtsgutes für dessen Träger zumutbar ist und nicht gegen das Übermaßverbot verstößt[732]. Bei der Beurteilung der Zumutbarkeit sind die Zweckbestimmung und die Bedeutung des Grundrechtes sowie das öffentliche Interesse zu berücksichtigen, das mit der fraglichen Regelung verfolgt wird. Im Bereich der Selbstverpflichtungen der Industrie sind v. a. die sich aus Art.14, 12 und 2 GG ergebenden Grundrechte relevant.
In der Konsequenz führen jedoch diese beiden Ansätzen nicht zu einer unterschiedlichen Beurteilung.

Als allgemeines Prinzip gilt der Vertrauensschutz nicht nur gegenüber der Legislative, sondern ebenso gegenüber der Exekutive[733]; in konkreter Form äußert sich dies in den Regelungen über die Rücknahme von Verwaltungsakten.
Die Initiierung von normabwendenden Selbstverpflichtungen ist ein Vorgang, der nicht ohne weiteres einer der beiden Gewalten zuzuordnen ist: Einerseits sind die Handelnden Mitglieder der Exekutive; andererseits geht es funktionell um eine Materie, die ansonsten dem Zuständigkeitsbereich der Legislative zugehörte, da die Selbstverpflichtung ja eine Sachlage herbeiführen soll,

---

728 *Degenhard*, Staatsrecht I, S. 118 ff.

729 BVerfGE 13, 261; 72, 200 (241f.)

730 *Degenhard*, Staatsrecht I, S. 123

731 vgl. *Kopp*, in: BayVBl 1980, S. 38 (39)

732 so *Kopp*, aaO., S. 38 f unter Verweisung auf BVerfGE 43, 242 (290)

733 *Jarass/Pieroth*, GG - Kommentar, Art. 20 RN 55

die ansonsten durch ein Gesetz oder eine Verordnung bewirkt worden wäre[734].
Zudem entzieht es sich den üblichen Kategorien staatlichen Handelns; es ist informal.
Da jedoch Vertrauensschutz grundsätzlich gegenüber jeglicher Form finalen hoheitlichen Handelns zu gewähren ist, kann eine genaue Zuordnung der Initiativhandlung an dieser Stelle noch offen bleiben.
Selbst wenn man grundsätzlich die Geltung des Vertrauensschutzprinzips für die informale Initiierung von Selbstverpflichtungen bejaht, stellt sich das Problem, ob überhaupt die Voraussetzungen für die Geltung des Verrauensschutzes erfüllt sind:
Zunächst bedarf es eines staatlich geschaffenen oder von ihm gebilligten Vertrauenstatbestandes, des weiteren eines daran anknüpfenden Vertrauens des Bürgers und schließlich einer das Vertrauen des Bürgers enttäuschenden Abweichung des Staates vom Vertrauenstatbestand[735].
Da bei Selbstverpflichtungsabsprachen die Verhaltensabstimmung gerade in Unverbindlichkeit gewollt ist, könnte darin zunächst schon gar kein Vertrauenstatbestand gesehen werden; zumindest ist jedoch fraglich, ob sich seitens des Unternehmers überhaupt ein schutzwürdiges Vertrauen bilden konnte. Dies kann nicht für alle Formen der Selbstverpflichtung einheitlich beantwortet werden; richtiger ist es wohl, nach der Intensität der staatlichen Initiierungshandlung und dem Grad der vorangegangenen Kooperation zu differenzieren: Ein schutzwürdiges Vertrauen ist im Falle einer verordnungsergänzenden Selbstverpflichtung oder stark kooperativ geprägten Selbstverpflichtung (wie z.B. der Erklärung der deutschen Wirtschaft zum Klimaschutz) eher anzunehmen, da ein gewisses Vertrauen in die Kontinuität der Verhaltensweise des Verhandlungspartners Basis des Kooperationsprinzips ist. Ohne dieses Vertrauen kann Kooperation nicht funktionieren. Bei Selbstverpflichtungen, die lediglich auf einer vagen Anregung beruhen, ist die Wahrscheinlichkeit geringer, dass ein schutzwürdiges Vertrauen seitens des Unternehmers besteht. Letztlich ist dies jedoch im Einzelfall festzustellen.
Die Konstellation im Falle der Erklärung der deutschen Wirtschaft zum Klimaschutz ist unter Vertrauensschutzgesichtspunkten wie folgt zu beurteilen:
Wie dargestellt, gingen der Abgabe der Erklärung eingehende Gespräche voraus. Darin wurde von staatlicher Seite ein grundsätzlicher Verzicht auf eine CO_2-/Energiebesteuerung sowie auf den Erlass einer Wärmenutzungsverordnung zugesagt. Inzwischen wurde nun als erste Stufe einer ökologischen Steuerreform eine Energiebesteuerung eingeführt. Da seitens der Industrie jedoch nicht von einem überwiegend schutzwürdigen Verhalten ausgegangen

---

734 dazu genauer unter § 20 Nr. 5

735 *Maurer*, Kontinuitätsgewähr und Vertrauensschutz, in: HdStR III, S. 211 (216)

werden kann, wurde dadurch nicht gegen eine Bindung aus Vertrauensschutz verstoßen:
Schon das ursprüngliche Konzept der Absprache war dergestalt, dass eine Anpassungsmöglichkeit an veränderte politische Rahmenbedingungen ausdrücklich vorgesehen war. Zudem wurden bei der Ausarbeitung der Energiesteuer die Vorgaben aus dem Kooperationsverhältnis mit berücksichtigt: Für bestimmte energieintensive Branchen, die auch an der Selbstverpflichtung beteiligt sind, gelten Ausnahmeregelungen, um deren Wettbewerbsfähigkeit nicht zu stark zu beeinträchtigen[736].

Fraglich ist, ob ein Gegenstück zu dieser mittelbaren Rechtswirkung (Bindung aus Vertrauensschutzgesichtspunkten) auch auf seiten der Wirtschaft gegeben sein kann[737]. Dies wird allenfalls in der Form angenommen, dass sich bei einer nicht eingehaltenen Selbstverpflichtung ein größerer Rechtfertigungsspielraum für ordnungsrechtliche Eingriffe ergibt[738].

Falls das Vertrauensschutzprinzip nicht greift und somit nicht einmal eine mittelbare rechtliche Verbindlichkeit anzunehmen ist, besteht ergo eine Bindungswirkung lediglich auf politischer bzw. faktischer Ebene. Dies bedeutet, dass der Fall der Nichteinhaltung der Selbstverpflichtung keine rechtliche Sanktion nach sich zieht; eine Sanktionierung kann lediglich auf politischer Ebene erfolgen, in Form des Erlasses der Regelung, die durch die Selbstverpflichtung vermieden werden sollte.

Damit bleibt die in Deutschland praktizierte Form der freiwilligen Absprache hinsichtlich der rechtlichen Verbindlichkeit hinter dem Anforderungsprofil zurück, das die Europäische Kommission für dieses Instrument entworfen hat[739]: Darin wird der Rechtsstatus einer Vereinbarung als wesentlichesElement ihres Erfolges eingeschätzt. Dabei bieten Verträge als bewährtes Rechtsinstrument mit klaren Verpflichtungen und Sanktionsmöglichkeiten die bessere Gewähr für die Erreichung von Umweltzielen[740]. Auch unter dem

---

736 wobei die Konstruktion jedoch nicht so erfolgte, wie von *Kohlhaas/Praetorius*,.Die Selbstverpflichtung zur CO_2-Reduktion, prognostiziert: Die Industrien, denen eine erleichterte Steuerregelung zugebilligt wird, sind mit den Teilnehmern der Selbstverpflichtungsabsprache nicht deckungsgleich; insofern wäre es verfehlt von einem "Steuerbefreiungstatbestand Selbstverpflichtung" zu sprechen.

737 *DiFabio,* in: JZ 1997, S. 969

738 *DiFabio*, in: JZ 1997, S. 969 (971)

739 KOM 96 (561)

740 KOM 96 (561), S. 11

Gesichtspunkt einer zuverlässigen Umsetzung von Richtlinien werden verbindliche Vereinbarungen gegenüber unverbindlichen Instrumenten favorisiert[741].
Innerhalb der nationalen Einzeldarstellungen der Kommissionsstudie fällt die Beurteilung der deutschen Praxis trotzdem nicht vollkommen negativ aus, da sowohl die Erklärung der deutschen Wirtschaft zum Klimaschutz als auch der Umweltpakt Bayern schon einen stärkeren Verbindlichkeitsgrad erkennen ließen; es wird eine Tendenz hin zu strukturierteren Kooperationsformen diagnostiziert.
Diese Empfehlung der Kommission hat keine rechtliche Bindungswirkung, vgl. Art. 249 Abs. 5 EGV. Empfehlungen können jedoch Hinweis auf die von der Gemeinschaft verfolgte Politik im Hinblick auf die Erweiterung des rechtlichen Instrumentariums sein. Informelle und ökonomische Handlungsformen werden ausdrücklich gefördert, allerdings unter der Voraussetzung, dass ein gewisses Maß an Einhaltungsgewähr gegeben ist.
Diese Beurteilung sollte auch im Rahmen der deutschen Praxis Berücksichtigung finden, da gerade im Umweltrecht die Bedeutung des Europarechts immens ist und das nationale Recht sowohl hinsichtlich des Inhalts als auch der Handlungsform sich an einer Korrespondenz orientieren sollte.

5. Sanktionsmöglichkeiten innerhalb des Verbandes

Die meisten Selbstverpflichtungen in Deutschland werden nicht von einem einzelnen Unternehmen abgegeben, sondern von einem Verband, in dem Unternehmen einer bestimmten Branche zusammengeschlossen sind und der deren Interessen vertritt[742]. Da die sich verpflichtenden Verbände selbst keine Umweltverschmutzer sind, ist es erforderlich, dass der Verband die Mitgliedsunternehmen wirksam zur Einhaltung motivieren kann[743]. In dieser Konstellation kann sich das Problem des Trittbrettfahrerverhaltens einzelner Unternehmer stellen: Ein Wirtschaftssubjekt profitiert von der Vereinbarung (ausbleibende Belastung durch den Normerlass), ohne dass es automatisch an den Kosten beteiligt wird.
Das Freifahrerproblem stellt sich primär bei Umweltproblemen mit einer großen Zahl von Emittenten. Mögliche Sanktionen können ein Ver-

---

741 KOM 96 (561), S. 17 f.

742 *Creifelds*, Rechtswörterbuch, S. 1181

743 *Hoffmann-Riem*, in: Die Verwaltung 1995, S. 425 (443f)

bandsausschluß oder der Entzug von Vorteilen aus der Verbandsmitgliedschaft (z.B. Datenbankdienste) sein[744].
In der Regel reichen die verbandseigenen Kompetenzen jedoch nicht, um die Mitglieder durch Selbstregulation zur Einhaltung zu verpflichten[745].
Im Falle der Erklärung der deutschen Wirtschaft zum Klimaschutz wurde die Absprache mit dem BDI und den beteiligten Industrieverbänden getroffen. Laut seiner Satzung verfügt der BDI nicht über die Kompetenz, Absprachen mit Wirkung für seine Mitglieder zu treffen. Zudem fehlt es an einem verbandsinternen Sanktionsmechanismus[746].
Damit bleibt im Klimaschutz die tatsächliche Einhaltung der Selbstverpflichtung den faktischen und politischen Machtkonstellationen überlassen; ein Verbindlichkeitsgrad, der die Durchsetzung der Verpflichtung mittels Sanktionen ermöglichen würde, ist auch verbandsintern nicht gegeben.

6. Subsidiaritätsverhältnis zwischen Selbstverpflichtung und normativer Regelung ?

Deregulierung und die Förderung selbstregulatorischer Systeme sind Schlagwörter, die die momentane Diskussion um das Selbstverständnis staatlichen Handelns prägen. Gesellschaftliche Selbstregulierung wird als Weg zur Behebung der Defizite der Umweltpolitik gesehen: Sie soll die durch die zunehmende Haushaltsmisere bewirkten Implementationsmängel bewältigen und ein angemesseneres Lösungsmittel für die komplexen Problemstrukturen des Umweltschutzes bieten; rein ordnungsrechtliche Ansätze könnten dies so nicht ermöglichen[747].
In diesem Kontext erscheint ein auf bloße Partizipation beschränktes Kooperationsverständnis als ungenügend. In den Forderungen nach einer konsequenten Umsetzung des Kooperationsprinzips wird sogar über ein Verlangen nach gleichrangiger Zusammenarbeit zwischen Staat und Bürger hinausgegangen: Entsprechend dem Subsidiaritätsgedanken soll der Staat nur noch dort tätig werden, wo das eigenverantwortliche Handeln des Bürgers die Problemlösung nicht ausreichend gewährleisten kann[748]. Demzufolge bestünde ein Rangverhältnis zwischen den Handlungsalternativen der Initiierung

---

744 *Cansier,* Erscheinungsformen und ökonomische Aspekte von Selbstverpflichtungen , S. 3

745 *Hoffmann-Riehm*, in: GewA 1996, S. 1 (5)

746 Bundesverband der Deutschen Industrie e.V.: Satzung, Fassung 3. Dez. 1990

747 *Faber*, in: UPR 1997, S. 431 (434)

748 *Hansjürgens*, in: Zimmermann/Hansjürgens, S. 68 (80)

einer Selbstverpflichtungsabsprache und dem Normerlaß; dieses würde eine Pflicht des Staates begründen, vor dem Erlass einer normativen Regelung zu prüfen, ob nicht das "weichere" Mittel der Selbstverpflichtungsabspracheebenso erfolgversprechend ist[749]. Die Initiierung einer Selbstverpflichtungsabsprache wäre ein 'minus' zu dem härteren Mittel des Normerlasses[750], so dass eine Priorität von Selbstverpflichtungen auch mit dem Übermaßverbot begründet wird[751].

Schon 1984 hat die bayerische Staatsregierung "Richtlinien für die Wahrnehmung und Organisation öffentlicher Aufgaben" verabschiedet, in denen genau diese Vorgehensweise vorgegeben wurde[752].

Ein früherer Entwurf zum Umweltgesetzbuch - der sog. Professorenentwurf[753] - verfolgte diesen Subsidiaritätsgedanken in ebenso konsequenter Form: Die Behörden sollten grundsätzlich nur tätig werden, "soweit ein hinreichender Schutz der Umwelt nicht durch den Bürger erfolgen kann oder erfolgt."

Da man jedoch befürchtete, auf diesem Wege die Selbstregulierungskräfte überzustrapazieren und den Handlungsspielraum der Behörden zu sehr einzuschränken, wich man im folgenden Sachverständigenentwurf von diesem Vorrang der Kooperation gegenüber dem Ordnungsrecht ab: Unter Kooperation wird nunmehr das *gleichgewichtige* Zusammenwirken von Bürger und Staat zum Schutze der Umwelt verstanden[754].

Dogmatisch wird eine Ablehnung der Subsidiarität von manchen damit begründet, dass es sich bei Selbstverpflichtungen nicht um ein minus im Verhältnis zur normativen Regelung handele: Da die Initiierung und Abgabe einer Selbstverpflichtung sich nach Verfahren, Verbindlichkeit und hinsichtlich der Berücksichtigung von Drittinteressen maßgeblich von einer gesetzlichen Regelung unterscheidet, ist es angemessener, sie als ein aliud zu bezeichnen[755].

---

749 *v. Lersner*, Verwaltungsrechtliche Instrumente des Umweltschutzes, S. 10; *Müggenborg*, in: NVwZ 1990, S. 909 (915); *Becker*, in: DÖV 1985, S. 1003 (1004 f)

750 so auch *Baudenbacher*, in: JZ 1988, S. 689 (692); *Kaiser*, in: NJW 1971, S. 585 (588)

751 *Hill*, in: DÖV 1987, S. 885 (891); *Becker*, in: DÖV 1985, S. 1003 (1005, 1007f.); *Bulling*, in: DÖV 1989, S. 277 (289)

752 Verwaltungsvereinfachung in Bayern, Heft 3, Juli 1984, S.117

753 *Kloepfer/Rehbinder/Schmidt-Aßmann/Kunig*, Umweltgesetzbuch - Allgemeiner Teil, § 6

754 § 7 UGB-AT (KommE)

755 *Oebeccke*, in: DVBl 1986, S. 793 (799)

Jedoch auch wenn man Selbstverpflichtungen grundsätzlich als alternative und vergleichbare Möglichkeit staatlichen Handelns akzeptiert, kann auch nicht das Übermaßverbot als Begründung für eine Bevorzugung von informellen Absprachelösungen herangezogen werden, da diese nicht zwingend eine weniger intensive tatsächliche Belastung bewirken[756].
Ein genereller Anspruch auf Absprachelösungen (soz. eine Subsidiarität zugunsten der Kooperation) ist damit de lege lata und auch in der kurzfristigen Gesetzgebungsperspektive nicht zu erkennen[757].

7. Rechtsnatur der verschiedenen Handlungselemente

a. Rechtsnatur der staatlichen Mitwirkungshandlung

Die staatlichem Mitwirkungshandlungen bei der Entstehung von Selbstverpflichtungen können sich hinsichtlich ihrer Intensität erheblich unterscheiden. Es ist jedoch zu untersuchen, ob sie sich einer einheitlichen rechtlichen Kategorisierung unterwerfen lassen. In der früheren Phase, als Selbstverpflichtungen primär ein wirtschaftspolitisches Instrument darstellten, war die Zuordnung der Initiierungshandlung zum öffentlichen oder zum privaten Recht viel diskutiert[758]. Dieser Streitpunkt kann für die heute praktizierten Selbstverpflichtungen im Umweltbereich als geklärt angesehen werden:
Die Initiierung von Selbstverpflichtungen ist ein Handeln, das sich den rechtsförmlichen Vorgaben entzieht; es handelt sich um einen Realakt (schlichtes Verwaltungshandeln), da die Handlung nicht auf einen Rechtserfolg, sondern nur auf die Erzielung eines tatsächlichen Erfolges gerichtet ist[759].
Bei der Beurteilung, ob ein Realakt dem öffentlichen Recht oder dem Privatrecht zuzuordnen ist, ist zunächst auf die zugrundeliegenden Rechtsnormen abzustellen. Im Falle von Selbstverpflichtungen, die im Kontext einer Rahmenverordnung abgegeben werden, wie es sich beispielsweise im Falle der Altautoverordnung verhält, ist die Verordnung maßgeblich. Diese Verordnung ist, ebenso wie das ihr zugrundeliegende KrW-/AbfG, eindeutig öffentlich-rechtlicher Natur. Ergo ist auch die Initiierung der Selbstverpflich-

---

756 *Grüter*, Umweltrecht und Kooperationsprinzip, S. 99; *v. Zezschwitz*, in: JA 1978, S. 504; *Oebeccke*, in: DVBl 1986, S. 793 (799)

757 *Wicke*, Umweltpolitik, in: HdUR II, Sp.2258; *Knebel/Wicke/Michael*, Selbstverpflichtungen und normersetzende Umweltverträge als Instrumente des Umweltschutzes,

S. 37 f.

758 vgl. z.B. *Baumann*, Rechtsprobleme freiwilliger Selbstbeschränkung, S. 43 ff.

759 *Maurer*, Allgemeines Verwaltungsrecht, S. 392

tung, mittels derer die in der Verordnung aufgestellten Anforderungen umgesetzt werden, öffentlich-rechtlich.
Fehlen solche Rechtsnormen, dann bestimmt sich die Rechtsnatur nach dem Zusammenhang, in dem der Realakt steht[760].
Aus einer weiten Perspektive betrachtet, sind alle im Bereich des Umweltrechts initiierten Selbstverpflichtungen auf die Erfüllung des Zweckes Umweltschutz gerichtet[761]. Dabei handelt es sich um eine staatliche Aufgabe (Art. 20 a GG). Damit muss die staatliche Realhandlung der Initiierung auch dem öffentlichen Recht zugeordnet werden.
Auch bei konkreterer Betrachtung des Untersuchungsgegenstandes Klimaschutz bestätigt sich die Einordnung in die öffentlich-rechtliche Kategorie. Ziel der Anregung der "Erklärung der deutschen Industrie zum Klimaschutz" ist die Einhaltung einer völkerrechtlichen Verpflichtung, die mit der Unterzeichnung des Kyoto- Protokolls begründet wurde. Die Einhaltung völkerrechtlicher Verträge ist eindeutig eine staatliche Aufgabe. Zudem lässt auch die konkrete Ausgestaltung der Umsetzung der völkerrechtlichen Verpflichtung keine Zweifel an der Qualifizierung: "Schlüsselreiz" der staatlichen Initiative war die Zusage, vom Projekt einer CO_2- Steuer und vom Erlass einer Wärmenutzungsverordnung vorläufig Abstand zu nehmen. Mit dem Verzicht auf den Erlass der Wärmenutzungsverordnung wurde eine Disposition im Rahmen des exekutiven Rechtssetzungsermessens getroffen, einer eindeutig öffentlich-rechtlichen Tätigkeit[762].

b. Rechtsnatur der Abstimmung auf Verbands- bzw. Unternehmensebene

Die meisten Selbstverpflichtungen in Deutschland sind so konstruiert, dass die Verhaltensabstimmung zwischen der Behörde und einem Wirtschaftsverband getroffen wird; die Umsetzung erfolgt dann durch eine Koordination der Firmen innerhalb des Verbandes (sog. staatlich inspirierte horizontale Absprache)[763].
Es wird die Ansicht vertreten, dass auch die horizontale Abstimmung, die verbandsintern oder zwischen den Unternehmen stattfindet, dem öffentlichen

---

760 *Maurer*, aaO., S. 393

761 *Rengeling*, Das Kooperationsprinzip im Umweltrecht, S. 172

762 *Bohne*, Informales Verwaltungshandeln, in: HdUR I, Sp.1070; *ders.*, in: VerwA 75 (1984), S. 343 (362); *Scherer*, in: DÖV 1992, S. 1 (3); *Brohm*, in: DÖV 1992, S. 1025 (1027)

763 *Brohm*, in: DÖV 1992; S. 1025 (1028)

Recht zuzuordnen sei[764]. Diese Einordnung ist vor allem für die Anwendbarkeit des Kartellrechts von Bedeutung[765], worauf im folgenden Kapitel eingegangen wird.
Teilweise ergibt sich diese öffentlich-rechtliche Qualifizierung aufgrund der Tatsache, dass nicht zwischen vertikaler und horizontaler Ebene unterschieden wird und das Gesamtphänomen aufgrund seiner normsubstituierenden Funktion als öffentlich-rechtlich angesehen wird[766].
Eine andere Ansicht unterscheidet zwischen dem Verhältnis Staat-Wirtschaft und der wirtschaftsinternen Abstimmung, kommt allerdings auf einem anderen Weg zu einer Einordnung der horizontalen Ebene in die Kategorie des öffentlichen Rechts:
Bohne[767]begründet dies damit, dass die einzelnen Unternehmen entweder selber Absprachepartner des Staates werden oder öffentlich-rechtliche "Pflichten" des Verbandes übernehmen. Dabei wird in der ersten Variante davon ausgegangen, dass die Unternehmen selbst oder mittels des Verbandes als Vertreter (§§ 164, 167 BGB analog) die Absprache tätigen.
Auch *Baudenbacher*[768] vertritt eine öffentlich-rechtliche Einordnung: Bei staatlich inspirierten Selbstbeschränkungsabkommen beruhe auch die Koordination auf Unternehmensebene auf einer wirtschafts- bzw. umweltpolitischen Zielsetzung; daher erfolge die Absprache im öffentlichen Interesse und falle deshalb in die Zuständigkeit der öffentlichen Gewalt. Auch stehe der öffentlich-rechtlichen Einordnung nicht entgegen, dass die Absprache nur zwischen Privaten erfolge: Nach der allgemeinen Verwaltungsrechtslehre seien auch Einigungen zwischen Privaten öffentlich-rechtlich, sofern sie auf die Begründung, Aufhebung oder Änderung eines öffentlich-rechtlichen Rechtsverhältnisses gerichtet seien. Dieser eigentlich für öffentlich-rechtliche Verträge geltende Grundsatz müsse jedoch ebenso für eine informale Abstimmung gelten.
Dempfle begründet den öffentlich-rechtlichen Charakter vor dem Hintergrund der Rechtsverhältnislehre. Demnach handelt es sich bei normvertretenden Absprachen um mehrpolige öffentlich-rechtliche Rechtsverhältnisse, deren einzelne Elemente in einem unlösbaren Zusammenhang stehen[769]: Die staatliche Einflussnahme ist das dominierende Element der normabwendenden

---

764 *Bohne*, in: VerwA 75 (1984) S. 343 (361); *Hartkopf/Bohne*, Umweltpolitik I, S. 231 f; *Baudenbacher*, in: JZ 1988, S. 689 (694)

765 vgl. z.B. *DiFabio*, JZ 1997, S. 969 (974)

766 *Hartkopf/Bohne*, aaO., S. 232

767 *Bohne*, aaO., S. 362

768 *Baudenbacher*, aaO., S. 694 f.

769 *Dempfle*, Normvertretende Absprachen, S. 77

Selbstverpflichtung; die öffentlich-rechtliche Prägung gilt auch für die horizontale Komponente des Rechtsverhältnisses.
Dieser öffentlich-rechtliche Ansatz hat jedoch bisher zu Recht wenig Unterstützung gefunden; die überwiegende Meinung beurteilt diese Verhaltensabstimmungen nach Privatrecht[770]. Dies wird mit den folgenden Argumenten untermauert:
Bohnes Meinung ist insofern nicht haltbar, als öffentlich-rechtliche Pflichten oft mittels privatrechtlicher Rechtsgeschäfte erfüllt werden; dies ändert jedoch nichts an ihrer zivilrechtlichen Qualität[771].
Der Ansicht *Baudenbachers*, dass eine öffentlich-rechtliche Abstimmung auch zwischen Privaten erfolgen kann, wird entgegengehalten, dass diese Konstellation beim öffentlich-rechtlichen Vertrag nur vorgesehen ist, wenn die Rechtsordnung den Privaten die Dispositionsbefugnis über die öffentlich-rechtlichen Rechte und Pflichten zubilligt[772]. Eine solche Konstellation ist im Falle der Selbstverpflichtungsabsprachen nicht gegeben.

Demzufolge sind die Verhaltensabstimungen der Unternehmen privatrechtlicher Natur. Dies lässt sich auch damit erklären, dass im Rahmen der horizontalen Abstimmung Rechtsbeziehungen bestehen, die jedem anderen durch Rechtsgeschäft begründeten Verhältnis zwischen Privatrechtssubjekten gleichen[773].
Der öffentlich-rechtliche Charakter der vertikalen Beziehung zwischen Staat und Verband bzw. Unternehmer lässt also die privatrechtliche Einordnung der Beziehung zwischen den verschiedenen Teilnehmern der Selbstverpflichtung auf der Unternehmerseite unberührt[774].

8. Einordnung von Selbstverpflichtungsabsprachen wie der Erklärung der deutschen Wirtschaft zum Klimaschutz

Die Selbstverpflichtungsabsprache zum Klimaschutz beruht aufgrund der Abwesenheit rechtlichen Zwanges auf einer freiwillig abgegebenen Erklä-

---

770 vgl.z.B. *Faber*, in: UPR 1997, S. 431 (435); *Brohm*, in: DÖV 1992, S. 1025 (1028); *v. Zezschwitz*, in: JA 1978, S. 497 (502); offengelassen bei *DiFabio*, in: JZ 1997, S. 969 (974)

771 *Brohm*, in: DÖV 1992, S. 1025 (1028)

772 *Faber*, in: UPR 1997, S. 431 (435), mit Verweis auf *Erichsen*, Das Verwaltungshandeln, in: Erichsen (Hrsg.) , Allgemeines Verwaltungsrecht, S. 363

773 *Brohm*, in: DÖV 1992, S. 1025 (1028); *Oldiges*, in: WiR 1973, S. 10; *Ehle*, Die Einbeziehung des Umweltschutzes in das Europäische Kartellrecht, S. 98f.

774 *Kloepfer*, Umweltrecht, S. 463

rung. Der Staat war als Initiator beteiligt, wobei die Initiierungshandlung als verhältnismäßig intensiv zu qualifizieren ist: Es gingen der Abgabe der Erklärung eingehende Gespräche voraus. Die letztlich erteilten unverbindlichen Zusagen beider Seiten stehen in einem faktischen Tauschverhältnis. Auch innerhalb der teilnehmenden Verbände besteht keine Sanktionsmöglichkeit für den Fall der Nichteinhaltung der Verpflichtungen. Die Selbstverpflichtungsabsprache ist dabei kein minus zu einer gesetzlichen Regelung, sondern etwas wesensmäßig Verschiedenes. Hinsichtlich der Rechtsnatur ist die staatliche Initiierungshandlung als öffentlich-rechtlich, die Abstimmung auf Unternehmensebene als privatrechtlich zu qualifizieren.

F.Rechtliche Grenzen

Auch wenn Selbstverpflichtungen gesetzlich nicht normiert sind, befinden sie sich nicht in einem rechtsfreien Raum, da ihre faktischen Auswirkungen nicht gegen Rechtsnormen verstoßen dürfen.
Grenzen der Anwendbarkeit für das Instrument der Selbstverpflichtung können sich zunächst aus dem Gemeinschaftsrecht ergeben, welches als supranationale Rechtsordnung gerade im Umweltrecht maßgebliche Bedeutung besitzt. Hinsichtlich der Zulässigkeit von Umweltvereinbarungen auf europarechtlicher Ebene, d. h. solcher, die zwischen der Kommission und europäischen und nationalen Wirtschaftsunternehmen bzw. -verbänden angestrebt werden, ist auf die Darstellung der internationalen Rahmenbedingungen zu verweisen; die gemeinschaftsrechtliche Untersuchung bleibt hier auf den Einfluss des Europarechts auf nationale Selbstverpflichtungsabsprachen beschränkt.
Des weiteren können kartell- und verfassungsrechtliche Einwände der Initiierung von Selbstverpflichtungsabsprachen entgegenstehen.

§ 17 Generelle Zulässigkeit des Instrumentes der normabwendenden Selbstverpflichtungsabsprache

1. Grundsätze über die Verbindlichkeit von verbindlichen Normsetzungsabsprachen (Normsetzungsverträgen)

Bei der Beurteilung der Zulässigkeit normabwendender Absprachen kann auf die im Zusammenhang mit den Normsetzungsverträgen entwickelten Grundsätze Bezug genommen werden.
Früher wurde jedwede Absprache über die Handhabung der gesetzgebenden Gewalt als vollkommen unzulässig angesehen[775]. Inzwischen erfolgt die Beurteilung differenzierter. Unterschieden wird zum einen zwischen der Tätigkeit der Legislative und dem exekutiven Normerlaß zum anderen.
Im Bereich des parlamentarischen Gesetzgebers wird jegliche Bindung gegenüber einem Dritten als nicht zulässig erachtet[776]. Auf exekutiver Ebene, d. h. bei der Verordnungs- oder Satzungsgebung, wurde die Problematik bisher vor allem im Bauplanungsrecht diskutiert[777]; erst in jüngerer Zeit ge-

775 *Forsthoff*, Lehrbuch des Verwaltungsrechts, S. 278

776 *Birk*, in: NJW 1977, S. 1797; *Schmidt-Preuß*, in: VVDStRL 56, S. 160 (218); *Oebbecke*, in: DVBl 1986, S. 793 (795)

777 vgl. *Ule/Laubinger*, Verwaltungsverfahrensrecht, § 67, RN 7; *Stelkens/Bonk/Sachs*, VwVfG, § 54 RN 72; *Krebs*, in: VerwA 72 (1981), S. 49 ff

wann die Thematik im Wirtschaftsverwaltungs- und Umweltrecht an Bedeutung. Während die Rechtsprechung vor allem aufgrund der Gefahr eines Abwägungsdefizites den exekutivischen Normsetzungsverträgen generell kritisch gegenübersteht[778], vertritt die Literatur inzwischen großenteils eine differenziertere Ansicht: Es wird zwischen echten und unechten Normsetzungsverträgen unterschieden.
Echte Normsetzungsverträge begründen eine Verpflichtung zum Erlass, zur Änderung, Ergänzung oder Aufhebung einer Norm, unechte versprechen lediglich die Wahrung des Status quo[779]. Während nach wohl inzwischen herrschender Meinung echte Normsetzungsverträge schon wegen Umgehung der verfahrensmäßigen Garantien für einen ordnungsgemäßen Normerlaß unzulässig sind[780], bestehen gegen unechte Normsetzungsverträge grundsätzlich keine Bedenken, da sie lediglich die Normsetzungsinitiative betreffen; Verfahrenssicherungen der Normgebung bleiben daher bei einem Versprechen der Beibehaltung des Status quo unberührt[781]. Unechte Normsetzungsverträge sind demnach grundsätzlich zulässig; Voraussetzung ist allerdings, dass sie auf einem entsprechenden Beschluß des zur Normsetzung befugten Organs beruhen[782].

2. Übertragung auf Selbstverpflichtungsabsprachen

Die bisher in Deutschland abgegebenen Selbstverpflichtungen streben fast ausschließlich die Abwendung einer Verordnung an; sie betreffen also den exekutivischen Normerlass. Als Ausnahme ist die Erklärung der deutschen Wirtschaft zum Klimaschutz zu sehen; diese zielt auf die Vermeidung einer CO_2-Steuer ab, welche durch ein parlamentarisches Gesetz zu regeln wäre.
Wie bereits dargestellt, sind die bisher in Deutschland abgeschlossenen Selbstverpflichtungsabsprachen ohne rechtliche Bindungswirkung; die staatlichen Vertreter erklären lediglich die Intention, bei Einhaltung der angestreb-

---

778 vgl. BVerwG, in: NVwZ 1985, S. 839 ff.; wiederum für ein Problem der Bauleitplanung, BVerwGE 45, S. 309 ff; aA der VGH Mannheim, ESVGH 28, S. 152 ff., der ähnlich der Literaturansicht zwischen unechten und echten Normsetzungsverträgen differenziert

779 *Scherer*, in: DÖV 1991, S. 1 (4)

780 *Bohne*, in: VerwA 75 (1984), S. 343 (362); Umweltgutachten 1998 (Kurzfassung), RN 31; *Hoppe/Beckmann*, Umweltrecht, § 9, RN 32 f.

781 *Meyer*, in: Meyer/Borgs, VwVfG, § 54, RN 58; *Scherer*, in: DÖV 1991, S. 1 (5); *Dempfle*, Normvertretende Absprachen, S. 48

782 *Meyer*, in: Meyer/Borgs, VwVfG, § 54, RN 54 ff; *Kloepfer*, Umweltrecht, § 4, RN 260; aA *Schmidt-Preuß*, in: VVDStRL 56, S. 160 (218), FN 219

ten Ziele vorläufig vom Normerlass abzusehen. Dies ist auch bei den normakzessorischen Selbstverpflichtungen der Fall; der gesetzliche "Rahmen", innerhalb dessen sie abgegeben werden, ändert nichts an ihrer fehlenden rechtlichen Bindungswirkung.
Daher sind Selbstverpflichtungen grundsätzlich ein zulässiges Gestaltungsmittel, da sie aufgrund ihrer Unverbindlichkeit den Handlungsspielraum des Gesetzgebers nicht unangemessen einschränken. Dies gilt auch für die gesetzesabwendende Selbstverpflichtung im Klimaschutz.
Auf Ebene der verordnungsabwendenden Selbstverpflichtungen ist die Zulässigkeit selbst bei Annahme eines stärkeren Grades an Bindung nicht bedenklich: Verordnungsabwendende Selbstverpflichtungen stellen das unverbindliche Pendant zum unechten Normsetzungsvertrag dar: Der rechtliche Status quo soll beibehalten werden, der angestrebte Norminhalt soll auf freiwilligem Wege verwirklicht werden. Wenn daher selbst eine konkrete vertragliche Bindung für zulässig erachtet wird, muss dies erst recht für die weit schwächere Bindungsqualität von Selbstverpflichtungen wie dem Umweltpakt Bayern[783] gelten.
In entsprechender Anwendung der für den Normsetzungsvertrag geltenden Grundsätze ist daher das Instrument der normabwendenden Selbstverpflichtung in den praktizierten Formen grundsätzlich zulässig[784].
Eine besondere Konstellation besteht lediglich im Falle der konstituierenden Rechtsverordnungen; hierauf ist jedoch erst an späterer Stelle einzugehen[785].

§ 18 Gemeinschaftsrechtliche Vorgaben

1. Selbstverpflichtungsabsprachen als hinreichendes Mittel der Richtlinienumsetzung ?

Grundsätzlich wird im Gemeinschaftsrecht durch Richtlinien dem Nationalstaat lediglich das zu erreichende Ziel verbindlich vorgegeben; der Modus der Umsetzung bleibt dem jeweiligen Mitgliedsstaat überlassen (Art. 249 Abs. 3 EGV). Den Mitgliedsstaaten muss dabei ein Mindestmaß an Entscheidungsspielraum verbleiben. Sie können diesen Spielraum allerdings nur so ausfüllen, dass der Zweck der Richtlinie voll und ganz zum Tragen kommt

---

783 der allerdings diesbezüglich keine Probleme aufwirft, da er keinen Normsetzungsverzicht beinhaltet

784 *Brohm*, in: DÖV 1992, S. 1025 (1027); *Henneke*, in: NuR 1991, S. 267 (272)

785 vgl. § 21

und ihr so die größtmögliche praktische Wirksamkeit verliehen wird (sog. effet utile)[786].
Die Richtlinie ist als flexibles Mittel der Rechtsangleichung gedacht: In den Bereichen, in denen eine Vereinheitlichung durch Verordnung nicht sachgerecht oder nicht erforderlich ist, soll die Harmonisierung unter möglichst großer Achtung der Souveränität der Mitgliedsstaaten geschehen.
Sowohl bei der Umsetzung der Richtlinie[787] als auch beim folgenden konkreten Vollzug ergeben sich eine Reihe von Problemen[788].
Hier soll es darum gehen, ob Selbstverpflichtungen ein zulässiges Mittel zur Umsetzung von EG-Richtlinien sind.

a. Meinungsstand

Vom EuGH wurden gewisse Anforderungen an die Umsetzungshandlung aufgestellt. Voraussetzung für eine wirksame Umsetzung ist danach, dass dem Erfordernis der Rechtssicherheit voll entsprochen wird. Das bedeutet, dass die Bestimmungen der Richtlinie in verbindliche innerstaatliche Vorschriften umzusetzen sind[789].
Selbstverpflichtungen sind gerade keine zwingenden Vorschriften, sondern lediglich unverbindliche Erklärungen. Durch sie wird gerade nicht nationales Recht gestaltet, sondern nur eine tatsächliche Praxis[790]. Damit scheinen sie als Umsetzungsmittel ungeeignet.
Die Gegenmeinung orientiert sich eng am Vertragswortlaut, nach dem es im Ermessen des Mitgliedsstaates steht, auf welche Weise er der Umsetzungspflicht nachkommt[791]. Danach stünde es also auch in seinem Ermessen, eine Umsetzung durch Selbstverpflichtungsabsprache zu wählen.
Eine differenzierende Meinung geht von der Prämisse aus, dass das Ziel einer Richtlinie nicht zwingend ein rein rechtliches sein müsse; es kann auch ein tatsächliches Ergebnis (z.B. aus dem wirtschaftlichen oder sozialen Bereich) angestrebt sein[792]. Wenn dies der Fall sei, dann könne auch ein nur faktisch

---

786 Entscheidung " Royer" v. 8. 4. 1976, EuGH, Slg. 1976, S. 497 (517)

787 d.h.bei ihrer Implementation in nationales Recht

788 vgl. dazu allgemein *Hansmann*, in: NVwZ 1995, S. 320 ff.

789 Entscheidung v. 1. 3. 1983, Kommission/Italien, EuGH Slg.1983, S. 449 (456);

790 *Bohne*, in: VerwA, 75 (1984), S. 343 (362)

791 *Becker*, in: DÖV 1985, S.1003 (1007); *Dempfle*, Normvertretende Absprachen, S. 136

792 *Bleckmann*, Europarecht, S. 85 f. mit dem Beispiel einer Richtlinie, die zur Sicherung der Mineralölversorgung Vorräte für 65 Tage in den Mitgliedsländern vorschrieb.

wirkendes Mittel wie eine Selbstverpflichtung eine ausreichende Umsetzung gewährleisten[793]. Ob diese Konstellation wirklich gegeben ist, sei jedoch im Einzelfall sorgfältig festzustellen[794].

b. Überprüfung des Instrumentes der Selbstverpflichtungsabsprache anhand der Kriterien des EuGH

Die Beurteilung dieser Streitfrage soll hier anhand einer eingehenderen Auseinandersetzung mit der bisherigen Rechtsprechung des Gerichtshofes geschehen.
Zumeist erfolgt die Umsetzung von Richtlinien durch Gesetze oder Verordnungen. Diese Konstellation ist unter formellen Gesichtspunkten unproblematisch. Wird jedoch ein anderer als dieser formale Weg gewählt, ist zu fragen, welche Mindestanforderungen vorliegen müssen, damit noch von einer ordnungsgemäßen Implementation in das nationale Recht ausgegangen werden kann.

Die Rechtsprechung musste sich v. a. im Falle der Umsetzung durch Verwaltungsvorschriften mit diesem Problem auseinandersetzen.
In einem Vertragsverletzungsverfahren gegen die Bundesrepublik Deutschland[795] stellte der Gerichtshof zunächst fest, dass die Umsetzung einer Richtlinie nicht notwendigerweise erfordert, dass ihre Bestimmungen förmlich und wörtlich in einer ausdrücklichen Gesetzesvorschrift wiedergegeben werden[796]. Je nach dem Inhalt der Richtlinie könne ein allgemeiner rechtlicher Rahmen genügen, wenn dieser tatsächlich die Anwendung der Richtlinie in hinreichend bestimmter und klarer Weise gewährleiste; dabei muss der Begünstigte (falls die Richtlinie Ansprüche eines Einzelnen begründen soll) von allen seinen Rechten Kenntnis erlangen und diese gegebenenfalls vor den na-

---

Diese Unterscheidung erscheint jedoch wenig sinnvoll, da in den meisten Bereichen das Regelungsziel ein tatsächliches (Schaffung einer bestimmten Dichte von Schutzgebieten, Erreichen bestimmter Qualitätsstandards...) ist und die rechtliche Fassung nur dessen tatsächliche Gewährleistung sichern soll. Auch im Falle der Erdölvorräte ist eine solche Kombination gegeben, da die Regelung auch eine rechtliche Verpflichtung zur Vorratshaltung impliziert.

793 *Oebbecke*, in: DVBl 1986, S. 793 (797)

794 *Rengeling*, Das Kooperationsprinzip im Umweltrecht, S. 175

795 EuGH, NVwZ 1991, S. 973 (Kommission/Bundesrepublik Deutschland)

796 EuGH, Entscheidung v. 23. 5. 1985, Slg.1985, S. 1661

tionalen Gerichten geltend machen können[797]. Dieses Kriterium wurde später dahingehend ergänzt, dass dieser allgemeine Rahmen dann genüge, wenn weder sachlich noch theoretisch die Gefahr besteht, dass die in der Richtlinie vorgesehenen Regelungen nicht ordnungsgemäß durchgeführt würden[798]. Im Falle der TA Luft wurden diese Kriterien als nicht erfüllt angesehen; es erscheinen damit jedoch andere Umsetzungsmittel als Gesetze (wie z.B. die Initiierung einer Selbstverpflichtung) nicht per se ausgeschlossen zu sein. Betont wird jedoch, dass die "Übereinstimmung einer Praxis mit den Schutzgeboten einer Richtlinie kein Grund dafür sein kann, diese Richtlinie nicht in der innerstaatlichen Rechtsordnung durch Bestimmungen umzusetzen, die so bestimmt, klar und transparent sind, dass der Einzelne wissen kann, welche Rechte und Pflichten er hat"[799].

Daraus lassen sich zwei Grundanforderungen herausarbeiten, deren Einhaltung conditio-sine-qua-non für eine ordnungsgemäße Umsetzung ist:

- Der Grundsatz des effet utile ist zu beachten. Das bedeutet, dass der Richtlinie die größtmögliche praktische Wirksamkeit zukommen soll. In der Regel ist damit verbunden, dass sich die Rechtsform der Umsetzung an der bisherigen nationalen Rechtslage in diesem Bereich orientiert [800].
- Es ist Rechtssicherheit zu gewährleisten. Dazu muss es eine allgemeine, klare und bestimmte Regelung geben (materieller Aspekt) und diese muss so bekannt gemacht werden, dass der Einzelne die Möglichkeit hat, davon Kenntnis zu nehmen. Die Rechtssicherheit muss auch in der Form bestehen, dass die Regelung kontrollierbar ist. Dies bedeutet, dass sie so beschaffen sein muss, dass die Kommission ihrer Aufgabe aus Art. 211 (ex 155) EGV als Hüterin der Verträge ungehindert nachkommen kann.

Diese Aspekte lassen sich nicht immer klar voneinander trennen. Bei der Orientierung am bisherigen Umsetzungsmodus[801] kommen beispielsweise beide

---

797 so seitdem ständige Rechtsprechung, vgl. z. B. Urt. v. 3. 3. 1988, Slg. 1988, S. 1323 (1340); Urt. v. 27. 4. 1988, Slg. 1988, S. 2243 (2263); Urt. v. 20. 5. 1992, Slg. 1992-5, S. 3265 (3309)

798 EuGH, Urteil v. 9. 4. 1987, Slg. 1987, S. 1733 (1743)

799 EuGH, NVwZ 1991, S. 866 (867)

800 *Beutler/Bieber/Pipkorn/Streil,* Die Europäische Union, S. 196

801 sog. Parallelität der Normen, vgl.dazu *v. Danwitz,* in: VerwA 84 (1993), S. 73 (79); *Adamek,* EG-Richtlinien im Umweltrecht, S. 345

Gesichtspunkte zum Tragen: Es gilt zum einen die Vermutung, dass einer Regelung die größtmögliche praktische Wirksamkeit zuteil wird, wenn sie formal dem restlichen Regelungswerk in diesem Sachbereich entspricht. Die Anforderung, dass der Umsetzungsakt mindestens die Normqualität der bisherigen nationalen Regelungen haben muss, ist jedoch auch unter dem Gesichtspunkt der Rechtssicherheit beachtlich, da so dem Rechtsanwender die Gewissheit vermittelt wird, dass die Gemeinschaftsnorm tatsächlich als innerstaatliches Recht greift[802].

Fraglich ist also, ob die Initiierung von Selbstverpflichtungen, wie sie im Falle der Erklärung der deutschen Industrie zum Klimaschutz gehandhabt wurde, die Kriterien erfüllt und damit eine Alternative zur Umsetzung durch Gesetzeserlass darstellt.

aa. Das Prinzip des effet utile

Zunächst ist auf das Prinzip des effet utile einzugehen: Danach soll eine Richtlinie so umgesetzt werden, dass die vom Gesetzgeber intendierte Wirkung so umfassend wie möglich gewährleistet ist[803]. In der Regel wird es zur Erfüllung dieses Ziels als erforderlich angesehen, dass die Umsetzung mindestens die normative Qualität hat, die die bisherigen nationalen Regelungen dieses Sachgebiets hatten.
Fraglich ist jedoch, ob dies auch gilt, wenn bisher auf nationaler Ebene eine Lösung durch die Initiierung von Selbstverpflichtungsabsprachen gewählt wurde.
Im Zweifelsfall wird der Lösungsansatz der Selbstverpflichtungsabsprachen dann gewählt, wenn die herkömmlichen regulativen Methoden ein hohes Vollzugsdefizit aufweisen. Bei einer Lösung, die im kooperativen Weg der Selbstverpflichtungsabsprache entwickelt wurde, sind eventuelle Abstriche beim Regelungsniveau in Kauf zu nehmen und das Erfordernis der Kontrolle ist auch nicht verzichtbar.
Aufgrund der höheren Akzeptanz der Regelung seitens der Belasteten ist allerdings die Quote der tatsächlichen Einhaltung bei kooperativen Instrumenten merklich höher. Unter diesem Gesichtspunkt könnte man sagen, dass durch den unverbindlichen Weg der Selbstverpflichtungsabsprache sogar eine höhere Wirksamkeit im Sinne der praktischen Einhaltung der Sachanforderungen der Richtlinie gewährleistet ist.

---

802 vgl. *v. Danwitz*, in: VerwA 84 (1993), S. 73 (79)

803 EuGH, Urt. v. .8 4. 1976, Entscheidung "Royer", Slg. 1976, S. 497 (517); *Beutler/Bieber/Pipkorn/Streil*, Die Europäischen Union, S. 247

Auf die rein tatsächliche Korrespondenz mit den Anforderungen der Richtlinie kommt es jedoch nach den Kriterien des EuGH nicht an:
Im Falle der TA Luft entschied der EuGH, dass es unerheblich sei, ob in der Praxis kein Verstoß gegen die Richtlinie verzeichnet worden sei; die volle Anwendung der Richtlinie müsste vielmehr in rechtlicher und nicht nur in tatsächlicher Hinsicht gewährleistet sein[804].
Die geforderte praktische Wirksamkeit ist also als (auch) rechtliche Wirksamkeit zu verstehen, der mit dem Umsetzungsmittel der Selbstverpflichtungsabsprache in der vorliegenden Form nicht Genüge getan ist.

bb. Das Kriterium der Rechtssicherheit

Probleme ergeben sich zudem unter dem Gesichtspunkt der Rechtssicherheit: Selbstverpflichtungsabsprachen sind unverbindliche Verhaltensabstimmungen, die über die Partner der Absprache hinaus keine allgemeine Wirkung entfalten. Der Grundsatz der Rechtssicherheit, der materiellrechtlich die objektivrechtliche Verbindlichkeit der Umsetzungshandlung verlangt, ist damit nicht gewahrt[805].
Auch unter formellen Gesichtspunkten ist die Rechtssicherheit nicht ausreichend gewährleistet: Durch die Möglichkeit der Anpassung des Abspracheninhalts und das teilweise Fehlen von Publikationen[806], wird es für Dritte erschwert, über die ihnen zustehenden Rechte Kenntnis zu erlangen, um diese dann geltend machen zu können[807]. Aus diesen Gründen wurden auch schon schlichte Verwaltungspraktiken als Umsetzungsmittel nicht anerkannt[808].
Unter diesen Gesichtspunkten genügen zumindest normabwendende Selbstverpflichtungsabsprachen für sich genommen nicht den Anforderungen. Anders verhält es sich allerdings im Falle der Konstellation aus Rahmenverordnung und ausfüllender Selbstverpflichtungsabsprache: Der verbindliche Rah-

---

804 EuGH, in: NVwZ 1991, S. 866 (867, Rz 20), NVwZ 1991, S. 868, Rz 23

805 *Adamek*, EG-Richtlinien im Umweltrecht, S. 382

806 meist ist der genaue Inhalt der Erkärung nur in Verbandsveröffentlichungen zu erfahren

807 wobei zu beachten ist, daß im Gemeinschaftsrecht ein bedeutend weiteres Verständnis der Rechte des Einzelnen greift als im deutschen Recht: Während in Deutschland die Schutznormlehre gilt, wonach Rechte vom Gesetzgeber verliehen werden und sich im Wege der Auslegung aus der jeweiligen Norm ergeben müssen, gilt im Gemeinschaftsrecht das Strukturprinzip der funktionalen Subjektivierung,das zu einer erheblichen Lockerung der Voraussetzungen für die Annahme eines subjektiven Rechtes führt, vgl. dazu eingehend *Ruffert* , Subjektive Rechte im Umweltrecht der Europäischen Gemeinschaft,S. 145 ff., 340

808 EuGH (Kommission /Niederlande), Urteil v. 25. 5. 1982, Slg.1982, S. 1791 (1833)

men erforderte zunächst eine ausreichende Publikation auch der ergänzenden Absprache. Zudem ist Rechtssicherheit auch dadurch garantiert, dass im Falle des Versagens der freiwilligen Lösung eine gesetzliche Auffangregelung eingreift. Demnach ist diese Vorgehensweise, wie sie beispielsweise auch bei der Altautoverordnung gewählt wurde, unter dem Aspekt der Rechtssicherheit zulässig.

c. Mitteilung der Kommission über Umweltvereinbarungen

aa. Rechtliche Qualität von Mitteilungen

In ihrer Mitteilung an den Rat und das Parlament über Umweltvereinbarungen[809] beschäftigt sich die Kommission auch mit dem Problem der Richtlinienumsetzung durch freiwillige Absprachen, zu denen auch die Selbstverpflichtungsabsprachen zu zählen sind.

Nach dem Zweck einer Mitteilung lassen sich zwei Arten unterscheiden: Zum einen gibt es die sog. Leitlinien-Mitteilungen. Basierend auf Schlussfolgerungen aus der bisherigen Rechtsprechung des EuGH werden darin Grundsätze für die zukünftige Politik aufgestellt, insbesondere hinsichtlich der Verfolgung von Vertragsverletzungen der Mitgliedsstaaten[810] . Zum anderen gibt es Informationsmitteilungen, die die Wirtschaftsteilnehmer lediglich über ihre bestehenden Rechte informieren. Bei der Mitteilung über Umweltvereinbarungen handelt es sich um eine der ersten Gruppe.
Schon mangels Rechtssetzungsbefugnis der Kommission besitzen Mitteilungen keine normative Bindungswirkung. Allenfalls ließe sich eine Selbstbindung der Kommission dahingehend annehmen, dass ein an sich vertragswidriges Verhalten, das aber den Leitlinien entspricht, von einer Sanktion ausgenommen werden kann[811]. Die Mitteilung besitzt jedoch Indizwirkung bezüglich der zukünftigen Vorgehensweise der Kommission.

---

809 KOM 96 (561) endg.

810 *Crones*, Selbstbindungen der Verwaltung im Europäischen Gemeinschaftsrecht, S. 126

811 *Crones*, Selbstbindungen der Verwaltung im Europäischen Gemeinschaftsrecht, S. 128

bb. Inhalt der Mitteilung

Ausgehend vom Grundsatz der Formenwahl wird auch hier der verbindliche Charakter der Richtlinien hervorgehoben, der die Mitgliedsstaaten zu einer vollständigen und rechtzeitigen Umsetzung und Durchführung verpflichtet. Der Gesichtspunkt der Rechtssicherheit kommt insbesondere dann zum Tragen, wenn in der Richtlinie Rechte und Pflichten von Einzelpersonen dargestellt werden: Hier ist eine verbindliche Umsetzung und eine entsprechende Bekanntmachung erforderlich, da nur so den Betroffenen die Möglichkeit zur Geltendmachung der ihnen zustehenden Rechte eröffnet ist[812]. In dieser Konstellation werden freiwillige Vereinbarungen, unabhängig vom Grad ihrer Rechtsverbindlichkeit, nicht als ausreichendes Umsetzungsmittel anerkannt, da auf diesem Wege keine Allgemeinverbindlichkeit der Regelung gewährleistet werden könne. Ein neu auf dem Markt auftretender Akteur beispielsweise ist durch die zuvor getroffene Vereinbarung nicht gebunden[813]. In Fällen, in denen der Inhalt der Verpflichtung mehr auf die Verwirklichung allgemeiner Programme gerichtet ist, werden Umweltvereinbarungen dagegen als Durchführungsmittel akzeptiert. Im Einzelfall kann es sich jedoch als zweifelhaft erweisen, ob eine solche Konstellation vorliegt. Deswegen sollte idealiter schon in der Richtlinie selbst diese Umsetzungsmöglichkeit ausdrücklich vorgesehen sein[814].
Voraussetzung für eine ordnungsgemäße Umsetzung ist jedoch stets, dass die Vereinbarung verbindlich ist[815].
In einem früheren Entwurf der Altautorichtlinie war beispielsweise eine solche Umsetzungsmöglichkeit enthalten, im aktuellen Entwurf fehlt ein solcher Vorbehalt[816]. Das deutsche System der AltautoVO, die durch eine Selbstverpflichtung ergänzt wird, könnte sich daher als nur unzureichende Umsetzung erweisen: Abgesehen von der fehlenden ausdrücklichen Klausel im Richtlinienentwurf ist die deutsche Selbstverpflichtung im Rahmen der Altautoverordnung lediglich eine unverbindliche Erklärung der beteiligten Verbände und damit kein zivil-oder öffentlich-rechtlich durchsetzbarer Vertrag.
Wie schon zuvor erwähnt, bietet diese Konstellation aufgrund des rechtlichen Rahmens ein höheres Maß an Rechtssicherheit als nur eine Selbstverpflich-

---

812 ständige Rechtsprechung des EuGH, erstmals in C 29/84, Slg.der Rechtsprechung des EuGH 1985, S. 1661

813 KOM 96 (561), S. 18

814 *Krieger*, in: EuZW 1997, S. 648; *Faber*, in: UPR 1997, S. 431 (434 f)

815 KOM 96 (561), S. 19 f

816 Abl. Nr. C 165/ 5 vom 3. 6. 1999

tungsabsprache für sich genommen: Sie müßte daher eigentlich ein akzeptables Umsetzungsmittel darstellen.

d. Stellungnahme

aa. Allgemein

In der Europäischen Gemeinschaft ist momentan im Bereich der Umweltpolitik eine ähnliche Misere zu konstatieren wie sie auf deutscher nationaler Ebene existiert: Einem hochdifferenzierten und spezialisierten Regelungssystem stehen massive Vollzugsprobleme gegenüber[817].
In der Praxis werden die von Umweltrichtlinien ausgehenden Wirkungen oft nicht beachtet[818]. Auch der Grundsatz der gleichmäßigen und einheitlichen Durchsetzung des Gemeinschaftsrechts ist nicht nur im Vergleich zwischen den einzelnen Nationalstaaten von einer Realisierung weit entfernt; auch innerhalb Deutschlands kann in manchen Bereichen nicht von einem nur annähernd einheitlichen Vollzug ausgegangen werden[819].
Hauptgrund dafür ist es, dass viele Richtlinien im Bereich des Umweltschutzes keine subjektiven Berechtigungen begründen. Dies lässt sich damit erklären, dass im Umweltrecht typischerweise "konkret-allgemeine" Interessen einer Regelung zugeführt werden sollen[820]. Damit fehlt es an der Voraussetzung für eine unmittelbare Wirkung, deren Eintreten im Falle der Nichtumsetzung auch unter Sanktionsgesichtspunkten vorgesehen ist[821].

Die Forcierung der Prinzipien des effet utile und der Rechtssicherheit inder vom EuGH praktizierten Form haben zwar dazu geführt, dass auf normativer Ebene die Harmonisierung weit vorangetrieben wurde. Die Realität der Verwaltungspraxis ist von einer solchen Harmonisierung jedoch noch weit entfernt.

---

817 vgl. *Siedentopf/Hauschild*, in: DÖV 1990, S. 445 (452); *Ruffert*, Subjektive Rechte im Recht der Europäischen Gemeinschaft, S. 5 ff., spricht von einem doppelt begründeten Vollzugsdefizit, das zum einem auf Umsetzungsmängeln und zum anderen auf Vollzugsmängeln beruht; vgl. auch die empirische Untersuchung von *Engelsberger*, Der Vollzug europarechtlicher Vorschriften auf dem Gebiet des Umweltschutzes, S. 271 ff.

818 *Engelsberger*, aaO., S. 271 f

819 *Engelsberger*, aaO., S. 273

820 Anders beispielsweise im Lebensmittelrecht: Hier geht es typischerweise um "konkret-individuelle" Interessen.

821 *Pühs*, Der Vollzug von Gemeinschaftsrecht, S. 457 f

Daher wurde in letzter Zeit bei der Gestaltung der gemeinschaftlichen Umweltpolitik ein Akzent auf die Effektivierung des Vollzuges gesetzt[822]:
Ziel ist eine rekursive Verknüpfung von Rechtssetzung und Rechtsdurchsetzung[823].
Selbstverpflichtungsabsprachen als Umsetzungsmittel würden sowohl die Ebene der Rechtssetzung als auch die der Rechtsdurchsetzung involvieren.
Auch die Mitteilung der Kommission ist bezüglich der Zuordnung nicht ganz eindeutig: Zwar werden Selbstverpflichtungen als Mittel zur Reduzierung der Regelungsflut angeführt; allerdings wird dann doch betont, dass nach wie vor Rechtsvorschriften den Kern der Umweltpolitik bilden und Umweltvereinbarungen eher ein Mittel der Durchführung seien. Damit kann von einer Vermischung der beiden an sich separaten Bereiche gesprochen werden.

Konsequenz der Anerkennung von Selbstverpflichtungsabsprachen als Umsetzungsmittel wäre es, dass ein Minus an rechtssicherem Umweltschutz auf regulativer Ebene einem erhofften faktischem Plus des letztendlich realisierten Schutzes gegenüberstünde.

Mit ihrer Mitteilung will die Kommission einen Rahmen vorgeben, der die Ineffektivitäten auf Vollzugsebene vermindern hilft, ohne dass eine Einbuße an Rechtssicherheit damit verbunden ist.
Selbstverpflichtungsabsprachen wie die "Aktualisierte Erklärung der deutschen Wirtschaft zur Klimavorsorge" scheiden nach den dort aufgestellten Kriterien als Umsetzungsmittel aus, da sie weder rechtsverbindlich noch allgemeingültig sind. Die Anforderungen des Kriterienkatalogs sind auch zu Recht als unverzichtbarer Mindeststandard zu sehen. Die in der Mitteilung aufgestellten Grundsätze stellen ohnehin schon eine weite und kooperationsfreundliche Auslegung der Rechtsprechung des EuGH dar.
Es hieße die Kooperation mit der Wirtschaft zu Lasten des Umweltschutzes und der Harmonisierung überstrapazieren, wenn man zu Gunsten eventueller faktischer Vorteile selbst auf diese Anforderungen verzichtete[824].

bb. Möglichkeiten einer zulässigen Umsetzung durch Kooperation

Es wäre jedoch auch eine verkürzte Sichtweise, aus den vom EuGH geforderten Kriterien zu schließen, dass die Freiheit der Umsetzungsform in

---

822 vgl. Entschließung des Rates , ABl.Nr. C 321, v. 22. 10. 1997, S. 1-5

823 *Falke*, in: ZUR 3/98, S. 127

824 aA *Wägenbaur*, in: EuZW 1997, S. 645 (645, 647), der die Gefahr herausstellt, daß kooperationsbereite Partner durch zu strenge Anforderungen entmutigt werden

Deutschland sich auf die Wahl zwischen Gesetz oder Verordnung nach Art. 80 GG beschränke[825].
Den Anforderungen des EuGH an ein zulässiges Umsetzungsmittel genügt beispielsweise auch die momentane deutsche Praxis aus Rahmenverordnung und ausfüllender Selbstverpflichtungsabsprache[826].

aaa. Der normersetzende Vertrag und die Allgemeinverbindlicherklärung (§ 36 f.UGB-KomE)

Auch wenn die Realisierung des UGB momentan auf unbestimmte Zeit verschoben scheint[827] soll in diesem Zusammenhang auf eines seiner neuen Handlungsmittel eingegangen werden.
Denkbares weiteres zulässiges Umsetzungsinstrument aus der Sparte der Kooperationsmittel wäre nämlich der darin vorgesehene normersetzende Vertrag (§ 36 UGB-KomE).
Vorbild für diese neue Kreation im Bereich des Umweltrechts ist das Modell des Tarifvertrages[828]. Ausgegangen wird von der gleichen Grundkonstellation wie bei der normersetzenden Selbstverpflichtungsabsprache: Der Erlass einer Rechtsverordnung soll durch Einsatz eines kooperativen Handlungsmittels abgewendet werden.
Statt der unverbindlichen Selbstverpflichtungsabsprache kann nun unter bestimmten Voraussetzungen ein normersetzender Vertrag geschlossen werden: Schutzwürdige Interessen Dritter oder der Allgemeinheit dürfen nicht verletzt werden und der Vertrag darf nur eine Höchstdauer von 5 Jahren abdecken. Dem Vorbild des Tarifvertrages folgend, ist auch der normersetzende Vertrag unter bestimmten Voraussetzungen nicht nur für die Vertragsschließenden bindend, sondern kann gemäß § 37 UGB- KomE auch für allgemeinverbindlich erklärt werden.
Ziel dieser Vorgehensweise soll es sein, die Einbindung privaten Sachverstandes zu ermöglichen und staatliche Zielvorgaben besser umzusetzen als

---

825 so jedoch, *Röthel/Hartmann,* in: Jahrbuch des Umwelt- und Technikrechts 1995, S. 71 (81)

826 offengelassen in KOM 96 (561)

827 Bei den Beratungen im Bundestag wurde festgestellt, dass für die Regelungen im Bereich des Wasserrechts der Bund keine ausreichende Kompetenz besitzt. Daher wurde das Gesamtkonzept im Interesse einer zügigen Umsetzung der IVU-Richtlinie durch ein Artikelgesetz zurückgestellt, vgl. auch *Leitzke*, in UPR 2000, S. 361.Grundsätzlich soll an dem Projekt doch weiterhin festgehalten werden; vor einer Wiederaufnahme des Beschlussverfahrens ist jedoch erst im Wege der Verfassungsänderung eine ausreichende Kompetenzgrundlage zu schaffen.

828 *Sendler,* in: UPR 1997, S. 381 (383)

dies bei informellen Selbstverpflichtungsabsprachen der Fall ist[829]. Zudem sollen so Wettbewerbsverzerrungen vermieden werden[830].
Aus gemeinschaftsrechtlicher Perspektive stellt dieses Instrument damit im Gegensatz zur bloßen Selbstverpflichtungsabsprache ein geeignetes Umsetzungsmittel dar: Es gewährleistet als rechtliche verbindliches Konstrukt Rechtssicherheit, ist im Falle der Anwendung von § 37 UGB- KomE allgemeingültig und bietet dennoch die Vorteile einer Kooperationslösung (Flexibilität und Einbeziehung des Sachverstandes der Wirtschaft).
Der Anerkennung als Umsetzungsmittel kann allerdings entgegengehalten werden, dass gemäß § 36 Abs. 1 Nr. 4 UGB-KomE der normersetzende Vertrag auf nicht länger als fünf Jahre befristet sein darf. Eine Rechtsverordnung ist lediglich nach 12 Jahren einer Überprüfung zu unterziehen und gewährleistet damit eine weit größere Rechtssicherheit[831].

bbb. Verfassungsrechtliche Bedenken

Zudem ist unter nationalrechtlichen Gesichtspunkten ist das Instrument der Allgemeinverbindlicherklärung nicht unproblematisch.
Bedenklich ist insbesondere, dass unter Umgehung des herkömmlichen Gesetzgebungsverfahrens allgemeingültige Regelungen getroffen werden, die unter Umständen auch Eingriffscharakter haben können.
Die Zulässigkeit dieser Vorgehensweise ist abhängig von der rechtlichen Einordnung der Allgemeinverbindlicherklärung.
Schon bei dem rechtlichen Vorbild, der Allgemeinverbindlicherklärung des Tarifvertrages, war lange unklar, wie dies der Großteil der Literatur sieht die Allgemeinverbindlicherklärung als Rechtssetzungsakt sui generis an, der unmittelbar in Art. 9 Abs. 3 GG begründet ist. Die Bedenken der mangelnden demokratischen Legitimation werden dadurch ausgeräumt, dass über die Beteiligung der Verbände eine ausreichende demokratische Grundlage besteht. Da entsprechend der Regelung mindestens 50 % der Betroffenen an der Vereinbarung beteiligt sein müssen, und diese wiederum in demokratisch aufgebauten Verbänden organisiert sind, ist damit ein Standbein demokratischer Legitimation geschaffen[832]. Die fehlende Repräsentation der "Außenseiter" soll dadurch kompensiert werden, dass zum einen ein Anhörungsrecht vorgesehen ist. Zum anderen wird ein Demokratiedefizit dadurch verhindert, dass

829 *Kloepfer/Durner*, in: DVBl 1997, S. 1081 (1086)

830 *Schink*, in: DÖV 1999, S. 1 (6); *Kloepfer/Durner*, in: DVBl 1997, S. 1081 (1086)

831 vgl. *Leitzke*, in: UPR 2000, S. 361 (362)

832 *Kempen/Zachert*, § 5 TVG, RN 37

auf staatlicher Seite ja demokratisch legitimierte Vertreter an der Allgemeinverbindlicherklärung mitwirken[833].
Die Allgemeinverbindlicherklärung sei damit eine notwendige Kombination von autonomer Regelung und staatlicher Rechtssetzung, die ihre Begründung in der verfassungsrechtlich gewährleisteten Koalitionsfreiheit hat.
Dieses Konzept, dessen Tragfähigkeit schon im Arbeitsrecht in Zweifel gezogen wird[834], wird mit der Übertragung auf das Gebiet des Umweltrechts nicht überzeugender:
Dreh- und Angelpunkt für diese Rechtssetzungsart sui generis ist die unmittelbare Begründung im Verfassungsrecht. Eine Entsprechung zu der Koalitionsfreiheit des Art. 9 Abs. 3 GG, die als Hintergrund für diese eigenständige Rechtssetzungsform unabdingbar ist, existiert im Umweltrecht allerdings nicht.
Damit handelt es sich bei der Allgemeinverbindlicherklärung um ein Instrument, das unter dem Aspekt der Parteiautonomie und unter dem Gesichtspunkt eines ordnungsgemäßen Rechtssetzungsverfahrens verfassungsrechtlich bedenklich ist[835].

ccc. Das " Schweizer Modell"

Ein Kooperationsmechanismus, der den Anforderungen an eine zulässige Umsetzung genügen würde, wäre zudem das Modell des in der Schweiz geplanten CO_2-Gesetzes[836]. Danach werden freiwillige Maßnahmen dergestalt in einen gesetzlichen Rahmen eingebunden, dass bei deren Versagen automatisch eine Abgabenpflicht in Kraft tritt. Der Unterschied zum deutschen Konzept der Rahmenverordnung und ausfüllender Selbstverpflichtung liegt darin, dass die Abgabenpflicht schon konkret ausgestaltet ist; eine neue Gesetzgebungsdiskussion ist damit nicht erforderlich.
Auch damit wären die Voraussetzungen für eine ordnungsgemäße Umsetzung erfüllt.

---

833 *Kempen/Zachert*, aaO., RN 30

834 vgl. *May*, Die verfassungsmäßige Zulässigkeit der Bindung von Außenseitern durch Tarifverträge, S. 145 ff.

835 so auch *Schink*, in: DÖV 1999, S. 1 (6)

836 vgl. § 14, Nr. 5

cc. Fazit

Die Masse der in Deutschland bislang gehandhabten Selbstverpflichtungsabsprachen ist unverbindlich und nicht in irgendeinen rechtlichen Rahmen eingebunden. Diese unverbindliche Form genügt den Anforderungen des Gemeinschaftsrechts grundsätzlich nicht und ist nur im Rahmen der Umsetzung allgemeiner umweltschützerischer Programme zulässig, sofern die Richtlinie selbst keine abweichende Regelung trifft. Ergo ist zukünftig verstärkt die Einbindung informeller Instrumente in einen formalen Rahmen anzustreben, um den europarechtlichen Anforderungen zu genügen. Diese Einbindung darf jedoch wiederum nicht zu umfassend sein:
Erfahrungen in anderen Ländern haben gezeigt, dass eine generelle Formalisierung von Selbstverpflichtungen zu einer Lähmung dieses Instrumentes geführt hat[837].
Nach alledem erscheint es sinnvoll, wenn es um die Umsetzung einer Richtlinie geht, die Möglichkeiten von Rahmenverordnungen und (de lege ferenda) von normersetzenden Verträgen zu wählen; auch die Vorteile des Schweizer Modells sollten nicht aus den Augen verloren werden.
Den "weicheren" Selbstverpflichtungsabsprachen bleibt darüber hinaus ein weites Anwendungsfeld[838].
Es würde den Rahmen dieser Arbeit sprengen, eine dogmatische Begründung der Allgemeinverbindlicherklärung im Umweltrecht zu versuchen; die diesbezüglichen Bedenken dürfen jedoch nicht außer Acht gelassen werden.

2. Vereinbarkeit der Selbstverpflichtung mit materiellem Gemeinschaftsrecht

Zu prüfen bleibt, ob normabwendende Selbstverpflichtungsabsprachen im Umweltschutz gegen materiellrechtliche Regelungen des EGV und gegen sekundäre Regelungen des Europarechts verstoßen können und aus diesem Grund unzulässig sind.
In Frage kommt ein Verstoß gegen die kartellrechtlichen Vorschriften der Art. 81 ff. des EGV. Aufgrund der weitgehenden Parallelität mit den nationalen Kartellrechtsregelungen soll dieser Problembereich jedoch als Einheit im nächsten Kapitel behandelt werden.
Ansonsten ist vor allem der Grundsatz der Warenverkehrsfreiheit relevant, Art. 28 (ex 30) EGV.

---

837 vgl. *Fluck/Schmitt*, in: VerwA 89 (1998), S. 22o (249 ff), am Beispiel des Dekretes über Umweltvereinbarungen in den flämischen Regionen Belgiens; Umweltgutachten 1998 (Kurzfassung), RN 33

838 so auch Umweltgutachten 1998 (Kurzfassung), RN 33

Handelshemmnisse können vor allem aufgrund produktbezogener Selbstverpflichtungen entstehen. Eine solche Beeinträchtigung des freien Binnenmarktes ist nur dann zulässig, wenn die Regelung aus Gründen des Gesundheits- oder Umweltschutzes erforderlich ist und sie kein Mittel willkürlicher Diskriminierung darstellt. Dieser Aspekt (Beeinflussung des freien Binnenmarktes durch produktbezogene Verhaltensabstimmungen) hat in der Richtlinie des Rates über ein Informationsverfahren auf dem Gebiet der Normen und technischen Vorschriften[839]Berücksichtigung gefunden. Darin ist geregelt, dass Vereinbarungsentwürfe, deren Inhalt die technische Spezifikation von Produkten ist, der Kommission zur Prüfung vorgelegt werden müssen. Ziel dieser Regelung ist, Beeinträchtigungen, die durch eine Abstimmung der Produktgestaltung hervorgerufen werden, zu vermeiden.
Die gleiche Ratio kann auch bei produktbezogenen Selbstverpflichtungen greifen: Auch hier geht es häufig um die Festlegung bestimmter Produktstandards, die, auch wenn die Absprache unverbindlich ist, de facto ein Handelshemmnis darstellen können.
Im Bereich des Klimaschutzes ist dieser Gesichtspunkt ohne Relevanz: Die Erklärung der deutschen Wirtschaft zum Klimaschutz enthält keine produktbezogene Abstimmung, sondern verlangt mit einer CO_2-Minderung eine produktionsbezogene Verhaltensänderung.
Die Selbstbeschränkung der Aerosolindustrie zur Minderung der FCKW bezog sich dagegen auf die Beschaffenheit des Produktes. Hintergrund für die Initiierung der Selbstverpflichtung war gerade, dass ein entsprechendes gesetzliches Produktion- oder Vertriebsverbot gegen die Warenverkehrsfreiheit verstoßen hätte[840]. Der Umstand, dass sich nunmehr die deutschen Hersteller zu einer Reduktion verpflichteten, stellt demgegenüber kein (auch nicht mittelbares) relevantes Hindernis für den freien Warenverkehr dar: Es stand den ausländischen Produzenten nach wie vor frei, FCKW-haltige Waren herzustellen und in Deutschland zu vertreiben. Eventuell geringere Absatzmengen, die auf die Konkurrenz der anderen (umweltfreundlichen) Produkte zurückzuführen war, sind die normale Folge von marktwirtschaftlichen Prozessen.

Eine Verletzung von sekundärrechtlichen Regelungen des Europarechts, (v.a. von Verordnungen) ist im jeweiligen Einzelfall zu untersuchen. Im Rahmen der Erklärung der deutschen Wirtschaft zum Klimaschutz ist dieser Bereich unproblematisch.

---

839 Richtlinie 83/189/EWG, ABl. Nr.L 109 vom 26. 4. 1983, geändert durch 88/182/EWG, ABl. Nr.L 109 v. 26. 3. 1988 und durch 94/10/EG, ABl. Nr.L 100 v. 19. 4. 1994, S.30

840 vgl. *Lautenbach/Steger/Weihrauch*, in: BDI (1992), S. 66 f.

Im Falle einer Parallelität von gemeinschaftsweiter Energiebesteuerung und Selbstverpflichtung könnten sich Konflikte mit Gemeinschaftsrecht ergeben. Dieses Szenario soll hier jedoch ausgespart werden[841].

§ 19 Kartellrechtliche Problematik

1. Konfliktlage zwischen Umweltschutz und Schutz des freien Wettbewerbs

Ziel des Kartellrechtes ist es, den freien Wettbewerb zu schützen, der für eine funktionierende Marktwirtschaft unerlässlich ist.
Aufgrund der wirtschaftspolitischen Neutralität des Grundgesetzes ist der freie Wettbewerb als solcher zwar eigentlich nicht verfassungsrechtlich gewährleistet; inzwischen deutet jedoch einiges darauf hin, dass Markt- und Wettbewerbsfreiheit als Verbürgungen verfassungsrechtlichen Ranges anerkannt werden[842].
Selbstverpflichtungen ieS, das heißt solche, die ohne jegliche staatliche Einflussnahme abgegeben wurden, sind an den Maßstäben des Kartellrechts zu messen[843].
Im Falle der Selbstverpflichtungsabsprachen, das heißt bei denjenigen Abstimmungen, die zu Zwecken des Umweltschutzes von staatlicher Seite initiiert werden, ist dies jedoch nicht so eindeutig:
Verhaltensabstimmungen zwischen Unternehmen sind grundsätzlich ein vom Kartellrecht missbilligtes Verhalten. Wenn dieses Verhalten im Rahmen einer Selbstverpflichtungsabsprache zum Zwecke des Umweltschutzes erfolgt (es wird z. B. vereinbart, Produkte nur noch in einem umweltfreundlichen Verfahren herzustellen), ergibt sich ein Widerspruch folgender Gestalt:
Die Verhaltensabstimmung ist einerseits ein staatlich gewünschtes Verhalten, da es zur Umsetzung der durch den Staat initiierten Selbstverpflichtungsabsprache unerlässlich ist, andererseits ist es unter wettbewerbsrechtlichen Gesichtspunkten verboten[844].

---

841 vgl, dazu *Kohlhaas/Praetorius,* Die Selbstverpflichtung der Industrie zur CO_2-Reduktion

842 *DiFabio*, in: JZ 1997, S. 969 (973); *Ronellenfitsch*, in: Isensee/Kirchhoff, § 84, RN 32, spricht von einer "Affinität des Grundgesetzes zur Marktwirtschaft"

843 *Brohm*, in: DÖV 1992, S. 1025 (1027)

844 *v. Wallenberg*, in: GRUR 1980, S. 833; allgemein: *Immenga*, Politische Instrumentalisierung des Kartellrechts, S.12 ff

Wie dieser Widerspruch einer Auflösung zugeführt werden kann, ist im folgenden zu untersuchen.

Ob im Falle des Klimaschutzes kartellrechtliche Bedenken wirklich zum Tragen kommen, ist zweifelhaft. Nichtsdestotrotz soll die Problematik dargestellt werden, da eine Lösung des zuvor dargelegten Widerspruchs für die generellen Einsatzmöglichkeiten des Instrumentes wesentlich ist.

2. Generelle Anwendbarkeit des Kartellrechts

Uneinigkeit besteht zunächst darüber, ob Selbstverpflichtungsabsprachenüberhaupt in den Geltungsbereich des Kartellrechts fallen.
Die Unanwendbarkeit wird teilweise damit begründet, dass es sich bei staatlich initiierten Selbstverpflichtungen letztlich um Institute öffentlich-rechtlichen Charakters handele[845].Wirtschaftlich betrachtet möge zwar durchaus der Tatbestand einer Wettbewerbsbeschränkung zu bejahen sein; dies wäre jedoch auch bei jeder staatlichen Intervention (durch Gesetz oder Verwaltungsakt) der Fall, mit der auf die wirtschaftlichen Parameter Einfluss genommen wird. Trotzdem stünde bei diesen, als traditionellen Instrumenten hoheitlichen Handelns, eine Überprüfung anhand des GWB außer Frage. Gleiches müsse dann auch für Selbstverpflichtungen gelten[846].
Im Falle des DSD wurde z. B. eingewandt, dass das Duale System mit seinen Auswirkungen in der Verpackungsverordnung (VerpackV) geregelt sei und deswegen wettbewerbsrechtliche Regelungen zurückzutreten hätten[847].
§ 6 Abs. 3 VerpackV schreibt die Gründung eines solchen Systems jedoch nicht zwingend vor; er bietet lediglich die Möglichkeit sich einem System zum Zwecke der Befreiung von der Rücknahmepflicht anzuschließen. Zudem lässt die Verordnung auch die Entstehung mehrer Systeme zu; sie präjudiziert nicht die Frage des Wettbewerbs[848].
Richtig ist es also, von einer Anwendbarkeit des Kartellrechts auszugehen: Auch wenn die generelle Intention der Absprache staatlich gewollt ist, kann dadurch das Abkommen auf Unternehmensebene nicht jeglicher wettbewerbs-

---

845 vgl. *Bohne*, in: VerwA 75 (1984), S. 343 (362); *Baudenbacher*, in: JZ 1988, S. 689 (694); des weiteren zum Streitstand über die Rechtsnatur der horizontalen Abstimmung unter § 16 Nr.7 a..

846 *Baudenbacher*, in: JZ 1988, S. 689 (694)

847 vgl. *Buchardi/Sacksofsky*, in: Jahrbuch für Umwelt-und Technikrecht 1994, S. 23 (38 ff)

848 *Buchardi/Sacksofsky*, aaO., S. 23 (39)

rechtlicher Kontrolle entzogen sein[849]. Andernfalls bestünde die Gefahr, dass unter dem Deckmantel des Umweltschutzes Verhaltensabstimmungen getroffen würden, die den Markt in unangemessener Weise beeinflussen.
Bei Selbstverpflichtungen handelt es sich also um unternehmerische Vereinbarungen, auf die sowohl nationales als auch europäisches Kartellrecht anwendbar sind[850].

3. Zulässigkeit nach den Regelungen des GWB

a. Systematik des GWB

§ 1 GWB sieht ein Kartellverbot vor. Danach sind Vereinbarungen zwischen miteinander im Wettbewerb stehenden Unternehmen, Beschlüsse von Unternehmensvereinigungen und aufeinander abgestimmte Verhaltensweisen verboten, die eine Verhinderung, Einschränkung oder Verfälschung des Wettbewerbs bezwecken oder bewirken[851]. Davon ist nunmehr auch ein lediglich abgestimmtes Verhalten dieser Wirkung, das keine Vertragsqualität hat, erfasst[852]. Damit fällt das horizontale Element von Selbstverpflichtungsabsprachen grundsätzlich in den Anwendungsbereich des GWB.
Aufgrund dieser Verbotsregelung des § 1 GWB ergibt sich die Nichtigkeit eines entsprechenden Vertrages oder Beschlusses aus § 134 BGB iVm § 1 GWB[853].
Weitere zivilrechtliche Folge ist ein Unterlassungs- oder Schadenersatzanspruch aus § 33 GWB. Kartellbehördliche Befugnisse sind das Untersagungsverfahren (§ 32 GWB), die Mehrerlösabschöpfung (§ 34 GWB) und die Festsetzung einer Geldbuße (§§ 81 ff GWB)[854].
In den §§ 2 bis 7 GWB finden sich Ausnahmeregelungen, wie z. B. für Strukturkrisen- und Mittelstandskartelle. Seit der 6. GWB-Novelle enthält zudem §

---

849 vgl. nur *Kloepfer*, in: Gutzler, S. 57(89)

850 vgl. *Ehle*, Die Einbeziehung des Umweltschutzes in das Europäische Kartellrecht, S. 98 f.

851 bis zum Erlass der 6.GWB- Novelle, die am 1.1.1999 in Kraft trat, erfasste das Verbot Verträge, die Unternehmen oder Unternehmensvereinigungen zu einem gemeinsamen Zweck schließen, und Beschlüsse von Unternehmensvereinigungen, soweit sie geeignet sind, die Erzeugung oder die Marktverhältnisse für den Verkehr mit Waren oder gewerblichen Leistungen durch Beschränkung des Wettbewerbs zu beeinflussen.

852 früher waren diese unverbindlichen abgestimmten Verhaltensweisen gesondert in § 25 GWB erfasst, der sie Verträgen nach § 1 GWB gleichstellte.

853 in der alten Fassung war die Unwirksamkeit ausdrücklich in § 1 GWB angeordnet.

854 vgl. (noch zur a.F.) genauer *Emmerich*, Kartellrecht, S.80 ff.

7 GWB eine in Anlehnung an Art. 85 Abs. 3 EGV neu gefasste allgemeine Freistellungsmöglichkeit[855].
Diese Kartelle sind teilweise aufgrund einer beantragten Erlaubnis, teilweise auf bloße Anmeldung hin gemäß §§ 9 f. GWB vom Kartellverbot ausgenommen. Hintergrund für diese Ausnahmebestimmungen ist es, dass damit bestimmten anderen (wirtschaftlichen) Gesichtspunkten Priorität vor dem Kartellverbot eingeräumt werden soll; dabei handelt es sich um eine " ex lege vorgenommene Interessenabwägung"[856].
Darüber hinaus besteht noch nach § 8 GWB die Möglichkeit einer Ministererlaubnis.
Bereichsausnahmen sind nunmehr nur nach eingeschränkt möglich und in den §§ 28 ff GWB geregelt; die bisher dort geregelten Fälle werden jetzt vom Auffangtatbestand des § 7 Abs. 1 GWB erfasst[857].

b. Tatbestand der § 1 GWB

Früher waren nach § 1 GWB nur Verträge von Unternehmen zu einem gemeinsamen Zweck verboten. Daraus ergab sich die Streitfrage, ob es sich bei einer Unternehmenskooperation tatsächlich um einen Vertrag handelte. Zu diesem Punkt wurde das GWB in zwei Schritten fortgebildet, so dass sich dieses Problem heute nicht mehr stellt: Zunächst wurden mit Einführung des § 25 GWB auch sonstige Verhaltensabstimmungen von dem Kartellverbot erfasst; in § 25 Abs. 1 GWB wurde der Oberbegriff gesehen, dem der Spezialfall des Vertrages unterfiel[858]. Der zweite Schritt folgte mit der 6. GWB-Novelle, die § 1 GWB so neu fasste, dass das Verbot auch nicht vertraglich bindende Absprachen trifft; die Regelung des § 25 GWB wurde somit obsolet.
Bei Abschluss einer Selbstverpflichtungsabsprache findet auf horizontaler Ebene eine Koordination zwischen Unternehmen statt. Diese besitzt zwar keine rechtliche Verbindlichkeit, kann aber als aufeinander abgestimmte Verhaltensweise grundsätzlich in den Anwendungsbereich des Kartellrechts fallen (§ 1 GWB).
Diese Vereinbarung bzw. dieses abgestimmte Verhalten muss sich zwischen miteinander im Wettbewerb stehenden Unternehmen, d. h. auf horizontaler Ebene abspielen[859]

---

855 vgl. dazu *Kahlenberg*, in: BB 1998, S. 1593 (1594 f.)

856 *Ehle*, Die Einbeziehung des Umweltschutzes in das Europäische Kartellrecht, S. 116

857 vgl. *Kahlenberg*, in: BB 1998, S. 1593 (1595)

858 *Emmerich*, Kartellrecht, S. 49

859 das Erfordernis der horizontalen Vereinbarung ist an die Stelle der in § 1 GWB a.F. enthaltenen Voraussetzung des " gemeinsamen Zwecks" getreten. Ein gemeinsamer

Zentrales Merkmal des Tatbestandes ist jedoch eine Verhinderung, Verfälschung oder Beeinträchtigung des Wettbewerbs[860].
Fraglich ist, wann eine Wettbewerbsbeschränkung tatsächlich vorliegt. Sie ist beispielsweise dann gegeben, wenn die Unternehmen den Preis gemeinsam fixieren[861]. Bei anderen Verhaltensweisen ist die Beurteilung nicht so eindeutig.
Allgemein gesagt ist unter einer Wettbewerbsbeschränkung eine künstliche Beschränkung der Handlungsfreiheit der Unternehmen am Markt zu verstehen[862]. Eine solche Konstellation liegt jedenfalls dann vor, wenn sich die Parteien durch die Verhaltensabstimmung im Gebrauch ihrer Aktionsparameter limitieren. Paradebeispiel für eine solche Einschränkung der Aktionsparameter im Klimaschutz sind die Selbstverpflichtungsabsprachen über den Verzicht auf FCKW: Durch die Erklärung, zukünftig bei ihrer Produktion auf einen chemischen Stoff zu verzichten, limitieren die Hersteller ihren Handlungsspielraum.

Weiteres Tatbestandsmerkmal ist eine Veränderung der Marktverhältnisse. In der Neufassung des GWB ist dieses nicht mehr ausdrücklich enthalten. Da eine sachliche Änderung vom Gesetzgeber jedoch insoweit nicht beabsichtigt war, wird vorgeschlagen, dieses Merkmal weiterhin in § 1 GWB "hineinzulesen"[863].
Für eine derartig weite Interpretation über den Wortlaut hinaus müssten jedoch greifbare Anhaltspunkte für eine entsprechende Intention des Gesetzgebers vorliegen, die hier nicht ersichtlich sind. Sinnvoller ist es wohl, eine Lösung zu suchen, die sich am Wortlaut des neugefassten Gesetzes orientiert:

Zweck in diesem Sinne wurde nach der hM bejaht, wenn sich die Vertragsbeteiligten als aktuelle oder potentielle Wettbewerber gegenüberstehen und durch die Vereinbarung der Wettbewerb horizontal beschränkt wird, BGH WM 1986, S. 1422. Man kann daher von einer Kodifizierung der bisherigen hM sprechen. Zum Problem der erweiterten Auslegung des gemeinsamen Zweckes und der Anwendung auf vertikale Absprachen vgl. *Kahlenberg*, in: BB 1998, S. 1593

860 so die neue Formulierung, die in Orientierung an den Wortlaut des Art. 85 EGV gewählt wurde. Eine sachliche Änderung gegenüber der früheren " Wettbewerbsbeschränkung" soll jedoch nicht dadurch herbeigeführt werden.

861 *Emmerich*, Kartellrecht S. 60

862 *Kohlhaas/Praetorius*, Die Selbstverpflichtung der Industrie zur CO_2-Reduktion, S. 153; *Emmerich*, Kartellrecht, S. 60

863 *Bechtold*, in: NJW 1998, S. 2769 (2670)f

Danach bedarf es keiner "spürbaren Beeinflussung der Marktverhältnisse", wenn eine Verhinderung, Einschränkung oder Verfälschung des Wettbewerbs *bezweckt* ist. Das bloße Bewirken einer Wettbewerbsbeschränkung ist dagegen nur relevant, wenn spürbare Auswirkungen auf den Wettbewerb zu verzeichnen sind.
Es ist darunter jede Veränderung der Produktions- und Marktverhältnisse für Güter oder Dienstleistungen zu verstehen; diese muss gerade durch die Wettbewerbsbeschränkung eingetreten sein[864].

c. "Kartellprivileg" des Umweltschutzes ?

Falls bei umweltschützenden Selbstverpflichtungen der Tatbestand des § 1 GWB erfüllt ist, wird teilweise versucht, die ungewünschten Rechtsfolgen durch Annahme eines "Kartellprivilegs Umweltschutz" zu vermeiden.
Eine Konstruktionsmöglichkeit dieses Privilegs ist es, den § 1 GWB wegen des öffentlichen Interesses an der Vereinbarung als nicht erfüllt anzusehen; dabei ist ein Vorrang dieses öffentlichen Interesses im Rahmen einer Güterabwägung festzustellen[865]: Trotz einer privatrechtlichen Einordnung (und damit einer grundsätzlichen Anwendbarkeit des Kartellrechts) müsse berücksichtigt werden, dass es sich schließlich um die Umsetzung einer staatlichen wirtschaftslenkenden Maßnahme handele, bei der es hinsichtlich der Geltung des Kartellrechts keinen Unterschied geben dürfe, ob sie durch Rechtsverordnung oder durch Anregung einer Selbstverpflichtung erfolge[866]. Zudem zeige die Heranziehung der Methode der Güterabwägung in den verschiedenen Rechtsgebieten, dass es als allgemeines Rechtsprinzip zur Lösung von Rechtsgüter- und Interessenkonflikten diene[867].
Eine solche Güterabwägung wird vom Bundeskartellamt jedoch inzwischen abgelehnt, da dies Aufgabe des Gesetzgebers sei[868]. Zudem sei die Verein-

---

864 *Emmerich,* Kartellrecht, S. 66

865 so wohl *Kaiser,* in: NJW 1971, S. 585 (588) unter Bezugnahme auf den "Doppelsteckerfall" WuW/E, 1960; BKartA 145, in dem der Vorrang des Rechtsgutes "Sicherheit " vor dem Schutz des Wettbewerbs anerkannt wurde; *Brohm*, in: DÖV 1992, S. 1025 (1029)

866 *Brohm*, aaO., S. 1029

867 *von Bernuth*, Umweltschutzfördernde Unternehmenskooperationen und das Kartellverbot des Gemeinschaftsrechts, S. 40

868 vgl. dazu *Buchardi/Sacksofsky*, in; Jahrbuch für Umwelt- und Technikrecht 1994, S. 23 (39 f.)

barkeit einer solchen Praxis mit den Regelungen des GWB fraglich[869], da das GWB ja bereits ein ausgefeiltes System der Ausnahmetatbestände besitze. Dieses System durch eine schwer fassbare Interessenabwägung auszuhöhlen, scheint auch unter dem Gesichtspunkt der Rechtssicherheit bedenklich[870]. Damit ist dieser Weg, selbst unter dem Gesichtspunkt des neuen Art. 20 a GG, keine adäquate Konstruktion eines Kartellprivileges.

Teilweise wird auch ein außergesetzlicher Rechtfertigungsgrund des öffentlichen Interesses angenommen[871]. Danach müssten im Einzelfall Wettbewerbsbeschränkungen aufgrund eines entsprechenden Ergebnisses einer hier ebenfalls durchzuführenden Güter- und Interessenabwägung hingenommen werden[872].
Dies ist jedoch bedenklich, da zum einen auch hier das bestehende Regelungssystem des GWB umgangen würde und zum anderen § 1 GWB schon gar keine Rechtswidrigkeitsebene besitzt[873].
In der Praxis hat der Gesichtspunkt der Interessenabwägung nur beim Thema des Gesundheitsschutzes Eingang gefunden[874]; eine Berücksichtigung erfolgte jedoch nur bei Erfüllung bestimmter Voraussetzungen[875]:
Die Maßnahmen müssen mit der größten Verantwortung erlassen werden. Sie müssen ausschließlich dem jeweiligen Sicherheits- und Ordnungsinteresse dienen. Sie dürfen nicht bloßer Vorwand für marktpolitische Maßnahmen sein. Der Öffentlichkeit muss Gelegenheit gegeben werden, Einwände zu erheben. Schließlich muss die Einschränkung des Kartellverbotes erforderlich und verhältnismäßig sein. Ob diese Erfordernisse erfüllt sind, ist im Einzelfall festzustellen.

---

869 vgl. Bericht des Bundeskartellamtes über seine Tätigkeit in den Jahren 1995/1996, BT-Drucksache 13/7900, S. 39

870 *Kloepfer*, in: JZ 1980, S. 781 (786); *v. Zezschwitz*, in: JA 1978, S. 497 (505)

871 vgl.dazu *Kloepfer*, Umweltrecht, S. 463, *Emmerich*, Kartellrecht, S. 79; umfassend zum Meinungsstand: *Freitag/Hansen/Markert/Strauch*, Umweltschutz und Wettbewerbsordnung, S. 71 ff; generell zur Rechtswidrigkeitsebene: *v. Wallenberg*, in: GRUR 1980, S. 833 (835); *Biedenkopf*, in: BB 1966, S. 1133; *Kloepfer*, in: JZ 1980, S. 781(786); *Oldiges*, in: WiR 1973, S. 1 (15)

872 *Kohlhaas/Praetorius*, Die Selbstverpflichtung der Industrie zur CO_2-Reduktion, S. 154; *Kloepfer*, in: Gutzler, S. 57 (92)

873 *Kloepfer*, aaO., S. 57(95); *von Bernuth*, Umweltschutzfördernde Unternehmenskooperationen un das Kartellverbot des Gemeinschaftsrechts, S. 42

874 vgl. *Kohlhaas/Praetorius*, aaO., S. 154 mit weiterführenden Hinweisen

875 Entscheidung vom 20.2.1960, WuW/E BKartA S. 145 ff. - "Doppelstecker"

Angesichts der Erlaubnismöglichkeit des § 8 Abs. 1 GWB scheint eine darüber hinausgehende Einschränkung des § 1 GWB im Wege der Interessenabwägung jedoch auch generell als zweifelhaft[876].
Auch im Falle des DSD ging das Bundeskartellamt nicht von einem Privileg zugunsten des Umweltschutzes aus. Der Gesellschaftsvertrag des DSD wurde einer Überprüfung unterzogen[877] und eine Änderung bewirkt: Ursprünglich war darin ein Passus vorgesehen, in dem sich der Handel verpflichtet, nur noch Waren mit dem "Grünen Punkt " zu vertreiben; dieser Passus wurde nach Intervention des Bundeskartellamts gestrichen[878].

Schließlich wird teilweise noch eine Übertragung der"rule of reason" des amerikanischen Rechts auf das deutsche Recht angedacht[879]. Bei der "rule of reason" handelt es sich um eine Rechtsfigur des amerikanischen Anti-Trust-Law: Über einen Vorbehalt des öffentlichen Interesses soll der Verbotstatbestand eingeschränkt werden. Abgesehen von den grundsätzlichen Bedenken, die gegen ein solches Vorgehen bestehen[880], würde auch eine Übertragung dieses Konstrukts nicht zu einem Kartellprivileg für Umweltabsprachen führen, da in diesem Rahmen nur wettbewerbliche Wirkungen berücksichtigt werden[881].

d. Gesetzlich vorgesehene Legalisierungsmöglichkeiten

Von den Ausnahmetatbeständen der §§ 2- 7 GWB kam bisher bei Verhaltensabstimmungen aus Umweltschutzmotiven idR nur § 5 GWB in Frage. Beispielsweise wurde zur Unterstützung des Mehrwegflaschensystems die Ver-

---

876 *Emmerich*, Kartellrecht, S. 80, *v. Zezschwitz*, in: JA 1978, S. 497 (505); *Ehle*, Die Einbeziehung des Umweltschutzes in das Europäische Kartellrecht, S. 122

877 generell zum Verfahren des Bundeskartellamtes hinsichtlich des DSD vgl. *Ehle*, Die Einbeziehung des Umweltschutzes in das Europäische Kartellrecht, S. 78

878 *Breier*, in: ZfU 1997, S. 131 (137 f.)

879 *DiFabio*, in: JZ 1997, S. 969 (974); *Immenga*, in. Immenga/Mestmäcker, GWB, § 1 RN 230

880 vgl. *Pernice*, in: EuZW 1992, S. 139 (141) hinsichtlich einer Übertragung auf das europäische Kartellrecht; diese Bedenken gelten jedoch ebenso für eine bertragung auf des deutsche Recht; *Kloepfer*, in: JZ 1980, S. 781 (786); *Kloepfer*, in: Gutzler, S. 57 (93)

881 *Mestmäcker*, in: Immenga/Mestmäcker, Europäisches Wettbewerbsrecht, S. 233 ff; *Bock*, in: EuZW 1994, S.47 (49, Fn.16)

abredung einheitlicher Flaschen der Bier- und Brunnenindustrie als Rationalisierungskartell nach § 5 Abs. 2 GWB gewertet[882].
Allerdings nahm hier das Bundeskartellamt eine Rationalisierung nur an, wenn jeweils eine innerbetriebliche Verbesserung des Verhältnisses von Aufwand und Ertrag eingetreten ist[883]; eine Anwendung auf umweltschutzbezogene Kooperationen scheidet damit im Regelfall aus, da diese (zumindest kurzfristig) zu einer betriebswirtschaftlichen Kostensteigerung führen[884].
Falls dennoch eine solche Konstellation bei einem umweltschützenden Selbstverpflichtungsabsprache gegeben ist, bedarf die Vereinbarung lediglich der Anmeldung, §§ 5 Abs. 1, 9 Abs. 2 GWB.
Mögliche Grundlage für eine Legalisierung von Selbstverpflichtungen seit der 6. GWB-Novelle der neue § 7 GWB. Dieser soll zwar - anders als Art. 85 Abs. 3 EGV - keine gemeinwohlorientierte Öffnungsklausel schaffen[885], da dieser Bereich weiterhin dem Instrument der Ministererlaubnis vorbehalten bleiben soll.
Nach dem Wortlaut des § 7 GWB können umweltbezogene Selbstverpflichtungsabsprachen grundsätzlich darunter subsumiert werden: Er spricht von einer Verbesserung der Erzeugung, Verteilung oder Beschaffung von Waren oder Dienstleistungen. Auch wenn damit vorrangig eine Effizienzsteigerung gemeint ist, würde beispielsweise auch eine Verbesserung des Produktionsvorganges, die zu einer geringeren Umweltbelastung führt, eine verbesserte Erzeugung im Wortsinn darstellen.
Dieses Verständnis wird auch durch die amtliche Begründung des Gesetzesentwurfes bestätigt, die auf den Umweltbereich ausdrücklich verweist[886].
Vor diesem Hintergrund können jedoch wohl lediglich produkt- oder prozessbezogene Selbstverpflichtungen unter § 7 GWB fallen.

Schließlich bleibt noch die Möglichkeit, eine Absprache im Wege der Ministererlaubnis nach § 8 Abs. 1 GWB zu legalisieren. Voraussetzung dafür ist,

---

882 Die Pfandregelung wurde zudem als Konditionenkartell nach § 2 GWB für zulässig erklärt, vgl. *Kartte/Stahl-Hoeppner,* in: HdUR II, Sp. 2768

883 *Immenga,* in: Immenga/Mestmäcker, § 5 RN 57 ff (RN 59 aE) *Kohlhaas/Praetorius*, Die Selbstverpflichtung der Industrie zur CO_2-Reduktion, S.156

884 *Freitag/ u.a.* Umweltschutz und Wettbewerb, S. 83 f.; *von Bernuth*, Umweltschutzfördernde Untenehmenskooperationen und das Kartellverbot des Gemeinschaftsrechts, S.42 f.

885 *Knebel/Wicke/Michael*, Selbstverpflichtungen und normersetzende Umweltverträge als Instrumente des Umweltschutzes, S. 245

886 *Knebel/Wicke/Michael*, Selbstverpflichtungen und normersetzende Umweltverträge als Instrumente des Umweltschutzes, S. 246

dass überwiegende Gründe der Gesamtwirtschaft und des Gemeinwohls vorliegen.
Ob aufgrund dieser Klausel eine Legalisierung möglich ist, bestimmt sich danach, ob diese beiden Voraussetzungen kumulativ vorliegen müssen oder ob einer der beiden Gründe für eine allgemeine Ausnahmeregelung genügt[887].
Einer Ansicht nach kann § 8 GWB nicht als Auffangtatbestand für bloße Erwägungen des Gemeinwohls gelten: Er folge auf die §§ 2 bis 7 GWB, die auch nur auf wettbewerbliche Aspekte beschränkt seien, ergo müsse dies auch bei § 8 GWB so gelten. Das Ministerkartell diene somit lediglich der Lösung wirtschaftspolitischer Zielkonflikte[888].
Eine andere Ansicht versteht die Vorschrift so, dass Gründe des Gemeinwohls bereits allein eine Erlaubnis als Sonderkartell rechtfertigen[889]. Dem steht jedoch der eindeutige Wortlaut sowie die Entstehungsgeschichte[890]des § 8 GWB entgegen. Es ist daher zumindest erforderlich, dass die Kooperation im Allgemeininteresse liegt und gesamtwirtschaftlich zumindest keine nachteiligen Folgen hat[891].
In der Praxis wird dieser Weg der Legalisierung allerdings selten begangen: Als eines der wenigen Beispiele lässt sich ein Sonderkartell im Bereich der Zigarettenwerbung nennen[892]. Hintergrund war hier der Aspekt des Gesundheitsschutzes.

e. "Umweltfreundliche" Ermessensausübung

Gemäß § 81 Abs. 1 Nr. 1 GWB handelt derjenige ordnungswidrig, der sich über die Unwirksamkeit eines nach § 1 GWB unwirksamen Vertrages hinwegsetzt. Gemäß § 47 Abs. 1 S. 1 OWiG steht es jedoch im pflichtgemäßen Ermessen der Behörde, ob sie das ordnungswidrige Verhalten tatsächlich sanktioniert. Auch die Einleitung eines Untersagungsverfahrens nach § 32

---

887 vgl. *Kloepfer*, in: Gutzler, S. 57 (99 ff.)

888 *Hübner*, in: NJW 1972, S. 1651 f.;

889 vgl. *Kohlhaas/Praetorius*, Die Selbstverpflichtung der Industrie zur CO_2-Reduktion, S. 157

890 *Hübner*, in: NJW 1972, S. 1651 (1652); *Freitagu.a.*, Umweltschutz und Wettbewerb, S. 88

891 so die wohl herrschende Meinung, vgl. *Kloepfer*, in: JZ 1988, S. 788 (789); *Freitag/ u.a.*, Umweltschutz und Wettbewerb, S. 88 ff. ; *v. Wallenberg*, in: GRUR 1980, S. 833 (835, 839); *Kohlhaas/Praetorius*, Die Selbstverpflichtung der Industrie zur CO_2-Reduktion, S. 157

892 BMWF, Entsch. v. 14.3.1972, in: BB 1972, S. 463; *Oldiges*, in: WiR 1973, S. 1 (17)

GWB beruht auf einer Ermessensentscheidung. Es besteht damit die Möglichkeit, das Verhalten aus Gesichtspunkten des Umweltschutzes zu tolerieren. Damit wird die Geltung von § 1 GWB zwar nicht rechtlich, aber faktisch eingeschränkt[893].
Diese umweltschutzorientierte Ausübung des behördlichen Eingreifermessens ist wohl derjenige Weg zur "Lösung" des Konfliktes zwischen Wettbewerb und Umweltschutz, der in der Praxis die größte Relevanz besitzt[894]: Beispielsweise wurde die Vereinbarung der chemischen Industrie, bei der Produktion von Wasch- und Reinigungsmitteln in bestimmten Umfang auf den Einsatz leichtflüchtiger Chlorwasserstoffe zu verzichten, vom Bundeskartellamt als nicht unbedenklich eingeschätzt; trotzdem wurde auf ein rechtliches Einschreiten verzichtet[895]. Auch das DSD ist ein Beispiel für die Praxis der Tolerierung: Das Bundeskartellamt entschied, dass das DSD im Rahmen pflichtgemäßen Ermessens zu dulden ist, solange es den Zielen der VerpackVO dient und nicht diskriminierend praktiziert wird[896].
Zu beachten ist in diesem Zusammenhang allerdings, dass die Tolerierung nichts an der zivilrechtlichen Unwirksamkeit der Vereinbarung ändert; der Anwendungsbereich von § 1 GWB bleibt unberührt; es wird lediglich von der Einleitung eines Ordnungswidrigkeitenverfahrens abgesehen[897]. Damit stellt auch diese Alternative keine optimale Lösung des Konfliktes zwischen Umweltschutz und Schutz des Wettbewerbs dar.

Da diese Konstruktionsversuche eines Kartellprivilegs ergo nicht tragen, besteht die Intention, dem durch eine gesetzliche Regelung abzuhelfen: Im Entwurf der Sachverständigenkommission für ein Umweltgesetzbuch ist ein begrenztes Kartellprivileg in Form eines zweiteiligen Freistellungstatbestandes[898] vorgesehen. Dementsprechend soll § 1 GWB in den Fällen, in denen private Umweltschutzverträge oder -beschlüsse der Erfüllung staatlicher oder freiwilliger Umweltschutzvorgaben dienen, keine Anwendung finden, soweit die Beschränkung des Wettbewerbs aus Gründen des Umwelt-

---

[893] *Kloepfer*, in: Gutzler, S. 57 (97); *von Bernuth*, Umweltschutzfördernde Unternehmenskooperationen und das Kartellverbot des Gemeinschaftsrechts, S. 45

[894] *Kloepfer*, Umweltrecht, S. 464

[895] *Kartte/Stahl-Hoepner*, in: HdUR II, Wettbewerbsrecht, Sp. 2768

[896] Tätigkeitsbericht 1991/1992; S. 132

[897] *Kloepfer*, in: Gutzler, S. 57 (98)

[898] Umweltgutachten 1998 (Kurzfassung), RN 28

schutzes erforderlich ist und ein wesentlicher Wettbewerb auf dem Markt bestehen bleibt[899].
Angesichts der ansonsten recht hinkenden Konstruktionsversuche scheint dies ein sinnvoller Ansatz zu sein, der die involvierten Interessen einem angemessenen Ausgleich zuführt[900].

4. Zulässigkeit nach europäischem Kartellrecht

a. Verhältnis von gemeinschaftlichen Regelungen und nationalem Kartellrecht

aa. Anwendungsbereich

Der Anwendungsbereich des europäischen Wettbewerbsrechts bestimmt sich nach der sog. Zwischenstaatlichkeitsklausel: Erforderlich ist demnach, dass der Handel zwischen den Mitgliedsstaaten beschränkt wird. Wettbewerbsbeschränkungen, die nur in einem einzelnen Mitgliedsstaat Wirkung entfalten, bleiben dem nationalen Kartellrecht vorbehalten[901].
Aufgrund der inzwischen weit fortgeschrittenen Durchdringung der Märkte und der weit gefassten Definition des EuGH[902] ist diese Voraussetzung doch fast immer erfüllt, so dass die Zwischenstaatlichkeitsklausel als Einschränkungskriterium an Bedeutung verloren hat[903].

bb. Rangverhältnis

Die weite Auslegung der Zwischenstaatlichkeitsklausel führt dazu, dass es in zahlreichen Fällen zu einer gleichzeitigen Anwendbarkeit nationalen und europäischen Kartellrechts kommt[904]. Da die Regelungen in einigen Punkten

---

899 *Kloepfer*, Umweltrecht, S. 464

900 aA *Schink*, in: DVBl 1999,S. 1 (6), der zu Unrecht damit Unternehmensabsprachen mit umweltschützender Zielsetzung jeglicher wettbewerbsrechtlicher Kontrolle entzogen sieht

901 *Emmerich*, in: JuS 1990, S. 695 (697); *Rehbinder*, in: Immenga/Mestmäcker, EG-Wettbewerbsrecht, S. 55 ff.

902 Grundlegend EuGH, Slg. 1966, S. 281 (303), LTM/MTU, aus jüngerer Zeit EuGH Slg. 1988, S. 5987 (6008): Demnach fallen unter das Gemeinschaftsrecht "alle Abreden und Praktiken, die geeignet sind, unmittelbar oder mittelbar, gegenwärtig oder zukünftig die Handelsbeziehungen zwischen den Mitgliedsstaaten und so die vom EWG-Vertrag gewollte wirtschaftliche Durchdringung zu beeinflussen".

903 *Emmerich*, Kartellrecht, S. 512

904 *Wolf*, in: EuZW 1994, S. 233

voneinander abweichen, stellt sich die Frage, wie das Verhältnis zwischen den beiden Rechtsebenen gestaltet ist, wenn zwischenstaatlich wirkende Handlungen zu beurteilen sind. Gemäß Art. 83 Abs. 2 e EGV liegt es in der Kompetenz des Rates, dieses Verhältnis festzulegen. Der Rat hat von dieser Möglichkeit bisher jedoch keinen Gebrauch gemacht[905]. Daher ist die Frage dogmatisch zu klären.
Früher favorisierte man eine gleichberechtigte Anwendung beider Wettbewerbsordnungen (sog. Zweischrankentheorie). Danach wurde ein Tatbestand nach beiden Rechtsordnungen geprüft, mit der Folge, dass dasjeweils strengere Recht zur Anwendung kam[906].
Inzwischen vertritt der EuGH[907] und ihm folgend der überwiegende Teil der Literatur[908] die Ansicht, dass das Verhältnis zwischen nationalem und europäischen Recht im Kartellrecht ebenso wie in den anderen Sachbereichen des EGV nach dem Vorrangsprinzip zu lösen ist: Danach wird grundsätzlich von einer Parallelität der Regelungen ausgegangen. Kommt es jedoch zum Konflikt, ist die Gemeinschaftsregelung vorrangig, damit dem europäischen Wettbewerbsrecht seine einheitliche Geltung in der gesamten Gemeinschaft gesichert werden kann[909]. Demzufolge kann eine gemeinschaftsrechtlich erlaubte wettbewerbsbeschränkende Maßnahme nicht vom nationalen Wettbewerbsrecht verboten werden und es kann eine national erlaubte Maßnahme gegen Art. 81 Abs. 1 EGV verstoßen und damit nichtig sein[910].

b. Anwendbarkeit des Art 81 Abs. 1 EGV auf hoheitlich veranlasste Wettbewerbsbeschränkungen?

Wie schon zuvor bei der Diskussion der nationalen Rechtslage angerissen wurde, wird auch hier z. T. bestritten, dass das Kartellrecht auf hoheitlich inspirierte Absprachen überhaupt anwendbar ist[911]. Die Kommission hat sich

---

905 *Schweitzer/ Hummer*, Europarecht, RN 1300

906 *Rehbinder*, in: Immenga/Mestmäcker, EG-Wettbewerbsrecht, S. 97; *Emmerich*, Kartellrecht, S 516; *Schweitzer/Hummer*, Europarecht, RN 1301

907 EuGH Slg. 1969, S. 1 (13 f.), " Walt Wilhelm-Entscheidung"

908 *Schweitzer/Hummer*, aaO., RN 1301; *Emmerich*, aaO., S. 516; *Kohlhaas/Praetorius*, Die Selbstverpflichtung der Industrie zur CO_2-Reduktion, S. 145; *Wolf*, in: EuZW 1994, S. 233 (234)

909 vgl. *Beutler/Bieber/Pipkorn/Streil*, Die Europäische Union, S. 94 ff

910 vgl. *Breier*, in: ZfU 97/1, S. 131 (138)

911 vgl. *Schröter*, in: Groeben/Thiesing/Ehlermann, Art. 85, RN 108 ff

in einer Reihe von Fällen, die zumeist jedoch nicht aus dem Bereich des Umweltschutzes stammten, mit dem Problem auseinandergesetzt. Beispielhaft ist der Fall " SSI"[912]. Dort führte der EuGH aus, dass ein Ausschluss der Anwendbarkeit der Art. 81 (ex 85) ff. EGV nur dann in Betracht käme, wenn die staatliche Seite eindeutig erklärt hätte, dass die von ihr verfolgten Ziele genau und nur durch den Abschluss der geahndeten wettbewerbswidrigen Vereinbarung erfolgen sollte.

Dies ist bei staatlich initiierten Selbstverpflichtungsabsprachen, so wie sie in Deutschland praktiziert werden, jedoch nicht der Fall: Hier wird durch die staatliche Initiierungshandlung nicht eindeutig festgelegt, auf welchem Weg das angestrebte Ziel letztendlich erreicht wird. Selbst im Falle des stark durch staatliche Vorgaben geprägten Systems von VerpackVO/DSD ist es der Wirtschaft überlassen, welche Methode sie wählt, um die verlangte Wiederverwertungsquote zu erfüllen[913].
Ausgehend von der Ratio des Art. 81 (ex 85) Abs. 1 EGV, der einem Missbrauch des wirtschaftlichen Handlungsspielraums der Unternehmer begegnen will, ist die Anwendung der Art. 81 ff. EGV ergo nur dann ausgeschlossen, wenn die Beteiligten einer rechtlichen Verpflichtung nachkommen und so mangels eines Handlungsspielraums für die Wettbewerbsbeeinträchtigung nicht verantwortlich sind[914].
Diese Grundsätze sind auch dann heranzuziehen, wenn nicht ein Nationalstaat, sondern ein Organ der Gemeinschaft auf die Wirtschaft Einfluss nimmt.
Hauptfall einer solchen Einflussnahme sind von der Kommission ausgesprochene Empfehlungen[915]. Da es sich bei diesen nicht um verbindliche Rechtsakte handelt, die die Unternehmen zu einem bestimmten Verhalten "zwingen", ist der Anwendungsbereich der Art. 81 ff. EGV eröffnet.

c. Tatbestand des Art. 81 Abs. 1 EGV

Nach Art. 81 Abs. 1 EGV iVm Art. 1 KartellVO sind alle Selbstbeschränkungsvereinbarungen der Unternehmen untereinander oder mit dem zu-

---

912 EuGH Slg. 1985, S. 3831 ff

913 vgl. *v. Bernuth*, Umweltschutzfördernde Unternehmenskooperationen und das Kartellverbot des Gemeinschaftsrechts, S. 111

914 *Schröter*, in: Groeben/Thiesing/Ehlermann, Art. 85, RN 112; *v. Bernuth*, Umweltschutzfördernde Unternehmenskooperationen und das Kartellverbot des Gemeinschaftsrechts, S. 110

915 vgl. z. B. für die FCKW-Substitution Kommission, ABl.1989, Nr. L 144, S. 56 ff.; ABl. 1990, Nr. L 227, S. 26 ff.; ABl. 1990, Nr. L 227, S. 30 ff.

ständigen Fachverband verboten und nichtig (Art. 81 Abs. 2 EGV), die den Handel zwischen Mitgliedsstaaten beeinträchtigen können und eine Verhinderung, Einschränkung oder Verfälschung des Wettbewerbs bezwecken oder bewirken. Aufgrund der genannten Normadressaten (Unternehmen oder Unternehmensvereinigungen) kann daher nur die horizontale Ebene einer Selbstverpflichtungsabsprache in den Anwendungsbereich fallen[916].
Die Wettbewerbsbeeinträchtigung muss den zwischenstaatlichen Handel betreffen[917].
Da diese Voraussetzungen sehr weit gefasst sind, hat die Kommission als ungeschriebene Restriktion das Kriterium der Spürbarkeit eingeführt[918]. Damit fallen de facto kleine und mittlere Unternehmen völlig aus dem Anwendungsbereich des Art. 81 Abs. 1 EGV heraus.

d. Privilegierung des Umweltschutzes?

Auch im Gemeinschaftsrecht sieht man den Widerspruch zwischen den Zielen des Wettbewerbsschutzes und des Umweltschutzes. Ebenso wie im deutschen Recht versucht man diesen Widerspruch durch eine "ökologische Reduktion"[919] des Kartellverbotes einer Lösung zuzuführen.

Eine Gruppe versucht, über das Gemeinschaftsrecht selbst eine Einbeziehung des Umweltschutzes zu konstruieren. Innerhalb dieser Gruppe werden verschiedene Ansätze vertreten:
Teilweise wird davon ausgegangen, dass der Umweltschutz in dem Terminus " mit dem gemeinsamen Markt vereinbar" des Art. 81 Abs. 1 EGV impliziert sei[920]; ein weiterer Weg ist der Versuch einer Analogie zu Art. 28 EGV[921].
Ein anderer Teil vertritt einen sog. " relativen Vorrang" des Umweltschutzes[922]: Umweltbelange sollen danach im Verhältnis zu anderen Gemeinschaftszielen nur ausnahmsweise und unter Vermeidung irreparabler

---

916 *Pernice,* in: EuZW 1992, S. 139 (142)

917 vgl. § 19, Nr. 4 a.

918 sog. "Bagatellbekanntmachung", ABl. 1994 Nr. C 368, S. 20

919 *Ehle*, Die Einbeziehung des Umweltschutzes in das Europäische Kartellrecht, S. 109

920 vgl.dazu *Ehle*, Die Einbeziehung des Umweltschutzes in das Europäische Kartellrecht, S. 109

921 *Pernice*, in: EuZW 1992, S. 139 (142) unter Bezugnahme auf EuGH Slg. 1985, S. 531 (548 f.) - ADBHU

922 *Kahl*, Das Umweltprinzip im Gemeinschaftsrecht, S. 178 ff.

Schädigungen zurückgestellt werden. Voraussetzung dafür sei, dass diese Zurückstellung durch besonders gewichtige Gründe des europäischen Gemeinwohls gerechtfertigt sei[923]. Begründet wird dieser grundsätzliche Vorrang mit der Querschnittsklausel. Es wird auch auf ein umfassendes Umweltprinzip zurückgegriffen, das aus einer Zusammenschau aller umweltrechtlichen Vorschriften des Vertrages abgeleitet wird[924].
Richtiger ist es jedoch wohl, von einer grundsätzlichen Gleichrangigkeit der Zielsetzungen im EG-Vertrag auszugehen. Die Querschnittsklausel besagt lediglich, dass die anderen Zielsetzungen jeweils zu berücksichtigen sind. Dies äußert sich dann so, dass im Einzelfall eine Güterabwägung stattzufinden hat und die verschiedenen Interessen im Sinne der praktischen Konkordanz einem Ausgleich zugeführt werden[925]. Ebenso sieht es auch der EuGH: Im Urteil über das dänische Pfand- und Rücknahmesystem für Leergut erkannte der EuGH zwar an, dass der Umweltschutz zu den zwingenden Erfordernissen im Sinne der "Cassis-de-Dijon"- Rechtsprechung zählt. Eine grundsätzliche Vorrangstellung des Umweltschutzes ergibt sich aus dem Urteiljedoch nicht.
Der Umweltschutz kann lediglich in der konkreten Güter- und Interessenabwägung wirtschaftlichen Zielen vorgehen[926].

Ein anderer Ansatz favorisiert eine Übertragung der amerikanischen "rule of reason" auf das europäische Kartellrecht[927].
Das Gemeinschaftsrecht ist zwar offener für Einflüsse des amerikanischen Rechtes, als dies beim nationalen deutschen Recht der Fall ist; jedoch gilt auch hier, dass außerkartellrechtliche Aspekte durch eine Übertragung der "rule of reason" nicht einfließen können. Eine entsprechende Anwendung dieses Grundsatzes im Gemeinschafsrecht wäre somit keine geeignete Lösungsmöglichkeit[928].

---

923 vgl. *Scheuing*, in: EuR 1989, S. 152 (177); dazu vgl.auch *Blank*, in: EuR 1989, S. 201 (202)

924 *Kahl*, aaO., S. 178

925 *v.Bernuth*, Umweltschutzfördernde Unternehmenskooperationen und das Kartellverbot des Gemeinschaftsrechts, S. 74

926 vgl. *Zuleeg*, in: NJW 1993, S. 31 (35) zum Urteil des EuGH zur dänischen Pfandflaschenregelung

927 dazu *Pernice*, in: EuZW 1992, S. 139 (141); *Bock*, in: EuZW 1994, S. 47 (49, Fn.16); *Kohlhaas/Praetorius*, Die Selbstverpflichtung der Industrie zur CO_2-Reduktion, S. 148

928 vgl. nur *Ehle*, Die Einbeziehung des Umweltschutzes in das Europäische Kartellrecht, S.111 ff.

e. Freistellung nach Art. 81 Abs. 3 EGV

Das Kartellverbot des Art. 81 Abs. 3 EGV stellt nicht nur auf bezweckte sondern auch auf bloß bewirkte Wettbewerbsbeschränkungen ab. Damit können Abstimmungen, die auf eine Verbesserung des Umweltschutzes gerichtet sind, nicht generell vom Kartellverbot ausgenommen werden; erst die Freistellungsmöglichkeit nach Abs. 3 ermöglicht eine Abstimmung mit den anderen Gemeinschaftspolitiken[929]. Eine Freistellung kann erteilt werden, wenn die vier Voraussetzungen des Abs. 3 kumulativ vorliegen[930]. Die Einzelfreistellung ergeht nach einer Anmeldung als Kommissionsentscheidung. Des weiteren kann die Kommission aufgrund Ermächtigung durch den Rat Gruppenfreistellungsverordnungen erlassen[931]. Eine solche Entscheidung erging z. B. im Falle des Dualen Systems Deutschland (DSD)[932]. Zu den grundsätzlichen Möglichkeiten der Gruppenfreistellung nahm die Kommission im Rahmen der Anwendung des Art. 19 Abs. 3 der Verordnung des Rates Nr. 17 Stellung[933].
Aufgrund der Querschnittsklausel des Art. 174 Abs. 2 UAbs. 1 S. 3 EGV ist die Kommission zur Berücksichtigung des Umweltschutzes im Rahmen der Anwendung des Art. 81 Abs. 3 EGV verpflichtet[934]. Ansatzpunkt für eine solche Berücksichtigung wäre dann der Terminus des "technischen und wirtschaftlichen Fortschritts": Unter dem Gesichtspunkt, dass wirtschaftliche Zusammenschlüsse zugunsten des Umweltschutzes der Etablierung neuerTechnologien durchaus förderlich sein können, eröffnet sich hier ein Spielraum für die Einbeziehung von Umweltschutzaspekten[935]. Dieser Spielraum wurde

---

929 vgl. *Bock*, in: EuZW 1994, S.47 (49)

930 Dabei handelt es sich um die Verbesserung der Warenerzeugung oder -verteilung bzw. die Förderung des technischen und wirtschaftlichen Fortschritts und die angemessene Beteiligung der Verbraucher an dem entstehenden Gewinn. Weiterhin gilt das Übermaßverbot und es ist erforderlich, daß ein wirksamer Restwettbewerb fortbesteht.

931 *Ehle*, Die Einbeziehung des Umweltschutzes in das Europäische Kartellrecht , S.11

932 vgl. *Kienle* in: Bergmann/Lenz, Der Amsterdamer Vertrag, S.130; EuGH in ABl. EU 1992 Nr.L 37 v. 14. 2. 1992

933 *Kienle*, aaO., S.130; ABl. EG 1997 Nr.C 100 v. 27. 3. 1997

934 *Ehle*, aaO., S. 128

935 vgl.*Breier*, in: ZfU 1/97, S. 131 (137); *Bock*, in: EuZW 1994, S. 47 (50); kritisch *Kohlhaas/Praetorius*, Die Selbstverpflichtung der Industrie zur CO_2- Reduktion, S. 150 f.

von der Kommission auch schon für Freistellungen zugunsten des Umweltschutzes genutzt[936].

f. Reformpläne

Ende 1998 hat die Kommission in einer Mitteilung ein umfassendes Reformprogramm für das europäische Wettbewerbsrecht bekannt gemacht[937].
Gründe für das Reformvorhaben sind folgende: Aufgrund der erhöhten Zahl der Mitgliedsstaaten hat sich auch die Zahl der zu bearbeitenden Verfahren erheblich erhöht. Die Verfahren wurden daher zunehmend im informellen Wege beendet. Auch generell wird das zentralisierte Freistellungsverfahren (Art. 81 Abs. 3 EGV) als zu aufwendig angesehen. Zudem hat sich inzwischen eine internationale Wettbewerbskultur herausgebildet, so dass sich eine zentrale Einflussnahme erübrigt[938].
Daher soll die Kontrolle des Wettbewerbsrechts dezentralisiert werden; die Tätigkeit der Kommission soll sich zukünftig auf schwerwiegende Wettbewerbsverstöße konzentrieren. Die Dezentralisierung soll so erfolgen, dass das Anmelde- und Freistellungssystem durch eine Liste gesetzlicher Ausnahmen ersetzt wird[939]. Zur Vermeidung von Rechtsunsicherheit (wann ist eine Anmeldung erforderlich und wann nicht ?) hat die Kommission Leitlinien[940] veröffentlicht, in denen die häufigsten Fällen von Verhaltensabstimmungen unter Unternehmen kategorisiert werden. Anhand von Beispielsfällen wird deren wettbewerbsrechtliche Beurteilung erläutert.
Eine der diskutierten Fallgruppen ist die der Umweltabsprachen[941]. Zunächst wird darin dargestellt, welche Fallgruppen überhaupt von Art. 81 Abs. 1 EGV erfasst werden. Eine Vereinbarung erfüllt danach wohl nicht die Voraussetzungen des Art. 81 Abs. 1 EGV, wenn sie weder konkrete Verpflichtungen manifestiert noch erhebliche Auswirkungen auf die Produktpalette oder die Käuferentscheidung in dem relevanten Markt hat[942]. Demgegenüber wird Art. 81 Abs. 1 EGV fast sicher in den Fällen eingreifen, in denen der Um-

---

936 vgl.ABl. EG 1988 Nr.L 301, S. 68

937 KOM 98 (609) endg.

938 vgl. EUROPA kompakt, 7/1999, S. 101

939 vgl. zu den Einzelheiten EUROPA kompakt, 7/1999, S. 101 ff.

940 „Draft guidelines on he applicability of Article 81 to horizontal cooperation", ABl. 1999 C 118, S.14 ff

941 aaO., S. 37

942 aaO., S. 38

weltschutzaspekt nur zur Verschleierung einer unzulässigen Wettbewerbsbeschränkung dient[943].
Zur Anwendung von Art. 81 Abs.3 EGV wird schließlich klargestellt, dass es als wirtschaftlicher Fortschritt im Sinne von Art. 81 Abs. 3 EGV zu sehen ist, wenn in Folge der Umweltvereinbarung die Umweltbelastung geringer ist, als es ohne eine solche Verhaltensabstimmung der Fall wäre[944]; dies ist im Rahmen einer Kostenanalyse (welche Kosten entstehen durch die Beeinträchtigung des Wettbewerbs; welche „ benefits" ergeben sich aus der Absprache?)

5. Untersuchung anhand zweier Beispielsfälle

a. Die Erklärung der deutschen Wirtschaft zum Klimaschutz

Im Falle der Erklärung der deutschen Wirtschaft zum Klimaschutz[945] ist, auch in ihrer aktuellen 2. Fassung, eine wettbewerbsbeschränkende Wirkung nicht ersichtlich. Durch die Tatsache, dass Unternehmer sich hinsichtlich der Senkung ihrer Emissionen koordinieren, wird die Handlungsfreiheit der Marktteilnehmer nicht eingeschränkt und die Autonomie ihres Marktverhaltens nicht behindert[946]. Auch die Vereinbarung gemeinsamer Maßnahmen zur Zielerreichung ist nicht als Wettbewerbsbeschränkung zu sehen: Es handelt sich dabei lediglich um allgemeine Ankündigungen (wie z. B. des Einsatzes energiesparender Techniken) ohne wettbewerbsrechtliche Bedeutung.
Es besteht also im Falle der Erklärung der deutschen Wirtschaft zum Klimaschutz kein Widerspruch zwischen den Zielen der Gewährleistung des freien Wettbewerbes und des Umweltschutzes.

b. Die Selbstverpflichtung im Rahmen der Altautoverordnung

Die Altautoverordnung und die sie ausfüllende Selbstverpflichtungsabsprache wurden mit dem Ziel erarbeitet, ein Entsorgungskonzept zu schaffen, das die Probleme des Dualen Systems[947] vermeiden sollte[948].

---

943 aaO., S. 38. Diese Fallgruppe ist jedoch wenig hilfreich, da sie lediglich eine Selbstverständlichkeit schildert und in Grenzfällen wenig Anhaltspunkte liefert.

944 aaO., S. 38 f.

945 genau: " Aktualisierte Erklärung der deutschen Wirtschaft zur Klimavorsorge"

946 vgl. *Breier*, in: ZfU 1997, S.131 (138)

947 vgl. als Überblick über den wettbewerbsrechtlichen Aspekt *Selmayr*, in: UPR 1998, S. 99 ff.

948 *Zimmermeyer,* in: Rengeling, Kreislaufwirtschafts- und Abfallrecht, S. 97 (103)

Daher wurde die Selbstverpflichtung der Industrie, die nun die Altautoverordnung ausfüllt, in mehrjährigen kontinuierlichen Verhandlungen zwischen Regierung und Industrievertretern entwickelt. Inhalt der Selbstverpflichtung ist unter anderem der Aufbau einer flächendeckenden Infrastruktur zur Annahme und Verwertung von Pkws. Die Koordinierung dieses Vorhabens erfolgt im Rahmen der Arbeitsgemeinschaft Altauto beim VDA (Verband der Automobilhersteller)[949]. Auch besteht ebenso wie beim Dualen System unter bestimmten Bedingungen eine Rücknahmeverpflichtung der Händler und Importeure für Fahrzeuge, die ab Inkrafttreten der ergänzenden Rahmenverordnung in den Verkehr kommen.

Durch diese Verordnung sollen u. a. die Rahmenbedingungen für die Gewährleistung des Wettbewerbs in diesem Bereich der Entsorgungswirtschaft abgesteckt werden: Alle Betriebe, die die Anforderungen der Verordnung erfüllen, haben Zugang zum Markt der Altautoentsorgung. Außer den Kooperationen zwischen Automobilherstellern und Annahmestellen sowie Verwertungsbetrieben soll es zu Kooperationen zwischen Annahmestellen undVerwerterbetrieben - ohne Einbindung der Automobilhersteller- kommen. Diese Strukturen sollen den freien Wettbewerb untereinander gewährleisten und zu einer für alle Seiten positiven und marktorientierten Preisbildung führen[950] .

Eine Subsumtion der Regelungen der Selbstverpflichtung unter die kartellrechtlichen Vorschriften führt jedoch zu folgendem Ergebnis:

Bei der Altauto-Selbstverpflichtungserklärung haben Unternehmensvereinigungen (VDA und andere Verbände) ihr Verhalten im Sinne des § 1 GWB abgestimmt. Da hier die Verhaltensabstimmung der Autoindustrie dazu geeignet ist, den Wettbewerb zwischen den beteiligten Unternehmen zu regeln, kommt eine horizontale Wettbewerbsbeschränkung in Betracht, die gemäß § 1 GWB verboten ist. Die Wettbewerbsbeschränkung liegt dabei zum einen in der gegenseitigen Verständigung der beteiligten Verbände, gemeinsam eine flächendeckende Infrastruktur zur Annahme und Verwertung von Pkws und Altteilen aufzubauen. Darin ist eine Beschränkung des Nachfragewettbewerbs zu sehen[951]. Zum anderen besitzt die zusätzlichen Abrede der Automobilhersteller und Importeure wettbewerbsbeschränkende Wirkung , in der sie sich verpflichten, Altautos ihrer Marke vom Letzthalter zurückzunehmen.

Die Altauto-Selbstverpflichtung ist demnach eine nach § 1 GWB verbotene Verhaltensabstimmung.

---

949 Umwelt Nr. 7-8 /1997, S. 312 f.

950 vgl. Umwelt, 7-8/1998, S. 312 (314 f.)

951 *Ehle,* Die Einbeziehung des Umweltschutzes in das Europäische Kartellrecht, S. 105

Fraglich ist, ob nun die mit diesem Ergebnis verknüpften Rechtsfolgen eintreten oder eine Lösung innerhalb oder außerhalb des GWB zu suchen ist.
Im Falle der Altauto-Selbstverpflichtung kommt eine der Ausnahmeregelungen des GWB zur Anwendung: Nach § 2 GWB können Verträge und Beschlüsse , die die einheitliche Anwendung allgemeiner Geschäfts-, Lieferungs- und Zahlungsbedingungen zum Gegenstand haben, als Konditionenkartell für zulässig erklärt werden. Formelle Voraussetzung ist die Anmeldung beim Bundeskartellamt; materiell darf sich die Absprache nicht auf den Preis oder Preisbestandteile beziehen.
Die Absprache im Rahmen der Altautoselbstverpflichtung wurde als ein solches Konditionenkartell nach § 2 GWB beim Bundeskartellamt angemeldet[952].
Im Vorfeld der Anmeldung war es schon zu Verhandlungen zwischen dem Bundeskartellamt und der Industrie gekommen, die eine Abänderung von kartellrechtlich bedenklichen Punkten in der Selbstverpflichtung zur Folge hatten: Ein Industrievorschlag, demzufolge nur Autos mit Originalteilen der Hersteller zurückzunehmen seien, die auch regelmäßig gewartet worden waren, wurde nicht akzeptiert[953]. Das Bundeskartellamt sah hier die Gefahr, dass die Halter in herstellergebundene Vertragswerkstätten gezwungen würden[954].
Die Selbstverpflichtungserklärung ist inzwischen als Konditionenkartell wirksam geworden, da das Bundeskartellamt innerhalb der Dreimonatsfrist des § 2 Abs. 3 GWB nicht widersprochen hat[955].
Damit ist die Selbstverpflichtung nach nationalem Recht zulässig.

Problematischer erweist sich die gemeinschaftsrechtliche Beurteilung:
Da die Selbstverpflichtung zur Umsetzung der AltautoVO die Einrichtung eines flächendeckenden Systems beinhaltet, liegt auch eine Bedeutung für den zwischenstaatlichen Handel zumindest nahe[956]. Damit ist der Anwendungsbereich des Europäischen Wettbewerbsrechtes eröffnet. Von einer Spürbarkeit der Beeinträchtigung ist auszugehen, so dass die tatbestandsinterne Restriktion des Art. 81 Abs. 1 EGV nicht greift. Der Tatbestand des Art. 81 EGV dürfte somit erfüllt sein.

---

952 *Faber*, in: UPR 1997, S. 431 (437); *Gisbert/Hilfs*, Kreislaufwirtschaft Altauto: Altautoverordnung und freiwillige Selbstverpflichtung, S. 51

953 *DiFabio*, in: JZ 1997, S. 969 (973)

954 *Faber*, in: UPR 1997, S. 431 (437)

955 vgl. Bundesanzeiger vom 16. 8. 1997, Nr. 152, S. 10471

956 *Schultz*, in: Rengeling, Kreislaufwirtschafts- und Abfallrecht, S. 141 (147); *Ehle*, Die Einbeziehung des Umweltschutzes in das Europäische Kartellrecht, S. 107

Eine Befreiung von den wettbewerbsrechtlichen Beschränkungen könnte nach Art. 81 Abs. 3 EGV ergehen. Danach sind Vereinbarungen, die dem ökologischen Fortschritt dienen zwar nicht per se freistellungsfähig. Jedoch ist die Voraussetzung der Förderung des technischen und wirtschaftlichen Fortschritts im Sinne der allgemeinen Vertragsziele zu interpretieren, in deren Rahmen auch der Umweltschutz besondere Bedeutung besitzt. Der Umstand, dass die Autoproduktion und -verwertung so umgestaltet wird, dass weniger unverwertbare Reststoffe entstehen, ist mit Sicherheit dem technischen und wirtschaftlichen Fortschritt förderlich. Zudem dient hier die Verhaltensabstimmung maßgeblich der Verwirklichung des Verursacherprinzips: Die Autohersteller sollen zukünftig nicht mehr die Kosten für die Beseitigung ihrer Produkte auf den Verbraucher abwälzen; so soll ein Anreiz für eine nachhaltigere Produktgestaltung geschaffen werden.
Für eine gemeinschaftsrechtliche Zulässigkeit der Selbstverpflichtung ist allerdings eine Offenhaltung der Märkte unabdingbar[957]. Vor diesem Hintergrund sollte eine Freistellung nach Art. 81 Abs. 3 EGV möglich sein. Auch nach den Leitlinien der Kommission für die zukünftige wettbewerbsrechtliche Beurteilung horizontaler Absprachen dürfte die Absprache zulässig sein, da darin klargestellt wird, dass positive ökologische Auswirkungen der Absprache als „economic benefit „ iSd Art. 81 Abs. 3 EGV zu sehen sind[958].

6. Fazit

Um zu verhindern, dass unter dem Deckmantel des Umweltschutzes unzulässige Verhaltensabstimmungen getroffen werden, sind umweltbezogene Selbstverpflichtungsabsprachen auf jeden Fall einer kartellrechtlichen Kontrolle zu unterziehen. Bei Erfüllung der Tatbestandsvoraussetzungen soll jedoch der Eintritt der unerwünschten negativen Rechtsfolgen vermieden werden; dafür bietet die momentane Rechtslage keinen wirklich zufriedenstellenden Lösungsweg:
Das momentan favorisierte Konzept der Tolerierung durch die Kartellbehörde ist vor allem unter Rechtssicherheitsgesichtspunkten zweifelhaft[959]. Demgegenüber scheint die im UGB-KomE de lege ferenda angestrebte Lösung vorzugswürdig zu sein:
In § 39 UGB-KomE ist ein begrenztes Kartellprivileg vorgesehen. Demnach soll in den Fällen, in denen private Umweltschutzverträge oder -beschlüsse der Erfüllung staatlicher oder freiwilliger Umweltschutzvorgaben dienen, § 1

957 vgl. *Ehle*, aaO., S. 160

958 Draft guidelines on he apllicability of Article 81 to horizontal cooperation“, Abl. 1999 C 118, S.14 (38)

959 *Sacksofsky*, in: WuW 1994, S. 320 (322)

GWB keine Anwendung finden (§ 39 Abs. 2 UGB-KommE). Voraussetzung ist jedoch außerdem, dass die Beschränkung des Wettbewerbes aus Gründen des Umweltschutzes tatsächlich erforderlich ist und ein wesentlicher Wettbewerb auf dem Markt bestehen bleibt (§ 39 Abs. 2 UGB-KommE)[960]. Formale Voraussetzung für die Gewährung des Privilegs ist die Anmeldung beim Bundeskartellamt (Abs. 3 S. 1), die im Bundesanzeiger zu veröffentlichen ist. Der Kartellbehörde steht ein Widerspruchsrecht zu, das sie in Abstimmung mit den Umweltfachbehörden ausübt, wenn die oben genannten Voraussetzungen nicht erfüllt sind (Abs. 3 S. 6 ff.).
Auf diesem Wege wäre eine rechtssicherer Umgang mit Unternehmenskooperation im Umweltschutz gewährleistet, ohne dass die kartellrechtliche Kontrolle vernachlässigt würde.

Auf Gemeinschaftsebene ist zu hoffen, dass die geplante Kartellrechtsreform zu einer rechtssicheren Handhabung der Guidelines führt, so dass ein interessengerechter Ausgleich zwischen Wettbewerbsgewährleistung und Umweltschutz erzielt wird.

§ 20 Verfassungsrechtliche Vorgaben

1. Einführung

Selbstverpflichtungsabsprachen besitzen keine rechtliche Verbindlichkeit. Trotzdem ist ihre Initiierung seitens des Staates nicht frei jeglicher Bindung[961]; wie bei jedem staatlichen Handeln sind gewisse verfassungsmäßige Vorgaben zu beachten. Grundpfeiler des Verfassungsstaates sind das Rechtsstaatsprinzip und das Demokratieprinzip.
Das Demokratieprinzip verlangt, dass staatliche Entscheidungen von Organen getragen werden, die ihre Befugnisse in einer Legitimationskette vom Willen des Staatsvolkes herleiten[962]. Herkömmlicherweise wird der demokratisch legitimierte Gesetzgeber im Wege des Gesetzes- oder Verordnungserlasses tätig. Staatlicher und privater Funktionsbereich sind bei dieser Vorgehensweise klar getrennt.
Im Zusammenhang mit der Initiierung von Selbstverpflichtungsabsprachen stellt sich nun die Frage, ob es einen unangemessenen Verlust an Staatlichkeit bedeutet, wenn der Staat öffentliche Aufgaben nicht mehr hoheitlich regelt,

---

960 vgl. UGB (Draft), S. 96

961 vgl. *Bohne*, Der informale Rechtsstaat, S. 130 f.; *Grüter*, Umweltrecht und Kooperationsprinzip, S. 85

962 BVerfGE 9, S. 268 (281)

sondern Lösungen mit der Wirtschaft "aushandelt"[963]. Zudem ist zu klären, ob diese Vorgehensweise einer Legitimierung durch eine Entscheidung des Parlamentes bedarf.

Das Rechtsstaatsprinzip bedeutet, dass "die Ausübung staatlicher Macht nur auf der Grundlage der Verfassung und von formell und materiell verfassungsmäßig erlassenen Gesetzen mit dem Ziel der Gewährleistung von Menschenwürde, Freiheit, Gerechtigkeit und Rechtssicherheit zulässig ist"[964].

Es enthält mehrere Elemente, die kooperatives Staatshandeln begrenzen: Dazu zählen Schutzpflichten des Staates, der Grundsatz vom Vorbehalt des Gesetzes, die Berechenbarkeit staatlichen Handelns sowie (im Zusammenspiel mit Art. 3 Abs. 1 GG) die gleichheitsgewährende Funktion des Rechtsstaatsprinzips.

Diese Aspekte sollen im folgenden diskutiert werden.

2. Pflicht zur Gesetzgebung

Mit der Erschließung neuer Handlungsmittel des Staates ist auch ein Abrücken von der bisherigen klaren Trennung von staatlicher und gesellschaftlicher Sphäre verbunden: Die Forcierung des Kooperationsprinzips führt zu einer zunehmenden funktionellen Verknüpfung dieser Bereiche. Es gibt jedoch bestimmte Konstellationen, in denen es nach wie vor allein dem Staat aufgegeben ist, eine Regelung herbeizuführen.

Die Initiierung einer Selbstverpflichtungsabsprache als kooperatives Instrument ist in jedem Fall dann ein unzulässiges Handlungsmittel, wenn der Gesetzgeber hinsichtlich des zu regelnden Sachverhaltes einer Gesetzgebungspflicht unterliegt.

Eine solche kann sich aus Gemeinschaftsrecht ergeben[965], wenn es um die ordnungsgemäße Umsetzung einer Richtlinie geht. Daneben kommen jedoch auch Gesetzgebungspflichten aufgrund nationalen Verfassungsrechts in Frage.

a. Ausdrückliche Gesetzgebungsaufträge

Das Grundgesetz kennt eine Reihe ausdrücklicher Gesetzgebungsaufträge, die an der Formulierung "Das Nähere regelt ein Bundesgesetz" zu erkennen sind[966] . Diese sind für den Umweltbereich jedoch nicht einschlägig[967].

---

963 *Oldiges*, in: WiR 1973, S. 1 (19)

964 *Stern*, Staatsrecht I, S. 781

965 vgl. § 18

966 vgl. z. B. Art. 4 Abs. 3 S. 2, 21 Abs. 3, 21 Abs. 3 GG

b. Implizite Gesetzgebungspflichten

aa. Aus Grundrechten

Neben gemeinschaftsrechtlichen und ausdrücklichen verfassungsrechtlichen Gesetzgebungsaufträgen kann sich ein solcher auch implizit aus einer Schutzpflicht des Staates ergeben. Eine solche verlangt vom Staat, dass er besonders hochwertige oder empfindliche Rechtsgüter des Bürgers mit hoheitlichen Mitteln vor Gefährdungen entweder durch den Betroffenen selbst (Selbstmord) oder durch Dritte (Abtreibungsentscheidungen) schützt.
Schutzpflichten können es gebieten, rechtliche Regelungen so auszugestalten, dass die Gefahr von Grundrechtsverletzungen eingedämmt bleibt. Unter welchen Voraussetzungen und mit welchem Inhalt sich eine solche Gesetzgebungspflicht ergibt, hängt einerseits von Art, Nähe und Ausmaß der Gefahr ab, andererseits von Art und Rang des geschützten Rechtsgutes. Außerdem sind die schon vorhandenen Regelungen zu berücksichtigen[968] .
Im Bereich der Gefahrenabwehr wird sich bei Anwendung dieser Kriterien zumeist eine ordnungsrechtliche Lösung aufdrängen[969].
Die Schutzpflicht erstreckt sich jedoch nicht nur auf die Abwehr mit Sicherheit zu erwartender Verletzungen der Rechtsgüter, sondern auch auf die Prävention[970]. Damit ist ein Vorliegen einer solchen Schutzpflicht bei umweltrechtlichen Sachverhalten präventiven Charakters grundsätzlich denkbar.
Die Konstellationen, in denen bisher eine Gesetzgebungspflicht konstatiert wurde, betrafen jedoch extreme Ausnahmefälle (Nutzung der Kernenergie[971], Schwangerschaftsabbruch[972]). Daneben besteht aber ein weiter Einschätzungs- und Gestaltungsspielraum des Staates. Die Grenzen dieser Gestaltungsfreiheit sind erst dann erreicht, wenn die öffentliche Gewalt in totaler Passivität hinsichtlich der Zielerreichung verharrt oder die getroffenen Vorkehrungen gänzlich ungeeignet oder völlig unzulänglich sind[973].

---

967 *Rengeling*, Das Kooperationsprinzip im Umweltrecht, S. 173

968 vgl. BVerfGE 49, S. 89 (142)

969 vgl. *Rehbinder*, in: Salzwedel, Grundzüge des Umweltrechts, 04, RN 224, 195

970 vgl. *Murswiek*, in: JZ 1988, S. 985 (987)

971 BVerfGE 49, S. 89 ff.

972 BVerfGE 88, S. 203 ff.

973 vgl. BVerfG, NJW 1998, S. 3264 (3265 f); BVerfGE 79, S. 174 (202); 77, S. 170 (215)

Hierbei ist der Gesichtspunkt der Effektivität mit ausschlaggebend[974]. Danach ist es nicht Maßstab der verfassungsrechtlichen Beurteilung, ob bestimmte Einzelmaßnahmen richtig oder falsch sind, sondern ob die Gesamtheit der Regelungen und Maßnahmen im Ergebnis das erforderliche Maß an Schutz erbringt[975].
Im Urteil zur Fristenlösung hat diese reine Effektivitätsbezogenheit allerdings eine Einschränkung erfahren: Der Gestaltungsspielraum wurde dahingehend verengt, dass allein der Erlass eines Strafgesetzes als angemessene Maßnahme blieb[976].
Kriterien, die zu einer entsprechenden Ermessensreduzierung führen würden, sind im umweltrechtlichen Themenkreis jedoch nicht ersichtlich. Ergo bleibt in bei der Feststellung einer Gesetzgebungspflicht das Effektivitätskriterium maßgeblich.

Selbstverpflichtungsabsprachen sind hinsichtlich ihrer ökologischen Effektivität nicht unumstritten: Teilweise wird angeführt, dass dem Instrument, wie auch anderen Kooperationsinstrumenten, Abstriche beim ökologischen Schutzniveau inhärent seien[977].
Wie zuvor dargestellt, ist jedoch bei der Beurteilung der Effektivität des staatlichen Handelns eine Gesamtschau der Maßnahmen im jeweiligen Bereich erforderlich. Die Initiierung von Selbstverpflichtungsabsprachen ist nie alleinige Maßnahme bei der Bekämpfung eines Missstandes im Umweltschutz; sie ist Teil eines Maßnahmenbündels, das gesetzliche Vorschriften, Förderungsmaßnahmen u. ä. mit beinhaltet.
Die Behauptung, dass die Effektivität dieser Maßnahmengesamtheit durch Abstriche im Rahmen einer Selbstverpflichtungsabsprache relevant beeinträchtigt wird, ist jedenfalls nicht haltbar: Angesichts des Vollzugsdefizits gesetzlicher Regelungen entsteht durch den Einsatz von Selbstverpflichtungen keinesfalls eine Situation, die eine Verletzung staatlicher Schutzpflichten mit sich bringt; es ist verfehlt, Selbstverpflichtungsabsprachen als eine offensichtlich unzureichende Maßnahme zu qualifizieren. Eine Einschränkung

---

974 *Tsai,* Die verfassungsrechtliche Umweltschutzpflicht des Staates, S.159; davon zu unterscheiden ist jedoch der Begriff der Effizienz, dessen Anerkennung als normativen Grundsatz für die Rechtsgestaltung höchst umstritten ist, vgl. *Gawel*, in: Die Verwaltung 1999, S. 179 (210 ff.) mwN

975 BVerfGE 39, S. 1 (46, 62)

976 BVerfGE 39, S. 1 (46 f.)

977 vgl. *Rehbinder* in: Salzwedel, Grundzüge des Umweltrechts, 04 RN 222

des Gestaltungsspielraums, aus dem sich eine Verpflichtung gerade zur Regelung per Gesetz ergibt, liegt damit nicht vor[978].
Auch gerade im Falle des Klimaschutzes führt die zur Feststellung einer Schutzpflicht erforderliche Gesamtbetrachtung zu einem entsprechenden Ergebnis: Zum einen ist zu berücksichtigen, dass im Bereich des Klimaschutzes definitive Erkenntnisse über die Auswirkungen der Klimaveränderungen auf Mensch und Natur noch nicht vorliegen und die Materieeiner internationalen Regelung bedarf[979]. zum anderen ist es angesichts des umfassenden Maßnahmenkataloges des deutschen Klimaschutzprogramms nicht haltbar, von staatlicher Untätigkeit oder offensichtlich unzulänglichen Maßnahmen zu sprechen[980].

bb. Aus Art. 20 a GG

Die neue Staatszielbestimmung des Art. 20 a GG enthält keine Handlungsanweisung expressis verbis; sie ist jedoch mehr als ein bloßer Programmsatz, denn sie verpflichtet den Staat, objektiv auf die Verwirklichung des Ziels hinzuwirken[981]. Dieser Auftrag richtet sich primär an den Gesetzgeber, aber auch an die Exekutive. Allerdings beschränkt sich die Verpflichtung auf die Vorgabe des Ziels, hinsichtlich der Art und Weise der Erreichung besitzt der Gesetzgeber eine erhebliche Gestaltungsfreiheit[982].
Diese Gestaltungsfreiheit wird allerdings teilweise nur darauf bezogen, welche *gesetzliche* Regelung gewählt wird. Wenn man die Gesichtspunkte berücksichtigt, die letztendlich diesen legislativen Freiraum begrenzen, kann es jedoch bei deren Beachtung keinen Unterschied machen, ob die Regierung nun eine Gesetzesinitiative anstrengt oder einen anderen Weg wählt[983].
Wie bei der Konstruktion einer Schutzpflicht aus den Grundrechten sind die Grenzen dieser Gestaltungsfreiheit nur in Extremfällen überschritten.
Wie schon oben dargestellt, liegt bei der Wahl des Mittels der Selbstverpflichtungsabsprache in den bisherigen Konstellationen des Umweltrechtes

---

978 *Murswiek*, in: NVwZ 1996, S.222 (229); *Fluck/Schmitt*, in: VerwA 1998, S. 220 (239); *Oebbecke*, in: DVBl 1986, S. 793 (797);

979 so auch BVerfG, NJW 1998, S. 3264 (3265 f.), als Begründung für die Ablehnung einer staatlichen Schutzpflichtverletzung im Bereich der Luftreinhaltung

980 vgl. *Breier*, in: ZfU 1997, S. 131 (139)

981 *Caspar*, in: Koch/Caspar, S. 367 (387); *Tsai*, Die verfassungsrechtliche Umweltschutzpflicht des Staates, S.69 ff; *Degenhart*, Staatsrecht I, S. 147

982 *Tsai*, aaO., S. 115, 155 ff.; *Caspar*, in: Koch/Caspar, S. 367 (387)

983 vgl. *Rengeling*, Das Kooperationsprinzip im Umweltrecht, S. 179

keine solche Extremsituation vor. Anders wäre die Sachlage zu beurteilen, wenn der Staat beispielsweise seine Umweltverantwortlichkeit auf lange Sicht hin pauschal abtreten würde; dies stünde einer Untätigkeit gleich.
Selbstverpflichtungsabsprachen in der bisher praktizierten Form können ergo nicht als eine offensichtlich unzureichende Maßnahme qualifiziert werden. Eine Beschränkung der Möglichkeit, sich an Selbstverpflichtungsabsprachen im Umweltbereich zu beteiligen, kann damit aus Art. 20 a GG nicht abgeleitet werden[984].

3. Grundrechte und Grundsatz vom Vorbehalt des Gesetzes

a. Einführung

Der Grundsatz vom Vorbehalt des Gesetzes ist im Grundgesetz nicht expressis verbis zu finden; seine Geltung ergibt sich jedoch aus Art. 20 Abs. 3 GG[985].
Das Verständnis dieses Grundsatzes hat sich in den letzten Jahren gewandelt: Ursprünglich wurde es in der Verfassungsordnung der konstitutionellen Monarchie als Aufgabe des Gesetzesvorbehaltes gesehen, die Freiheitssphäre der Gesellschaft zu sichern. Daher sollten in erster Linie Eingriffe in Freiheit und Eigentum der Mitwirkung des Parlamentes unterworfen werden, welches als Organ das Bürgertum repräsentierte[986].
Inzwischen hat sich jedoch die Erkenntnis durchgesetzt, dass der Grundsatz auch maßgeblich durch das Demokratieprinzip geprägt ist[987]. Außerdem haben sich die Formen staatlichen Handelns grundlegend verändert: Neben den unmittelbaren hoheitlichen Eingriff sind subtilere Handlungsformen getreten. Aus diesen beiden neuen Vorgaben wird nunmehr der Schluss gezogen, dass der Gesetzgeber verpflichtet ist - losgelöst vom Merkmal des "Eingriffs" - in grundlegenden normativen Bereichen alle wesentlichen Entscheidungen selbst zu treffen[988].
Für die Beteiligung des Staates an Selbstverpflichtungsabsprachen ergibt sich daraus folgendes: Diese Vorgehensweise bedarf einer gesetzlichen Grundla-

---

984 *Rupp*, in: Kühne, S. 51 (60)

985 vgl. BVerfGE 40, S. 237 (248)

986 *Baudenbacher*, in: JZ 1988, S. 689 (695); *Richter/Schuppert*, Casebook Verfassungsrecht, S. 448

987 *Brohm*, in: DÖV 1992, S. 1025 (1032)

988 ständige Rechtsprechung, vgl. BVerfGE 34, S. 165 (192 f.); 40, S. 237 (249); 49, S. 89 (126 f.)

ge, wenn dadurch entweder in Grundrechte eingegriffen wird oder wenn es sich um eine Angelegenheit von so grundsätzlicher Bedeutung handelt, dass der Gesetzgeber die diesbezügliche Entscheidung selbst zu treffen hat[989].

b. Eingriffe in Grundrechte

aa. Allgemein

Ein Aspekt, der das erweiterte Vorbehaltsverständnis mit begründet, ist der erweiterte Eingriffsbegriff, der oben schon kurz angesprochen wurde:
Es ist heute anerkannt, dass Grundrechtseingriffe nicht nur unmittelbar, durch rechtliche Anordnung gegenüber dem Adressaten erfolgen können, sondern auch mittelbar durch faktische Beeinträchtigung[990]. Diese extreme Ausweitung des Grundrechtsschutzes wird jedoch wiederum Einschränkungen durch die Kriterien der Intensität[991] und der Finalität unterzogen[992].
Demnach liegt ein Eingriff zum einen dann vor, wenn die Beeinträchtigung eine gewisse Intensität besitzt[993] bzw. schwerwiegend oder nachhaltig ist[994].
Das Kriterium der Finalität zum anderen erfordert, dass eine gezielte oder zumindest bewusst in Kauf genommene Grundrechtsbeeinträchtigung in Ausübung staatlicher Autorität vorliegt.

---

989 so die ganz allgemeine Ansicht, die in der Wesentlichkeitstheorie lediglich eine Ausdehnung des klassischen Gesetzesvorbehaltes sieht, vgl. *Roth*, Verwaltungshandeln mit Drittbetroffenheit und Gesetzesvorbehalt, S. 128; *Brohm*, in: DÖV 1992, S. 1025 (1032 f.) mwN; *Hesse*, Grundzüge des Verfassungsrechts der Bundesrepublik Deutschland, RN 509; aA wohl *Baudenbacher*, JZ 1988, S. 695 (697), der eine Kombination von Eingriff und Wesentlichkeit verlangt, bzw. ausschließlich als wesentlich ansieht, was die Gefahr eines Eingriffs mit sich bringt; vgl. ähnlich *Grewlich*, in: DÖV 1998, S. 54 (58); *Jarass*, in: Jarass/Pieroth, Art. 20, RN 30; *Pieroth/Schlink*, Staatsrecht II, RN 289

990 anders im Zusammenhang mit Selbstverpflichtungen noch *Oldiges*, in. WiR 1973, S. 1 (25)

991 *Roth*, Verwaltungshandeln mit Drittbetroffenheit und Gesetzesvorbehalt, S. 298

992 *Grewlich*, in: DÖV 1998, S.54 (58); *Baudenbacher*, in: JZ 1988, S. 689 (696); *Richter/Schuppert*, Casebook Verfassungsrecht, S.14 f.; *Schulte*, Schlichtes Verwaltungshandeln, S. 88 ff., der allerdings die Finalität als einzig brauchbares Einschränkungskriterium ansieht, S. 92

993 vgl. *Roth*, Verwaltungshandeln mit Drittbetroffenheit und Gesetzesvorbehalt, S. 299 mwN

994 BVerwGE 32, S. 173 (179); BVerwG, DVBl 1974, S. 767 (776)

bb. Grundrechte der Absprachebeteiligten

aaa. Beschaffenheit der potentiellen Eingriffshandlung

Fraglich ist, woraus sich eine grundrechtsrelevante Beeinträchtigung ergeben kann.
Im Falle der Selbstverpflichtungsabsprachen kommt ein Eingriff in Form einer faktischen Beeinträchtigung in Frage, da es sich um ein informelles Handlungsinstrument handelt[995].
Damit ein solches Verhalten jedoch im konkreten Fall Grundrechtsrelevanz besitzt, müssen die oben angesprochenen Einschränkungskriterien erfüllt sein. Zunächst müsste die Abgabe der Erklärung auf die Ausübung staatlicher Autorität zurückzuführen sein[996]. Ob ein solcher Zurechnungszusammenhang im Falle des staatlichen Mitwirkungsaktes bei Selbstverpflichtungen bejaht werden kann, ist höchst fraglich. Unabhängig von dem Grad der Intensität der staatlichen Einflussnahme liegt zwischen dieser und der Abgabe der Erklärung nämlich zumindest noch die Entscheidung der Industrie, dem ausgeübten Einfluss zu folgen oder nicht. Nach den Grundsätzen der zivilrechtlichen Schadenszurechnung kann in Fällen mittelbarer Schadensverursachung der Zurechnungszusammenhang trotz Adäquanz durch das freie Dazwischentreten eines Dritten unterbrochen werden.
Dieser Grundsatz kann jedoch nicht ohne weiteres auf das öffentliche Recht übertragen werden, da für die Hinnahme freiheitsverkürzender Folgen informellen staatlichen Handeln andere Maßstäbe heranzuziehen sind als für den Schadensausgleich unter Privaten[997]. Inwiefern eine Zurechnungszusammenhang zwischen staatlicher Initiierungshandlung und der Beeinträchtigung in Form der Abgabe der Erklärung zu bejahen ist, ist differenziert anhand der jeweiligen Konstellation zu beantworten. Dabei ist die Frage der der Zurechenbarkeit eng vom Grad der verbleibenden Autonomie des Unternehmens/des Verbandes abhängig.

Im Falle der Erklärung der deutschen Wirtschaft zum Klimaschutz wurde bei Nichtabgabe einer entsprechenden Erklärung der Erlass einer steuerlichen Regelung und der Wärmenutzungsverordnung in Aussicht gestellt; dadurch wurde von staatlicher Seite ein gewisser faktischer Druck erzeugt. Dieser

---

995 *Knebel/Wicke/Michael*, Selbstverpflichtungen und normersetzende Umweltverträge als Instrumente des Umweltschutzes, S. 49

996 "Zurechenbarkeitskriterium", vgl. BVerfGE 66, S. 39 (60)

997 *Knebel/Wicke/Michael*, Selbstverpflichtungen und normersetzende Umweltverträge als Instrumente des Umweltschutzes, S. 54

Druck wurde gezielt eingesetzt, um grundrechtlich geschütztes Verhalten zu beeinflussen.

Des weiteren müsste die Beeinträchtigung eine gewisse Intensität erreichen. Ob diese Intensität gegeben ist, kann nicht pauschal beantwortet werden; dazu ist auf den Inhalt der einzelnen Selbstverpflichtungsabsprache abzustellen. Bei der Beispielskonstellation der Erklärung zum Klimaschutz ereicht die Intensität der Beeinträchtigung wohl keine Eingriffsqualität[998]:

Diese Feststellung wird von den gleichen Erwägungen getragen, die zuvor schon zu einer Bejahung des Merkmales der Freiwilligkeit geführt haben[999]: Zum einen gingen der Abgabe intensive Verhandlungen voraus, in denen die Seite der Wirtschaft auf die inhaltliche Ausgestaltung der Anforderungen Einfluss nehmen konnte. Zum and[1000]eren wäre Konsequenz einer Verweigerung der Erklärung nur, dass das normale Gesetzgebungsverfahren in Gang gesetzt wird.

Baumann[1001] geht noch einen Schritt weiter: Kriterium für einen Eingriff muss sein, ob sich die Freiheitssphäre insgesamt verengt oder nicht: Wird dem Unternehmen die Möglichkeit gegeben, eine Materie zu regeln, deren Regelung bereits hoheitlich beansprucht wird, wird ihr Freiheitsraum um diese quasi-hoheitliche Regelungsbefugnis sogar erweitert.

Auch danach wäre hier kein Eingriff gegeben.

Es ist im Falle der Erklärung der deutschen Wirtschaft zum Klimaschutz also gar nicht erforderlich, eine Zulässigkeit über den Grundsatz des "volenti non fit iniuria " zu konstruieren, da schon gar kein Eingriff gegeben ist .

bbb. Relevante Grundrechte

Hat im Zusammenhang mit der Initiierung einer Selbstverpflichtungsabsprache die staatliche Einflussnahme im Einzelfall doch eine beeinträchtigende Intensität, sind zumeist die sog. "Unternehmergrundrechte" betroffen: Diese ergeben sich aus den Art. 12, 14 und 2 Abs. 1 GG; zudem ist das formelle Hauptgrundrecht[1002] des Art. 19 Abs. 4 GG relevant.

---

998 aA wohl *Knebel/Wicke/Michael*, Selbstverpflichtungen und normersetzende Umweltverträge als Instrumente des Umweltschutzes, S. 56

999 vgl. § 16, Nr. 1

1000 dies ist auch ein wesentlicher Unterschied zur Konstellation der staatlichen Warnungen und Empfehlungen: Den Wirkungen dieses informellen Instruments ist der Bürger ohne Einfluß-möglichkeit ausgesetzt.

1001 *Baumann*, Rechtsprobleme freiwilliger Selbstbeschränkung, S. 173

1002 vgl. *Kloepfer*, in: König/Dose, S. 329 (344)

Im Rahmen der Erklärung der deutschen Wirtschaft zum Klimaschutz geht es um die Reduzierung der CO_2-Emissionen.
Eine Beeinträchtigung des Schutzbereichs des Art. 14 GG ist in diesem Zusammenhang wohl auszuschließen: Art. 14 GG schützt den eingerichteten und ausgeübten Gewerbebetrieb nur in der Substanz, die in ihrer Gesamtheit den wirtschaftlichen Wert des konkreten Unternehmens ausmacht[1003]. Es erscheint zweifelhaft, ob diese Substanz durch die Verpflichtung zur Emissionsminderung, die nicht so bemessen ist, dass sie die Unternehmensabläufe grundsätzlich tangiert, schon beeinträchtigt ist.
Bei der Prüfung einer Beeinträchtigung in dem Grundrecht aus Art. 12 GG scheitert die Feststellung eines Eingriffs schon an der fehlenden Berufsbezogenheit[1004] des staatlichen Handelns. Generell ist jedoch eine Beeinträchtigung in Art. 12 Abs. 1 GG durch die Initiierung einer umweltschützenden Selbstverpflichtung möglich: Wenn die Unternehmer hinsichtlich ihres Produktsortiments, ihrer Werbemethoden oder ihrer Absatzmenge Bindungen unterworfen werden, ist der Schutzbereich relevant betroffen[1005].
Schließlich bleibt noch eine denkbare Beeinträchtigung in der unternehmerischen Freiheit, die als ein Teilaspekt der allgemeinen Handlungsfreiheit durch Art. 2 Abs. 1 GG geschützt ist[1006]. Dieser Schutz kommt zum Tragen, sofern nicht besondere Grundrechtsbestimmungen (Art 12, 14 GG) greifen. Es soll dadurch gewährleistet werden, dass ein angemessener Spielraum der Unternehmerinitiative unantastbar bleibt[1007].

ccc. Der Grundsatz des "volenti non fit iniuria"

Wenn doch der Schutzbereich eines der genannten Grundrechte betroffen ist, ist trotzdem ein Eingriff vor allem deshalb fraglich, weil die Unternehmer die Selbstverpflichtungsabsprachen ohne rechtlichen Zwang, freiwillig, eingehen. In diesem Zusammenhang wird der Grundsatz " volenti non fit iniuria" diskutiert[1008].

1003 BGHZ 76, S. 387 (394)

1004 BVerfGE 70, S. 191 (214), *Jarass/Pieroth*, GG, Art. 12, RN 11

1005 Beispiel hierfür sind die Selbstverpflichtungen zur FCKW-Reduktion

1006 BVerfGE 8, S. 274 (328)

1007 BVerfGE 65, S. 196 (210)

1008 vgl. im Überblick *Schulte*, Schlichtes Verwaltungshandeln, S. 99 ff.

Dieses Prinzip stammt ursprünglich aus dem Zivilrecht[1009] und besagt, dass bei Einwilligung des Betroffenen eine Rechtsverletzung ausgeschlossen ist. Dies kann im öffentlichen Recht jedoch nicht uneingeschränktgelten, da der "Verzicht" des Betroffenen nur die Funktion des Grundrechts als Abwehrrecht erfassen kann; die objektive Wertentscheidung steht der Disposition des Einzelnen nicht offen[1010]. In bestimmten Konstellationen kann jedoch ein Eingriff aufgrund der Einwilligung des Betroffenen ausgeschlossen werden; dies bestimmt sich nach dem Inhalt des jeweiligen Grundrechts[1011].
Es ist daher zu fragen, ob im Abschluss der Absprache nicht eine solche zulässige Einwilligung in einen Eingriff gesehen werden kann .
Die sog. Unternehmergrundrechte zählen zu denjenigen Grundrechten, die einer (partiellen) Disposition grundsätzlich offen stehen[1012]. Eine wirksame Disposition ist jedoch an bestimmte Voraussetzungen zu knüpfen. Für den Bereich der öffentlich-rechtlichen Verträge bestimmen sich diese Voraussetzungen nach den privatrechtlichen Vorgaben der §§ 138, 242 BGB.
Überträgt man die darin enthaltenen Gedanken auf die Konstellation der Selbstverpflichtungsabsprachen, so lassen sich daraus folgende Voraussetzungen ableiten:
Zunächst verlangt der Gesichtspunkt der Autonomie, dass der Verzicht tatsächlich freiwillig erklärt wurde.
Bei der Initiierung von Selbstverpflichtungsabsprachen wird dem Aspekt der Freiwilligkeit oft entgegengehalten, dass seitens der Regierung ein so starker Druck erzeugt würde, dass eine autonome Entscheidung des Unternehmers für oder gegen den Abschluss der Absprache nicht mehr möglich sei[1013].
Nach einer empirischen Untersuchung des UBA ordneten 25 % der befragten Wirtschaftsvertreter der staatlichen Initiativhandlung Nötigungscharakter zu[1014].

1009 Ursprung ist eine Ulpian-Stelle der Digesten: "...quia nulla iniuria est, quae in volentem fiat", vgl. *Sachs*, in: VerwA 76 (1985), S. 398

1010 *Rengeling*, Das Kooperationsprinzip im Umweltrecht, S. 87 f.; *Oebbecke*, in: DVBl 1986, S. 793(799); *Fluck/Schmitt*, in: VerwA 89 (1998), S.220 (236); *Schulte*, Schlichtes Verwaltungshandeln, S. 100

1011 *Rengeling*, Das Kooperationsprinzip im Umweltrecht, S. 88

1012 Vgl. *Menger*, in: Festschrift für Werner Ernst, S. 301 (315), der von "vertragsnahen Grundrechten " spricht; *Knebel/Wicke/Michael*, Selbstverpflichtungen und normersetzende Umweltverträge als Instrumente des Umweltschutzes, S. 60

1013 vgl. *Grüter*, Umweltrecht und Kooperationsprinzip in der Bundesrepublik Deutschland, S.98 f.

1014 *Knebel/Wicke/Michael*, Selbstverpflichtungen und normersetzende Umweltverträge als Instrumente des Umweltschutzes, S. 61

Daraus kann jedoch in diesem Zusammenhang kein Ausschluss der Freiwilligkeit gefolgert werden: Der Druck ist nicht einseitig faktisch wie z. B. bei der Konstellation der staatlichen Warnungen und Empfehlungen, sondern Teil eines Verhandlungsprozesses, in dem die Wirtschaftsvertreter ihre Interessen einbringen. Die Inhalte werden also diskursiv erarbeitet.
Für die Wirtschaftsvertreter besteht letztendlich eine Wahl zwischen Ausübung und Nichtausübung der unternehmerischen Freiheit; sie können sich dem Abschluss der Absprache entziehen[1015]. Der Freiwilligkeit steht auch nicht entgegen, dass die staatliche Verhandlungsposition durch das Gesetz in der Hinterhand stärker sein kann als die des Wirtschaftsverbandes; eine solche Situation ist wesensmäßig für Verhandlungen an sich. Erst wenn die Exekutive eine derartig starke Position hat, dass die "Absprache" zur unausweichlichen Handlungsanweisung entartet[1016], kann nicht mehr von einem freiwilligen Verzicht gesprochen werden.
Bei den bisher in Deutschland zustande gekommenen Selbstverpflichtungsabsprachen war die staatliche Position jedoch bei weitem nicht so stark:
Gerade im Fall der CO_2-Minderungsverpflichtung war umwelt- und europapolitisch offensichtlich, dass die Einführung einer gemeinschaftsweiten Abgabepflicht höchst unwahrscheinlich war[1017]. Die Bundesregierung besaß also in den Verhandlungen kein Drohpotential, dass eine freiwillige Entscheidung der Wirtschaftsvertreter unmöglich gemacht hätte.
Weitere Voraussetzung für einen wirksame Einwilligung im Rahmen einer Selbstverpflichtungsabsprache ist die Rechtmäßigkeit des Gesetzes, auf dessen Erlass verzichtet werden soll. Wenn die Regierung den Verzicht auf ein Gesetz in Aussicht stellt, das nicht erlassen werden dürfte, weil es gegen höherrangiges Recht verstößt, kann auf diesem Wege keine wirksame Einwilligung in den Eingriff herbeigeführt werden[1018].
Wen diese beiden Voraussetzungen jedoch erfüllt sind, besitzt der Grundsatz des " volenti non fit iniuria" durchaus seine Berechtigung[1019], da gerade bei

---

1015 *Würfel*, Informelle Absprachen in der Abfallwirtschaft, S. 54; *Baudenbacher*, in: JZ 1988, S. 689 (697); aA *Grüter*, aaO., S. 98 f., der der staatlichen Drohung eine unausweichliche Zwangswirkung zuordnet und daher Freiwilligkeit ausschließt

1016 *Würfel*, Informelle Absprachen in der Abfallwirtschaft, S. 54

1017 *Knebel/Wicke/Michael*, Selbstverpflichtungen und normersetzende Umweltverträge als Instrumente des Umweltschutzes, S. 63

1018 *Oebbecke*, in: DVBl 1986, S.793 (798); *Fluck/Schmitt*, in: VerwA 89 (1998), S. 220 (236)

1019 *Baudenbacher*, in: JZ 1988, S. 689 (697)

den sog. "Wirtschaftsgrundrechten" der Verzicht eine Form der Freiheitsbetätigung sein kann[1020].
Beim Abschluss von Selbstverpflichtungsabsprachen wird also in der Regel nicht in Grundrechte der Absprachebeteiligten eingegriffen; der Grundsatz vom Vorbehalt des Gesetzes ist hier also unter diesem Gesichtspunkt nicht relevant.

cc. Grundrechte Dritter.

Nahezu alle Selbstverpflichtungsabsprachen wirken auf die Rechte Außenstehender ein. Zumeist wird diese Einwirkung jedoch unterhalb der Eingriffsschwelle bleiben.
Anders ist die Konstellation, wenn einem unbeteiligten Lieferant im Rahmen einer produktbezogenen Selbstverpflichtungsabsprache seine Absatzmöglichkeiten entzogen werden[1021]. So verhielt es sich im Falle der Asbestabsprache: Der Verband der Asbestzementhersteller verpflichtete sich zu einer Verminderung des Asbestgehalts seiner Produkte um 50 %. Dies führte bei dem Zulieferer des Asbestrohstoffes zu einem massiven Nachfragerückgang. Dadurch erlitt er erhebliche wirtschaftliche Verluste, die auch nicht durch Ausweichmaßnahmen abgewendet werden konnten. Die Wirkung entsprach also der einer ordnungsrechtlichen Herstellungs- oder Lieferbeschränkung. Hierin ist ein faktischer Eingriff in das Grundrecht des Lieferanten am eingerichteten und ausgeübten Gewerbebetrieb (Art. 14 GG) zu sehen[1022].
Eine Verordnungsermächtigung, die zum Erlass einer Verordnung entsprechenden (oder strengeren) Inhalts ermächtigte, lag mit § 35 Abs. 1 BImSchG oder § 17 Abs. 1 Nr. 1 ChemG vor.
Wenn nun aber ein Eingriff in Rechte Dritter gegeben ist, kann sich der Staat nicht auf die theoretisch bestehende Möglichkeit zum Normerlass berufen und gleichzeitig den Weg informaler Selbstverpflichtungsabsprachen beschreiten. Da die Absprache kein milderes Minus zur ansonsten ergehenden ordnungsrechtlichen Maßnahme ist, ist darin eine Missachtung des Grundsatzes vom Vorbehalt des Gesetzes zu sehen. Da ein Eingriff vorliegt, kann er nur dann gerechtfertigt sein, wenn er durch eine gesetzliche Grundlage gedeckt ist. Die bloße Möglichkeit zum Erlass einer solchen Grundlage genügt dem Grundsatz

---

[1020] vgl. *Jarass/Pieroth*, Vorb. vor Art. 1, RN 27; *DiFabio*, in: JZ 1997, S. 969 (970); *Rengeling*, Das Kooperationsprinzip im Umweltrecht, S.88; *Schulte*, Schlichtes Verwaltungshandeln, S. 101 f.

[1021] vgl. *Kloepfer*, in: König/Dose, S. 329 (344)

[1022] vgl. *Bohne*, in: VerwA 75 (1984), S. 343 (367); *Oebbecke*, in: DVBl 1986, S. 793 (797)

vom Vorbehalt des Gesetzes nicht[1023]; Mitwirkungsbefugnisse vor dem Normerlass und Rechtsschutzmöglichkeiten hinsichtlich der einmal erlassenen Verordnung würden so beschnitten.
Im Bereich des Klimaschutzes ist eine Beeinträchtigung von Rechten unbeteiligter Dritter in dieser Form nicht ersichtlich.
Konkurrenten könnten beeinträchtigt sein, sofern die Absprache die Gewährung von Vergünstigungen an die beteiligten Unternehmen beinhaltet. Dies ist jedoch mit einer Klausel abzuwenden, die den Beitritt zur Absprache ermöglicht.

Die Notwendigkeit einer gesetzlichen Grundlage für den Abschluss von Selbstverpflichtungsabsprachen kann sich also im Einzelfall daraus ergeben, dass in Rechte unbeteiligter Dritter eingegriffen wird.
Ein Eingriff in Rechte der Absprachebeteiligten, der eine Rechtsgrundlage verlangte, kann in der Regel ausgeschlossen werden.

c. Selbstverpflichtungsabsprachen im Umweltschutz als Sachverhalt grundlegender normativer Bedeutung?

aa. Was ist wesentlich?

Das Erfordernis einer gesetzlichen Regelung könnte sich zudem aus dem zweiten Aspekt der Wesentlichkeitstheorie begründen: Deren demokratische Komponente[1024] verlangt es, dass das Parlament alle politisch bedeutsamen Entscheidungen, wenigstens in ihren Grundzügen, selbst zu treffen hat[1025]. Neben den Entscheidungen, die die Gefahr eines Grundrechtseingriffs mit sich bringen, sind dies jedoch auch andere politische Sachfragen von besonderer Tragweite.
Hier erweist sich als schwierig, was denn nun als besonders bedeutsam bzw. "wesentlich" anzusehen ist. Das Bundesverfassungsgericht beantwortet dies mit dem Satz, dass "wesentlich" in diesem Zusammenhang "wesentlich für die Verwirklichung der Grundrechte" bedeute[1026]. Diese "Konkretisierung" ist deutlicher Kritik des Schrifttums ausgesetzt; wesentlich sei danach, was das Bundesverfassungsgericht dafür halte[1027]. Dieser Vorwurf ist auch

---

1023 vgl. *Oebbecke*, in: DVBl 1986, S. 793 (798)

1024 vgl. dazu *Ossenbühl* , Vorrang und Vorbehalt des Gesetzes in: HdStR III, § 62, RN 35 ff

1025 *Brohm*, in: DÖV 1992, S. 1025 (1033);

1026 BVerfGE 47, S. 46 (79)

1027 *Kloepfer*, in: JZ 1984, S. 685 (692)

durchaus berechtigt. Trotz der fehlenden Klarheit dieser Definition ist jedoch eines festzuhalten: Wesentlichkeit kann auch bei fehlender Grundrechtsrelevanz (iS eines drohenden Eingriffs) einer Maßnahme vorliegen[1028].
Darüber hinaus sollte der Wesentlichkeitsbegriff nicht als Dogma verwendet werden, sondern lediglich als Arbeitshypothese, anhand derer Fallgruppen erarbeitet werden, die ein Tätigwerden des Gesetzgebers verlangen[1029].

Umbach [1030]schlägt eine " Relevanztrias" vor, anhand derer die Fallgruppen bestimmt werden können. Danach ist abzustellen auf

1. "die generelle Grundrechtsverwirklichungs - oder Grundwertrelevanz der Entscheidung,
2. die Intensität der individuellen Betroffenheit und
3. die Bedeutung der Regelung für die Allgemeinheit bzw. das öffentliche Interesse".

Diese Merkmale sollen im folgenden als Richtwerte herangezogen werden.

bb. "Wesentlichkeit" von Selbstverpflichtungsabsprachen im Umweltrecht?

Der Umweltschutz an sich ist eine Materie, der erhebliche Bedeutung für Individuen, Gesellschaft und Staat zukommt.
Daraus könnte eine Verpflichtung des Gesetzgebers herzuleiten sein, Art und Weise der Erreichung des Ziels gesetzlich vorzugeben[1031]. Damit müsste auch die Initiierung von Selbstverpflichtungsabsprachen auf gesetzlicher Grundlage erfolgen.
Das Abstellen auf den breiten Sachbereich "Umweltschutz" führt jedoch zu einem verzerrten Bild; eine solche Vorgehensweise resultiert in einem Totalvorbehalt, der effektives staatliches Handeln unmöglich macht. Richtiger ist es, darauf abzustellen, ob der Einsatz des Instrumentes der Selbstverpflichtungsabsprache im Umweltrecht "wesentlich" ist.
Selbstverpflichtungsabsprachen im hier erörterten Zusammenhang haben normvertretende Funktion. Ob eine Absprache zustande kommt (und damit auf den Erlass eines Gesetzes mit entsprechendem Inhalt verzichtet wird), hängt maßgeblich davon ab, ob das Wirtschaftsunternehmen bzw. der Verband sich bereit erklärt, bestimmte Dispositionen zu treffen.

1028 *Kloepfer*, in:JZ 1984, S. 685 (692)

1029 *Ossenbühl*, Vorrang und Vorbehalt des Gesetzes, in: HdStR III, § 62 RN, 44 ff.; *Umbach*, in: FS Faller, S. 111 (127)

1030 *Umbach*, aaO.,127)

1031 so *Grüter*, Umweltrecht und Kooperationsprinzip in der Bundesrepublik Deutschland, S. 96

Damit wird die Entscheidung, ob eine bestimmte Aufgabe durch die Regierung (als Verhandlungspartnerin/Initiatorin der Absprache) oder durch den Gesetzgeber wahrgenommen werden soll[1032], in die Hände der Wirtschaftsvertreter gelegt. Die Aufgabenverteilung zwischen Exekutive und Legislative stellt jedoch eine politische Entscheidung von erheblicher Bedeutung dar, die vom Parlament zu treffen ist[1033]. Daher ist zur Wahrung des Wesentlichkeitsprinzips eine gesetzliche Grundlage erforderlich.

d. Mögliche gesetzliche Grundlagen

Da zum einen Grundrechtseingriffe durch Selbstverpflichtungsabsprachen nicht generell ausgeschlossen werden können und zum anderen das Wesentlichkeitsprinzip eine gesetzliche Regelung verlangt, stellt sich die Frage nach geeigneten Grundlagen.

Für den Bereich des Abfallrechtes ist eine ausdrückliche Ermächtigung zum Abschluss von Absprachen in den §§ 24, 25 KrW-/AbfG enthalten. Für die meisten Absprachen fehlt es jedoch an einer speziellen gesetzlichen Grundlage.
Eine ausreichende gesetzliche Ermächtigung könnte in Form einer entsprechenden Verordnungsermächtigung vorliegen.
Teilweise wird die Auffassung vertreten, dass es sich bei Selbstverpflichtungsabsprachen um ein aliud handelt[1034]. Danach kann nicht automatisch von der Verordnungsermächtigung auf eine Ermächtigung zum Abschluss von Absprachen geschlossen werden:
Auch der Verordnungserlass sei bei vorhandener Rechtsgrundlage rechtswidrig, wenn nicht bestimmte Verfahrensvoraussetzungen eingehalten werden. Selbstverpflichtungsabsprachen werden als informelles Instrument auch ohne formelles Verfahren abgeschlossen; eine Ermächtigungsgrundlage, die zu einem Verordnungserlass mit einer entsprechenden Zielsetzung die Befugnis erteilen würde, genüge nicht als Rechtsgrundlage für eine Selbstverpflichtungsabsprache[1035].
Dem kann jedoch so nicht gefolgt werden: Der Ermächtigte besitzt zum einen das Entschließungsermessen, ob er überhaupt eine Verordnung erlässt[1036],

---

1032 dazu genauer unter § 20, Nr. 5 a

1033 *Schulte*, Schlichtes Verwaltungshandeln, S. 138

1034 vgl. § 16

1035 *Grüter*, Umweltrecht und Kooperationsprinzip in der Bundesrepublik Deutschland, S. 99

1036 sofern keine Normerlasspflicht besteht, vgl. § 20, Nr. 2

zum anderen kann er innerhalb des Rahmens der Ermächtigung über die inhaltliche Ausgestaltung der Verordnung bestimmen. Da es ergo im Ermessen des Verordnungsgebers steht, ob er von der Ermächtigung Gebrauch macht[1037], kann er auch das "Minus" zum Erlass einer Verordnung wählen[1038]. Dabei sind allerdings die Vorgaben der Ermächtigung sowie das Verhältnismäßigkeitsprinzip zu beachten[1039]. Solange eine Selbstverpflichtung sich also inhaltlich im Rahmen der Verordnungsermächtigung hält, ist es sogar im Wege eines verfassungsrechtlichen "Erst- Recht"- Schlusses geboten, auch diese als dadurch legitimiert anzusehen[1040].

Problematischer sind die Konstellationen, in denen die Selbstverpflichtung sich nicht in den Rahmen einer Verordnungsermächtigung einfügt. In diesen Fällen kann als letzter Schritt eine Ermächtigungsgrundlage aus einer Gesamtschau der Normenmasse ermittelt werden.
Im Falle der Erklärung der deutschen Wirtschaft zum Klimaschutz lässt sich keine einzelne Ermächtigungsgrundlage feststellen, auf die die Selbstverpflichtung zu stützen sei: Aufgrund der Vielzahl der beteiligten Branchen, der verschiedenen Zielvorgaben und Maßnahmen ist eine Gesamtschau der ev. relevanten Ermächtigungsnormen (§§ 7 Abs. 1, 23 Abs. 1, 35 Abs. 1, 37, 38 Abs. 2 BImSchG, § 17 Abs. 1 Nr. 3 ChemG, § 6 Abs. 1 Nr. 3 KrW-/AbfG) vorzunehmen[1041]. Daraus ergibt sich dann der zulässiger Inhaltsumfang der Selbstverpflichtung.
Wenn auch diese Gesamtschau zu keinem Positiven Ergebnis führt, ist im Falle eines Grundrechtseingriffs die Selbstverpflichtungsabsprache aufgrund eines Verstoßes gegen den Grundsatz vom Vorbehalt des Gesetzes verfassungswidrig.
Wenn kein Eingriff gegeben ist, sondern es nur darum geht, die Aufgabenverteilung zwischen Exekutive und Legislative gesetzlich abzusichern, kann dies - über die vorgenannten Möglichkeiten hinaus- durch die Normierung der generellen Zulässigkeit von Selbstverpflichtungsabsprachen geschehen[1042]. Im

---

1037 *Ossenbühl*, Rechtsverordnung, in: HdStR III, § 64, RN 43; *Zuleeg*, in: DVBl 1970, S.157

1038 dies gilt nur, sofern das Ermessen sich nicht auf eine Pflicht zum Normerlaß reduziert, vgl. *Brohm*, in: DÖV 1992, S. 1025 (1033)

1039 vgl. *Brohm*, aaO., S. 1033

1040 *Brohm*, in: DÖV 1992, S. 1025 (1033); *Knebel/Wicke/Michael*, Selbstverpflichtungen und normersetzende Umweltverträge als Instrumente des Umweltschutzes; S. 66

1041 vgl. *Knebel/Wicke/Michael*, Selbstverpflichtungen und normersetzende Umweltverträge als Instrumente des Umweltschutzes, S. 68

1042 vgl. *Grewlich*, in: DÖV 1998, S. 54 (59); *Brohm*, in: DÖV 1992, S. 1025 (1033)

Entwurf der Sachverständigenkommission für ein UGB (UGB-KommE) sind Regelungen enthalten, die die Initiierung von Selbstverpflichtungsabsprachen als Instrument staatlichen Handelns zulassen und zu beachtende Rahmenvorgaben abstecken.
Unter Beachtung dieser Vorgaben wäre dem Grundsatz vom Vorbehalt des Gesetzes Genüge getan.

4. Rechtsstaatsprinzip

a. Voraussehbarkeit staatlichen Handelns

Die Initiierung von Selbstverpflichtungsabsprachen steht außerhalb des Kanons der traditionellen Handlungsformen. Daher wird dieser Vorgehensweise teilweise der Vorwurf entgegengehalten, dass das Erfordernis der Rechtssicherheit und der Berechenbarkeit staatlichen Handelns nicht gewahrt sei. Dies wird damit begründet, dass die Wirtschaftsvertreter nicht sicher davor seien, nach kurzer Zeit mit weiteren Forderungen des Staates konfrontiert zu werden[1043]. Diese Ansicht vernachlässigt jedoch zwei entscheidende Merkmale der Selbstverpflichtungsabsprache: Den Umstand der rechtlichen Unverbindlichkeit und die Tatsache, dass kein rechtlicher Zwang zum Abschluss einer Absprache besteht. Ebenso wie bei der ursprünglichen Absprache steht es den Wirtschaftsvertretern letztlich frei, die Forderung abzulehnen, ohne dass sich daraus für sie negative Konsequenzen ergeben. Die staatliche Seite ist mit der Ablehnung auf den herkömmlichen Weg des Gesetzeserlasses verwiesen, der ihr auch zuvor schon offengestanden hätte.
Die Möglichkeit der Nachbesserung ist zudem nur Pendant zur Möglichkeit der Industrie, bei Veränderung der wirtschaftlichen Rahmenbedingungen von ihrer Verpflichtung Abstand zu nehmen.
Gerade im Falle der Erklärung der deutschen Wirtschaft zum Klimaschutz kann der Aspekt der mangelnden Rechtssicherheit nicht zur Verfassungswidrigkeit führen: Hier wurde schon bei Abschluss der Vereinbarung klargestellt, dass sich die staatliche Seite vorbehält, eine "Nachbesserung" zu verlangen.
Zudem wird aus Praktikabilitätserfordernissen auch allgemein ein eingeschränktes Bestimmtheitserfordernis akzeptiert[1044], wenn bestimmte Voraussetzungen vorliegen: Voraussetzung ist ein Sachverhalt, der in vielge-

---

1043 *Grüter*, Umweltrecht und Kooperationsprinzip in der Bundesrepublik Deutschland, S. 89

1044 vgl. *Dauber*, in: Becker-Schwarze u.a., S. 67 (91 f.); *Hill*, in: DÖV 1987, S. 885 (893 f.); *Braun*, in: VerwA 76 (1985), S. 158 (159)

staltigen Konstellationen auftritt und raschen, nicht im voraus erkennbaren Entwicklungen unterworfen ist[1045].
Dies ist auch in vielen Bereichen des Umweltrechts (aber besonders im Klimaschutz) der Fall: Aufgrund des immer noch unsicheren naturwissenschaftlichen Hintergrundes[1046] und den noch nicht abgeschlossenen Prozessen auf internationaler Ebene[1047] ist hier eine erhebliche Unsicherheit bezüglich der zukünftigen Entwicklung gegeben, so dass die Anforderungen an die Bestimmtheit von Maßnahmen nur in reduziertem Maße gelten.
Damit ist davon auszugehen, dass mit der Praxis der Initiierung von Selbstverpflichtungsabsprachen im Umweltrecht kein Verstoß gegen das Erfordernis der Vorhersehbarkeit verbunden ist.

b. Gleichheitsgewährende Funktion des Rechtsstaatsprinzips

Ein weitere kritischer Aspekt könnte in der gleichheitsgewährenden Funktion des Rechtsstaatsprinzips zu sehen sein[1048]. Diese ergibt sich aus dem Zusammenspiel von Rechtsstaatsprinzip und Art. 3 Abs. 1 GG. Staatliches Handeln ist demnach verpflichtet, gleiche Tatbestände gleich zu behandeln[1049] und unsachliche Differenzierungen zu unterlassen[1050].

Grundsätzlich scheinen Selbstverpflichtungsabsprachen gerade unter diesem Gesichtspunkt Vorteile zu bieten, da sie die Anpassung auf die unterschiedlichen Gegebenheiten der Branche bzw. des Einzelfalles erleichtern.
Besonders im Falle der Absprachen im Klimaschutz (aber auch bei anderen Selbstverpflichtungsabsprachen) wird jedoch eine Ungleichbehandlung zwischen "Großen und Kleinen" diagnostiziert: Sowohl der Individualverbraucher als auch die Großindustrie sind " Verschmutzer", wenn es um CO_2-Emissionen geht. Bei der Auswahl von Maßnahmen wird nun vorgebracht, dass die Regierung bei der Entwicklung von Lösungsansätzen der Gruppe der Einzelenergieverbraucher keine ausreichende Beteiligung einräumt.
Grund für die starke Kooperation mit der Industrie ist deren hoher Organisationsgrad. Dieser ist Voraussetzung für effektive Absprachelösungen; auf der

---

1045 *Dauber*, in: Becker-Schwarze u.a., S. 67 (92)

1046 vgl. § 4, Nr.2

1047 vgl. §§ 9 ff.

1048 dazu auch *Kloepfer*, in: JZ 1991, S. 737 (743)

1049 BVerfGE 38, S. 225 (228)

1050 BVerfGE 23, S. 353 (372 f.)

Ebene der Einzelhaushalte fehlt es an einer solchen Organisationsstruktur. Diese Konstellation bringt es mit sich, dass die Industrieinteressen aufgrund der Beteiligung an einem Verhandlungsprozess stärker zur Geltung gebracht werden als die der Individualbeteiligten. Dies könnte eine unangemessene Privilegierung der Industrie darstellen[1051].
Um dies festzustellen, ist es erforderlich, das Erfordernis der Emissionsminderung in den Gesamtkontext einzuordnen.
Deutschland hat innerhalb der EU einen bestimmten Minderungsanteil übernommen. Dieses Minderungsziel soll durch eine Vielzahl von Maßnahmen in den verschiedenen Bereichen des wirtschaftlichen Lebens abgedeckt werden. Eine Privilegierung liegt dabei nur in der Form vor, dass innerhalb dieses nationalen Aktionsplans der eingeplante Anteil der Industrie niedriger sein mag, als es dem Minderungspotential entspräche.
Da jedoch mit dem höheren Anteil der Privathaushalte keine belastenden Maßnahmen verbunden sind (von denen die Industrie ausgenommen wäre), liegt keine unangemessene Ungleichbehandlung und damit keine Verletzung des Gleichbehandlungsaspektes des Rechtsstaatsprinzips vor.

5. Zuständigkeitsfragen

Auch informelle Handlungen des Staates sind an die staatliche Kompetenzordnung gebunden[1052]. Eine ausdrückliche Zuweisung der Zuständigkeit für die Initiierung von Selbstverpflichtungsabsprachen ist im Grundgesetz nicht vorgesehen[1053].

a. Zuständigkeit der Exekutive ?

Selbstverpflichtungsabsprachen wurden bisher, sowohl auf Bundes- als auch auf Landesebene, durch die jeweilige Regierung bzw. den jeweiligen Ressortminister abgeschlossen.
Fraglich ist jedoch, ob diese - anknüpfend an Art. 83 GG- tatsächlich die Kompetenz dazu besitzen.
Wenn man auf die Handlungsform abstellt, wäre die Initiierung von Selbstverpflichtungsabsprachen als informales Staatshandeln der Exekutive zuzu-

---

1051 so *Brohm*, in: DVBl 1994, S. 133 (138 f)

1052 vgl. *Becker*, in: DÖV 1985, S. 1003 (1010); *Rengeling*, Das Kooperationsprinzip im Umweltrecht, S. 178; *Oebbecke*, in: DVBl 1986, S. 793 (795)

1053 *Knebel/Wicke/Michael*, Selbstverpflichtungen und normersetzende Umweltverträge als Instrumente des Umweltschutzes, S. 71, die die Zuständigkeitsproblematik jedoch dem Grundsatz vom Vorbehalt des Gesetzes zuordnen

ordnen[1054]. Diese Zuordnung würde auch dadurch unterstützt, dass in manchen Fällen sich das Handeln des Bundesministers nicht auf das bloße Zustandekommen der Vereinbarung beschränkt, sondern auch die weitere administrative Begleitung der Absprache beinhaltet[1055]. Damit wären aber die Länder die zuständige Instanz, da ihnen regelmäßig die Verwaltungskompetenz zugewiesen ist[1056].
Für eine Qualifikation als exekutives Handeln spricht auch, dass die handelnden Instanzen ihre Beteiligung an der Gesetzgebung von eigenen politischen Entscheidungen abhängig machen können[1057], da die Regierung gem. Art. 76 Abs. 1 GG ein Initiativrecht besitzt.
Sieht man dagegen die Funktion der Selbstverpflichtungsabsprachen als maßgeblich an, ergibt sich eine Zuordnung zur Legislative: Sofern Selbstverpflichtungsabsprachen an Stelle eines Gesetzes treten, ist der legislative Kontext offensichtlich, es wird von "gesetzessubstituierenden" Absprachen gesprochen[1058].
Maßgeblich ist jedoch, dass die Drohung mit dem Erlass eines Gesetzes nur dann Wirkung besitzt, wenn der Drohende auch die entsprechende Legislativzuständigkeit besitzt[1059]. Dies spricht für eine grundsätzliche Zuweisung zum Parlament. Eine Beteiligung des Parlamentes an Absprachen der Industrie würde jedoch erhebliche Praktikabilitätsprobleme aufwerfen[1060]. Es wird daher einhellig festgestellt, dass eine Zuordnung nicht zweifelsfrei möglich ist; das Phänomen bewegt sich im Grenzbereich zwischen Legislative und Exekutive[1061].

Eine Lösung wird darin gesehen, die Zuständigkeit für die Mitwirkung an gesetzesabwendenden Selbstverpflichtungsabsprachen als Annexkompetenz zur

---

1054 *DiFabio*, in: JZ 1997, S. 969 (972)

1055 *Bohne*, in: Gessner/Winter, S. 266 (271 f.)

1056 zur Kompetenzverteilung Bund-Länder näher unter b.

1057 *Oebbecke*, aaO., S. 796

1058 *Oebbecke*, aaO., S. 795; *Becker*, in: DÖV 1985, S. 1003 (1010); *Rengeling*, Das Kooperationsprinzip im Umweltrecht, S. 178

1059 *Würfel*, Informelle Absprachen in der Abfallwirtschaft, S. 75; *DiFabio*, aaO., S. 972, *Rengeling*, aaO., S. 178; *Schulte*, Schlichtes Verwaltungshandeln, S. 148

1060 vgl. *Rupp*, in: Kühne, S. 51 (61)

1061 vgl. *DiFabio*, in: JZ 1997, S. 969 (972); im Ergebnis auch *Oebbecke*, in. DVBl 1986, S. 793 (795); *Nickel*, Absprachen zwischen Staat und Wirtschaft, S. 145

Gesetzgebungszuständigkeit zu qualifizieren[1062], die jedoch durch die Exekutive der zur Gesetzgebung zuständigen Körperschaft ausgeübt wird[1063].
Sinn der Annahme einer Annexkompetenz ist es nicht, die Befugnisse auf weitere Gegenstandsbereiche zu erstrecken; vielmehr geht es darum, weitere Staatsfunktionen innerhalb des jeweiligen Sachbereichs abzudecken[1064]. Bisher wurde eine solche Annexkompetenz für die Bereiche des Ordnungsrechts[1065], der Planung, Statistik und Forschung[1066] angenommen. Gemeinsam ist diesen Fällen, dass ein enger und unlösbarer Zusammenhang mit der zu regelnden Sachmaterie besteht. Die Initiierung von normabwendenden Selbstverpflichtungsabsprachen soll dazu dienen, das mit der Kompetenzzuweisung verbundene Sachziel möglichst nachhaltig und langfristig zu verwirklichen[1067]. Daher ist die Annahme eines engen Zusammenhangs durchaus gerechtfertigt.
Zugkräftiges Argument für diese Lösung ist zudem der Vergleich mit der Zusage im allgemeinen Verwaltungsrecht: Soll das Instrument sinnvoll sein, muss die Zuständigkeit für die Zusage selbst bei derselben Stelle liegen, wie die Zuständigkeit für den zugesagten Sachgegenstand[1068] Gleiches muss auch im Fall der Selbstverpflichtungsabsprachen gelten[1069].

Diese besondere Konstellation hat zur Konsequenz, dass lediglich das Initiativrecht der Regierung Verhandlungsgegenstand sein kann; hinsichtlich des Initiativrechtes von Parlament oder der Regierungsfraktion können keine Dispositionen getroffen werden[1070]. Anderenfalls würde die verfassungsmäßige Aufgabenverteilung zwischen Regierung und Parlament ver-

---

1062 *Oebbecke*, in. DVBl 1986, S. 792 (795); *Schulte*, Schlichtes Verwaltungshandeln, S.148

1063 *DiFabio*, in: JZ 1997, S. 969 (972)

1064 *Richter/Schuppert*, Casebook Verfassungsrecht, S. 585

1065 BverfGE 8, S. 143 (149)

1066 *Richter/Schuppert*, aaO., S. 585

1067 *Schulte*, Schlichtes Verwaltungshandeln, S. 148 f.

1068 Vgl. § 38 Abs. 1 BVwVfG

1069 vgl. *Oebbecke*, aaO., S. 795

1070 *Schmidt-Preuß*, in: VVDStRL 56, S. 160 (218); *Knebel/Wicke/Michael*, Selbstverpflichtungen und normersetzende Umweltverträge als Instrumente des Umweltschutzes, S. 74

schoben[1071] . Eine gesetzesvertretende Selbstverpflichtungsabsprache kann daher nur vorbehaltlich einer abweichenden Entscheidung des Parlamentes geschlossen werden[1072].
Allerdings steht auch der " Verzicht " auf die Regierungsinitiative unter der Prämisse der rechtlichen Unverbindlichkeit, da das Initiativrecht aus Art. 76 Abs. 1 GG nicht disponibel ist[1073].
Fraglich ist, ob ein Ressortminister alleine oder die Regierung als Ganzes schließlich über den " Abschluss" der Absprache zu entscheiden hat.
Dabei können die Regelungen über den Verordnungserlass herangezogen werden. Gemäß § 15 a, b GO BReg. sind Gesetzes- bzw. Verordnungsentwürfe von der Bundesregierung als Ganzes zu beraten. Entsprechend der Funktion als normersetzende Absprache ist es bei der Mitwirkung an Selbstverpflichtungsabsprachen so zu handhaben, dass der Ressortminister zwar die Absprache eigenständig vorbereitet, jedoch letztlich die Regierung als Kollegialorgan die Entscheidung über den Abschluss zu treffen hat[1074].

b. Kompetenzverteilung Bund/Länder

Die Zuordnung zu Exekutive oder Legislative hat auch Konsequenzen für die Aufgabenverteilung zwischen Bund und Ländern.
Grundsätzlich ist die Ausübung staatlicher Befugnisse Aufgabe der Länder, soweit das GG keine abweichende Regelung trifft oder zulässt (Art. 30 GG)[1075].
Auf der legislativen Ebene fallen umweltrelevante Sachverhalte zumeist in den Bereich der konkurrierenden Gesetzgebung (Art. 72, 74 Abs. I, Nr. 11, 24 GG). Ordnet man die Beteiligung an Selbstverpflichtungsabsprachen dem legislativen Bereich zu, dann ergibt sich folgende Beurteilung: Zweifellos besteht eine Zuständigkeit des Bundes, wenn die Materie bereits durch ein Bundesgesetz geregelt ist und nun eine Änderung oder Aufhebung dieses Gesetzes zur Debatte steht[1076]. Ansonsten ist zu prüfen, ob die Voraussetzungen

---

1071 so *Becker*, in: DÖV 1985, S. 1003 (1010), der von einem Einbruch in den legislativen Funktionsbereich spricht; *Müggenborg*, in: NVwZ 1990, S. 909 (917)

1072 *Rengeling*, Das Kooperationsprinzip im Umweltrecht, S. 178; *Rupp*, in: Kühne, S. 51 (60)

1073 *Rupp*, in: Kühne, S. 51 (60)

1074 *Würfel*, Informelle Absprachen in der Abfallwirtschaft, S. 77

1075 in Abgrenzung zu den explizit dem Bund zugewiesenen Aufgaben, sog. Residual-Kompetenz, vgl. *Jarass/Pieroth*, Art. 30 RN 1

1076 *Oebbecke*, in: DVBl 1986, S. 792 (796)

des Art. 72 GG erfüllt sind und sich danach eine Kompetenz des Bundes ergibt. Die meisten Umweltprobleme sind dadurch gekennzeichnet, dass sie nicht lokal begrenzt sind; im Falle des Klimas handelt es sich sogar um eine Gefahr globalen Ausmaßes. Daher besteht ein Bedürfnis, Lösungen auf einer räumlich möglichst umfassenden Ebene umzusetzen. Im Verhältnis Bund/Länder bedeutet dies, dass sich das Erfordernis einer bundesweiten Regelung bejahen lässt.

Fraglich ist zudem, ob die Beteiligung des Bundes an einer normabwendenden Selbstverpflichtung eine Sperrwirkung zu Lasten des Landesgesetzgebers auslöst. Im Rahmen der konkurrierenden Gesetzgebung wird eine Sperrwirkung dann ausgelöst, wenn der Bund von seinem Gesetzgebungsrecht Gebrauch macht[1077]. Bei der Beteiligung an normabwendenden Selbstverpflichtungsabsprachen ist dies jedoch gerade nicht der Fall; das Handeln besteht vielmehr in einem momentanen Verzicht auf die Ausübung dieses Rechtes.

Eine Sperrwirkung ergibt sich jedoch dergestalt, dass im Falle einer Entscheidung des Bundes für den Weg der Kooperation und gegen eine Abgabenregelung dem Landesgesetzgeber der Erlass einer entsprechenden Abgabenregelung untersagt ist, da er andernfalls die Bundespolitik konterkarieren würde.

Im Falle der kommunalen Verpackungssteuer[1078] verhielt es sich so, dass die Möglichkeit zu kooperativen Lösungen grundsätzlich im KrW-/AbfG bzw. der Verpackungsverordnung vorgesehen sind. Dort ist zwar keine explizite Regelung hinsichtlich der Benutzung von Einweggeschirren getroffen. Es geht daraus jedoch eine grundsätzliche Entscheidung des Gesetzgebers für den Weg der Kooperation in diesem Bereich hervor; dieser Gesamtkonzeption würde eine abweichende Regelung auf Landes- oder Kommunalebene zuwiderlaufen[1079].

Bei der bisherigen Einordnung stand der legislative Funktionszusammenhang der Beteiligung an Selbstverpflichtungsabsprachen im Vordergrund. Wie oben festgestellt, besitzt die Einordnung jedoch auch eine starke exekutivische Prägung. Diese kommt zum Tragen, wenn (wie in den meisten Fällen) die Ausführung der entsprechenden Materie den Ländern zugeordnet ist. In diesem Falle hat der Bund eine Pflicht zum bundesfreundlichen Verhalten: Der Grundsatz der Bundestreue gebietet es allen Beteiligten, bei der Ausübung

---

1077 vgl. zur Sperrwirkung: Maunz, in: Maunz/Dürig, Kommentar zum GG, Art. 72 RN 9

1078 BVerwG, Urteil v. 23. 4. 1997, 11 C 4.96; BVerG, in: NJW 1998, S. 2341 ff.

1079 BVerfG, in: NJW 1998, S. 2341 (2344)

ihrer Kompetenzen eine Beeinträchtigung legitimer Interessen anderer Beteiligter zu unterlassen[1080].
Aus diesem Grundsatz wird teilweise das Erfordernis gefolgert, dass die notwendigen Kontrollen bei normabwendenden Absprachen soweit als möglich den Ländern zu überlassen sind[1081]. Die Erklärung der deutschen Wirtschaft zum Klimaschutz (und ebenso die meisten anderen Selbstverpflichtungsabsprachen jüngeren Datums) gehen jedoch von einem anderen Überwachungskonzept aus: Danach werden unabhängige Institute mit der Aufgabe betraut, die Einhaltung der Absprache zu überprüfen. Darin kann jedoch kein Verstoß gegen den Grundsatz der Bundestreue gesehen werden. Angesichts der Einordnung der Initiierung von Selbstverpflichtungsabsprachen an einer "Nahtstelle" von Legislative und Exekutive (und einer ev. damit verbundenen unklaren Zuordnung der Verbandskompetenz) ist die Überwachung der Abspracheeinhaltung durch ein unabhängiges Institut eine angemessene Lösung, die keine Beeinträchtigung der Länderinteressen mit sich bringt.

§ 21 Speziell: Selbstverpflichtungsabsprachen anstelle einer Rechtsverordnung

Die meisten Selbstverpflichtungsabsprachen in Deutschland werden mit der Zielsetzung abgeschlossen, einen drohenden Verordnungserlass abzuwenden; die Erklärung der deutschen Wirtschaft zum Klimaschutz, die auch gesetzesabwendende Funktion hat, stellt eine Ausnahme dar.
Im Zusammenhang mit verordnungsersetzenden Selbstverpflichtungsabsprachen sind einige weitere Anforderungen, teils verfassungsrechtlicher, teils einfachgesetzlicher Art zu beachten.

1. Einfachgesetzliche Pflicht zum Verordnungserlass

Grundsätzlich steht es im Ermessen des Verordnungsgebers, ob er von einer bestehenden Ermächtigung Gebrauch macht oder nicht[1082].
Neben den oben angeführten Gründen, die den Staat zum Erlass einer Norm verpflichten können, kann sich bei Verordnungen noch aus weiteren Gründen eine Pflicht zum Erlass ergeben:

1080 vgl. *Stern*, Staatsrecht I, S. 703

1081 *Oebbecke*, in: DVBl 1986, S. 792 (796)

1082 BVerfGE 38, S. 348 (363); *Lepa*, in: AöR (105) 1980, S. 337 (347)

Eine Verpflichtung kann zunächst im ermächtigenden Gesetz ausdrücklich enthalten sein.
Darüber hinaus ist der Verordnungsgeber implizit zum Erlass verpflichtet, wenn die zur Diskussion stehende Verordnung konstituierenden Charakter hat.
In Unterscheidung von Verordnungen mit bloß konkretisierender Funktion ist es Merkmal einer konstituierenden Verordnung, dass nur bei ihrem Erlass die gesetzliche Regelung Wirkung entfalten kann; wenn nicht in einer ausfüllenden Verordnung Pflichten statuiert werden, geht die gesetzliche Regelung ins Leere[1083]. Das Entschließungsermessen reduziert sich in diesem Fall auf Null; aus dem Recht zum Verordnungserlass wird eine Verpflichtung.
Diese Einschränkung des Entscheidungsspielraums des Verordnungsgebers ist damit zu erklären, dass Gesetz und Verordnung eine funktionale Einheit bilden und der Gesetzgeber ergo ein legitimes Interesse daran hat, dass die von ihm erlassene Regelung auch greift[1084].

2. Selbstverpflichtungsabsprache statt Wärmenutzungsverordnung ?

Auch im Bereich des Klimaschutzes wird die Problematik der Verpflichtung zum Verordnungserlass relevant. Im Gegenzug zur Erklärung der deutschen Wirtschaft zum Klimaschutz verzichtete die Bundesregierung vorläufig auf den Erlass einer Wärmenutzungsverordnung.

Nach § 5 Abs. 1 Nr. 4 BImSchG hat der Betreiber einer genehmigungsbedürftigen Anlage grundsätzlich die Verpflichtung, die entstehende Wärme (Abwärme) für eigene Anlagen zu nutzen oder an Dritte, die sich zur Abnahme bereit erklärt haben, abzugeben. Ziel dieser Regelung ist es, durch die Abwärmenutzung den Einsatz fossiler Brennstoffe bei der Energiegewinnung zu reduzieren und so auch die Luftbelastung zu verringern[1085]. Gemäß § 5 Abs. 2 BImSchG bestimmt die Bundesregierung nach Anhörung der beteiligten Kreise durch eine Rechtsverordnung mit Zustimmung des Bundesrates diejenigen Anlagen, für die dieses Erfordernis greift.
Nun stellt sich die Frage, ob es sich bei § 5 Abs. 1 Nr. 4 iVm § 5 Abs. 2 BImSchG um eine bloße Ermächtigung handelt oder ob hier nicht das Entschließungsermessen auf eine Verpflichtung zum Verordnungserlass reduziert ist.

1083 vgl. BVerfGE 13, S. 248 (254); 16, S. 332 (338); *Lepa*, aaO.,S. 348

1084 *Lepa*, aaO.,S. 348)

1085 *Kloepfer*, Umweltrecht, S. 955

Eine ausdrückliche Verpflichtung lässt sich dem Wortlaut des § 5 Abs. 2 BImSchG nicht entnehmen.
Des weiteren bestünde eine Erlasspflicht, wenn die zu erlassende Verordnung konstitutive Funktion hätte. Dies wäre der Fall, wenn ohne entsprechende Verordnung die Regelung des BImSchG über die Abwärmenutzung nicht praktikabel wäre[1086].
Als Teil des Kataloges des § 5 Abs. 1 BImSchG zählt die Pflicht zur Abwärmenutzung zu den sog. Grundpflichten des Betreibers[1087].
Diese Grundpflichten besitzen eigentlich unmittelbare Wirkung.
Bei der Wärmenutzungspflicht des § 5 Abs.1 Nr. 4 BImSchG gilt die Wirkung allerdings erst nach Erlass und im Rahmen der Verordnung gemäß Abs. 2[1088]; die eigentlich in Abs. 1 statuierte Pflicht ist daher ohne die entsprechende Wärmenutzungsverordnung nicht nur nicht praktikabel, sondern ohne rechtliche Relevanz[1089]. Es handelt sich also um eine konstitutive Verordnung, zu deren Erlass eine rechtliche Verpflichtung besteht[1090].
Eine entsprechende Regelung durch Verordnung wurde bisher jedoch lediglich für den Bereich der Abfallverbrennungsanlagen getroffen (§ 8 der 17. BImSchV); für die sonstigen Bereiche wäre eine Verordnung noch erforderlich.
In diesem Fall kann eine Selbstverpflichtungsabsprache auch nicht als angemessenes Substitut gelten: Ein Manko ist die fehlende Verbindlichkeit. Zudem verlangt der Verordnungserlass nach § 5 Abs. 2 BImSchG die Mitwirkung beteiligter Kreise (§ 51 BImSchG) ebenso wie die Zustimmung des Bundesrates. Diese Voraussetzungen kämen jedoch im Rahmen des Abschlusses der Selbstverpflichtung nicht zum Tragen. Dies lässt eine Selbstverpflichtung als Ersatz für eine Verordnung zur Regelung der Abwärmenutzung bedenklich erscheinen[1091].

Eine Selbstverpflichtungsabsprache als "Ersatz" für die Wärmenutzungsverordnung wäre höchstens denkbar, wenn diese auf einer anderen Rechtsgrundlage als § 5 Abs. 2 BImSchG zu erlassen wäre.
In Frage käme hier § 5 Abs. 1 Nr. 2 iVm § 7 BImSchG.

1086 vgl. BVerfGE 13, S. 248 (254)

1087 *Jarass*, BImSchG, § 5 RN 1

1088 *Jarass*, BImSchG, § 5 RN 1

1089 vgl. *Koch/Behrend*, in: Koch/Caspar, S. 161 (178)

1090 vgl. *Feldhaus*, in: NVwZ 1995, S. 963 (971); *Sellner*, in: NVwZ 1991, S. 305 (307); *Bressler*, UBA-Texte 41/94, S. 1

1091 vgl. *Rupp*, in: Kühne u.a., S. 51 (66 f.)

Dazu müssten die in der Wärmenutzungsverordnung vorgesehenen Maßnahmen der Emissionsbegrenzung und dadurch der Vorsorge gegen schädliche Umwelteinwirkungen dienen.
Auf den ersten Blick scheint dies nicht so zu sein, da Ziel der Wärmenutzungsverordnung nicht die Begrenzung, sondern die Vermeidung von Emissionen ist. In Nr. 3.1.2. der TA Luft wird jedoch klargestellt, dass emissionsbegrenzende Maßnahmen auch auf eine Verminderung der Massenströme auszurichten sind, um die Entstehung von luftverunreinigenden Emissionen von vornherein zu vermeiden. Damit kann man unter § 5 Abs. 1 Nr. 2 BImSchG auch alle Maßnahmen subsumieren, die eine Verringerung der Emissionen in der Weise bewirken, dass Emissionen erst gar nicht entstehen[1092]. Die Umsetzung des Vorsorgegebotes des § 5 Abs. 1 Nr. 2 BImSchG erfolgt über die Verordnungsermächtigung des § 7 BImSchG. Die Betreiberpflichten des § 5 Abs. 1 Nr. 2 BImSchG sind an sich unmittelbar verbindlich und auch für sich genommen praktikabel; eine Verordnung nach § 7 BImSchG hat somit lediglich konkretisierende Funktion[1093]; somit wäre es hier grundsätzlich möglich, zugunsten einer Selbstverpflichtungsabsprache auf den Erlass einer konkretisierenden Verordnung zu verzichten.
Dies würde jedoch eine offensichtliche Umgehung der gesetzgeberischen Intentionen darstellen: Wenn die Wärmenutzung (und die damit verbundene Einsparung von Ressourcen und Emissionen) bloßer Teil des Vorsorgegebotes wäre, wäre die Regelung des § 5 Abs.1 Nr.4 iVm Abs.2 BImSchG obsolet. Daher ist ein solcher Konstruktionsansatz zweifelhaft.

§ 22 Zusammenfassung der Ergebnisse

1. Selbstverpflichtungen lassen sich im weitesten Sinne als eine Form der Verhaltensabstimmung zwischen Staat und Wirtschaft beschreiben. Ziel dieser Verhaltensabstimmung ist, dass die Wirtschaft in Eigenverantwortung ein bestimmtes Ziel erreicht.
Oberbegriff für die diskutierten Verhaltensweisen ist der Terminus der Selbstverpflichtung (iwS); dies entspricht auch der Terminologie der politischen Praxis .
Innerhalb dieser Begriffsgruppe ist zu unterscheiden zwischen Selbstverpflichtungen ieS und Selbstverpflichtungsabsprachen.
Erstere kommen ohne staatliche Einflussnahme zustande. Dies bedeutet, dass sie auch kein Instrument staatlichen Handelns sind. Inzwischen manifestiert sich die staatliche Kooperationsbereitschaft jedoch so umfassend, dass man

---

1092 vgl. *Engelhard/Schlicht*, § 5, RN 5, *Rupp*, in: Kühne u.a., S. 51 (66)

1093 vgl. *Jarass*, BImSchG § 7 RN 6; *Engelhard/Schlicht*, § 7, RN 1

nur in wenigen Fällen von einer solchen Selbstverpflichtung ohne hoheitliche Initiierungshandlung ausgehen kann.
Von praktischer Bedeutung ist dagegen die Gruppe der Selbstverpflichtungsabsprachen. Hier ist der Staat in irgendeiner Form am Zustandekommen beteiligt, wobei die Intensität der staatlichen Einflussnahme sehr verschieden sein kann.
Diese Unterscheidung hat sich auch im Verlauf der Untersuchung als sachgerecht erwiesen: Bei der ersten Kategorie (Selbstverpflichtungen ieS) handelt es sich um ein Phänomen, das vollkommen der privatrechtlichen Sphäre zuzuordnen ist: Mehrere Unternehmen stimmen sich beispielsweise ab, ein bestimmtes umweltschädliches Produktionsverfahren nicht mehr zu verwenden. Dabei stellen sich primär kartellrechtliche Probleme. Die zweite Untergruppe ist dagegen ein Instrument staatlichen Handelns; damit sind verwaltungs- und verfassungsrechtliche Fragen zu diskutieren.
Diese anfänglichen Prämissen wurden auch durch eine detaillierte Untersuchung der charakterisierenden Merkmale des Phänomens bestätigt[1094].

2. Das Instrument der Selbstverpflichtung wurde am Beispiel des Klimaschutzes erörtert. Dieser Sachbereich hat aus naturwissenschaftlicher Sicht zwei Facetten: Zum einen stellt sich das Problem des Ozonlochs.
Zum anderen gibt es den Aspekt des anthropogenen Treibhauseffektes; dieser ist von aktueller Bedeutung.
Dessen Existenz und grundsätzlich negative Auswirkung auf das weltweite Klima sind inzwischen wissenschaftlich gesicherte Erkenntnis; Prognoseunsicherheiten bestehen lediglich hinsichtlich des genauen zeitlichen Rahmens und der detaillierten Ausgestaltung der bewirkten Veränderung. Aufgrund der Komplexität des Prozesses der Klimabildung ist diesbezüglich eine präzise Voraussage nicht möglich.

3. Umweltgüter wie die Atmosphäre sind zumeist Kollektivgüter. Das bedeutet, dass es an ihnen grundsätzlich keine definierten Eigentumsrechte gibt. Zudem sind sie ursprünglich freie Güter; ihre Nutzung ist also kostenlos. Aus diesen beiden Eigenschaften ergeben sich Probleme, sobald eine Knappheit an den Gütern entsteht: Aufgrund der Kostenfreiheit werden die bei der Nutzung entstehenden Kosten nicht dem Preis des damit produzierten Gutes zugeschlagen, sondern belasten als negativer externer Effekt die Allgemeinheit. Der Markt als Regelungsmechanismus verlangt jedoch, dass alle relevanten Faktoren sich im Preis widerspiegeln; nur so kann eine optimale Allokation erfolgen. Daher versagt der Marktmechanismus, wenn - wie im Falle der Umweltgüter - negative externe Effekte vorliegen.

1094 vgl. § 16

4. Fraglich ist, wie diesem Marktversagen begegnet werden und so eine effiziente Lösung herbeigeführt werden kann. Bei der Lösungsfindung wird von zwei theoretischen Hauptansätzen ausgegangen: Zum einen gibt es den "public goods"-Ansatz Pigous, zum anderen den "property-rights-approach" von Coase. Ausgehend von diesen Ansätzen wurde im folgenden untersucht, ob der Einsatz von Selbstverpflichtungsabsprachen eine unter wirtschaftstheoretischen Gesichtspunkten sinnvolle Vorgehensweise ist.

5. Das Instrument der Selbstverpflichtung ist eine Art "institutionalisierte Verhandlungslösung": Es basiert weder auf einer konsequenten Anwendung des "public-goods"- noch des "property-rights"- Ansatzes; es geht einen vermittelnden Weg, der Erkenntnisse beider Hypothesen berücksichtigt. Diese Synthese ist vorteilhaft, da so die Transaktionskosten niedrig gehalten werden. Zudem behält der Staat, anders als bei Verfolgung eines Property-rights-Ansatzes in Reinform, weiterhin die Verfügungsmöglichkeit über die Umwelt als öffentliches Gut. Der Wirtschaft verbleibt bei der Wahl dieses Weges ein weiterer Handlungsspielraum, als es bei einer Abgabenlösung der Fall wäre. Selbstverpflichtungsabsprachen stellen daher grundsätzlich ein unter wirtschaftstheoretischen Gesichtspunkten vorteilhaftes Instrument dar, das effiziente Lösungen ermöglichen kann.

6. Die Vorteilhaftigkeit kooperativen Verhaltens ist auch Gegenstand der Spieltheorie. Untersucht wird dabei die Umweltschutzproblematik als eine Ausprägung des sog. sozialen Dilemmas. Diese Situation entsteht, wenn größere Gruppen von externen Effekten betroffen sind. In dieser Konstellation würde kooperatives Verhalten die in der Gesamtschau effizientesten Lösungsmöglichkeiten eröffnen. Da es jedoch für das jeweilige Individuum als die beste Lösung erscheint, sich nicht an den umwelterhaltenden Maßnahmen zu beteiligen, kommt es zu dem Problem des Freifahrerverhaltens.
Nichtsdestotrotz ist im realen Leben kooperatives Verhalten zu beobachten, obwohl dies als individuell unvernünftig erscheint. Erklärungsansätze dafür liefert die Spieltheorie. Aus den hier gewonnenen Erkenntnissen wurden Schlussfolgerungen gezogen, wie Kooperation sinnvoll und erfolgversprechend gestaltet werden kann.
Nach dem Konzept *Axelrods* ist Kooperation dann am ehesten erfolgreich, wenn das "Spiel" kooperativ begonnen wird und dann jeweils die Strategie des anderen wiederholt wird. Ein förderlicher Umstand ist zudem eine längerfristige Perspektive, da kurzfristig die Defektion, die einen unmittelbaren Vorteil einbringt, individuell vorzugswürdig ist.

7. Das Instrument der Selbstverpflichtungsabsprache bietet aus ökonomisch-politischer Perspektive für beide beteiligten Seiten eine Reihe von Vorteilen. Für den Staat erscheint vor allem die Einbeziehung des Sachverstandes der

Wirtschaft und die Flexibilität des Instrumentes verlockend; die Wirtschaft erhofft sich eine größere Einflussnahmemöglichkeit als bei ordnungs- oder abgabenrechtlichen Lösungen.
Diesen Vorteilen stehen Bedenken bezüglich der Wahrung von Drittinteressen und der Aufrechterhaltung umweltschützerischer Qualitätsstandards. Die Auswahl des Einsatzbereiches des Instruments sowie die genaue Ausgestaltung haben also dergestalt zu erfolgen, dass diese Probleme weitestgehend vermieden werden.

8. Anschließend wurden die internationalen Rahmenbedingungen im Bereich des Klimaschutzes untersucht. Hieraus lassen sich für den Einsatz von Selbstverpflichtungsabsprachen folgende Schussfolgerungen ziehen:
Sowohl auf völkerrechtlicher als auch auf EG- Ebene ist die Klimaschutzpolitik noch durch ein erhebliches Maß an Unsicherheit geprägt.
Zwar sind hinsichtlich des Schutzes der Ozonschicht die zu treffenden Maßnahmen auf den Weg gebracht; jetzt geht es primär darum, deren Umsetzung zu gewährleisten.
Auf dem Gebiet der Treibhausgase bietet sich dagegen ein anderes Bild; hier bestehen zunächst auf völkerrechtlicher Ebene noch erhebliche Unklarheiten, insbesondere in bezug auf den Einsatz der flexiblen Instrumente (Trading, JI). In Selbstverpflichtungsabsprachen, die - wie die Erklärung der deutschen Wirtschaft zum Klimaschutz - Anpassungs- und Weiterentwicklungsmöglichkeiten vorsehen, könnten diese neuen Mechanismen verhältnismäßig leicht integriert werden; ein Abgabensystem ist demgegenüber weniger flexibel.

Auch die Perspektiven der Klimaschutzpolitik der EU sind in vielen Punkten diffus:
Wesentliche Kernpunkte des Maßnahmenbündels (wie die CO_2/Energiesteuer) scheitern mit Regelmäßigkeit an der Hürde des Einstimmigkeitserfordernisses und sonstigen politischen Widerständen. Dieser Umstand erschwert es für die Mitgliedsstaaten, weitergehende Regelungen zu treffen, da man sich nicht darauf einstellen kann, ob und mit welchem Inhalt eine Gemeinschaftsregelung zustande kommt; bei Erlass eines nationalen Legislativaktes besteht die Gefahr, dass eine entgegenstehende Gemeinschaftsregelung erlassen wird, die dann Anwendungsvorrang genießt bzw. eine entsprechende Umsetzung erfordert und die bisherigen Bemühungen überflüssig macht.
Damit besteht die Gefahr, dass die 'Lähmung ' auf Gemeinschaftsebene auch zu einer Passivität auf der Ebene der Mitgliedsstaaten führt. Die Guidelines der Kommission und die in Auftrag gegebenen Studien zu Umweltsteuern und zu freiwilligen Vereinbarungen sind als Versuch zu sehen, durch die Vorgabe von Leitlinien die Handlungsinitiative seitens der Mitgliedsstaaten zu fördern.

Aus dieser Analyse der Rahmenbedingungen ergeben sich eine Reihe von allgemeinen Merkmalen, die charakteristisch sind für Situationen, in denen auf das Lösungsmittel der Selbstverpflichtungsabsprache zurückgegriffen wird:

- Der Unsicherheitsfaktor: Die weitere Entwicklung der politischen und rechtlichen Rahmenbedingungen ist nicht absehbar.
- Der Konfliktfaktor: Das zur Debatte stehende Problem ist nur in geringem Maße konsensfähig.
- Es wird jedoch trotzdem Handlungsbedarf gesehen.

Eine Situation, in der diese drei Aspekte kumulativ vorliegen, legt den Einsatz des Instrumentes der Selbstverpflichtung nahe.

9. Da Selbstverpflichtungsabsprachen in Deutschland sowie in anderen Staaten bereits in vielfältigen Formen praktiziert werden, soll vor einer Kategorisierung dieses kooperativen Instrumentes ein kursorischer Überblick über die verschiedenen Erscheinungsformen geliefert werden.

In Deutschland wurden im Klimabereich die Maßnahmen zur Reduzierung der FCKW hauptsächlich durch Selbstverpflichtungsabsprachen erfolgreich umgesetzt. Der Abgabe der Selbstverpflichtung gingen eingehende Gespräche zwischen Industrievertretern und Behörden voraus. Die Konstellation von bestehenden Ausweichlösungen, einem überschaubaren Einsatzbereich und einem massiven öffentlichen Druck war Voraussetzung für dieses Ergebnis. Der Weg des gesetzlichen Verbotes war zudem durch Gemeinschaftsrecht versperrt.
Von gegenwärtiger Bedeutung ist jedoch die Erklärung der deutschen Wirtschaft zum Klimaschutz. Auch diese gründet auf einer intensiven Zusammenarbeit von Ministerien und Wirtschaft. Die Selbstverpflichtungsabsprache sollte den Erlass einer CO_2-/Energiesteuer und einer Wärmenutzungsverordnung abwenden. Wie die ersten beiden Monitoringberichte belegen, wurden die Vorgaben großenteils schon erfüllt, wenn nicht sogar übertroffen. Dieser Umstand legte, ebenso wie die veränderten politischen Rahmenbedingungen (Einführung einer Energiesteuer), eine Aktualisierung des Absprachеinhalts nahe. Mit der 2. Selbstverpflichtungserklärung der deutschen Wirtschaft vom 10.November 2000 wurde erstmals von dieser Anpassungsmöglichkeit Gebrauch gemacht. Wenn auch weiterhin eine sorgfältige Überprüfung der Rahmenbedingungen sowie eine zeitnahe Reaktion bei deren Änderung praktiziert wird, kann das Instrument sinnvoll zur Umsetzung der Vorgaben des Kyoto- Protokolls beitragen.
Die Autoindustrie gab eine gesonderte Erklärung zum Klimaschutz ab, die schrittweise auf einer aus den 70 er Jahren stammenden Selbstverpflichtung zur Reduzierung des Treibstoffverbrauches aufbaute. Deren Inhalt ist nunmehr eine 25 % ige Reduzierung des Treibstoffverbrauchs bis zum Jahr 2005,

bezogen auf 1990. Kontrolle und Überwachung dieser Werte sollen verbandsintern erfolgen. Inzwischen hat der europäische Herstellerverband eine Erklärung ähnlichen Inhalts abgegeben.

Zweiter großer Einsatzbereich für Selbstverpflichtungsabsprachen ist das Abfallrecht. Aus diesem Bereich wurde exemplarisch die freiwillige Selbstverpflichtung zur umweltgerechten Altautoverwertung erörtert. Ziel dieser Selbstverpflichtung ist es, den Anteil der zu beseitigenden Abfälle bei der Altautoentsorgung auf letztlich 5 % zu verringern. Dazu soll die stoffliche Verwertbarkeit fortentwickelt und ein umfassendes Rücknahmesystem aufgebaut werden; außerdem verpflichten sich die Hersteller, unter bestimmten Voraussetzungen die Fahrzeuge kostenlos vom letzten Inhaber zurückzunehmen. In Ergänzung der Absprache wurde eine Verordnung geschaffen; damit soll die getroffene kooperative Regelung in einen ordnungsrechtlichen Rahmen eingebunden werden. Es ist hier jedoch zweifelhaft, ob dieses Regelungszusammenspiel in dieser Form lange Bestand haben wird, da die EU-Kommission einen Richtlinienvorschlag eingereicht hat, der teilweise wesentlich schärfere Regelungen enthält.
Grundsätzlich ist diese Kombination von ordnungsrechtlichem Rahmen und ausfüllender Selbstverpflichtungsabsprache jedoch positiv zu beurteilen, da so die Aspekte Rechtssicherheit und Flexibilität zu einem angemessenen Ausgleich gebracht werden.

Als Beispiel für eine branchen- und medienübergreifende Selbstverpflichtungsabsprache wurde schließlich noch der Umweltpakt Bayern erörtert. Novum war hier, dass beide Seiten ausdrücklich Verpflichtungen eingehen: Die Wirtschaft garantiert gewisse Leistungen im Umweltschutz, die über das gesetzlich geforderte Maß hinausgehen; der Staat erklärt sich zu zusätzlichen freiwilligen Leistungen bereit. An diesem Modell orientiert sich auch die Klimaschutzerklärung vom November 2000. Die Zusagen sind allerdings auch hier nur unverbindlich. Das Monitoring übernimmt ein Arbeitskreis, dem Vertreter der Staatsregierung und der bayrischen Wirtschaft angehören.
Der Umweltpakt Bayern ist ein Modellprojekt für eine tatsächliche Substituierung des Ordnungsrechts. Der Begriff der Substitution ist in diesem Zusammenhang richtigerweise so zu verstehen, dass eine Ersetzung des Ordnungsrechts durch betriebliche Eigenverantwortung nur in Betracht kommt, wenn das jeweilige Ersatzinstrument von seiner Zielsetzung und Steuerungsgenauigkeit her gleichwertig ist. Bisher sind die Ergebnisse vielversprechend. Diese Selbstverpflichtungsabsprache stellt eine neue qualitative Stufe dar: Obwohl die Absprache keinerlei rechtliche Verpflichtung begründet, vermittelt sie jedoch als stark strukturierte Kooperation und aufgrund der Konnexität der Verpflichtungen, die auf staatlicher Seite über ein bloßes gesetzgeberisches Unterlassen hinausgehen, einen höheren Grad an Verbindlichkeit.

10. Auch in anderen Ländern werden konsensuale Lösungen praktiziert. Um den europäischen Problemkontext und mögliche Entwicklungsmöglichkeiten für das deutsche Modell aufzuzeigen, wurde auf einige Beispiele eingegangen.
In Frankreich werden kooperative Instrumente schon seit den 70 er Jahren eingesetzt, dies jedoch primär vor dem Hintergrund einer schwachen Position der Umweltbehörden. Die Maßnahmen der " politique contractuelle " sind zwar verbindliche Verträge; sie dienen jedoch im wesentlichen zur Erreichung des ohnehin gesetzlich Vorgeschriebenen. Insofern kann man voneinem erkauften Umweltschutz sprechen.
Beispielhaft für die Fortentwicklung des Umweltschutzes durch Kooperation sind dagegen die Niederlande. Hier werden Selbstverpflichtungsabsprachen als Maßnahmen im Rahmen des National Environmental Policy Plan eingesetzt. Damit sind sie Teil eines langfristigen Politikkonzepts und nicht bloße Notlösung. Gerade im Bereich des Klimaschutzes soll das CO_2-Minderungsziel maßgeblich durch " Long Term Agreements on Energy Efficiency " erreicht werden.
Die Absprachen besitzen zumeist zivilrechtlich durchsetzbare Form. Das Niederländische Konzept ist insgesamt positiv zu bewerten. Es ist flexibel und gewährleistet gleichzeitig die Einhaltung der gesetzten Ziele. Es ist bei der Beurteilung jedoch zu berücksichtigen, dassdie Niederlande ein relativ kleines Land sind, dessen Wirtschaftsschwerpunkt nicht im industriellen Bereich liegt. Daher ist der Kreis der Verhandlungspartner überschaubar, was die Konsensbildung innerhalb eines Verbandes und zwischen Verband und Regierung erleichtert. Diese überschaubaren Dimensionen ermöglichen auch die umfassende Betreuung der Firmen durch eine staatliche Beratungsagentur, welche eine der tragenden Erfolgsbedingungen des niederländischen Konzeptes ist.
Eine Übertragbarkeit auf deutsche Verhältnisse ist ergo schwerlich möglich.

Dagegen ist in den USA immer noch der " command and control" Ansatz vorherrschend. Ergänzend ist in den letzten Jahren, insbesondere im Bereich der Luftreinhaltung, die Einführung eines Marktes für handelbare Emissionsrechte ("trading") hinzugetreten. Dieser Handel mit Emissionszertifikaten deckt den Problembereich ab, in dem in Deutschland Selbstverpflichtungsabsprachen als Lösungsmittel eingesetzt werden: In Situationen, in denen zwar keine unmittelbare Umweltgefahr besteht, unter Vorsorgegesichtspunkten ein Handeln jedoch dringend erforderlich ist, soll auf marktwirtschaftliche Weise eine Lösung herbeigeführt werden.
Kooperativen Instrumenten kommt daneben nur geringe Bedeutung zu: Sie besitzen keine Verbindlichkeit, dienen meist nur zur Förderung von Maßnahmen, die ohnehin auf einem "no-regrets"- Ansatz beruhen und in ihren Wir-

kungen über eine Positionierung des jeweiligen Umweltschutzthemas im öffentlichen Bewusstsein nicht hinausreichen.

Ein weiterer Staat, dessen Vorgehensweise beim Einsatz kooperativer Instrumente im Klimaschutz vorbildhaft ist, ist die Schweiz. Das Schweizer CO_2-Gesetz soll eine umfassende Regelung der Problematik bieten: Es werden zum einen schon existente Programme und Maßnahmen erfasst und zum anderen ein rechtlicher Rahmen für weitergehende Instrumente gesetzt.
In dem Gesetz wird ein Minderungsziel konkret festgelegt. Eine Abgabepflicht tritt aufgrund eines ebenfalls gesetzlich geregelten Mechanismus jedoch erst dann in Kraft, wenn absehbar ist, dass das Minderungsziel mit den sonstigen (freiwilligen) Maßnahmen nicht erreicht werden kann. Durch Abgabe einer Selbstverpflichtung, die den gesetzlichen Mindestanforderungen entspricht, können sich Unternehmen auch nach Inkrafttreten der generellen Abgabepflicht von dieser befreien. Diese Konzeption des gesetzlichen Rahmens mit subsidiärer Abgabe ist insofern vorteilhaft, als durch die rechtliche Fixierung klare Verhältnisse geschaffen werden. Zugleich wird gewährleistet, dass einerseits der Wirtschaft die Möglichkeit gegeben wird, ihren Sachverstand einzubringen und sich eigenverantwortlich zu engagieren und dass andererseits, sich der Staat nicht seiner Verantwortung für die Einhaltung des angestrebten Umweltschutzziels begibt.

11. Das Instrument der Selbstverpflichtungsabsprache ist sowohl informal als auch kooperativ, wobei die Entwicklungen der letzten Jahre eine zunehmende Betonung des kooperativen Aspektes deutlich werden lassen. Informales Handeln des Staates liegt dann vor, wenn die Vorgehensweise zum einen rechtlich unverbindlich ist, zum anderen in einem Alternativitätsverhältnis zu rechtlich geregelten Handlungsformen steht.
Zunehmende Bedeutung kommt dem umweltrechtlichen Kooperationsprinzip zu. Seit dem Urteil des BVerfG zur kommunalen Verpackungssteuer steht nunmehr fest, dass es mehr als ein vager politischer Leitbegriff ist, sondern konkrete rechtliche Relevanz besitzt.
Inzwischen wird selbst von Vertretern großer Industrieunternehmen teilweise anerkannt, dass Kooperation mehr als ein Deal zwischen Staat und Wirtschaft sein muss und daher die Zusammenarbeit mit allen relevanten Interessenvertretern verlangt.
Das Kooperationsprinzip äußert sich in verschiedenen Ausprägungen: Es gibt horizontale und vertikale Kooperation, solche innerhalb eines institutionalisierten Rahmens und ohne einen solchen. Entsprechend der wachsenden Bedeutung des Prinzips soll es als Teil des UGB kodifiziert werden: Gemäß § 7 des Entwurfes der unabhängigen Sachverständigenkommission (UGB-KommE) wird es als "gleichgewichtiges Zusammenwirken von Bürger und Staat zum Schutze der Umwelt" definiert. Konkrete Formen, mittels derer

das Prinzip zur Anwendung kommen soll, werden zudem in den §§ 35 ff.UGB-KommE vorgesehen. Dazu zählt auch der Abschluss von Selbstverpflichtungsabsprachen.

12. Das Zusammentreffen von Kooperation und Informalität führt jedoch nicht zwangsläufig zu lediglich einer Handlungsform; in der Schnittmenge dieser beiden Prinzipien findet sich eine Reihe von Varianten staatlichen Handelns, die zur Eingrenzung des Untersuchungsgegenstandes hier erörtert wurden: Es gibt zum einen normvollziehende/projektbezogene Absprachen, bei denen es sich um ein informales Verwaltungshandeln im Einzelfall handelt. Diese werden als Verfahrensbeteiligung im Vorfeld oder als Sanierungsabsprachen praktiziert. Weiter gibt es Absprachen normvermeidenden Charakters.. Diese werden auch normvertretende oder regulative Absprachen genannt. Innerhalb dieser Kategorie ist zudem noch zwischen normantizipierenden und normakzessorischen Absprachen zu differenzieren.
Schließlich sind auch noch Mischformen aus normvollziehender und normersetzender Absprache möglich. Der bisher vorkommende Hauptanwendungsfall dieser Variante, die Belastungsgebietsabsprache, hat jedoch nach der Änderung des § 44 BImSchG an Bedeutung verloren.
Auch im Spannungsfeld dieser beiden Begriffe findet sich die aktive Duldung, sofern diese auf einer sog. Nichtbescheidungsabsprache beruht.
In diesem Zusammenhang ist auch auf das Öko-Audit einzugehen:
Eine Vergleichbarkeit mit Selbstverpflichtungen ist hier insofern gegeben, als beide Instrumente eine kontextuale Steuerung anstreben.
Das bedeutet dass der Staat selbstregulative gemeinwohlfördernde Systeme einrichtet, bei denen es jedoch in der freiwilligen Entscheidung des Privaten liegt, ob er sich daran beteiligt. Momentan wird das Verfahren des Öko-Audit neben den einzuhaltenden gesetzlichen Regelungen angewandt; ein Alternativitätsverhältnis, welches die Voraussetzung für ein informales Instrument bildet, ist daher nicht gegeben. Wie jedoch zuvor schon bei der Erörterung des Umweltpaktes Bayern erörtert, bestehen Bestrebungen, das Instrument des Öko-Audit in Richtung einer Substitution von Ordnungsrecht fortzuentwickeln; damit wäre es funktionell mit Selbstverpflichtungsabsprachen vergleichbar. Eine Vergleichbarkeit besteht des weiteren dahingehend, dass das Öko-Audit kooperativen Charakters ist, da es ein Angebot von Seiten des Staates an die Unternehmen darstellt, mit ihm ein Tauschverhältnis einzugehen.
Innerhalb dieser Bandbreite von Erscheinungsformen ist die Erklärung der deutschen Wirtschaft zum Klimaschutz bei den normvertretenden Absprachen einzuordnen.

13. Diese normvertretende Absprache ist wie folgt zu charakterisieren:
Es handelt sich um eine freiwillige Erklärung, da lediglich eine faktische Drucksituation vorliegt. Lediglich die Ausübung rechtlichen Drucks und eine Situation, in der überhaupt kein Entscheidungsspielraum mehr verbliebe, würden einen Ausschluss der Freiwilligkeit begründen.
Beteiligt an Selbstverpflichtungsabsprachen sind Vertreter von Staat und Industrie, wobei die staatliche Beteiligung verschiedene Qualitäten haben kann. Zumeist ist die staatliche Seite bloßer Initiator.
Die Abgabe von Selbstverpflichtungserklärungen ohne jegliche staatliche Einflussnahme kommt inzwischen aufgrund der engagierten Umsetzung des Kooperationsprinzips durch die staatlicher Seite kaum mehr vor. Der Grad der Einflussnahme variiert jedoch zwischen bloßer Anregung und intensiver inhaltlicher Abstimmung. Lediglich im Falle des Umweltpaktes Bayern und der Umweltallianzen Berlin ist der Staat auch formaler Partner der Absprache und übernimmt Verpflichtungen, die über den Verzicht auf den Normerlass hinausgehen.
Im Falle der Erklärung der deutschen Wirtschaft zum Klimaschutz dienten die Entwürfe für die Wärmenutzungsverordnung und des Gesetzes über eine CO_2-Steuer als Initiierungshandlung. In der Folge kam es zu intensiven Verhandlungen, in denen der Inhalt der Selbstverpflichtung ausgearbeitet wurde.
Dementsprechend ist ein Tauschverhältnis im Sinne eines do-ut-des Wesenselement von Selbstverpflichtungsabsprachen. Dieses Synallagma ist jedoch lediglich faktisch. Die Selbstverpflichtungsabsprachen haben keine rechtliche Verbindlichkeit; es kann nur das anfangs vorgesehene Gesetz jetzt erlassen werden. Dies ist jedoch nur eine politische Reaktion; die Möglichkeit einer rechtlichen Sanktion der Nichteinhaltung besteht nicht.
Allerdings ist eine Bindung des Staates an seine (an sich unverbindliche) Zusage unter Vertrauensschutzgesichtspunkten im Einzelfall denkbar, wenn die vorausgegangene Kooperation so intensiv war, dass dadurch ein Vertrauenstatbestand konstituiert wurde und sich seitens der Wirtschaft schutzwürdiges Vertrauen bilden konnte. Eine solche Intensität ist jedoch im Falle der Erklärung der deutschen Wirtschaft zum Klimaschutz nicht erreicht.
Ein Gegenstück zu dieser mittelbaren Rechtswirkung ist auf Seiten der Wirtschaft nur dahingehend möglich, dass sich bei Nichteinhaltung der Verpflichtung ein größerer Spielraum für ordnungsrechtliche Maßnahmen ergibt. Aufgrund dieser rechtlichen Unverbindlichkeit bleibt die deutsche Praxis im Bereich des Klimaschutzes hinter den Leitlinien zurück, die seitens der EU-Kommission für die Handhabung von Absprachelösungen aufgestellt wurden.
Auf Seiten der Wirtschaft sind Handelnde zumeist Wirtschaftsverbände, nicht einzelne Unternehmen. Auch innerhalb der Verbände fehlt es an adäquaten Sanktionsmöglichkeiten im Falle der Nichteinhaltung der Verpflichtungen.
Die Annahme einer Subsidiarität von Absprachelösung und Normerlass ist verfehlt, da Selbstverpflichtungsabsprachen kein Minus zur gesetzlichen Re-

gelung darstellen. Daher greift das Argument des Übermaßverbotes nicht. Kooperationslösungen und damit auch Selbstverpflichtungsabsprachen sind vielmehr ein aliud zu normativen Regelungen.

Die staatliche Mitwirkungshandlung im Rahmen einer Selbstverpflichtungsabsprache ist öffentlich-rechtlich zu qualifizieren; auf die Abstimmung auf Verbandsebene sind privatrechtliche Grundsätze anzuwenden.

14. Beim Einsatz des Instrumentes sind gewisse rechtliche Grenzen zu beachten. Normabwendende Selbstverpflichtungsabsprachen in der bisher in Deutschland geschlossenen Form sind grundsätzlich zulässig.

Dem Einsatz von Selbstverpflichtungsabsprachen können jedoch zunächst europarechtliche Grenzen entgegenstehen.
Zum einen ist problematisch, ob Selbstverpflichtungsabsprachen ein ausreichendes Mittel zur Richtlinienumsetzung darstellen. Ein zulässiges Umsetzungsmittel hat die Grundsätze des „effet utile“ und der Rechtssicherheit zu beachten. Fraglich ist, ob die Initiierung von Selbstverpflichtungsabsprachen diesen Anforderungen genügt. Hinsichtlich des „effet utile“ spräche für eine Zulässigkeit von Absprachelösungen, dass bei diesen die Quote der tatsächlichen Einhaltung höher ist; damit wäre die praktische Wirksamkeit im Sinne der Einhaltung der Sachanforderungen der Richtlinie gewahrt. Da jedoch laut EuGH unter der tatsächlichen Wirksamkeit auch die rechtliche Wirksamkeit der Umsetzung zu verstehen ist, genügen Selbstverpflichtungsabsprachen (ohne Einbindung in einen verbindlichen rechtlichen Rahmen) in dieser Hinsicht dem Gemeinschaftsrecht nicht.
Auch der Aspekt der Rechtssicherheit ist dann nicht gewahrt, da Selbstverpflichtungsabsprachen über die Beteiligten hinaus keine allgemeine Wirkung entfalten und eine ausreichende Publikation oft auch nicht gegeben ist.
Die Kommission hat sich in ihrer Mitteilung über Umweltvereinbarungen auch mit der Richtlinienumsetzung beschäftigt.
Danach sind in Konstellationen, in denen die Richtlinie Rechte und Pflichten Einzelner begründet, freiwillige Vereinbarungen, unabhängig vom Grad ihrer Rechtsverbindlichkeit, kein wirksames Umsetzungsmittel, da so die Allgemeinverbindlichkeit der Regelung nicht gewährleistet werden könne. Ansonsten sind Umweltvereinbarungen jedoch grundsätzlich möglich. Idealiter sollte jedoch die Möglichkeit dieses Umsetzungsmittels schon in der Richtlinie selbst festgelegt werden. Voraussetzung für eine wirksame Umsetzung ist jedoch stets die Verbindlichkeit der Absprache. Auch nach den Kriterien der Kommission genügt die Erklärung der deutschen Wirtschaft zum Klimaschutz nicht den Anforderungen der Gemeinschaft.

Damit ist der Handlungsspielraum bei der Umsetzung jedoch nicht auf die Wahl zwischen Gesetz oder Verordnung verkürzt. Denkbares sinnvolles (und nach

diesen Kriterien zulässiges) Instrument wäre zunächst die Kombination von ordnungsrechtlicher Rahmenverordnung und ausfüllender Selbstverpflichtungsabsprache; damit wäre ein Maß an Rechtssicherheit und Publizität gegeben, das den Anforderungen an eine ordnungsgemäße Richtlinienumsetzung genügen müsste. Weiteres mögliches Kooperationsinstrument wäre de lege feranda der normersetzende Vertrag des § 36 UGB-KommE, der gemäß § 37 UGB-KommE für allgemeinverbindlich erklärt werden kann.
Allerdings erweist sich dieses Instrument wiederum unter nationalen rechtlichen Gesichtspunkten als bedenklich: Die Allgemeinverbindlicherklärung ist ursprünglich ein Instrument des kollektiven Arbeitsrechtes. Damit soll der verfassungsmäßig begründeten besonderen Position der Tarifparteien Rechnung getragen werden; dies legitimiere auch, Abweichungen vom üblichen Rechtsetzungsverfahren vorzunehmen: Die Allgemeinverbindlicherklärung sei eine Rechtssetzungsart sui generis. Die Tragfähigkeit dieser Argumentation des BVerfG ist schon im Arbeitsrecht nicht unbedenklich. Durch die Übertragung des Konstrukts auf das Umweltrecht, dem ein dem Art. 9 Abs. 3 GG entsprechender verfassungsrechtlicher Hintergrund fehlt, nehmen die Bedenken noch zu.

Ein Verstoß gegen materielle Regelungen des primären Gemeinschaftsrechts kommt im Einzelfall in Frage. Hier sind vor allem die Art. 81 und 28 EGV relevant.

15. Des weiteren sind bei der Initiierung von Selbstverpflichtungsabsprachen kartellrechtliche Grenzen zu beachten.
Im Falle der Selbstverpflichtungsabsprachen im Umweltrecht stellt sich folgende Konfliktlage: Die Verhaltensabstimmung der Unternehmen untereinander zu Umweltschutzzwecken ist einerseits ein staatlich gewünschtes Verhalten, da es zur Umsetzung der staatlich initiierten Selbstverpflichtungsabsprache unerlässlich ist, andererseits ist es unter wettbewerbsrechtlichen Gesichtspunkten verboten.

Die kartellrechtlichen Regelungen sind auf Selbstverpflichtungsabsprachen grundsätzlich anwendbar, da allein aufgrund des Umstandes der staatlichen Initiierung nicht jegliche wettbewerbsrechtliche Kontrolle obsolet wird.
Die in Deutschland praktizierten Selbstverpflichtungsabsprachen sind überwiegend tatbestandsmäßig iSd § 1 GWB. Damit wären sie eigentlich eine verbotene Verhaltensweise. Diese unerwünschte Konsequenz versucht man auf verschiedenen Wegen zu verhindern.
Teilweise wird ein Kartellprivileg Umweltschutz oder ein außergesetzlicher Rechtfertigungsgrund des öffentlichen Interesses angenommen. Ein anderer Weg ist die Übertragung der " rule of reason" des amerikanischen Rechts auf das deutsche Kartellrecht. Dies ist jedoch keine tragfähige Lösung.

Die gesetzlichen Regelungen des GWB bieten auch einige Legalisierungsmöglichkeiten, deren Anwendung im Falle der meisten Umweltschutzabsprachen jedoch nicht in Frage kommt: Eventuell kann die Ausnahmeregelung des § 5 GWB für Rationalisierungskartelle greifen; eine weitere Möglichkeit ist die Legalisierung der Absprache durch eine Ministererlaubnis nach § 8 GWB. Voraussetzung dafür ist, dass die Kooperation im Allgemeininteresse liegt und gesamtwirtschaftlich zumindest keine nachteiligen Folgen hat. Dieser Weg wird in dr Praxis jedoch selten begangen. Demgegenüber wird die Möglichkeit im Wege einer umweltfreundlichen Ermessensausübung im Rahmen von § 81 Abs. 1 Nr. 1 GWB, 47 Abs. 1 S. 1 OWiG als Lösung favorisiert: So wird das nach dem GWB ordnungswidrige Verhalten nicht sanktioniert und somit faktisch die Geltung des § 1 GWB eingeschränkt.
Diese Ansätze stellen jedoch alle keine wirklich zufriedenstellende Lösung dar. Daher ist jetzt im UGB-KommE ein begrenztes Kartellprivileg in Form eines zweiteiligen Freistellungstatbestandes vorgesehen. Dementsprechend soll § 1 GWB in den Fällen, in denen private Umweltschutzverträge oder -beschlüsse der Erfüllung von staatlichen oder freiwilligen Umweltschutzvorgaben dienen, keine Anwendung finden, soweit die Beschränkungen des Wettbewerbs aus Gründen des Umweltschutzes erforderlich sind und ein wesentlicher Wettbewerb auf dem Markt bestehen bleibt. Dieser Ansatz erscheint sinnvoll, da er die involvierten Interessen einem angemessenen Ausgleich zuführt.

Da inzwischen die meisten wirtschaftlichen Aktivitäten nicht mehr national beschränkt sind, kommt dem gemeinschaftlichen Wettbewerbsrecht (Art. 81 ff. EGV) inzwischen erhebliche Bedeutung zu. Sein Verhältnis zu den nationalen Regelungen bestimmt sich nach dem Vorrangsprinzip. Art. 81 Abs. 1 EGV ist auch auf hoheitlich veranlasste Selbstbeschränkungen anwendbar, außer die staatliche Seite hat eindeutig erklärt, dass die von ihr verfolgten Ziele genau und nur durch den Abschluss der geahndeten wettbewerbswidrigen Absprache erfolgen solle.
Um den Widerspruch zwischen den Zielen des Wettbewerbsschutzes und dem Ziel des Umweltschutzes jeweils gerecht zu werden, versucht man ebenso wie im deutschen Recht verschiedene Lösungsmöglichkeiten:
Ein genereller Vorrang des Umweltschutzes vor wirtschaftlichen Gesichtspunkten lässt sich nicht konstruieren; es kann lediglich die aufgrund der Querschnittsklausel vorzunehmende Güter- und Interessenabwägung im konkreten Fall zu einem Vorrang des Umweltschutzes führen. Eine weitere Möglichkeit ist die Freistellung nach Art. 81 Abs. 3 EGV. Bei dessen Anwendung ist der Umweltschutz zu berücksichtigen.

Bei der Untersuchung zweier konkreter Beispiele kommt man zu dem Ergebnis, dass die Erklärung der deutschen Wirtschaft zum Klimaschutz keine wettbewerbsrechtlichen Probleme aufwirft; anders verhält es sich jedoch im Falle der Selbstverpflichtung im Rahmen der Altautoverordnung: Diese stellt

eine nach § 1 GWB verbotene Verhaltensabstimmung dar. Hier wurde als Lösung die Anmeldung als Konditionenkartell nach § 2 GWB gewählt. Damit ist die Selbstverpflichtungsabsprache nach nationalem Recht zulässig.
Das Gemeinschaftsrecht findet hier Anwendung; auch der Tatbestand des Art. 81 Abs. 1 EGV ist erfüllt. Über eine Berücksichtigung des Umweltschutzes im Rahmen des Art. 81 Abs. 3 EGV ergibt sich jedoch eine Freistellungsmöglichkeit.

Aus alledem ergibt sich, dass Selbstverpflichtungsabsprachen auf jeden Fall einer kartellrechtlichen Kontrolle zu unterziehen sind, wobei der im UGB vorgesehene Weg eine gute Lösung darstellt. Auf Gemeinschaftsebene sollte im Rahmen der geplanten Kartellrechtsreform ein konkreter Ausnahmetatbestand für Umweltschutzvereinbarungen konzipiert werden.

16. Schließlich ist die Initiierung von Selbstverpflichtungsabsprachen wie jedes staatliche Handeln gewissen verfassungsmäßigen Vorgaben unterworfen.
Zunächst ist die Anregung von Selbstverpflichtungsabsprachen dann nicht zulässig, wenn der Staat einer Gesetzgebungspflicht unterliegt. Eine solche kann sich außer aus Gemeinschaftsrecht (s.o.) auch aus nationalem Verfassungsrecht ergeben. Ausdrückliche Gesetzgebungsaufträge liegen im Umweltbereich nicht vor; es ist jedoch an einen impliziten Auftrag zur Gesetzgebung aufgrund staatlicher Schutzpflichten zu denken. Grundsätzlich kann eine solche Schutzpflicht auch bei umweltrechtlichen Sachverhalten präventiven Charakters greifen. Der Staat besitzt jedoch einen weiten Einschätzungs- und Gestaltungsspielraum. Dessen Grenzen sind erst erreicht, wenn die öffentliche Gewalt hinsichtlich der Zielerreichung in totaler Passivität verharrt oder die getroffenen Vorkehrungen gänzlich ungeeignet sind. Im Klimaschutz stellt die Selbstverpflichtung zwar in ihrer momentanen Ausgestaltung kein Optimum dar, ist jedoch keinesfalls als vollkommen unzureichende Maßnahme einzuordnen.
Entsprechendes gilt für eine ev. Verpflichtung zum Gesetzeserlass aus Art. 20a GG.
Eine weitere zu beachtende Vorgabe ist der Grundsatz vom Vorbehalt des Gesetzes. Danach hat der Gesetzgeber - losgelöst vom Merkmal des Eingriffs - in grundlegenden normativen Bereichen alle wesentlichen Entscheidungen selbst zu treffen. Für die Initiierung von Selbstverpflichtungsabsprachen bedeutet dies folgendes: Diese Vorgehensweise bedarf einer gesetzlichen Grundlage, wenn dadurch entweder in Grundrechte eingegriffen wird oder es sich um eine Angelegenheit von so grundlegender Bedeutung handelt, dass der Gesetzgeber die diesbezüglichen Entscheidungen selbst treffen muss.
Ein Eingriff kommt zum einen in Grundrechte der an der Absprache Beteiligten in Frage. Als Eingriffshandlung ist allein die Ausübung faktischen Drucks denkbar, der gezielt ausgeübt werden muss und zu einer Beeinträchtigung von gewisser Intensität führt. Ob danach ein Eingriff vorliegt, ist im Einzelfall zu

untersuchen; bei der Erklärung der deutschen Wirtschaft zum Klimaschutz ist dies nicht der Fall. Generell kommt eine Verletzung der sog. "Unternehmergrundrechte (Art. 12, 14, 2 Abs. 1 GG) sowie des formellen Hauptgrundrechtes Art. 19 Abs. 4 GG in Betracht.

Wenn doch der Schutzbereich eines der genannten Grundrechte betroffen ist, ist ein Eingriff dennoch fraglich, weil die Unternehmen die Absprachen ohne rechtlichen Zwang, also freiwillig eingehen. Hintergrund für diese Zweifel ist der Grundsatz des " volenti non fit iniuria". Dieser kann im öffentlichen Recht nur mit Einschränkungen gelten. Im Bereich der hier relevanten Wirtschaftsgrundrechte ist die Eingehung der Absprache in den praktizierten Beispielen ohne die Freiwilligkeit ausschließenden Druck erfolgt. Damit ist ein evtl. Verzicht auf die Wahrnehmung eines Grundrechtes nicht als Eingriff, sondern vielmehr als Ausübung des Wirtschaftsgrundrechtes zu sehen.
Die Einwirkungen auf Außenstehende werden im Zweifelsfall keine Eingriffsqualität erreichen. Denkbare Konstellation ist die, dass ein unbeteiligter Lieferant durch eine produktbezogene Selbstverpflichtungsabsprache seine Absatzmöglichkeit verliert. Konkurrenten können insofern beeinträchtigt werden, als die Absprache die Gewährung von Vergünstigungen allein an die beteiligten Unternehmen beinhaltet. Durch eine Klausel, die den Beitritt zur Absprache ermöglicht, kann hier eine Beeinträchtigung jedoch vermieden werden.

Das Erfordernis einer normativen Regelung könnte sich zudem aus dem zweiten Aspekt der Wesentlichkeitstheorie ergeben: Deren demokratische Komponente verlangt es, dass alle politisch bedeutsamen Entscheidungen, wenigstens in ihren Grundzügen, von der demokratisch legitimierten Legislative selbst getroffen werden. Diese Wesentlichkeit ist auch bei fehlender Grundrechtsrelevanz möglich.
Im zu untersuchenden Zusammenhang ist darauf abzustellen, ob der Einsatz des Instrumentes der Selbstverpflichtungsabsprache im Umweltrecht "wesentlich" in diesem Sinne ist.
Die Absprache bringt eine Entscheidung über die Aufgabenverteilung zwischen Exekutive und Legislative mit sich, die so mittelbar in Händen der Wirtschaftsvertreter liegt. Dies stellt jedoch eine wesentliche Entscheidung von erheblicher Bedeutung dar, die vom Parlament selbst getroffen werden müsste. Daher sollte zumindest die generelle Möglichkeit zur Initiierung von Selbstverpflichtungsabsprachen in einem parlamentarischen Gesetz festgelegt werden, so wie es der UGB-KommE vorsieht. Damit wäre dem Grundsatz vom Vorbehalt des Gesetzes Genüge getan.

Ein Verstoß gegen das Rechtsstaatsprinzip, sei es hinsichtlich mangelnder Voraussehbarkeit, sei es im Hinblick auf dessen gleichheitsgewährende Funktion, konnte nicht festgestellt werden.

Problematischer erweist sich die Feststellung der Zuständigkeit für die Initiierungshandlung auf staatlicher Seite. Eine eindeutige Zuordnung ist hier nicht möglich; die staatliche Beteiligung bewegt sich in einem Grenzbereich zwischen Exekutive und Legislative. Eine Lösung für dieses Zuordnungsproblem bietet folgendes Konstrukt: Die Zuständigkeit für die Mitwirkung an gesetzesabwendenden Selbstverpflichtungsabsprachen ist als Annexzuständigkeit zur Gesetzgebungszuständigkeit zu qualifizieren, die jedoch durch die Exekutive der zur Gesetzgebung zuständigen Körperschaft ausgeübt wird.
Dies hat auch Konsequenzen für die Kompetenzverteilung zwischen Bund und Ländern. Da - wie gerade festgestellt - der charakterisierende Schwerpunkt der Initiierungshandlung auf Seiten der Legislative zu setzen ist, ergibt sich im Umweltbereich eine Zuständigkeit des Bundes aus Art. 72, 74 Abs. 1 Nr.11, 24 GG. Um der exekutivischen Prägung gerecht zu werden, ist im Rahmen der Durchführung darauf zu achten, dass Länderinteressen nicht beeinträchtigt werden.

17. Bei Selbstverpflichtungsabsprachen, die eine Rechtsverordnung ersetzen, sind darüber hinaus bestimmte Vorgaben zu beachten.
Zunächst kann auf einfachgesetzlicher Ebene das ermächtigende Gesetz eine ausdrückliche Verpflichtung zum Verordnungserlass enthalten. Außerdem besteht eine Verpflichtung zum Erlass, wenn die Verordnung konstituierenden Charakter hat. Dies ist der Fall, wenn nur bei Erlass der Verordnung die gesetzliche Regelung überhaupt Wirkung entfalten kann.
Die Erklärung der deutschen Wirtschaft zum Klimaschutz besitzt auch verordnungsersetzende Funktion: Der Erlass einer Wärmenutzungsverordnung wurde dadurch abgewendet. Diese Wärmenutzungsverordnung ist jedoch eine konstituierende Verordnung, da ohne sie das Wärmenutzungsgebot des § 5 Abs. 1 Nr. 4 BImSchG ins Leere geht. Daher ist in diesem Fall eine verordnungsersetzende Absprache keine zulässige Maßnahme.

§ 23 Perspektiven eines zukünftigen sinnvollen Einsatzes des Instrumentes der Selbstverpflichtungsabsprache

Wie dargestellt ist das Instrument der Selbstverpflichtungsabsprache in der in Deutschland überwiegend praktizierten Form ein zulässiges Gestaltungsmittel informellen und kooperativen Charakters, wobei der Schwerpunkt zunehmend auf den Kooperationsaspekt gesetzt ist. In einigen Punkten stößt es jedoch an seine rechtlichen und praktischen Grenzen.
Hinsichtlich der speziellen Konstellation im Klimaschutz in Deutschland ist durch die nunmehr in Umsetzung befindliche ökologische Steuerreform der Weg der Selbstverpflichtungsabsprachen nicht ausgeschlossen: Aufgrund der

Komplexität der Umweltprobleme kann es nicht ein einzelnes Instrument für sich genommen sein, das zu einer effektiven Lösung führt; in der Regel muss auf einen "policy-mix" verschiedener Methoden zurückgegriffen werden. Die normabwendende Funktion der Selbstverpflichtungsabsprache tritt allerdings so in den Hintergrund.
Gerade die im Klimaschutz gehandhabte Form der Selbstverpflichtungsabsprache ohne ordnungsrechtlichen Rahmen genügt jedoch nicht den Anforderungen, die seitens der europäischen Gemeinschaft an einen zulässigen Umsetzungsmodus gestellt werden.
Auch auf praktischer Ebene hat sich gezeigt, dass ohne ein gewisses "Drohpotential" der staatlichen Autorität die Eigeninitiative der Wirtschaft sich nicht im erforderlichen Maß entfaltet[1]. Ohne einen gewissen rechtlichen Rahmen besteht zudem die Tendenz, dass der Staat sich in Gefahr begibt, auf ihm eigentlich zustehende Regelungsbefugnisse zu verzichten.

Die Untersuchung der ausgewählten in- und ausländischen Beispiele hat gezeigt, dass bei Einbindung des Instrumentes der Selbstverpflichtungsabsprache in einen rechtlichen Rahmen das Instrument bedeutend effektiver eingesetzt werden kann. Grund dafür ist zum einen, dass bei absehbaren und konkreten Mechanismen die Glaubwürdigkeit des Staates größer ist und damit ein stärkerer Anreiz für die Wirtschaft zur Einhaltung der von ihr abgegebenen Verpflichtungen gesetzt wird. Zum anderen ist ein stärker strukturierter Rahmen Garant dafür, dass die Selbstverpflichtungsabsprache nicht nur letzte Rettung im Moment politischer Ratlosigkeit ist, sondern Teil eines aufeinander abgestimmten Gesamtkonzeptes.

Fraglich ist, wie in Deutschland ein rechtlicher Rahmen zu setzen ist, der nicht zugleich die positiven Aspekte des Instrumentes wieder zunichte macht.
Eine Möglichkeit ist die bereits praktizierte Kombination von Rahmenverordnung und ausfüllender Selbstverpflichtungsabsprache. Daneben sind jedoch noch weitere Möglichkeiten denkbar:
Das im UGB- KomE verfolgte Konzept der Allgemeinverbindlicherklärung von Selbstverpflichtungsabsprachen würde zwar die Bedenken hinsichtlich der Umsetzung von Gemeinschaftsrichtlinien beseitigen, ist jedoch unter verfassungsrechtlichen Gesichtspunkten bedenklich. Das niederländische Modell ist vorbildhaft, was die Einbeziehung von Selbstverpflichtungsabsprachen in ein umfassendes politisches Konzept mit Langzeitperspektive angeht. Ansonsten ist jedoch festzustellen, dass es stark an den Charakteristika eines kleinen Landes mit einer überschaubaren Industriestruktur angepasst ist; eine Übertragbarkeit auf die deutsche Situation ist kaum möglich.

---

[1] auszunehmen hiervon sind die " no regrets "-Maßnahmen

Als geeigneterer Orientierungspunkt erscheint das Schweizer Modell.
Es arbeitet mit einem umfassenden Gesetz, das die bisher getroffenen Maßnahmen und Programme mit einbezieht sowie den rechtlichen Rahmen für weitergehende Instrumente setzt. Vor Inkrafttreten einer allgemein gültigen CO_2-Abgabe können Form und Inhalt der freiwilligen Maßnahme frei gewählt werden, wenn die subsidiäre Abgabe dann letztendlich in Kraft tritt, müssen allerdings die freiwilligen Maßnahmen in formelle Verpflichtungen übergehen, wenn die Betroffenen von der CO_2-Abgabe befreit werden wollen.
Das Konzept gewährleistet einen angemessenen Ausgleich zwischen den Gesichtspunkten der Planungssicherheit und des Flexibilitätserfordernisses.
Durch den Automatismus des ursprünglichen Vorschlages hat der Staat gewährleistet, dass die von ihm verfolgten Ziele nicht mehr durch eine erneute politische Diskussion verhindert werden können; die Maßnahmen sind auf den Weg gebracht. Es liegt jedoch in der Hand der Industrie durch die Vornahme eigener Maßnahmen zu verhindern, dass der Mechanismus überhaupt ausgelöst wird.
Das seitens des Wuppertal-Institutes vorgeschlagene Modell hat ähnliche Charakteristika: Vorgesehene Klimaschutzmaßnahmen durchlaufen zwar das Gesetzgebungsverfahren, werden aber mit einer Aussetzungsklausel versehen, die im Detail die Bedingungen festlegt, unter denen eine Untererfüllung der Ziele der Selbstverpflichtungserklärung zu einem - gestaffelten - Inkrafttreten des Gesetzes führt.

Die relevanten Kernpunkte für eine rechtmäßige und zugleich sinnvolle Selbstverpflichtungsabsprache sind bei einem derartigen Vorgehen als erfüllt anzusehen:

- Es handelt sich um ein politisches Konzept, in dem Selbstverpflichtungsabsprachen Teil eines umfassenden Maßnahmenbündels zum Klimaschutz sind.
- Es gibt einen rechtlichen Rahmen, der so gestaltet ist, dass der Staat die Kontrolle über die zur Erfüllung des Zieles zu treffenden Maßnahmen behält. Da die Entscheidung, von der letztendlich die Einführung der CO_2-Steuer abhängt, eine bloße technische Verwaltungsentscheidung sein soll, die eine neuerliche Eröffnung der politischen Debatte vermeidet, entsteht eine starke Verhandlungsposition seitens des Staates.
- Auch unter europarechtlichen Gesichtspunkten ist dieses Konzept ausreichend: Danach müsste, wie zuvor dargestellt, zum einen die Rechtssicherheit in ausreichendem Maße gewährleistet sein. Dies verlangt eine hinreichend klare und bestimmte Regelung. Falls diese einem Dritten Rechte gewährt, muss dieser von all seinen Rechten Kenntnis erlangen und diese auch gerichtlich geltend machen können. Damit die Kommission ihrer Aufgabe aus Art. 211 EGV nachkommen kann, muss die Regelung zudem kontrollierbar sein.

Diese Anforderungen werden von dem favorisierten Modell alle erfüllt:
In Form des gesetzlich festgelegten Zieles, Monitoring- und Berichtspflichten, und den subsidiär eingreifenden Regelungen ist ein ausreichend transparentes und berechenbares Umsetzungsmittel gegeben. Im Falle des Klimaschutzes ist ein Eingriff in Rechte Dritter unproblematisch; das beschriebene Modell würde jedoch auch hier den Anforderungen genügen.
Auch dem Prinzip des effet- utile würde Rechnung getragen: Demnach hat der Richtlinie die größtmögliche praktische Wirksamkeit zuzukommen, womit wie zuvor dargestellt, auch die rechtliche Wirksamkeit verlangt wird.
Wenn ein rechtlicher Rahmen dergestalt gesetzt ist, dass er Mechanismen zur Erreichung eines gesetzten Zieles gewährleistet, ist es möglich, dass die jeweilige einzelne Absprache unverbindlichen Charakters ist.
Damit würden sowohl das deutsche Konzept der Rahmenverordnung mit ausfüllender Selbstverpflichtungsabsprache als auch das Schweizer Modell dem Prinzip des effet-utile genügen.

Dieses Konzept erscheint auch unter verfassungstheoretischen Gesichtspunkten verfolgenswert. Zur Erläuterung ist es hilfreich, *Schupperts*[2]Konzept der Verantwortungsstufung heranzuziehen: Danach ist eigenverantwortliches Handeln der Bürger ein grundsätzlich sinnvolles und wünschenswertes Verhalten. Allerdings ist es nicht zulässig, dass der Staat sich in bestimmten Gebieten seiner Verantwortung vollends begibt.

Das hier favorisierte Konzept der Ausgestaltung von Selbstverpflichtungsabsprachen besteht aus

1. einem gesetzlich definierten Ziel,
2. Selbstverpflichtungsabsprachen als einem möglichen Weg zur Zielerreichung, deren Modalitäten ebenfalls im Gesetz geregelt sind,
3. einem Mechanismus, der bei Absehbarkeit der Zielverfehlung staatliche Maßnahmen ordnungs- oder abgabenrechtlicher Art an die Stelle der eigenverantwortlichen Zielerfüllung treten lässt .

Dieses Konzept entspricht der von *Schuppert*[3] herausgearbeiteten Auffangverantwortlichkeit:
Die Auffangverantwortung wird dabei in dem Moment aktiviert, in welchem ein gemeinwohlrelevantes Steuerungsdefizit zu konstatieren ist. Die Auffangverantwortung des Staates kann als latente Erfüllungsverantwortung ausgestaltet sein, also als Möglichkeit unmittelbarer ergebnisorientierter Steuerung, wenn und soweit das selbstregulative Handeln Dritter zur Erreichung

---

2 *Schuppert*, in: Die Verwaltung 1998, S. 415 ff.

3 *Schuppert*, in: Die Verwaltung, S.415

der gesetzten Ziele nicht mehr ausreichend ist. Selbstverpflichtungsabsprachen sind danach so auszugestalten, dass der Staat über Informations- oder Kooperationsvorkehrungen eine Begleitverantwortung übernimmt oder über eine nachvollziehende Kontrolle das Ergebnis an dem staatlichen Gemeinwohlauftrag überprüft (und gegebenenfalls zur Wahrung der Letztverantwortung eine "Nachsteuerung" vornimmt).
Dieses Konzept wird auch im Rahmen der Modelle von Öko-Audit bzw. der Umweltallianzen herangezogen.

Dieser Weg würde auch die in der ökonomischen Theorie entwickelten Voraussetzungen für eine effektive Kooperation beachten. Die staatliche Seite handelt grundsätzlich kooperationsfreundlich und defektiert grundsätzlich nicht zuerst, schafft durch den gesetzlichen Rahmen eine längerfristige Perspektive und behält sich das Potential vor, im Falle eines "Rückziehers" der anderen Seite Maßnahmen zu ergreifen.

Tendenziell ist also eine strukturiertere Handhabung des Instruments anzustreben. Dies gilt auch für die Selbstverpflichtungsabsprachen, die bloß in unterstützender Funktion "no-regrets"-Maßnahmen beinhalten: Hier besteht an sich keine Gefahr, dass sich der Staat in unzulässiger Weise seiner Verantwortung begibt. Trotzdem erhöht es auch hier die Effektivität der Kooperation, wenn sie in ein längerfristiges Konzept eingebunden wird.

Bei Beachtung dieser Grundvorgaben ist die Selbstverpflichtungsabsprache ein Instrument, dass zur effektiven Erreichung umweltschützerischer Ziele - insbesondere im Bereich des Klimaschutzes - einen sinnvollen Beitrag leisten kann.

Literaturverzeichnis

Adamek, Melanie H.: EG-Richtlinien im Umweltrecht, Schriften zum Umweltrecht, Band 1, Starnberg 1997

Albin, Silke: Zwangsgelder, Mittelkürzungen und Umweltinspektionen, in: DVBl 2000,
S. 1482

Altmann, Jörn: Umweltschutz im nationalen und internationalen Recht, Freiburg 1996

Umweltpolitik, Stuttgart 1997

Axelrodt, Robert: Die Evolution der Kooperation, München 1987

Baier, Kurt: Kompetenzen der EU zur Einführung von Umweltabgaben, in: Jahrbuch Ökologie 1996, München 1996

Barde, Jean-Philippe/*Opschoor*, Johannes-Baptist: Ökonomische Instrumente für den Umweltschutz, in: Jahrbuch Ökologie 1996, München 1996

Bartel, Rainer (Hrsg.): Einführung in die Umweltpolitik, München 1994

Bartmann, Herrmann: Umweltökonomie - ökologische Ökonomie, Stuttgart, Berlin, Köln 1996

Bastmeijer, C.J.: Provisional code of conduct for concluding environmental agreements, Den Haag 1994

The covenant as an instrument of environmental policy in the Netherlands - a case study for the OECD/PUMA, Den Haag 1996

Battmann, Wolfgang: Verhaltensökonomie: Grundannahmen und eine Anwendung im Fall des kooperativen Handelns, Frankfurt u. a. 1989

Baudenbacher, Carl: Kartellrechtliche und verfassungsrechtliche Aspekte gesetzesersetzender Vereinbarungen zwischen Staat und Wirtschaft, in: JZ 1988, S. 689

Bauer, Hartmut: Informelles Verwaltungshandeln im öffentlichen Wirtschaftsrecht, in: VerwA 78 (1987), S. 241

Baumann, Hans: Rechtsprobleme freiwilliger Selbstbeschränkungen, Tübingen 1978

Bauriedl, Thea: Warum ändern Menschen ihr Verhalten?; in: Jahrbuch Ökologie 1996, München 1996

BDI (Hrsg.): Freiwillige Kooperationslösungen im Umweltschutz, Ergebnisse eines Gutachtens und Workshops, Köln 1992

Bechtold, Rainer: Das neue Kartellgesetz, in: NJW 1998, S. 2769

Becker, Jürgen: Informales Verwaltungshandeln zur Steuerung wirtschaftlicher Prozesse im Zeichen der Deregulierung, in: DÖV 1985, S. 1003

Becker-Schwarze, Kathrin/*Köck*, Wolfgang/*Kupka*, Thomas/v. *Schwanenflügel*, Mathias: Wandel der Handlungsformen im Öffentlichen Recht, 31. Tagung der Wissenschaftlichen Mitarbeiter und Mitarbeiterinnen der Fachrichtung " Öffentliches Recht" in Bremen 1991, Stuttgart u. a. 1991

Behrens, Fritz: Umweltschutzsubventionen, Verursacherprinzip und Europäisches Gemeinschaftsrecht, in: EuR 1977, S. 240

Behrens, Peter/ *Koch*, Hans-Joachim (Hrsg.): Umweltschutz in der Europäischen Gemeinschaft, Baden-Baden 1991

Bender, Bernd/*Sparwasser*, Reinhard/*Engel*, Rüdiger: Umweltrecht- Grundzüge des öffentlichen Umweltschutzrechts, 3. neubearbeitete und erweiterte Auflage, Heidelberg 1995

Benedick, Richard E.: Ozone Diplomacy, Cambridge/ Mass. 1991

Benz, Arthur: Verhandlungen, Verträge und Absprachen in der öffentlichen Verwaltung, in: Die Verwaltung 23 (1990) S. 83

Der Beitrag der Spieltheorie zur Analyse des kooperativen Verwaltungshandelns, in: Dose/Nicolai, S. 297

Bergmann, Susanne: Der Schutz der Umwelt im französischen Recht. Eine Darstellung von Grundstrukturen privatrechtlichen, verwaltungsrechtlichen und strafrechtlichen Umweltschutzes unter besonderer Berücksichtigung der Rechtsverfolgungschancen Privater, Band 73, Schriften zum Umweltrecht, Berlin 1996

Bergmann, H. / *Brockmann*, K.H. / *Rennings*, K.: Möglichkeiten und Grenzen von freiwilligen Umweltschutzmaßnahmen der Wirtschaft unter ordnungspolitischen Aspekten, Forschungsvorhaben im Auftrag des BMWi; Kurzfassung des Endberichts, Mannheim 1996

Bergmann, Jan/*Lenz*, Christopher (Hrsg.): Der Amsterdamer Vertrag - Eine Kommentierung der Neuerungen des EU - und EG - Vertrages, Köln 1998

Bernuth, Wolf Heinrich von: Umweltschutzfördernde Unternehmenskooperationen und das Kartellverbot des Gemeinschaftsrechts, Baden-Baden 1996

Beutler, Bengt/*Bieber*, Roland/*Pipkorn*, Jörn/*Streil*, Jochen: Die Europäische Union – Rechtsordnung und Politik, 4. neubearbeitete Auflage, Baden-Baden 1993

Beyer, Wolfgang: Der öffentlich-rechtliche Vertrag, informales Handeln der Behörden und Selbstverpflichtungen Privater als Instrumente des Umweltschutzes, Köln 1986

Beyerlin, Ulrich: Schutzpflicht der Verwaltung gegenüber dem Bürger außerhalb des formellen Verwaltungsverfahrens - Überlegungen zu Problemen der heutigen Umweltschutzpraxis, in: NJW 1987, S. 713

Beyerlin, Ulrich/*Marauhn*, Thilo: Rechtssetzung und Rechtsdurchsetzung im Umwelt-völkerrecht nach der Rio-Konferenz 1992, Berichte-Reihe des UBA, Band 3/97, Berlin 1997

Biedenkopf, Kurt Hans: Zur Selbstbeschränkung auf dem Heizölmarkt, in: BB 1966, S. 1113

Birk, Dieter: Normsetzungsbefugnis und öffentlich-rechtlicher Vertrag, in: NJW 1977, S. 1797

Blank, Josef: Die Einheitliche Europäische Akte - XI. Kolloquium der Wissenschaftlichen Gesellschaft für Europarecht, in: EuR 1989, S. 201

Bleckmann, Albert: Europarecht- Das Recht der Europäischen Gemeinschaft, 5. neubearbeitete und erweiterte Auflage, Köln 1990

Bleckmann, Albert/*Hölscheidt*, Sven: Gedanken über die Finanzierung der EG, in: DÖV 1990, S.853

BMU: 2. Bericht der Regierung der Bundesrepublik Deutschland nach dem Rahmenüberkommen der Vereinten Nationen über Klimaänderungen (2. Nationalbericht) in: Umwelt Nr. 5 /1997

Selbstverpflichtung der Wirtschaft - ein wichtiger Baustein des deutschen Klimaschutzprogrammes, in: Umwelt Nr. 3/1997, S. 102

Bock, Matthias: Umweltrechtliche Prinzipien in der Wettbewerbsordnung der Europäischen Gemeinschaft, in: EuZW 1994, S. 47

Böhm-Amtmann, Edeltraut: Umweltpakt Bayern, in: ZfU 1997, S. 178

EMAS - ISO- Substitution von Ordnungsrecht, in: GewA 1997, S. 353

Böhret, Carl/ *Hill*, Hermann: Ökologisierung des Rechts- und Verwaltungssystems, Baden-Baden 1994

Bohne, Eberhard : Der informale Rechtsstaat, Berlin, 1981

Privatisierung des Staates , Absprachen zwischen Industrie und Regierung in der Umweltpolitik, in: Gessner/Winter (Hrsg.), Jahrbuch für Rechtsoziologie und Rechtstheorie, Band 8, Opladen 1982, S. 266

Informales Verwaltungs- und Regierungshandeln als Instrument des Umweltschutzes in: VerwA 75 (1984), S. 343

Instrumente, in: Böhret/Hill, S.128

Informales Verwaltungshandeln, in: HdUR I, Sp. 1063

Brandner, Thilo: Selbst-Beherrschung im technischen und ökologischen Bereich, in: DVBl 1997, S. 1165

Brauch, Hans-Georg (Hrsg.): Klimapolitik - Naturwissenschaftliche Grundlagen, internationale Regimebildung und Konflikte, ökonomische Analysen sowie nationale Problemerkennung und Problemumsetzung, Berlin 1996

Braun, Sabine: Pakte mit der Wirtschaft, in: Umwelt und Unternehmen 1997, S. 8

Braun, Wilfried: Offene Kompetenznormen - ein geeignetes und zulässiges Regulativ im Wirtschaftsverwaltungsrecht?, in: VerwA 76 (1985), S. 158

Breier, Siegfried: Umweltschutzkooperationen zwischen Staat und Wirtschaft auf dem Prüfstand - Eine Untersuchung am Beispiel der Erklärung der deutschen Wirtschaft zur Klimavorsorge, in: ZfU 1997, S. 131

Die völkerrechtliche Vertretung der Gemeinschaft am Beispiel der 3. Vertrags-staatenkonferenz der Klimarahmenkonvention in Kioto, in: EuZW 1999, S. 11

Breitmeier, Helmut: Ozonschicht und Klima auf der globalen Agenda, Tübinger Arbeitspapiere zur internationalen Politik, Dissertation,Tübingen 1994

Bressler, G.: Betriebliche Wärmenutzungskonzepte als Instrument eines integrierten Umweltschutzes, Band II, Texte 41/94 des UBA, Berlin 1994

Breuer, Rüdiger: Zunehmende Vielgestaltigkeit der Instrumente im deutschen und europäischen Umweltrecht: Probleme der Stimmigkeit und des Zusammenwirkens, in: NVwZ 1997, S. 833

Entwicklungen des europäischen Umweltrechts - Ziele, Wege und Irrwege, Schriftenreihe der Juristischen Gesellschaft zu Berlin, Heft 134, Berlin, New York 1993

Umweltrechtliche und wirtschaftslenkende Abgaben im europäischen Binnenmarkt, in: DVBl 1992, S. 485

Britz, Gabriele: Umweltrecht um Spannungsfeld von ökonomischer Effizienz und Verfassungsrecht, in: Die Verwaltung 1997, S. 185

Brohm, Winfried: Rechtsstaatliche Vorgaben für informelles Verwaltungshandeln, in: DVBl 1994, S. 133

Rechtsgrundsätze für normersetzende Absprachen- zur Substitution von Rechtsverordnungen, Satzungen und Gesetzen durch kooperatives Verwaltungshandeln, in: DÖV 1992, S. 1025

Browne, John: A new partnership to make a difference, in: Our planet Vol 9, No 3, S. 10

Brunée, Jutta: Entwicklungen im Umweltvölkerrecht am Beispiel des sauren Regens und der Ozonschichtzerstörung, Dissertation, Mainz 1988

Buchardi, Wolrad E./ *Sacksofsky*, Eike: Wettbewerbspolitische und kartellrechtliche Probleme der deutschen Entsorgungswirtschaft, in: Jahrbuch für Umwelt- und Technikrecht 1994, S. 23

Bulling, Manfred: Kooperatives Verwaltungshandeln (Vorverhandlungen, Arrangements, Agreements und Verträge) in der Verwaltungspraxis, in: DÖV 1989, S. 277

Bundesamt für Umwelt, Wald und Landschaft (Schweiz): Faktenblätter zum CO_2-Gesetz, Stand Februar 1999

Bundestag, Drucksache :Umsetzung der Selbstverpflichtungserklärung deutscher Wirtschafts- und Industrieverbände zum Klimaschutz, Drucksache 13/6704

Umweltgutachten 1996 des Rates von Sachverständigen für Umweltfragen: Zur Umsetzung einer dauerhaft-umweltgerechten Entwicklung, Drucksache 13/4108

Bunge, Thomas: Ozonschicht, in: HdUR II, Sp. 1589

Burger, A./ *Schulz*, W.: ÖKORADARschirm 2: Umweltziele, Publikation des Umweltbundesamtes, Berlin 1997

Bussfeld, Klaus: Informales Verwaltungshandeln - Chancen und Gefahren, in: Hill (Hrsg.), Verwaltungshandeln durch Verträge und Absprachen, S. 39

Buttermann, Hans-Georg/*Hillebrand*, Bernhard/ *Lehr*, Ulrike: CO_2-Emissionen und wirtschaftliche Entwicklung: Monitoring-Bericht 1998, Untersuchung des Rheinisch-Westfälischen Institutes für Wirtschaftsforschung, Heft 28, Essen 1999

Cansier, Dieter: Umweltökonomie, 2. Auflage, Stuttgart 1996

Erscheinungsformen und ökonomische Aspekte von Selbstverpflichtungen, nicht veröffentlicht

Caspari, Stefan: Die Umweltpolitik der Europäischen Gemeinschaft - eine Analyse am Beispiel der Luftreinhaltepolitik, Baden-Baden 1995

Clemens, Cornelia: Die Klimaproblematik: Materialien und Diskussionsstand, Beiträge zur Wirtschafts- und Sozialpolitik 4/1992, Köln 1992

Erfahrungen mit Selbstverpflichtungen der Wirtschaft im Umweltschutz, IW.Umwelt-Service Themen 1998/ 1, Köln 1998

Coase, R.H.: The problem of social cost, in: The Journal of Law and Economics, Vol.III, October 1960, S. 1

Collier, Ute: Developing responses to the climate change issue in the EU the role of subsidiarity and shared responsibility, in: Collier/Golub/Kreher (ed.), Subsidiarity and shared responsibility: new challenges for EU environmental policy, Schriftenreihe des Europäischen Zentrums für Föderalismus-Forschung, Band 9, Baden-Baden 1997

Implementing a climate change strategy in the European Union: obstacles and opportunities, EUI working paper RSC 96/1,Badia Fiesolana, San Domenico 1996

Deregulation, subsidiarity and sustainability: new challenges for environmental policy, EUI Working Paper RSC No.96/60, Badia Fiesolana, San Domenico 1996

Cook, Robin: Everything to gain, in: Our planet Vol. 9 No. 3, S. 7

Creifelds, Carl/*Hausmann*, Hans (Hrsg.): Rechtswörterbuch, 12. neubearbeitete Auflage, München 1994

Crones, Christian: Selbstbindungen der Verwaltung im Europäischen Gemeinschaftsrecht: Eine Analyse der Rechtsprechung von EuGH und EuG zur ermessensbeschränkenden Wirkung von Gleichheitssatz und Vertrauensschutzprinzip auf Gemeinschaftsebene vor rechtsvergleichendem Hintergrund, Baden-Baden 1997; zit.: Crones, Selbstbindungen der Verwaltung im Europäischen Gemeinschaftsrecht

Crul, Marcel/*Schelleman*, Ferd: Long-term environmental planning and the implementation of cleaner technologies, in: UNEP industry and environment april-september 1995, S. 16

Danwitz, Thomas von: Normkonkretisierende Verwaltungsvorschriften und Gemeinschaftsrecht, in: VerwA 84 (1993), S. 73

Dauber, Gerlinde: Möglichkeiten und Grenzen kooperativen Verwaltungshandelns,in: Becker-Schwarze/ Köck/Kupka/ v.Schwanenflügel, S. 67

Degenhard, Christoph: Staatsrecht I, 13. Auflage, Heidelberg 1997

Dempfle, Ulrich: Normvertretende Absprachen: zugleich ein Beitrag zur Lehre vom Rechtsverhältnis, Pfaffenweiler 1994

De Sampaio Nunes, Diego: The EU THERMIE energy support programme, in: UNEP Industry and Environment January - March 1994, S. 36 ff

Diekmann, Andreas/ *Franzen,* Axel: Kooperatives Umwelthandeln: Modelle, Erfahrungen, Maßnahmen, Zürich 1995

Di Fabio, Udo: Vertrag statt Gesetz? Gesetzesvertretende und gesetzesausfüllende Verwaltungsverträge im Natur- und Landschaftsschutz, in: DVBl 1990, S. 338

Selbstverpflichtungen der Wirtschaft - Grenzgänger zwischen Freiheit und Zwang, in: JZ 1997, S. 969

Verwaltung und Verwaltungsrecht zwischen gesellschaftlicher Selbstregulierung und staatlicher Steuerung, in: VVDStRL 56 (1997), S. 235

Das Kooperationsprinzip - ein allgemeiner Rechtsgrundsatz des Umweltrechts, in: NVwZ 1999, S. 1153

Dittmann, Kerstin: Die Strategie der Europäischen Gemeinschaft, in: Koch/Caspar, S. 63

Donner, Hartwig/*Magoulas,* Georgios/*Simon,* Jürgen/*Wolf* ,Rainer(Hrsg.): Umweltschutz zwischen Staat und Markt: Moderne Konzeptionen im Umweltschutz, Baden-Baden 1989

Dose, Nicolai: Kooperatives Recht, Die Verwaltung (27) 1994, S. 91

Plädoyer für eine realitätsnahe und vollzugsorientierte Betrachtung staatlicher
Steuerung im Umweltbereich - Eine verwaltungswissenschaftliche Perspektive, König/Dose, S. 371

Dreier, Horst: Informales Verwaltungshandeln, in: Staatswissenschaften und Staatspraxis 4, (1993), S. 647

Ehle, Dirk: Umweltchutz und Wettbewerb, Tagungsbericht vom 12. Trierer Kolloquium zum Umwelt- u. Technikrecht, in: NuR 1997, S. 175

Die Einbeziehung des Umweltschutzes in das Europäische Kartellrecht, Köln
u. a. 1996

Ehrmann, Markus: Der Genfer Klimagipfel, in: NuR 1997, S.229

Eidenmüller, Horst: Effizienz als Rechtsprinzip: Möglichkeiten und Grenzen der ökonomischen Analyse des Rechts, Tübingen 199

Emmerich, Volker: Kartellrecht, 6. Auflage; München 1991

Europa 1992: Europäisches Kartellrecht, in: JuS 1990, S. 695

Enders, Christoph: Ökonomische Prinzipien im Dienste des Umweltrechts? - Rechtliche Funktionsbedingungen des Emissionsrechtehandels, in: DÖV 1998, S. 184

Endres, Alfred: Wirtschaftspolitische Instrumente im Umweltschutz, in: Donner/Magoulas/Simon/Wolf (Hrsg.), Umweltschutz zwischen Staat und Markt, Baden-Baden 1989

Endres, Alfred/*Marburger*, Peter: Umweltschutz durch gesellschaftliche Selbststeuerung. Gesellschaftliche Umweltnormierungen und Umweltgenossenschaften, Berlin 1993

Engelhardt, Hans/*Schlicht*, Johannes: Bundes-Immissionsschutzgesetz - BImSchG, Kommentar, 4. Auflage, Köln u. a. 1997

Engelsberger, Christian: Der Vollzug europarechtlicher Vorschriften auf dem Gebiet des Umweltschutzes, Berlin 1998

Epiney, Astrid: Zur Stellung des Völkerrechts in der EU, in: EuZW 1999, S. 5

Epiney, Astrid/*Furrer*, Andreas: Umweltschutz nach Maastricht- Ein Europa der drei Geschwindigkeiten ?, in: EuR 1992, S. 169

Faber, Angela: Altautoentsorgung - Umweltschutz und Wettbewerb, in: UPR 1997, S. 431

Falk, Heiko: Die EG- Umwelt- Audit- Verordnung und das Umwelthaftungsrecht, in: EuZW 1997, S. 593

Falke, Josef: Entwicklungen im gemeinschaftlichen Umweltrecht, in: ZUR 3/1998, S.127

Feldhaus, Gerhard: Entwicklung des Immissionsschutzrechts, in: NVwZ 1995, S. 963

Fischer, Wolfgang: Klimaschutz und internationale Politik. Die Konferenz von Rio zwischen globaler Verantwortung und nationalen Interessen, Aachen 1992

Floss, E./*Hohmann*, H.: Aktuelle Tendenzen im Umweltrecht und ihre Auswirkungen auf die Unternehmen, in: Kreikebaum/Seidel/Zabel, Unternehmenserfolg durch Umweltschutz, Wiesbaden 1994

Fluck, Jürgen/*Schmitt*, Thomas: Selbstverpflichtungen und Umweltvereinbarungen – rechtlich gangbarer Königsweg deutscher und europäischer Umweltpolitik ?, in: VerwA 89 (1998), S. 220

Forsthoff, Ernst: Lehrbuch des Verwaltungsrechts, Erster Band, Allgemeiner Teil, 10. neubearbeitete Auflage, München 1973

Forum Umwelt und Entwicklung (Hrsg.): Klimapolitik in Deutschland 1995, Stellungnahme zum Bericht der Bundesregierung, Bonn 1995

Klimapolitik, Bonn 1997

Frankenberg, Peter/*Spieß*, Pirmin(Hrsg.): Umwelt und Wirtschaft, Zur Situation des Rhein-Neckar- Dreiecks unter ökologischen, wirtschaftlichen und rechtlichen Gesichtspunkten, UTR Band 29, Heidelberg 1995

Freitag, Dieter u.a. (Hrsg.): Umweltschutz und Wettbewerbsordnung, 1973

Frenz, Walter: Europäisches Umweltrecht, München 1997

Führ, Martin: Eigen-Verantwortung oder Öko-Staat ? Sicherung der Selbstverantwortung in Unternehmen, in: Roßnagel/Neuser (Hrsg.), Reformperspektiven im Umweltrecht, S. 211

Ökologische Grundpflichten als verfassungsrechtliche Dimension- Vom Grundrechtsindividualismus zur Verantwortungsgemeinschaft zwischen Bürger und Staat?, in: NuR 1998, S.6

Gawel, Erik: Vollzugsunterstützung regulativer Umweltpolitik durch ergänzende Anreizsysteme, in: ZfU 1993, S. 461

Steigerung der Kosteneffizienz im Umweltordnungsrecht, in: Die Verwaltung 1999, S. 179

Geiger, Rudolf: EG-Vertrag, Kommentar, München 1993

Gessner, Volkmar/ *Winter*, Gerd (Hrsg.): Rechtsformen der Verflechtung von Staat und Wirtschaft, Jahrbuch für Rechtssoziologie und Rechtstheorie, Band 8, Opladen 1985

Giesbert, Ludger/*Hilf*, Juliane: Kreislaufwirtschaft Auto: Altautoverordnung und freiwillige Selbstverpflichtung, Berlin 1998

Glagow, Manfred (Hrsg.): Gesellschaftssteuerung zwischen Korporatismus und Subsidiarität, Bielefeld 1984

Glatzel, W. D.: Die Wärmenutzungsverordnung - Die Konzeption des Umweltbundesamtes, in: VDI Berichte 857, S. 53

Grabitz, Eberhard: Kommentar zum EWG- Vertrag, Loseblattsammlung, München 1986

Graf, Immo: Das Handlungskonzept der Bundesregierung, in: Koch/Caspar, S. 117

Grewlich, Klaus W.: Umweltschutz durch "Umweltvereinbarungen" nach nationalem Recht und Europarecht, in: DÖV 1998, S. 54

Grimm, Dieter (Hrsg.): Staatsaufgaben, Baden-Baden 1996

Grüter, Manfred: Umweltrecht und Kooperationsprinzip in derBundesrepublik Deutschland, Düsseldorf 1990

Günther, Carsten A.: Das gemeinschaftsrechtliche Rückwirkungsverbot vor dem Hintergrund der Entsorgung von Altautos, in: EuZW 2000, S. 329

Günther, Klaus: Ein geeignetes Instrument, in: Unternehmen und Umwelt 1/97, S. 9

Gutzler, Helmut: Umweltpolitik und Wettbewerb, Baden-Baden 1981

Hadamitzky, Emil: Die Verwertung von Altautos und Elektroschrott, in: Kormann, Abfallrecht und Abfallwirtschaft, S. 65

Hagenah, Evelyn: Das Umweltgesetzbuch als Motor oder Bremse der Innovationsfähigkeit in Wirtschaft und Verwaltung, in: DVBl 1998, S. 87

Haigh, Nigel: The European Commmunity and International Environmental Policy, in: International Environmental Affairs, 1991/3, S. 163

Hajer, Maarten H.: "Verinnerlijking": The Limits to a Positive Management Approach, in: Teubner/Farmer/Murphy, S.167

Hansjürgens, Bernd: Ökonomische Aspekte des Kooperationsprinzips in der Umweltpolitik, in: Zimmermann/Hansjürgens (Hrsg.), Prinzipien der Umweltpolitik in ökonomischer Sicht, S.68

Hansmann, Klaus: Schwierigkeiten bei der Umsetzung und Durchführung des europäischen Umweltrechts, in: NVwZ 1995, S. 320

Hartkopf, Günter/*Bohne*, Eberhard: Umweltpolitik I, Opladen 1983

Heidenhain, Martin: Europäisierung des deutschen Kartellrechts?, in: EuZW 1995, S. 225

Helberg, Andreas: Normabwendende Selbstverpflichtungen als Instrumente des Umweltrechts, Sinzheim 1999

Henneke, Hans-Günter. Informales Verwaltungshandeln im Wirtschaftsverwaltungs- und Umweltrecht, in: NuR 1991, S. 267

Herold, Anke: Kopfgeburt oder praktikables Konzept - Pilotprojekte für Joint Implementation im Klimaschutz, in: Öko-Mitteilungen 4/97, S. 8

Zuckerbrot ohne Peitsche, in: Öko-Mitteilungen 4/97, S. 10

Hesse, Konrad: Grundzüge des Verfassungsrechts der Bundesrepublik Deutschland, 20. neubearbeitete Auflage, Heidelberg 1995

Hey, Christian: Europäische Umweltpolitik: Fortschritte müssen von unten kommen, in: Forum Umwelt und Entwicklung, Rundbrief 1/98, S. 7

Hilbert, Josef/*Voelzkow*, Helmut: Umweltschutz durch Wirtschaftsverbände ?- Das Problem verbandlicher Verpflichtungsfähigkeit am Beispiel umweltschutzindizierter Selbstbeschränkungsabkommen, in: Glagow (Hrsg.), Gesellschaftssteuerung zwischen Korporatismus und Subsidiarität

Hilf, Meinhard: Umweltabgaben als Gegenstand von Gemeinschaftsrecht und Politik, in: NVwZ 1992, S. 105

Hill, Hermann: Rechtsstaatliche Bestimmtheit oder situationsgerechte Flexibilität des Verwaltungshandelns, in: DÖV 1987, S. 885

Verwaltungshandeln durch Verträge und Absprachen, Baden-Baden 1990

Hillebrand, Bernhard/ *Wackerbaur,* Johann u. a.: Gesamtwirtschaftliche Beurteilung von CO_2-Minderungsstrategien, Untersuchungen des Rheinisch-Westfälischen Instituts für Wirtschaftsforschung, Heft 19, Essen 1996

Himmelmann, Steffen: Handbuch des Umweltrechts, Loseblattsammlung, München 1994

Gemeinschaftsrechtliche Vorgaben für die Umsetzung des EG-Rechts- zu den Auswirkungen der neuesten Rechtsprechung von EuGH und Bundesverwaltungsgericht auf die nationale Umsetzungspraxis, in: DÖV 1996, S. 145

EG-Umweltrecht und nationale Gestaltungsspielräume, Baden-Baden 1997

Hodge, Ian: Environmental Economics - Individual Incentives and Public Choices, London, 1995

Hoffmann-Riem, Wolfgang: Selbstbindungen der Verwaltung, in: VVDStRL 40 (1982), S. 187

Instrumente indirekter Verhaltenssteuerung, in: Koch, Hans-Joachim (Hrsg.), Auf dem Weg zum Umweltgesetzbuch, Symposium über den Entwurf eines UGB-AT, Baden-Baden 1992, S. 108

Umweltschutz als Gesellschaftsziel, illustriert an Beispielen aus der Energiepolitik , in: GewA 1996, S. 1

Vom Staatsziel Umweltschutz zum Gesellschaftsziel Umweltschutz- Zur Not-wendigkeit hoheitlicher Regulierung gesellschaftlicher Selbstregulierung, illustriert an Beispielen aus der Energiewirtschaft, in: Die Verwaltung 1995, S. 425

Hohmann, Harald: Ergebnisse des Erdgipfels von Rio, in: NVwZ 1993, S. 311

Hoppe, Werner: Staatsaufgabe Umweltschutz, in. VVDStRL 38(1980), S. 211

Hoppe, Werner/*Beckmann*, Martin: Umweltrecht, München 1989

Huber, Peter M.: Weniger Staat im Umweltschutz - Verfassungs- und unionsrechtliche Determinanten , in: DVBl 1999, S. 489

Huckestein, Burkhard: Effizienzbedingungen ökonomischer Instrumente in der EU-Umweltpolitik, Voraussetzungen für den Einsatz von Umweltabgaben und -lizenzen auf Gemeinschaftsebene, Berlin 1996

Hübner, Klaus: Zur Genehmigung der Beschränkung der Fernsehwerbung für Zigaretten durch den Bundesminister für Wirtschaft und Finanzen nach § 8 GWB, in: NJW 1972, S. 1651

Immenga, Ulrich: Politische Instrumentalisierung des Kartellrechts?, Tübingen 1976

Immenga, Ulrich/ *Mestmäcker*, Ernst-Joachim (Hrsg.): EG-Wettbewerbsrecht, Kommentar, München 1997

Gesetz gegen Wettbewerbsbeschränkungen - Kommentar, 2. neubearbeitete Auflage, München 1992

Isensee, Josef/ *Kirchhoff*, Paul (Hrsg.): Handbuch des Staatsrechts der Bundesrepublik Deutschland, Band III, Das Handeln des Staates, 2. Auflage, Heidelberg 1996

Jakob, Wolfgang/*Zugmaier*, Oliver: Rechtliche Probleme von Umweltabgaben, Augsburg 1996

Jansen, Heinz/*Denis*, Cécile: A tentative cost-effectiveness analysis of measures to reduce car emissions, in: European Economy No 1 1998, S. 129

Jarass, Hans D.: Effektivierung des Umweltschutzes gegenüber realen Anlagen – Nachträgliche Maßnahmen, Drittklagen, Absprachen und Kompensation, in: DVBl 1985, S. 193

Bundes-Immissionsschutzgesetz (BImSchG), Kommentar, 4. Auflage, München 1999

Jarass, Hans D./*Pieroth*, Bodo: Grundgesetz für die Bundesrepublik Deutschland, 3. Auflage, München 1995

Jungbauer, Walter Hans/ *Müller-Kraenner,* Sascha: Klima in Kioto - Ziel: Minus 20 %, in: DNR - Deutschland-Rundbrief 12 /97, S. 18

Kägi, Wolfram: Klimagipfel Buenos Aires: Der Streit um die richtigen Instrumente, in: DIE ZEIT v. 5. 11. 1998

Kahlenberg, Harald: Novelliertes deutsches Kartellrecht, Stichtag 1.1.1999: Änderung des GWB, in: BB 1998, S. 1593

Kaiser, Joseph H.: Industrielle Absprachen im öffentlichen Interesse, in: NJW 1971, S. 585

Killinger, Sebastian/ *Schmidt*, Carsten: Nationale Umweltpolitik und internationale Integration - theoretische Ansätze im Überblick,in: Finanzarchiv N.F., Bd. 55 (1998), S. 219

Kimminich, Otto/*von Lersner*, Heinrich/*Storm*, Peter-Christoph (Hrsg.):Handwörterbuch des Umweltrechts, 2 Bände, 2. überarbeitete Auflage, Berlin 1994 zit.: Bearbeiter in: HdUR

Kirchgässner, Gebhard: Umweltschutz als Staatsaufgabe - einige Überlegungen aus ökonomischer Perspektive, in: Grimm (Hrsg.), Staatsaufgaben, S. 453

Klocke, Ulrich: Eine CO2 - Abgabe als globale Handlungsstrategie, in: Koch /Caspar, S. 347

Kloepfer, Michael: Umweltrecht, 2. Auflage, München 1998

Umweltschutz als Kartellprivileg?, in: JZ 1980, S. 681

Staatsaufgabe Umweltschutz, DVBl 1979, S. 640

Zu den neuen umweltrechtlichen Handlungsformen des Staates, in: JZ 1991, S. 737

Umweltschutz durch Abgaben, in: DÖV 1975, S. 593

Alte und neue Handlungsformen staatlicher Steuerung im Umweltbereich unter Berücksichtigung der rechtsstaatlichen Probleme influenzierenden Staats- und Verwaltungshandelns, in: König/Dose, S. 329

Kartellrecht und Umweltrecht, in: Gutzler, Umweltschutz und Wettbewerb, S. 57

Der Vorbehalt des Gesetzes im Wandel, in: JZ 1984, S. 685

Kloepfer, Michael /*Durner*, Wolfgang: Der Umweltgesetzbuch- Entwurf der Sachver-ständigenkommission - Zum Entwurf der unabhängigen

Sachverständigenkommission zum UGB beim Bundesministerium für Umwelt, Naturschutz und Reaktorsicherheit, in: DVBl 1997, S. 1081

Kloepfer, Michael/*Thull*, Rüdiger: Rechtsprobleme einer CO_2-Abgabe, in: DVBl 1992, S. 195

Knebel, Jürgen/ *Wicke*, Lutz/*Michael*, Gerhard: Selbstverpflichtungen und normersetzende Verträge als Instrumente des Umweltschutzes, Berichte 5/99 des UBA, Berlin 1999

Knill, Christoph/ *Héritier*, Adrienne: Neue Instrumente in der europäischen Umweltpolitik, in: Lübbe-Wolff, G. (Hrsg.), Der Vollzug des europäischen Umweltrechts, Berlin 1996

Kniep, Klaus: Initiativen und Ansätze der Deregulierung im in: GewA 1997, S.142

Koch, Hans-Joachim (Hrsg.): Auf dem Weg zum Umweltgesetzbuch, Symposium über den Entwurf eines UGB-AT, Baden-Baden 1992

Koch, Hans-Joachim/ *Caspar*, Johannes (Hrsg.): Klimaschutz im Recht, Baden-Baden 1997

Koch, Hans-Joachim/ *Behrend*, Claudia: Klimaschutz im geltenden Umweltrecht, in: NuR 1996, S. 433

Köck, Wolfgang: Umweltschutzsichernde Betriebsorganisation als Gegenstand des Umweltrechts: Die EG-"Öko-Audit"-Verordnung, in: JZ 1995, S. 643

Vollzugsaspekte des öko-Audit-Systems, in: Reich/Heine-Mernik (Hrsg.), Umweltverfassung und nachhaltige Entwicklung in der Europäischen Union, S. 149

König, Kai/*Dose*, Nicolai: Instrumente und Formen des staatlichen Handelns, Köln Berlin Bonn München 1993

Kohlhaas, Michael /*Praetorius*, Barbara: Selbstverpflichtung der Industrie zur CO_2-Reduktion, Berlin 1994

Kopp, Axel: Altautoentsorgung - Die Altautoverordnung und die freiwillige Selbstverpflichtung der Wirtschaft, in: NJW 1997, S. 3292

Kopp, Ferdinand O.: Um eine neue Begründung des Vertrauensschutzes im öffentlichen Recht, in: BayVBl 1980, S. 38

Kormann, Joachim (Hrsg.): Abfallrecht und Abfallwirtschaft, UPR special, Band 1, München 1993

Krägenow, Timm: "Joint Implementation"- Ein Beitrag zum Klimaschutz ?, in: Jahrbuch Ökologie 1996, München 1996

Ein Blick auf das Kleingedruckte: Vorschau auf die Konferenz von Kioto, in: Öko-Mitteilungen 4/97, S. 6

Krämer, Ludwig: Europäisches Umweltrecht: Chronik vom 1. April 1995 bis 31. 12. 1997, in: ZfU 1998, S. 70

Krebs, Walter: Zulässigkeit und Wirsamkeit vertraglicher Bindung kommunaler Bau-leitplanung, in: VerwA 72 (1981), S. 49 ff

Krieger, Stephan: Die Empfehlung der Kommission über Umweltvereinbarungen, in: EuZW 1997, S. 648

Kühne, Gunther/ *Straßburg*, Wolfgang/ *Herrmann*, Hans-Peter/*Rupp*, Jürgen-Johann: Wettbewerb - Bestandsschutz - Umweltschutz, Aktuelle Tendenzen des Berg- und Energierechts, Baden-Baden 1997

Kuhnt, Dietmar: Energie und Umweltschutz in europäischer Perspektive, in: DVBl 1996, S. 1083

Kunig, Philip/ *Rublack*, Susanne: Aushandeln statt Entscheiden? Das Verwaltungsverfahrensrecht vor neuen Herausforderungen, in: JURA 1990, S. 1

Kurz, Rudi (Hrsg.): Marktwirtschaft und Umwelt, Bonn 1994

Lademann, Robert v./*Rohmer,* Gerhard: Umweltrecht III: Sonstiges Umweltrecht, Kommentar, Loseblattsammlung, München, Stand: 15.3.1999

Lange, Klaus: Staatliche Steuerung aus rechtswissenschaftlicher Perspektive, in: König/Dose, S. 173

Lascoumes, Pierre: L'éco-pouvoir, environnements et politiques, Paris 1994

Lautenbach, Sylvia/ *Steger*, Ulrich/ *Weihrauch*, Peter: Evaluierung freiwilliger Branchenvereinbarungen (Kooperationslösungen) im Umweltschutz, in:

BDI (Hrsg.), Freiwillige Kooperationslösungen im Umweltschutz, Ergebnisse eines Gutachtens und Workshops, Köln 1992

Leitzke, Claus: Der normersetzende Vertrag - ein zukunftsfähiges Instrument im Umweltrecht ?, in: UPR 2000, S. 361

Lepa, Manfred: Verfassungsrechtliche Probleme der Rechtsetzung durch Rechtsverordnung, in: AöR (105) 1980, S. 33

Lersner, Heinrich Freiherr v.: Verwaltungsrechtliche Instrumente des Umweltschutzes, Berlin 1983

Lindahl, Göran: Nicht reden sondern handeln: Um den Klimawandel aufzuhalten bedarf es einer konzertierten Aktion, in: SZ v. 12. 2. 1999

Lorenz, Harald: Staatlich inspirierte Selbstbeschränkungsabkommen und Kartellrecht, Dissertation, Berlin 1978

Lübbe-Wolff, Gertrude: Das Kooperationsprinzip im Umweltrecht - Rechtsgrundsatz oder Deckmantel des Vollzugsdefizits?, in: NuR, 1989, S. 295

Prinzipien und Instrumente der Umweltaufsicht, in: Schmidt, Das Umweltrecht der Zukunft, S. 81

Die EG- Verordnung zum Umwelt- Audit, in: DVBl 1994, S. 361

Lütkes, Stefan/*Ewer*, Wolfgang: Schwerpunkte der bevorstehenden Revision der Umweltauditverordnung (EWG) Nr. 1836/93; in: NVwZ 1999, S. 19

Lugtmeijer, : Industry, subsidiarity and shared responsibility, in: Collier, Subsidiarity and shared responsibility, Baden-Baden 1997

Maier, Jürgen: Kioto: Klimaprotokoll mit Schlupflöchern und Fußnoten, in: DNR Deutschland Rundbrief 1/98, S. 13

Malle, Karl-Geert: Umweltschutz- und Industriestandort Deutschland - Sicht der chemischen Industrie, in: Frankenberg/Spieß (Hrsg.), S. 397

Markandya, Anil/*Milborrow*, Ian: Trade and industrial impacts of a multilateral agreement to phase out ozone-depleeting substances-A case study of the Montreal Protocol, in: European Economy no 1 1998, S. 39

Martini, Mario: Auf dem Weg zum "Umweltgesetzbuch I" -Zur Umsetzung der IVU- und der UVP-Änderungsrichtlinie, in: ZG 1998, S. 378

Matthes, Felix Christian: Das verflixte siebte Jahr: Zum Stand der bundesdeutschen Klimadiskussion, in: Öko-Mitteilungen 4/97, S. 4

Maunz, Theodor/*Dürig*, Günther: Kommentar zum Grundgesetz, Loseblattsammlung

Maurer, Hartmut: Allgemeines Verwaltungsrecht, 11. Auflage, München 1997

May, Matthias: Die verfassungsmäßige Zulässigkeit der Bindung von Außenseitern durch Tarifverträge: eine Auseinandersetzung mit der Rechtsprechung des Bundesverfassungsgerichtes zur Allgemeinverbindlicherklärung von Tarifverträgen, Frankfurt 1989

Mayer-Tasch, Peter Cornelius/*Mrass*/*v. Weizsäcker*, Ernst-Ulrich/*Kohout*, Franz: Um-weltpolitik und ihre Instrumente, Berlin 1994

Umweltpolitik - Eine vergleichende Untersuchung zu Frankreich, Deutschland und der Europäischen Union, Baden-Baden 1996

Maxeiner, D.: Die Launen der Sonne, in: Die Zeit, Nr. 31 v. 25. 7. 1997

Meadows, Donella/*Meadows*, Dennis/*Randers*, Jorgen: Die neuen Grenzen des Wachstums, Stuttgart 1992

Menger, Christian-Friedrich: Handlungsformen bei der Vergabe von Wirtschaftssubventionen, in: Raumplanung und Eigentumsordnung, Festschrift für Werner Ernst zum 70. Geburtstag, München 1980, S. 301

Merkel, Angela: Schwerpunkte der Umweltschutzförderung im Bereich der Klimavorsorge, in: Umwelt Nr. 5/1996, S. 181

Der Stellenwert von umweltbezogenen Selbstverpflichtungen der Wirtschaft im Rahmen der Umweltpolitik der Bundesregierung, in: Umwelt Nr. 3/1997, S. 88

Meyer, Hans/*Borgs-Maciejewski*, Hermann: Verwaltungsverfahrensgesetz, 2. Auflage, Frankfurt a. M. 1982

Middeke, Andreas: Nationaler Umweltschutz im Binnenmarkt, Köln u. a. 1994

Möller, Hans-Werner :Umweltschutz in der sozialen Marktwirtschaft, Köln u.a. 1993

Morgan, Jennifer: Greenhouse Gas Emissions Trading, American Style: Possibilities for Implementation in Germany, nicht veröffentlicht, Mai 1997

Mosler, Hans-Joachim: Eine Strategie zur selbsttätigen Verbreitung von umweltgerechten Handeln, in: ZfU 1994, S. 241

Selbstverpflichtung zu umweltgerechtem Handeln, in: Diekmann/Franzen, S. 151 ff

Müggenborg, Hans-Jürgen: Formen des Kooperationsprinzips im Umweltrecht der Bundesrepublik Deutschland, in: NVwZ 1990, S. 909

Müller, Christian: Möglichkeiten und Grenzen der indirekten Verhaltenssteuerung durch Abgaben im Umweltrecht, Köln u. a. 1984

Müller-Brandeck-Bocquet, Gisela: Die institutionelle Dimension der Umweltpolitik: Eine vergleichende Untersuchung zu Frankreich, Deutschland und der Europäischen Union, Baden-Baden 1996

Müller-Kraenner, Sascha: Wie geht´s weiter nach der Berliner Klimakonferenz, in: Jahrbuch Ökologie 1996, München 1996

Die deutsche EU-Präsidentschaft, in: Forum Umwelt und Entwicklung, Rundbrief 1/1998, S. 25

Zur Umsetzung und Weiterentwicklung des Kioto-Protokolls, in: ZUR 1998, S. 113

Müller-Kraenner, Sascha/*Knospe*, Christiane : Klimapolitik - Handlungsstrategien zum Schutz der Erdatmosphäre, Basel 1996

Murswiek, Dieter: Freiheit und Freiwilligkeit im Umweltrecht, in: JZ 1988, S. 985

Staatsziel Umweltschutz (Art. 20 a GG), in: NVwZ 1996, S. 222

Die staatliche Verantwortung für die Risiken der Technik, Berlin 1985, S. 286

Nettesheim, Martin: Das Umweltrecht der Europäischen Gemeinschaft, in: JURA 1994, S. 337

Nickel, Dietmar: Absprachen zwischen Staat und Wirtschaft - die öffentlich-rechtlichen Aspekte der Selbstbeschränkungsabkommen der deutschen Industrie, Dissertation, Hamburg 1979

Nisipeanu, Peter: Das Scoping-Verfahren des § 5 UVPG - Darstellung an (ab)wasserwirtschaftlichen Genehmigungsverfahren, in: NVwZ 1993, S. 319

Nutzinger, Hans G./ *Zahrnt*, Angelika: Ökologisch-soziale Marktwirtschaft und Instrumente der Umweltpolitik, in: Kurz, S. 1

Oberthür, Siegfried: Die internationale Zusammenarbeit zum Schutz des Weltklimas, in: Aus Politik und Zeitgeschichte, B 16/92, S. 9

Oebbecke, Janbernd: Die staatliche Mitwirkung an gesetzesabwendenden Vereinbarungen, in: DVBl 1986, S. 793

OECD: Annex I Expert Group on the UNFCCC, Demand Side Efficiency: Voluntary Agreements with Industry, Working Paper 8, Paris 1996

Oldiges, Martin : Staatlich inspirierte Selbstbeschränkungsabkommen der Privatwirtschaft, WiR 1973, S. 1

Ossenbühl, Fritz: Umweltpflege durch behördliche Warnungen und Empfehlungen, Köln u. a. 1986

Vorrang und Vorbehalt des Gesetzes, in: HdStR III, § 62

Rechtsverordnung, in: HdStR III, § 64

Paefgen,Thomas Christian: Emanationen des kooperativen Umweltstaates, in: GewA 1991, S. 161

Papier, Hans-Jürgen: Mehrwegkampagnen der Kommunen in öffentlich-rechtlicher Beurteilung, in: VerwA 84 (1993), S. 417

Pernice, Ingolf: Gestaltung und Vollzug des Umweltrechts im europäischen Binnenmarkt - Europäische Impulse und Zwänge für das deutsche Umweltrecht, in: NVwZ 1990, S. 414

Rechtlicher Rahmen der europäischen Unternehmenskooperation im Umweltbereich unter besonderer Berücksichtigung von Art. 85 EWGV, in: EuZW 1992, S. 139

Kompetenzordnung und Handlungsbefugnisse der Europäischen Gemeinschaft auf dem Gebiet des Umwelt- und Technikrechts, in: Die Verwaltung 1989, S. 1

Peters, Jil: Voluntary agreements between goverment and indusry: The basic metal covenant as an example, in: van Dunne, S.19

Pieroth, Bodo/*Schlink*, Bernhard: Staatsrecht II, Grundrechte, 12. überarbeitete Auflage, Heidelberg 1996

Pohl, Andreas: Umweltaudits in der betrieblichen Praxis, in: BB 1998, S.3 81

Pommerenke, Dagmar: Rechtliche Beurteilung von Umweltvereinbarungen nach dem
EG-Vertrag, in: RdE 1996, S. 131

Posner, Richard A.: Economic analysis of law, fourth edition, Boston/Toronto/London 1992

Prieur, Michel: Droit de l'environnement, 2ème édition, Paris 1991

Prittwitz, Volker v.: Verhandeln und Argumentieren in der Umweltpolitik, in: Jahrbuch Ökologie 1996, München 1996

Pühs, Wolfgang: Der Vollzug von Gemeinschaftsrecht - Formen und Grenzen eines effektiven Gemeinschaftsrechtsvollzuges und Überlegungen zu seiner Effektuierung, Berlin 1997

Rat von Sachverständigen für Umweltfragen: Selbstregulierung in der europäischen Umweltpolitik, Pressemitteilung vom 3. 11. 1997

Rehbinder, Eckard: Environmental Agreements. A New Instrument of Environmental Policy, European University Institute, Jean Monnet Chair Paper RSC No 97/45

Reich, Norbert/*Heine-Mernik*, Renate (Hrsg.): Umweltverfassung und nachhaltige Entwicklung in der Europäischen Union, Baden-Baden 1997

Rengeling, Hans-Werner: Das Kooperationsprinzip im Umweltrecht, Köln u.a. 1988

Bedeutung und Anwendbarkeit des Vorsorgeprinzips im europäischen Umweltrecht, in: DVBl 2000, S. 1473

Handbuch zum europäischen und deutschen Umweltrecht eine systematische Darstellung des europäischen Umweltrechts mit seinen Auswirkungen auf das deutsche Recht und mit rechtspolitischen Perspektiven, 2 Bände, Köln, Berlin, Bonn, München 1998; abgek.: EUDUR

Richter, Ingo/ *Schuppert*, Gunnar Folke: Casebook Verfassungsrecht, 3. Auflage, München 1996

Ritter, Ernst-Hasso: Umweltpolitik und Rechtsentwicklung, in: NVwZ 1987, S. 929

Der kooperative Staat, in: AöR 104 (1979), S. 389

Römer, Rainer: Umweltrecht - Hemmnis für den Umweltschutz?, in: Frankenberg/ Spieß (Hrsg.), S. 293

Röthel, Anne/*Hartmann*, Kerstin: Europarechtliche und verfassungsrechtliche Impulse für die Normkonkretisierung im Umweltrecht, in: Jahrbuch für Umwelt- und Technikrecht 1995, S. 71

Röthlein, Brigitte: Der Streit um den Treibhauseffekt, in: SZ vom 16. 9. 1997, SZ-Technik-Beilage

Ronellenfitsch, Michael: Wirtschaftliche Betätigung des Staates, in: Isensee/ Kirchhoff, Band III, § 84, S. 1171

Roßnagel, Alexander/*Neuser*, Uwe (Hrsg.): Reformperspektiven im Umweltrecht: Dokumentation der "Haydauer Hochschulgespräche 1995" , Baden-Baden 1996

Roth, Andreas: Verwaltungshandeln mit Drittbetroffenheit und Gesetzesvorbehalt, Berlin 1991

Roth, Wolfgang: Schwerer Abschied von der Kohlenstoff-Ära, in: Sueddeutsche Zeitung v. 27. 11. 2000, S. 4

Rüfner, Wolfgang: Unternehmen und Unternehmer in der verfassungsrechtlichen Ordnung der Wirtschaft, in: DVBl 1976, S. 689

Ruffert, Matthias: Subjektive Rechte im Recht der Europäischen Gemeinschaft- Unter besonderer Berücksichtigung ihrer prozessualen Durchsetzung, UTR, Band 33, Heidelberg 1996

Rupp, Jürgen-Johann: Rechtliche Rahmenbedingungen für Umweltvereinbarungen und ihre Anwendung auf die Energiewirtschaft, in: Kühne u.a., Wettbewerb-Bestandsschutz- Umweltschutz, S. 51

Sachs, Michael: "Volenti non fit iniuria" - Zur Bedeutung des Willens des Betroffenen im Verwaltungsrecht, in: VerwA 76 (1985), S. 398

Sacksofsky, Eike: Wettbewerbliche Probleme der Entsorgungswirtschaft, in: WuW 1994, S. 320

Salzwedel, Jürgen u.a.: Grundzüge des Umweltrechts, 2. völlig neubearbeitete und wesentlich erweiterte Auflage, Berlin, Loseblattsammlung, Stand: Oktober 1998

Schellnhuber, Hans-Joachim: Amerikanisches Roulette, Serie: Die Gegenwart der Zukunft (25), Feuilleton-Beilage der SZ v. 26./ 27. Juni 1999, Nr. 144

Scherer, Joachim: Rechtsprobleme normersetzender Absprachen zwischen Staat und Wirtschaft am Beispiel des Umweltrechts, in: DÖV 1991, S. 1

Scheuing, Dieter H.: Selbstbindungen der Verwaltung, in: VVDStRL 40 (1982), S. 153

Umweltschutz auf der Grundlage der Einheitlichen Europäischen Akte, in: EuR 1989, S. 152

Schink, Alexander: Kodifikation des Umweltrechts - zum Entwurf der Sachverständigenkommission Umweltgesetzbuch (UGB-KomE), in: DÖV 1999, S. 1

Schlarmann, Josef: Die kartellrechtliche Behandlung von Selbstbeschränkungsabkommen, in: NJW 1971, S. 1394

Schmalholz, Michael: Umweltschutz und Wettbewerb, 12. Trier Kolloquium zum Umwelt- und Technikrecht, in: NJW 1997, S. 2225

Schmatz, Hans/*Nöthlichs*, Mathias: Immissionsschutz, Kommentar zum Bundesimmissionsschutzgesetz und Textsammlung, Berlin, Stand: Januar 98

Schmidt, Alexander (Hrsg.): Das Umweltrecht der Zukunft, Kritik und Anregungen für ein Umweltgesetzbuch, Berlin 1996

Schmidt-Preuß, Matthias: Verwaltung und Verwaltungsrecht zwischen gesellschaftlicher Selbstregulierung und staatlicher Steuerung, in: VVDStRL 56 (1997), S. 160

Die Entwicklung des deutschen Umweltrechts als verfassungsleitende Umsetzung der Maßgaben supra- und internationaler Umweltpolitik, in: JZ 2000, S. 581

Schneider, Jens-Peter: Öko-Audit als Scharnier in einer ganzheitlichen Regelungsstrategie, in: Die Verwaltung 1995, S. 361

Schoch, Friedrich: Privatisierung von Verwaltungsaufgaben, in: DVBl 1994, S. 962

Schönwiese, Christian-Dietrich: Klima im Wandel - von Treibhauseffekt, Ozonloch und Naturkatastrophen, Hamburg, 1994

Scholz, Rupert/*Aulehner*, Josef: Umweltstrategien im Verpackungsrecht, Mehrwegquote, Zwangspfand oder Lizensierung?, Schriften zum Umweltrecht, Band 86, Berlin 1998

Schrader, Christian: Das Kooperationsprinzip - ein Rechtsprinzip? Vorschlag für eine neue Fundierung, in: DÖV 1990, S. 326

Produktverantwortung, Ordnungsrecht und Selbstverpflichtungen am Beispiel der Altautoentsorgung, in: NVwZ 1997, S. 943

Das Umweltgesetzbuch (2. Prolog) und die Konjunktur, in: ZUR 1/98, S. 1

Sechs ökologische Thesen zu Grundproblemen des Umweltrechts, in: Donner u.a. (Hrsg.), S. 153

Schröder, Meinhard: Klimaschutz als Problem des internationalen Rechts, in: Jahrbuch des Umwelt-und Technikrechts 1993, S. 191

Schüssler, Hans: Wann sind private Selbstbeschränkungsabkommen zulässig?, in: NJW 1962, S. 2275

Schulte, H.: Bemerkungen über Eigentum und Umweltschutz, in : NuR 1988, S. 131

Schulte, Martin: Schlichtes Verwaltungshandeln, Tübingen 1995

Schultze-Fielitz, Helmuth: Kooperatives Recht im Spannungsfeld von Rechtsstaatsprinzip und Verfahrensökonomie, in: DVBl 1994, S. 657

Der informale Verfassungsstaat, Berlin 1984

Schuppert, Gunnar Folke: Die öffentliche Verwaltung im Kooperationsspektrum staatlicher und privater Aufgabenerfüllung: Zum Denken in Verantwortungsstufen , in: Die Verwaltung 1998, S. 415

Schweitzer, Michael/ *Hummer*, Waldemar: Europarecht, 4. Auflage, Berlin 1993

Sellner, Dieter: Änderungen des Bundes-Immissionsschutzgesetzes - Allgemeine und anlagenbezogene Neuerungen, in: NVwZ 1991, S. 305

Sellner, Dieter/ *Schnutenhaus*, Jörn: Umweltmanagement und Umweltbetriebsprüfung ("Umwelt-Audit") - ein wirksames, nicht ordnungsrechtliches System des betrieblichen Umweltschutzes ?, in: NVwZ 1993, S. 928

Selmayr, Martin: Wettbewerbswidrige Praktiken bei der Entsorgung von Verkaufsverpackungen im Rahmen des " Dualen Systems", in: UPR 1998, S. 99

Sendler, Horst: Selbstregulierung im Konzept des Umweltgesetzbuches, in: UPR 1997, S.381

Siebert, Horst: Economics of the environment - theory and policy, 5. Auflage, Berlin 1998

Siedentopf, Heinrich/*Hausschild*, Christoph: Europäische Integration und die Verwaltung der Mitgliedsstaaten, in: DÖV 1990, S. 445

Simonis, Udo Ernst: Kooperation oder Konfrontation. Chancen einer globalen Klimapolitik, in: Aus Politik und Zeitgeschichte , B 16/92 S. 21

Singer, Stephan: Die Kimapolitik der EU, in: Forum Umwelt und Entwicklung, Rundbrief 1/1998, S. 1

Spannowsky, Willi: Grenzen des Verwaltungshandelns durch Verträge und Absprachen, Berlin 1994

Steger, Ulrich: Handbuch des Umweltmanagements, Wiesbaden 1992

Umweltmanagement, 2.Auflage, Wiesbaden 1993

Steiling, Ronald: Mangelnde Umsetzung von EG- Richtlinien durch den Erlass und die Anwendung der TA Luft; in: NVwZ 1992, S. 134

Steinzor, Rena I.: Reinventing environmental regulation: the dangerous journey from command to self-control, in: Harvard Environmental Law Review, Vol. 22, 1998, S. 103

Stelkens, Paul/*Bonk*, Heinz Joachim/*Sachs*, Michael: Verwaltungsverfahrensgesetz, Kommentar, 4. Auflage, München 1993

Stengel, Martin/ *Wüstner*, Kerstin: Umweltökonomie, München 1997

Stern, Klaus: Das Staatsrecht der Bundesrepublik Deutschland, Band I, 2. Auflage, München 1984

Steward, Richard B.: Environmental contracts and covenants: A United States perspective, in: van Dunné, S. 143

Streinz, Rudolf: Europarecht, 2. Auflage, Heidelberg 1995

Strunz, Herbert: Umweltmanagement, Wien 1997

Stüer, Bernhard/Rude, Stefan: 23. Umweltrechtliche Fachtagung- Europäisches Umweltrecht, Abschied vom UGB und Lärmschutz, in: DVBl 2000, S. 250

Stüer, Bernhard/*Spreen*, Holger: Emissionszertifikate - Ein Plädoyer zur Einführung marktwirtschaftlicher Instrumente in die Umweltpolitik, UPR 1999, S. 161

Sugden, Robert: Reciprocity: The supply of public goods through voluntary contributions, in: The Economic Journal 94 (December 1984), S. 772

Tang, Paul/*de Mooij*, Ruud/*Nahuis*, Richard: An economic evaluation of alternative approaches for limiting the costs of unilateral regional action to slow down climate change - simulations with WorldScan, in: European Economy No 1 1998, S. 7

Teubner, Gunther/*Farmer*, Lindsay/*Murphy*, Declan (Hrsg.):Environmental Law and Ecological Responsibility: The Concept and Practice of Ecological Self-Organisation, Chichester 1994

Thiel, Jürgen M.: Umweltrechtliche Kompetenzen der Europäischen Union, Dissertation, Bochum 1995

Tischler, Klaus: Umweltökonomie, München, Wien 1994

Tomerius, Stephan: Informelle Projektabsprachen im Umweltrecht: Möglichkeiten und
Grenzen im Normvollzug aus verfassungsrechtlicher Sicht, Baden-Baden 1995

Tsai, Tzung-Jen: Die verfassungsrechtliche Umweltschutzpflicht des Staates, Berlin 1996

Ule, Carl-Hermann/*Laubinger*, Hans-Werner: Verwaltungsverfahrensrecht, 4. Auflage, Köln u.a. 1995

Umbach, Dieter C.: Das Wesentliche an der Wesentlichkeitstheorie, in: Festschrift für Hans Joachim Faller, München 1984

Unruh, Peter/ *Strohmeyer*, Jochen: Die Pflicht zum Erlass einer Rechtsverordnung – am Beispiel des Umweltrechts, in: NuR 1998, S. 225

Vahrenholt, Fritz: Umweltpolitik, in: HdUR II, Sp. 2237

Van Buuren, Peter J.J.: Environmental covenants: possibilities and impossibilities - an administrative lawyer's view, in: van Dunné, S. 49

Van den Broek, Jan: Covenant and permit in the Dutch target group consultation: the role of an environmental covenant in the granting of an environmental permit, in: van Dunné, S. 33

Van der Klis, G.W./*Ottow*, A.T./*Sevenster*, H.G./*Vos*, J.A.: Energy and Environment from a European perspective, in: Fédération Internationale pour le Droit Européen (F.I.D.E.), 17. Kongreß, II. Energie und Umweltschutz in der europäischen Perspektive, S. 323, Berlin 1996

Van Dunné, Jan M. (Hrsg.): Environmental contracts and covenants: New instruments for a realistic environmental policy? Proceedings of an international conference, held in Rotterdam, 14.- 16. october 1992, Rotterdam 1993

Verband der chemischen Industie (VCI): Verantwortliches Handeln - Daten zu Sicherheit, Gesundheit und Umweltschutz, Bericht 1996

Verband der deutschen Ingenieure (VDI): Der neue Weg für alte Autos, in: Umwelt – Organ der VDI-Koordinierungsstelle Umwelttechnik, 4/98, S. 10

Wärmenutzungsverordnung: Konzepte - Kosten - Konsequenzen, VDI Berichte 857, Düsseldorf 1990

Verheyen, Roda: Der Beitrag des Völkerrechts zum Klimaschutz - globale Aufgabe, globale Antworten?, in: Koch/Caspar (Hrsg.), S. 29

Villagrassa, Delia: Klima: Post-Kioto Resolution des Europäischen Parlamentes, in: EU-Rundschreiben 3/1998, S. 13

Voß, Ulrike/ *Wenner,* Gregor: Der EuGH und die gemeinschaftsrechtliche Kompetenzordnung - Kontinuität oder Neuorientierung, in: NVwZ 1994, S. 332

Wägenbauer, Rolf: Europäischer Gemeinschaftsbericht, in: Fédération Internationale pour le Droit Européen (F.I.D.E.), Berichte für den 17. Kongreß, II. Energie und Umweltschutz in europäischer Perspektive, S. 45, Berlin 1996

Zwölf Thesen zum Thema "Umweltvereinbarungen" , in: EuZW 1997, S. 645

Wagner, Andreas: Kurz vor Kioto: Kommissions-Weißbuch erneuerbare Energien, in: EU-Rundschreiben 12/97, S.14

Wagner, Hellmut: Umweltrecht - Hemmnis für den Umweltschutz ?, in: Frankenberg/Spieß (Hrsg.), S. 275

Wallenberg, Gabriela v.: Umweltschutz und Wettbewerb, München 1980

Die Zulässigkeit von Umweltschutzkartellen, in: GRUR 1980, S. 833

Walter, K.: Wärmenutzungsverordnung aus der Sicht der industriellen Energiewirtschaft - Ergänzung in technisch-wirtschaftlicher Hinsicht, in: VDI Berichte 857, S. 371

Wasmeier, Martin: Umweltabgaben und Europarecht: Schranken des staatlichen

Handlungsspielraums bei der Erhebung öffentlicher Abgaben im Interesse des Umweltschutz, Münchner Universitätsschriften, Band 107, München 1995

Weidner, Helmut: Basiselemente einer erfolgreichen Umweltpolitik - Eine Analyse und Evaluation der Instrumente der japanischen Umweltpolitik, Berlin 1996

Weimann, Joachim: Umweltökonomik, 3. Auflage, Berlin u.a. 1995

Weizsäcker, Ernst-Ulrich v.: Erdpolitik, 2. Auflage, Darmstadt 1990

Wicke, Lutz: Umweltökonomie, 4. Auflage , München 1993

Umweltpolitik 2000 - ein umweltpolitischer Befreiungsschlag durch einen Pakt für Umwelteffizienz, in: ZfU 1997, S. 393

Wicke, Lutz/ *Huckestein*, Burkhard (Hrsg.): Umwelt Europa - Der Ausbau zur ökologischen Marktwirtschaft, Gütersloh 1991

Winsemius, Pieter: nvironmental contracts and covenants: new instruments for a realistic environmental policy? General Introduction, in: Van Dunné, Environmental contracts, Rotterdam 1993, S. 5

Wirsig, Günther: Verpackungsverordnung: Die unendliche Geschichte, in: neue verpackung 3/98, S. 50

Woehrling, Jean-Marie: Umweltschutz und Umweltrecht in Frankreich, in: DVBl 1992, S. 884

Wolf, Dieter: Zum Verhältnis von deutschem und europäischen Wettbewerbsrecht, in: EuZW 1994, S. 233

Würfel, Wolfgang: Informelle Absprachen in der Abfallwirtschaft, Dissertation, Freiburg 1994

Wuppertal-Institut (Hrsg.): Schutz der Erde - Ein neuer Anlauf in der deutschen Klimapolitik, Kurzgutachten durch das Wuppertal- Institut für Klima, Umwelt, Energie Abteilung Klimapolitik im Auftrag der Friedrich-Ebert-Stiftung, Bonn 1997

Zezschwitz , Friedrich v.: Wirtschaftsrechtliche Lenkungstechniken, in: JA 1978, S. 497

Zilleßen, Horst/ *Barbian*, Thomas: Neue Formen der Konfliktregelung in der Umweltpolitik, in: Aus Politik und Zeitgeschichte, B 39-40/92, S. 14

Zimmermeyer, Gunter: Verordnungen gemäß § 14 AbfG - Altautos, in: Rengeling, H.-W.(Hrsg.), Kreislaufwirtschafts- und Abfallrecht, Neue Entwicklungen in der Bundesrepublik Deutschland und in der Europäischen Gemeinschaft, Schriften zum deutschen und europäischen Umweltrecht, Band 4, Köln u. a. 1994

Zuleeg, Manfred: Die Ermessensfreiheit des Verordnungsgebers, in: DVBl 1970, S. 157

Umweltschutz in der Rechtsprechung des Europäischen Gerichtshofs, in: NJW 1993, S. 31

FSC
www.fsc.org
MIX
Papier | Fördert gute Waldnutzung
FSC® C083411

Kolibri 360 GmbH
Ferdinand-Jühlke-Straße 7
99095 Erfurt, Deutschland
produktsicherheit@kolibri360.de

Druck:
CPI Druckdienstleistungen GmbH
im Auftrag der
Kolibri 360 GmbH
Ferdinand-Jühlke-Str. 7
99095 Erfurt